DAGYAP RINPOCHE | LAU

ACHTSAMKEIT UND VERSENKUNG

LODEN SHERAP DAGYAP RINPOCHE
THOMAS LAUTWEIN

ACHTSAMKEIT UND VERSENKUNG

Lamrim – die tibetische Meditation

DIEDERICHS

Loden Sherap Dagyab Kyabgön Rinpoche, 1940 in Osttibet geboren, wurde mit 6 Jahren als IX. Kyabgön von Dagyab inthronisiert und studierte an der Klosteruniversität Drepung buddhistische Philosophie. 1959 floh er im persönlichen Gefolge des Dalai Lama nach Indien. Seit 1967 lebt er mit seiner Familie in Bonn, wo er als Tibetologe an der Universität Bonn und als buddhistischer Lehrer tätig ist. Bei Diederichs erschien von ihm »Buddhistische Glückssymbole im tibetischen Kulturraum« (DG 93).

Die Deutsche Bibliothek – CIP-Einheitsaufnahme
Dagyab, Loden Sherap:
Achtsamkeit und Versenkung : Lamrim – die tibetische Meditation / Loden Sherap Dagyab Rinpoche ; Thomas Lautwein. – Kreuzlingen ; München : Hugendubel, 2001
(Diederichs)
ISBN 3-7205-2264-4

Umschlaggestaltung: Zembsch' Werkstatt, München
Produktion: Maximiliane Seidl
Satz: EDV-Fotosatz Huber/Verlagsservice G. Pfeifer, Germering
Druck und Bindung: Druckerei Huber, Dießen
Printed in Germany

ISBN 3-7205-2264-4

Inhalt

Dritte Stufe – der Weg des Grossen Fahrzeugs

Vorwort

Das vorliegende Buch entstand auf der Grundlage der Belehrungen, die S.E. Dagyab Kyabgön Rinpoche zwischen 1985 und 1998 in seinem buddhistischen Zentrum in Mittelfranken gegeben hat.

Die Tonbandaufnahmen dieser Unterweisungen wurden seit 1992 unter der Leitung von Klaus Kück transkribiert. Ab 1995 begann die Auswertung dieser Niederschriften und die Arbeit am Manuskript, die sich bis in den Sommer 2000 hinzog, da immer wieder Details zu überprüfen, mit der klassischen buddhistischen Literatur zu vergleichen oder in Rücksprache mit Rinpoche zu klären waren.

Ursprünglich war geplant, die traditionelle Präsentation des Lamrim um einen Kommentar zu ergänzen, der speziell auf die Bedürfnisse und Wünsche westlicher Praktizierender eingehen sollte, die ja ganz andere Voraussetzungen mitbringen als Tibeter, die den Buddhismus sozusagen mit der Muttermilch einsaugen. Da das Manuskript dadurch aber übermäßig umfangreich geworden wäre, wurde dieser Teil auf später verschoben.

Wir danken allen, die mit Rat und Tat an der Entstehung dieses Buches beteiligt waren, insbesondere Monika Aumüller, Ingrid Baumeister, Gabriele Bechtold, Stephan Cherdron, Barbara Dutz, R. Eger, J. Emmering, Hanne Grimm, Ulla Grund, Doris Gstöttner, Herbert Hechtel, Maria Hündorf-Kaiser, Robert Jandacka, Bernhard Kaiser, Elisabeth Klinger, Klaus Kück, Marlene Kurz, Sabine Leuschner, Willi Maaßen, Charlotte Molz, Angelika Nelis, Renate Noack, Gerda Pohl, Karin Ponischil, Astrid Popper, Fanny Prübusch, Hedda Reimann, Magnus Sardy, Roland Schönwitz, C. Schumann, Sabine Stalmann, B. Wehrmann, Dr. Weishaar-Günter, Lisa Weiss.

Nürnberg, März 2001 *Thomas Lautwein*

Einleitung

In den letzten Jahren hat im Westen das Interesse am Buddhismus stark zugenommen. Der Reiz einer uralten Hochkultur mit magisch-mystischen Ritualen zieht viele Menschen an, die einen Ausweg aus den Problemen der modernen Industriegesellschaft suchen. Auf der anderen Seite kommen Lamas aus Nepal und Indien in den Westen, die in der besten Absicht Belehrungen und Einweihungen geben, ohne sich der unterschiedlichen Mentalität der Westler, ihrer Bedürfnisse und Schwierigkeiten bewusst zu sein, da sie denken, dass die menschliche Natur überall dieselbe sei. Unglücklicherweise ist die traditionelle tibetische Weise, den Buddhismus zu lehren und zu praktizieren, nicht die einfachste und für Westler nicht ohne weiteres geeignet, trotz der angeblich großen Begeisterung. So habe ich in den vergangenen Jahren immer wieder Menschen getroffen, die viele Jahre für den Buddhismus opferten, ohne wirklich in ihm Fuß zu fassen.

Die Praxis des Dharma (der buddhistischen Lehre) muss immer dem eigenen Geist entsprechen, weil sie sonst einfach nicht funktioniert. Viele Menschen im Westen wollen zu Beginn ihrer buddhistischen Praxis sofort über die so genannten »Gottheiten« meditieren, Pujas (Zeremonien) abhalten und Rituale durchführen. Das ist meist ein Zeichen dafür, dass sie sich von Äußerlichkeiten verlocken lassen und den Buddhismus als etwas Faszinierendes, wunderbar Exotisches ansehen und ihn an äußeren Attraktionen wie den langen Trompeten der tibetischen Ritualmusik festmachen.

Im indo-tibetischen Buddhismus wird die Rolle des eigenen Lamas sehr stark betont, es heißt sogar, dass er wichtiger sei als Buddha. In gewisser Hinsicht stimmt das auch, da der Lama uns den Zugang zum Buddhismus, zu einer vernünftigen Praxis vermittelt. Aber andererseits können wir den Buddha nicht völlig zugunsten des eigenen Lehrers vernachlässigen. Den Lama oder überhaupt das Repräsentative zu sehr in den Vordergrund zu stellen, schadet dem Buddhismus und hat auch dazu geführt, dass der tibetische Buddhismus immer noch fälschlich als »Lamaismus« bezeichnet wird. Zwar gibt es die Praxis, Buddha, den eigenen Lama und die so genannte »Meditationsgottheit« als eins anzusehen, aber sie sollte nur zu gegebener Zeit nach entsprechender Vorbereitung durchgeführt werden.

Ein Beispiel: Jemand kommt zu einem tibetischen Buddhisten und fragt ihn nach seiner Praxis. Dieser könnte antworten, dass er jeden Tag zu Je Tsongkhapa (Begründer der Gelugpa-Tradition) bete, zu Padmasambhava (Begründer der Nyingma-Tradition), zum Karmapa oder zu Milarepa (Begründer der Kagyü-Tradition). Welchen Eindruck bekommt er? Er muss denken, dass der tibetische Buddhismus tief gespalten ist, dass es keine Gemeinsamkeiten zwischen den einzelnen Schulrichtungen gibt. Das ist sehr schädlich, sowohl für den tibetischen Buddhismus wie für den Buddhismus überhaupt. Es gibt genug zu spalten, wenn man das will, aber es bringt uns letztlich nichts. Wir sollen mit unserem eigenen Geist kämpfen, nicht mit unserer Gruppenzugehörigkeit. Wer das tut, verteidigt in Wirklichkeit nur sein eigenes Ego und hat keine ausgeglichene Einstellung.

Aus diesem Grund lege ich sehr viel Wert darauf, dass diejenigen, die sich für den Buddhismus interessieren, ihn von Grund auf kennen lernen. Wenn ich zu einem tibetischen Publikum spreche, kann ich voraussetzen, dass alle festes Vertrauen in den Buddhismus haben. Das ist ein gravierender Unterschied. Es gibt keinen Tibeter, der nicht an seine Religion glaubt, auch wenn es oft eher ein Aberglaube ist. Hierzulande ist der Buddhismus hingegen ein Fremdkörper. Obendrein hat nicht einmal mehr die einheimische Religion einen Vertrauensvorschuss, sondern die meisten Leute haben im Hinterkopf den Zweifel, ob sie der Buddhismus letzten Endes nicht genauso enttäuschen wird wie das Christentum, ob nicht alle Religionen doch nur neurotische Illusionen sind. Es ist daher unumgänglich, sich die eigene grundlegende Motivation bewusst zu machen.

Warum praktiziere ich überhaupt eine Religion, und warum praktiziere ich ausgerechnet Buddhismus? Warum habe ich Interesse an einem spirituellen Weg? Ein solches Interesse kann auf verschiedene Weise entstanden sein. Vielleicht wollte ich mich aus Wissensdurst oder bloßer Neugier darüber informieren, worum es im Buddhismus eigentlich geht. Oder ich leide an mir selbst, auch wenn mir das vielleicht nicht völlig bewusst ist. Scheinbar ist meine Welt in Ordnung, aber unter der Oberfläche gärt die innere Unruhe und Unzufriedenheit. Aus diesem geistigen Problem entspringen dann all die äußeren Probleme, mit denen ich mich herumplage. Aus dieser inneren Unruhe entsteht dann in uns die Sehnsucht nach etwas Höherem, Besserem.

Wenn wir über die allgemeine Situation nachdenken, werden uns die Probleme sofort klar: Krieg, Umweltverschmutzung, Atombomben. Es scheint unmöglich geworden zu sein, sich so zu ernähren, dass man gesund bleibt, alles ist vergiftet. Wir haben keine Aussicht auf eine Lösung dieser Probleme durch eine höhere Macht, oder dass es in unserer Generation besser werden wird. Die Ursachen für die gegenwärtige Lage haben sich über mehrere Generationen hin angehäuft; diese Verkettung aufzulösen, wird ebenfalls lange dauern. Im Westen besteht eine starke Tendenz, angesichts der bestehenden Situation zu resignieren. Viele sagen: »Wenn wir etwas machen, hilft es sowieso nichts. Ich bin schon so alt, in meinem Leben werde ich keine positiven Auswirkungen mehr spüren.« Das ist zu kurzfristig gedacht, es gibt nun einmal langwierige Prozesse und Probleme, wie es auch vorübergehende Probleme gibt. In jedem Fall ist es besser, das Problem genau unter die Lupe zu nehmen, anstatt angesichts der Schwierigkeiten zu verzweifeln. Wir Menschen müssen vielmehr dazu beitragen, dass unsere Nachfolger, die nächste Generation, eine relativ bessere Situation vorfindet, damit sie eine bessere Ausgangsbasis hat (und wenn wir annehmen, dass auch wir wieder in diese Welt hineingeboren werden, geht es sogar um unsere eigene Zukunft).

Als Menschen leben wir immer mit anderen Menschen zusammen. Daraus resultieren aber nicht nur äußere, sondern auch innere Probleme: Die einen betrachten wir als Feinde, die anderen als Freunde, aber das kann sich von einem Tag auf den anderen ändern. Ein einfaches Beispiel ist die Ehescheidung: Zuerst findet ein Austausch von Liebe und Warmherzigkeit statt, so dass eine Verbindung entsteht. Man heiratet, lebt zusammen. Dann geht es plötzlich auseinander, jeder entdeckt die unangenehmen Seiten des anderen. Das steigert sich bis zum blanken Hass, und schließlich findet man sich vor Gericht wieder, wo man erbittert um die Aufteilung des Besitzes und das Sorgerecht für die Kinder streitet. Und selbst wenn ich gute Freunde habe: Wie weit kann ich meine Gefühle wirklich mit ihnen teilen? Bestimmte Dinge möchte jeder lieber für sich behalten. Die Offenheit geht immer nur bis zu einem bestimmten Punkt, eine unüberbrückbare Distanz bleibt immer bestehen. Kein Wunder, dass in der modernen Gesellschaft viele Menschen unter Einsamkeit leiden. Ich komme oft mit Menschen zusammen, die depressiv oder anderweitig psychisch krank sind. Solche Menschen sind von Natur aus sehr sensibel, sehr empfindlich, und weil sie so sind, können sie sich anderen gegenüber nicht öffnen, weil sie Angst haben, verletzt zu werden.

All diese Probleme entstehen nicht ohne Ursache. Diese Ursachen sind unsere konflikterzeugenden Geistesfaktoren, die im Buddhismus als Klesha, d.h. »Befleckungen« oder »Geistesgifte« bezeichnet werden: Gier, Hass, Verblendung. Sie sind die eigentliche Ursache aller Komplikationen. Je weniger unheilsame Geistesfaktoren ich habe, je klarer meine Wahrnehmung ist, umso mehr Frieden, innere Ruhe und Harmonie erfahre ich. Letztlich entstehen alle falschen Vorstellungen durch grundlegende Unwissenheit (tib. *marigpa*), d.h. die Vorstellung eines konkreten, unabhängigen Ego. Ich will meine Position verteidigen, der andere will genau dasselbe, und so geraten wir aneinander. Um das eigene Ego zu schützen, wird eine hohe Barriere aufgebaut, hinter der wir uns verschanzen. Dann kommen ununterbrochen Gedanken wie: »Ich will das haben, ich bestimme das, ich lasse mir das nicht gefallen, ich, ich, ich.« Dieses Ego, das sich ständig zwanghaft auf sich selbst bezieht, ist unser Kernproblem, diese tiefere, subtile Unwissenheit ist die Ursache von *Samsara,* den Kreislauf des Leidens.

Um unsere unheilsamen Geistesfaktoren zu korrigieren, sind die verschiedenen Weltreligionen entstanden. Sie alle verfolgen das Ziel, das Innere des Praktizierenden zu verändern, auch wenn sie ganz unterschiedliche Methoden verwenden. Wir alle haben die Freiheit, uns für die Religion unserer Wahl zu entscheiden, ob es nun Christentum, Islam, Hinduismus oder Buddhismus ist. S.H. Dalai Lama sagt immer wieder, ob ich überhaupt eine Religion praktiziere oder nicht, ist meine eigene Entscheidung, niemand kann mich dazu zwingen. Der Buddha selbst hat gesagt, dass man seine Worte nicht kritiklos akzeptieren, sondern zunächst studieren und prüfen soll. Auch innerhalb des Buddhismus haben wir die Freiheit, uns für die Schulrichtung zu entscheiden, die uns am meisten zusagt. Im Grunde vertreten ohnehin alle die gleiche Lehre. Sicherlich können sich die Vorzüge jeder Schulrichtung bzw. Religion gegenseitig gut ergänzen; d.h. jedoch nicht, dass man alle Religionen in einen Topf werfen und alles auf einmal praktizieren sollte. Beim Essen mischen wir ja auch nicht: Die chinesische und indische Küche schmecken jeweils ausgezeichnet, aber wenn man beides mischt, verdirbt man sich den Magen.

Bis zu einem gewissen Grad kann jeder Mensch von den buddhistischen Methoden profitieren. Wenn man jedoch ein richtiger Buddhist werden will, muss man »Zuflucht nehmen« – Zuflucht zu Buddha, Dharma und Sangha. *Buddha* ist der historische Buddha Shâkyamuni. *Dharma* ist seine Lehre, sein Wort, das er uns hinterlassen hat. Der Dharma ist unsere eigentliche Zuflucht, weil Buddhas Wort alles enthält, was wir brauchen und tun müssen. Indem wir seinem Wort folgen, entfalten wir eine innere Einstellung, durch die wir irgendwann den Zustand des Nirwana bzw. die Buddhaschaft erlangen. *Sangha* ist zunächst die Gemeinschaft derjenigen, die auf diesem Weg schon sehr weit fortgeschritten sind, der *Aryas* oder »Edlen«. Im weiteren Sinn ist Sangha der Mönchs- und Nonnenorden, der uns als Vorbild dient. Diese Drei Juwelen muss ein Buddhist von ganzem Herzen als einziges Zufluchtsobjekt betrachten. Natürlich kann ich als Buddhist trotzdem ohne weiteres anderen Religionen Respekt erweisen und sogar Opfer darbringen, z.B. in die Kirche gehen und eine Kerze anzünden. Wenn die Gesinnung stimmt, ist das unproblematisch. Als Buddhist kann ich jedoch z.B. Christus nicht als gültiges Zufluchtsobjekt betrachten, ich kann auch nicht länger Mitglied einer christlichen Kirche bleiben. Die Grundvoraussetzung für jede Art von Religionsausübung ist nun einmal das Vertrauen in einen bestimmten Weg. Je nachdem wie groß die Vertrauensbasis ist, so wird dann auch das Ergebnis ausfallen.

Die Vier Edlen Wahrheiten

Innerhalb des Buddhismus gibt es die beiden Wege des Großen und des Kleinen Fahrzeugs, Mahâyâna und Hînayâna. Beide beruhen auf den Vier Edlen Wahrheiten: das Leiden, die Ursache des Leidens, die Beendigung des Leidens (Nirwana und Buddhaschaft) und der Weg dorthin. Alle buddhistischen Theorien und Praktiken lassen sich einer der Vier Edlen Wahrheiten zuordnen, sie sind sozusagen die Quintessenz des Buddhismus. Jede der Vier Edlen Wahrheiten hat vier Aspekte. So umfasst die erste Wahrheit, die Wahrheit des Leidens, die vier Unterpunkte Unbeständigkeit, Leidhaftigkeit, Ichlosigkeit und Leerheit.

Schauen wir uns den ersten Punkt einmal genauer an. Buddhas erstes Wort nach seiner Erleuchtung und sein letztes Wort vor seinem Tod war: »Alles Gewordene muss vergehen. Unermüdlich sollt ihr kämpfen.« Das ist kein Zufall. Wir haben Pläne für die nächsten hundert Jahre und tun so, als ob wir immer weiter leben würden, dabei können wir morgen sterben. Erst wenn wir uns diese Unbeständigkeit bewusst machen, wird klar, worauf es wirklich ankommt. Deshalb heißt es, dass die Meditation über die Unbeständigkeit am Anfang, in der Mitte und am Ende wichtig ist. Am Anfang, weil sie uns überhaupt erst auf den Weg bringt, in der Mitte, weil sie der Praxis Kontinuität verleiht, am Ende, weil sie uns schnell das Ziel erreichen lässt. Eigentlich lässt sich die ganze buddhistische Lehre anhand der Unbeständigkeit erklären: Wenn alle Phänomene und ich selbst absolut unbeständig sind, dann hat es überhaupt keinen Zweck, egoistisch zu sein, anderen Menschen, anderen »Ichs« gegenüber unduldsam zu sein. Es wäre viel vernünftiger, sie zu respektieren, so wie sie sind, statt ihnen Schaden zuzufügen. Anderen Wesen keinen Schaden zuzufügen, das ist der Grundgedanke des Hînayâna, der im Mahâyâna um die Dimension erweitert ist, ihnen aktiv Hilfe zu leisten. Im Hînayâna strebt man daher nach dem Zustand eines Arhat, dem Nirwana, während das Ziel des Mahâyâna die volle Erleuchtung, die Buddhaschaft, ist.

Der Stufenweg

Nun haben Sie vielleicht gehört, dass es im tibetischen Buddhismus die tantrischen Methoden gibt, die sehr schnell und wirksam sind. Das stimmt zwar, aber ohne die grundlegenden Übungen ist die tantrische Praxis zum Scheitern verurteilt. Ohne lesen und schreiben zu können, kann ich ja auch nicht am Computer arbeiten. Schließlich geht es darum, unsere innere Einstellung zu korrigieren, und nicht darum, über irgendwelche exotischen Gottheiten zu meditieren. So haben einmal zwei der alten Kadampa-Meister darüber diskutiert, ob sie lieber tiefgründig über Leerheit oder über tantrische Gottheiten meditieren sollen. Ein anderer gab ihnen daraufhin zur Antwort: »Alles schön und gut, aber am wirkungsvollsten und nützlichsten ist die Lamrim-Praxis.« Wenn man sich selbst in der Meditation als tantrische Gottheit oder als Bodhisattva (Erleuchtungswesen, werdender Buddha) vorstellt, sobald man aber von einem Sitzkissen aufsteht, in Wirklichkeit so weiter macht wie zuvor, besteht keine echte Verbindung zu dem angestrebten Bodhisattva-Ideal. Ohne Bodhicitta (dem altruistischen Vorsatz, Erleuchtung zu erlangen) gibt es keine Buddhaschaft, aber ohne den winzigen Keim unserer Barmherzigkeit und Toleranz gegenüber anderen Menschen gibt es erst gar keine Entwicklung von Bodhicitta. Deshalb sollten wir niemals die Erwartung haben, innerhalb kürzester Frist Erleuchtung zu erlangen, oder die drei Geistesgifte Gier, Hass, Verblendung von heute auf morgen zu beseitigen. Aber reduzieren können wir sie, wenn wir wollen. Wir können vielleicht keine großen Heiligen werden, aber bessere Menschen. Daher ist es wertvoll, zunächst eine scheinbar einfache Praxis zu üben, durch die man sich von Tag zu Tag, von Woche zu Woche, von Jahr zu Jahr allmählich und ganz langsam verändern kann. Es gibt keinen Grund, sich zu schämen, weil man »noch nicht so weit ist«. Wir sind ohnehin im Anfangsstadium, auch wenn wir seit dreißig Jahren Buddhisten sind.

Dieses schrittweise, allmähliche Vorgehen liegt dem Lamrim, dem buddhistischen Stufenweg zur Erleuchtung zugrunde. Gehen wir einmal von dem angestrebten Ziel aus und untersuchen, welche Voraussetzungen nötig sind, um die Erleuchtung zu erlangen. Unser Ziel ist also Buddhaschaft. Warum? Weil die Buddhaschaft ein Zustand ist, in dem es keine Fehler mehr gibt und alle Vorzüge vorhanden sind. Wenn ich ein Buddha bin, kann ich den anderen Lebewesen besser helfen, da ein Buddha die vollkommene Fähigkeit dazu besitzt. Um diesen Zustand zu realisieren, müssen wir erst Bodhicitta entwickeln. Bodhicitta besteht aus den beiden Wünschen, allen Lebewesen zu nützen und als Mittel zu diesem Zweck selbst Buddhaschaft zu erlangen. Um Bodhicitta zu entfalten, muss ich zunächst den »herausragenden Gedanken« hervorbringen, dass ich diese Aufgabe auf mich nehmen will, weil die Lebewesen nicht in der Lage sind, sich selbst aus Samsara herauszuarbeiten. In dieser meiner Existenz unterscheide ich jedoch zwischen den Lebewesen: Manche betrachte ich als Feinde, manche als Freunde, die meisten sind mir gleichgültig, weil ich mit ihnen nichts zu tun habe. Wenn ich jedoch frühere und künftige Existenzen berücksichtige, dann waren sie vielleicht meine Freunde, Verwandten oder Eltern und das nicht nur einmal, sondern unzählige Male. Sie waren sehr gütig zu mir, und nun will ich ihnen diese Güte vergelten, indem ich einen geistigen Weg gehe, weil das die wirkungsvollste Methode ist, ihnen wirklich weiterzuhelfen.

Aber zunächst muss ich über meine eigene Situation nachdenken: Wie all die anderen Lebewesen bin ich selbst immer noch in Samsara gefangen. Deshalb muss ich mich bemühen, aus Samsara herauszukommen. Die Hauptursache von Samsara ist Unwissenheit. Die Unwissenheit kann nur Weisheit entfernen, die mit Hilfe von hoher Konzentration und ethischem Verhalten zustande kommt. Durch die dreifache Übung von Weisheit (die die Leerheit erkennt), Meditation und ethischem Verhalten kann ich die endlose Kette meiner Existenzen beenden. Was mich an Samsara fesselt, sind die aus der Unwissenheit entstehenden karmischen Handlungen, deren Zustandekommen in den zwölf Gliedern des abhängigen Entstehens beschrieben wird. Um den Zwang zur Wiedergeburt aufzuheben, muss ich seine Ursache beseitigen, das negative Karma. Dazu muss ich wissen, wie man es beseitigen kann. Wie das geht, erfahre ich aus der buddhistischen Lehre, dem Dharma. Sie ist meine eigentliche Zuflucht; Buddha ist der Lehrer, der mir den Weg gezeigt hat, und die Mönchsgemeinde ist mein Vorbild. Somit nehme ich zu diesen Drei Juwelen Zuflucht und folge ihnen. Andernfalls kann ich in den niederen Bereichen oder anderen leidvollen Existenzen wiedergeboren werden. Wenn ich nicht innerhalb der nächsten Monate und Jahre sterbe, muss ich mich bemühen, zumindest für meine nächste Existenz vorzusorgen. Ob ich im nächsten Dasein eine Existenz bekomme, die ähnlich wie diese oder besser ist, hängt nur von mir ab. Darum muss ich mich jetzt bemühen, weil eine solche kostbare menschliche Existenz, wie ich sie jetzt besitze, sehr selten ist. Wenn ich eine solche Existenz früher erlangt hätte, hätte ich mich schon längst befreien können. Jetzt kann ich entscheiden, was gut und schlecht ist, ich könnte buddhistische Lehrer treffen, um von ihnen wichtige Unterweisungen zu hören, die mich der Buddhaschaft näher bringen. Wie diese einzelnen Stufen aufeinanderfolgen und worauf es bei jeder Stufe ankommt, ist Thema des Lamrim – wie er seit dem 11. Jahrhundert in Tibet überliefert wurde.

Eigentlich spielt es keine Rolle, mit welchem Thema des Stufenwegs man beginnt. Theoretisch ist es möglich, ganz von vorn, in der Mitte oder hinten anzufangen. Der Lamrim ist flexibel, sein Aufbau ähnelt dem eines Baukastens. Bei jeder Unterweisung und jedem Aspekt der buddhistischen Lehre können wir einen Bezug zum Lamrim herstellen. Genauso können wir umgekehrt den Lamrim auf den gesamten Pfad anwenden. Man sollte deshalb nicht denken, dass Bodhicitta eine Sache für sich, Leerheit etwas anderes und das Leiden in Samsara wiederum ein Kapitel für sich seien. Die Struktur des Lamrim ähnelt vielmehr einer Glockenkette: Wenn man an einem Ende zieht, setzt sich die ganze Kette in Bewegung, und alle Glocken läuten. Während der Praxis muss man unbedingt darauf achten, die einzelnen Themen miteinander zu verzahnen; wie man diese Verkettung konkret herstellt ist dagegen nebensächlich, das geht ganz nach Bedarf.

Die ausführliche Fassung des Lamrim zeichnet sich durch eine ausführliche Strukturierung mit detaillierter Untergliederung und zahlreichen Unterpunkten aus, die gut und gerne tausend Seiten füllen. Grundsätzlich sollte man sich bei Lamrim-Belehrungen immer zuerst anhand der Übersicht den roten Faden klarmachen. Kurz gefasst besteht der Lamrim aus drei Teilen: das Leiden in Samsara, Bodhicitta und Leerheit. Diese drei nennt man auch die drei Prinzipien des Weges (tib. *lam gyi gtso bo rnam gsum*). Wie kommen wir gerade auf diese drei Prinzipien? Als der indische Gelehrte Atîsha 1042 nach Tibet kam, fasste er die gesamte buddhistische Lehre unter diesen drei Gesichtspunkten zusammen, weil die kanonischen Texte die einzelnen Themen nicht im Zusammenhang darstellen. Für unsere Praxis ist das sehr nachteilig, da uns für den alltäglichen Gebrauch weder die 108 Bände von Buddhas Wort noch die 224 Bände mit den Kommentaren der indischen Gelehrten zur Verfügung stehen.

Bei der Strukturierung des Lamrim ging er sinnvollerweise von den unterschiedlichen Fähigkeiten des Einzelnen aus. Jeder hat die Möglichkeit, entsprechend seinen Anlagen zu praktizieren: diejenigen, die »nur« bis zur nächsten Existenz denken können, genauso wie jene, die aus Samsara hinausgelangen wollen, und natürlich auch diejenigen, die wirklich Buddhaschaft anstreben. Dies sind die drei Ebenen der Motivation, die kleine, mittlere und höchste. Die höchste Motivation strebt nach der Erlangung der Buddhaschaft, die mittlere erstrebt die Überwindung von Samsara, und die kleine Motivation reicht bis zur nächsten Existenz. Jemand mit kleiner oder mittlerer Motivation empfindet Überdruss, er ist sich der Gefahr bewusst, die beim Wechsel von dieser in die nächste Existenz entsteht bzw. will nicht länger in Samsara, dem Daseinskreislauf, bleiben müssen. Ein Bodhisattva leidet mit allen Lebewesen und will ihnen helfen. Um diese Einstellung entwickeln zu können, müssen wir aber in der Lage sein, die eigenen Leiden zu analysieren und zu erkennen; d.h., die beiden ersten Ebenen der Motivation sind auch für den Bodhisattva unumgänglich. Sonst glauben wir am Ende, dass wir selbst uns in einer angenehmen Situation befinden und bemitleiden die armen Lebewesen, denen es ja so schlecht geht, wenn wir z.B. zufällig hören, dass jemand im Sterben liegt, oder an die Tiere im Schlachthof denken, oder im Fernsehen sehen, wie irgendwo auf der Welt Leute hingerichtet werden. Das ist kein echtes, tief empfundenes Mitgefühl. Man denkt »die armen Kerle« und geht zur Tagesordnung über. Wer wirklich Mitgefühl anderen gegenüber entwickeln möchte, der muss die Ursache dieses Gefühls am eigenen Leib kennen lernen. Nur der, der selber Leiden erfahren hat, weiß, was Leiden ist. Er weiß, wie es sich anfühlt, und kann gerade deshalb beurteilen, was in einem anderen überhaupt vorgeht.

Wahres Mitleid bedeutet nicht, ständig zu wehklagen, sondern die Ursachen des Leidens zu erfassen, versuchen zu verstehen, wie Leiden überhaupt zustande kommt. Nach buddhistischer Auffassung wird alles Leiden durch »Geistesgifte« verursacht. Das sind unheilsame Geistesfaktoren, die nichts als Komplikationen in und um uns erzeugen. Auf Sanskrit heißen sie *klesha*, auf Tibetisch nyön-mong (*nyon mongs*), d.h. sogar wörtlich »Kompliziertmacher«. Die letztliche Ursache dieser Geistesgifte ist unser Egoismus, unsere Unwissenheit. Unwissenheit und Ego sind im Grunde kaum zu unterscheiden, sie sind zwei unterschiedliche Aspekte ein und derselben Sache. Entscheidend ist, dass unsere Wahrnehmung der Welt aufgrund unserer Unwissenheit nicht der Wirklichkeit entspricht, sondern verzerrt ist. Nur empfinden wir sie nicht als verzerrt, sondern als zuverlässig und entwickeln auch noch Anhaftung an diese Sichtweise. Was wir wahrnehmen, ist für uns Realität; die Realität halten wir für absolut, beständig und unveränderlich. So entsteht die Unterscheidung von »mein« und »dein« und jede Form von Voreingenommenheit. Daraus entwickeln sich Anhaftung, Zorn, Stolz, Dummheit, Zweifel und falsche Ansichten. Diese sechs primären Geistesgifte lassen sich weiter analysieren.

Erst wenn wir die Ursache für das Entstehen der Geistesgifte verstehen, können wir wahrhaftiges Mitgefühl erzeugen. Im Moment fällen wir meist noch voreilige, pauschale Urteile nach dem Muster »ich mache wirklich alles falsch« oder »er macht das ganz verkehrt«. Das ist natürlich viel zu oberflächlich. Es ist wie mit einem Fluss, der sich durch eine enge Schlucht zwischen den Bergen hindurch windet und der jetzt umgeleitet werden soll. Allerdings fangen wir an der Mündung an und nicht an der Quelle. Immer wieder versuchen wir wie Kinder, das Wasser mit Steinen und Ästen anzuhalten, was uns natürlich nicht gelingt. Es ist deshalb von größter Bedeutung, die eigentliche Wurzel des Problems ausfindig zu machen. Nur wenn ich die Ursache des Leidens erkenne, werde ich erst richtig verstehen, dass das Leiden für uns alle der Störfaktor Nummer eins ist. Man hat auf einmal das Gefühl, im Gefängnis zu sitzen, solange es einem nicht gelingt, sich aus Samsara zu befreien. Im Moment halten die meisten von uns ihre Zelle jedoch für ganz gemütlich und delektieren sich an den zahlreichen, scheinbaren Freuden.

Das Heilmittel gegen diese Unwissenheit ist die Erkenntnis der eigentlichen Existenzweise der Dinge, der Leerheit. Sie ist das eigentliche Gegenmittel gegen die Unwissenheit und das Gebundensein an Samsara. Um uns selbst und die anderen Lebewesen befreien zu können, müssen wir also einerseits die Leiden dieser und der nächsten Existenz verstehen und andererseits Bodhicitta üben. Wenn wir so vorgehen, haben wir den Lamrim von der Mitte her begonnen. Zu Beginn steht immer das Verständnis von Samsara, dann entwickeln wir der Tradition des

Mahâyâna folgend Bodhicitta, indem wir Mitleid entwickeln, was wir nur können, wenn wir die Wurzel des Leidens kennen. Dazu müssen wir zuerst unser eigenes, alltägliches Leiden erkennen. Wir müssen die Dinge und Erfahrungen, die sich uns unmittelbar präsentieren, unter diesem Aspekt betrachten lernen. Es ist wie mit einer Lampe, die kaputtgegangen ist. Will man sie reparieren, muss man erst das Gefühl haben, dass es ohne sie nicht weitergeht. Wenn man denkt, dass man sich auch ohne Lampe ganz gut behelfen kann, wird man die Reparatur hinausschieben. Das wäre also die Kurzfassung des Lamrim, ohne die ausführliche Strukturierung. Auf diesem Gerüst lässt sich alles weitere aufbauen. Wie Tsongkhapa sagt: »Diese drei Prinzipien sind die Kernpunkte von Buddhas Wort. Es gibt keinen anderen Weg, um Nirwana oder Buddhaschaft zu erreichen.«

Die Überlieferung des Stufenwegs

Der Wurzeltext für alle späteren Lamrim-Belehrungen ist Atishas »Leuchte auf dem Weg« (*Bodhipâthapradîpa, Lam gyi drön ma*), den er im 11. Jahrhundert auf Bitten des westtibetischen Königs Jangchub Ö verfasst hat. Seitdem gibt es den Lamrim. Später entstanden in den einzelnen tibetischen Traditionen weitere Texte. So gibt es in der Nyingma-Tradition einen umfangreichen Text von Longchenpa aus dem 14. Jahrhundert, in dem die Themen des Stufenwegs mit der Dzogchen-Praxis verbunden sind. In der Kagyü-Tradition haben wir den »Juwelenschmuck der geistigen Befreiung« (*Thar gyan*) von Milarepas Schüler Gampopa, ein ganz hervorragender Text, der mit der Buddha-Natur anfängt, weil Gampopa die Zielsetzung gleich zu Anfang betonen möchte. In der Sakya-Tradition heißt der Lamrim Lam-Dre, der Weg und die Frucht, dort kommt Bodhicitta als erstes Thema. In der alten Kadampa-Tradition gab es zwei Tänrim-Texte von Loden Sherab (»Die Stufen der Unterweisung«, *bsTanrim*) und seinem Schüler Drolungpa. Der Tänrim ist inhaltlich identisch mit dem Lamrim, nur die Einteilung ist etwas anders. Der berühmteste Lamrim-Text stammt jedoch von Tsongkhapa, sein 1402 vollendeter »Großer Lamrim« (*Lam rim chen-mo*) umfasst über tausend Seiten. Daneben hat er noch eine mittellange und eine Kurzfassung geschrieben, die ihrerseits wieder am Ursprung zahlreicher Texte aus der Gelug-Tradition stehen. Eine Besonderheit der Gelug-Tradition besteht darin, dass der Lamrim mit der Lehrer-Schüler-Beziehung beginnt, die von den einen als Einleitung betrachtet wird, von den anderen hingegen mit zum Hauptteil gezählt wird.

Die Unterschiede zwischen den tibetischen Schulrichtungen werden im Westen oft übertrieben: Aufgrund ihrer kulturellen Prägung erwarten die Westler, dass die buddhistischen Schulrichtungen sich genau so klar voneinander abgrenzen lassen wie die katholische und die evangelische Kirche. Leider wird diese Tendenz durch den auch unter Tibetern verbreiteten sektiererischen Fanatismus genährt. Wie verhält es sich nun wirklich? Im alten Indien gab es vier große buddhistische Schulrichtungen mit insgesamt 25 Unterschulen. Der tibetische Buddhismus beruht nun hauptsächlich auf einer Hauptrichtung, aus der im Lauf der Zeit in Tibet vier große Traditionen entstanden. Die Unterschiede kamen hauptsächlich dadurch zustande, dass zu verschiedenen Zeiten bedeutende Lehrer ein und dieselbe Lehre jeweils so präsentierten, wie es der historischen Situation und der Auffassungsgabe ihrer Schüler am besten entsprach. Es gibt auch geringfügige Abweichungen in der Ritualpraxis und leichte Schwerpunktverschiebungen im Inhaltlichen. Z.B. steht in der Kagyü-Tradition die Mahamudra-Praxis im Mittelpunkt, bei der sich der Praktizierende direkt auf die Leerheit des eigenen Geistes konzentriert. In der Gelug-Tradition wird hingegen die Leerheit der Phänomene ausführlicher untersucht. Aber natürlich kommt auch in der Kagyü-Tradition die Leerheit der Phänomene zur Sprache, während umgekehrt einer der Kernpunkte der Leerheitspraxis in der Gelug-Tradition auf Mahamudra basiert.

In der Gelug-Tradition gibt es insgesamt acht große Lamrim-Kommentare, auf die man sich bei Belehrungen stützt, darunter Texte von Tsongkhapa, dem 3. und 5. Dalai Lama. Vor der Belehrung wird in der Regel jedesmal der gesamte Text vorgelesen, um einen besonderen Segen für die Praxis zu geben. Kein Text ist nämlich unmittelbar verständlich, man muss ihn vielmehr so lange praktizieren, bis sich ein wirkliches Verstehen einstellt. D.h., man muss einen Text immer wieder lesen und über ihn nachdenken. Es ist nicht wie bei einer Universitätsvorlesung, wo man einfach nur zuhört und dann wieder verschwindet. Der Sinn einer Lamrim-Unterweisung besteht vielmehr darin, unser Inneres zu verändern.

Diese Form der Überlieferung geht letztlich auf Buddha zurück, dessen Belehrungen zunächst nur mündlich tradiert wurden. Ein Buddha hat es nicht nötig, seine Worte zu kommentieren, deshalb gab es zunächst keine Kommentare. Buddha lehrte auch nicht systematisch, er zog 45 Jahre lang durch Nordindien und gab jeweils gerade die Belehrung, die der jeweiligen Situation und den Fähigkeiten der Zuhörer entsprach. Das geistige Niveau von Buddhas Schülern war sehr hoch, sie konnten auch das schwierigste Thema aufnehmen und verstehen, von Buddhas Belehrungen blieb ihnen jedes Wort in Erinnerung. Nach Buddhas Tod beschlossen sie, alle seine Belehrungen zu sammeln. Drei Mönche wurden ausgewählt, um alles vorzutragen, was sie auswendig wussten. Die Mönche legten dazu ihre gelben Gewänder ausgebreitet übereinander, so dass ein thronartiger Sitz entstand, dann setzte sich der erste darauf und trug sämtliche Belehrungen des Buddha vor. Dann wiederholte der zweite Schüler das gleiche noch einmal. Beim dritten Mal wurde dann der Text aufgeschrieben, um ihn für künftige Generationen zu bewahren. Im tibetischen Kanon füllen die Lehrreden des Buddha 108 Bände. Der Pali- und der Sanskrit-Kanon sind bzw. waren noch wesentlich umfangreicher, doch vieles davon ist inzwischen verloren gegangen.

Vor dem Niedergang des Buddhismus in Indien gab es dort viele Klöster, von denen jedes seine eigene Tradition für Belehrungen hatte. In der Klosteruniversität Nalanda galt das Prinzip der drei Reinheiten: Reinheit der Sprache des Lehrers, d.h., er muss korrekt erklären können, Reinheit der Gesinnung des Schülers und Reinheit des eigentlichen Textes. In Vikramashila, dem Kloster von Atîsha, lehrten die Pandits nach vier Grundsätzen: Großartigkeit des Verfassers, Großartigkeit des Textes, wie man Belehrungen geben und hören soll und wie man den Schüler mit Hilfe der eigentlichen Unterweisung führt. Wenn wir über die Großartigkeit des Verfassers sprechen, müssten wir im Prinzip die gesamte Geschichte des Buddhismus aufrollen, angefangen bei Buddha bis zu Atîsha, seinen Schülern bis zu Tsongkhapa und dann weiter bis zu unserem eigenen Lama, wobei sämtliche Überlieferungslinien mit den Biographien der einzelnen Lamas zu erörtern wären. Wenn wir uns bewusst machen, wie ernsthaft sich all diese Lamas der Vergangenheit immer wieder um die Verwirklichung der Lehre und das Wohl der anderen Lebewesen bemüht haben, können wir ein tiefes Vertrauen in den Buddhismus entwickeln. Sie haben die Lehre des Buddha nicht nur gehört, sondern sie auch mit viel Mühe analysiert und geprüft, wobei sie sich nicht auf Glauben und blindes Vertrauen, sondern auf ihren Verstand verlassen haben.

DIE GROSSARTIGKEIT DES VERFASSERS UND DER REINE URSPRUNG DER LEHREN

Die Überlieferungslinie des Lamrim reicht von Buddha über Atîsha bis zu Tsongkhapa, dem Begründer der neuen Kadampa- oder Gelug-Tradition. Es ist sehr wichtig, zuerst etwas über den Autor zu wissen, denn wie sollen wir die Lehre prüfen können, ohne über den Autor genau Bescheid zu wissen? Ist der Autor seriös und verfügt er über einen soliden Hintergrund, dann kann ich davon ausgehen, dass auch sein Werk in Ordnung ist. Allerdings muss auch das Werk des Autors selbst überzeugen, was im folgenden Kapitel behandelt wird.

In einem Sutra erklärt Buddha: »Sobald ihr mein Wort vernommen habt, sollt ihr es anhand eurer eigenen Erfahrung überprüfen.« Ein Lehrer sollte wie Gold sein, das wir auf den Prüfstein legen. Auf keinen Fall sollte man seinen Worten Glauben schenken, nur weil sie von Buddha stammen. Denn in Buddhas Werk gibt es unterschiedliche Aussagen für verschiedene Zuhörer, die sich zum Teil sogar zu widersprechen scheinen. Selbst wenn wir davon ausgehen, dass Buddha erleuchtet war und immer nur die Wahrheit gesagt hat, können wir trotzdem nicht alles wortwörtlich akzeptieren; vieles ist interpretationsbedürftig. Es gibt demnach grundsätzlich zwei Arten, wie man mit dem Buddha-Wort umgehen kann: das wortwörtliche Verständnis und die Interpretation. Nicht ohne Grund sagt man, dass der Buddhismus auf Begründungen basiert und dass man keinesfalls blindes Vertrauen haben sollte. Wenn wir uns mit dem Buddhismus beschäftigen, sollten wir Buddhas Wort zunächst anhand der überlieferten Schriften analysieren und feststellen, ob sie uns innerlich weiterbringen. Sollte das nicht der Fall sein, muss darüber diskutiert werden, warum das so ist. Liegt der Fehler bei mir? War die Erklärung nicht klar genug? Taugt der ganze Text nichts? Zunächst müssen wir uns immer auf die Originalquellen stützen, das ist sehr wichtig für die buddhistische Lehre und Philosophie. Nur in Ausnahmefällen, wenn die kanonischen Quellen hinsichtlich des Gegenstands der Untersuchung keinen Sinn ergeben, weil sie der Logik widersprechen, dürfen wir sie weglassen. Ohne Logik, d.h. widerspruchsfreies Argumentieren, geht es nicht. Worauf soll ich mich sonst stützen, wenn ich auf Widersprüche stoße? Z.B. entspricht das Weltbild im Abhidharma, dem dritten »Korb« des Kanons, den Vorstellungen von Buddhas Zeitgenossen: Die Erde ist flach, in der Mitte erhebt sich der Berg Meru, um den herum vier Hauptkontinente angeordnet sind usw. Wenn wir an dieser Kosmologie festhalten und erklären, dass die Erde eine Scheibe ist, ergibt das einen logischen Widerspruch, denn inzwischen wurde ja wissenschaftlich bewiesen, dass die Erde nicht flach ist. Wenn wir fundamentalistisch auf der traditionellen Sichtweise bestehen würden, würden wir sogar gegen den erklärten Willen des Buddha handeln.

Woran erkenne ich nun die Echtheit der Lehre? Zunächst einmal daran, dass sie direkt von Buddha stammt und von ihm gelehrt wurde; zweitens, dass sie von den indischen Panditas ausgiebig diskutiert und von großen Heiligen vollständig realisiert wurde. »Vom Buddha gelehrt, von den Panditas geprüft, von den Mahasiddhas verwirklicht« lautet eine sprichwörtliche

Redensart bei uns. Einer Lehre, die diese drei Merkmale ausweist, wie z.B. dem Lamrim, können wir vertrauen.

Die gesamte Lehre des Buddha besteht aus zwei Überlieferungslinien bzw. Aspekten: der tiefgründigen Einsicht und der ausgedehnten Aktivität. Ausgedehnte Aktivität meint alle unsere äußeren Handlungen, wie und wozu ich handeln soll, sie stellt sozusagen den ethischen Aspekt der Lehre dar. Die Literatur über die tiefgründige Einsicht beschäftigt sich hingegen mit der Korrektur unserer Geistesgifte, mit Meditation und Leerheit, sie bildet den theoretisch-kontemplativen Aspekt. Atîsha besaß beide Überlieferungslinien.

DIE GROSSARTIGKEIT DER LEHREN UND DIE VEREHRUNG GEGENÜBER DEN UNTERWEISUNGEN

Die Großartigkeit der Lehre können wir uns an drei Merkmalen verdeutlichen. Da ist zum einen die Vollständigkeit des Inhalts, d.h., dass in diesem Text die gesamte Lehre vollständig enthalten ist. Das zweite Merkmal bezieht sich auf die Art und Weise der Darstellung: Der Lamrim trägt aufgrund seines Aufbaus den unterschiedlichen Fähigkeiten der einzelnen Schüler Rechnung. So ist z.B. das Bodhicaryâvatara von Shântideva nicht für alle geeignet, behandelt es doch ausschließlich das Thema Bodhicitta und erwähnt andere wichtige Themen gar nicht. Zwar könnte man den Text so lange interpretieren, bis man den ganzen Umfang der Lehre herausgearbeitet hat, doch wäre dies schwierig, weil sein Aufbau nicht so durchsichtig ist wie der des Lamrim. Womit wir beim dritten Merkmal des Lamrim wären: seiner kompakten, übersichtlichen Struktur, die sich ziemlich schnell in die Praxis umsetzen lässt. Bereits in ein paar Minuten kann man sich einen Überblick über den Lamrim verschaffen und sich aussuchen, ob man eine kurze Überblicksmeditation macht oder mehrere Jahre über einen Punkt nachdenkt.

Traditionell werden die Vorzüge des Lamrim in vier Punkten beschrieben:

1. ... dass man die Widerspruchslosigkeit aller Unterweisungen versteht

Unter der ersten Großartigkeit verstehen wir die Fähigkeit, die Widerspruchslosigkeit der Unterweisungen zu verstehen. Wer den Lamrim als Ganzes richtig versteht, begreift auch, welche einzelnen Bestandteile die Lehre ausmachen. Wer dagegen nicht in der Lage ist, die eigentlichen Grundgedanken zu erfassen, wird vieles nicht begreifen und den Lamrim als bloße Aneinanderreihung missdeuten. So verstehen wir beispielsweise die Wechselwirkung von Leerheit und Bodhicitta erst, wenn wir die Struktur des Lamrim kennen. Dasselbe gilt für das Verhältnis von Sutra und Tantra, großem und kleinem Fahrzeug. Wer in der Lage ist, die Lamrim-Systematik zu erfassen, hat einen Ariadnefaden durch das Labyrinth der Lehrmeinungen, er wird den Sinn und Zweck der verschiedenen Schulrichtungen und philosophischen Systeme leichter verstehen.

2. ... dass alle Buddha-Worte als Unterweisung verständlich werden

Als zweite Großartigkeit der Lehre gilt, dass jedes einzelne Wort des Buddha ein essenzieller Bestandteil der Unterweisung ist. Es gibt kein einziges Wort von Buddhas Lehre, das unwichtig wäre. Auf irgendeine Art und Weise ist jedes Wort für unsere Praxis von Bedeutung. Am ehesten lässt sich der Aufbau von Buddhas Lehre vielleicht mit einem Baukasten vergleichen. Wenn ich z.B. eine Spielzeugburg aus Legosteinen auseinandernehme, habe ich tausend Einzelsteine vor mir liegen. Wollen wir jetzt die Burg wieder zusammensetzen, brauche ich jeden einzelnen Stein. Ebenso können wir auch die scheinbar belanglosesten Aussagen aus Buddhas Lehre nicht einfach außer Acht lassen. Es ist ähnlich wie bei einem Schreiner, der für seine Arbeit eine große Menge unterschiedlicher Geräte braucht. Obwohl diese Werkzeuge ganz unterschiedlich aussehen, kann er auf keines verzichten, er braucht sie alle, um seinen Zweck zu verwirklichen.

3. ... dass man mühelos die Absicht des Buddha erfasst

Die dritte Großartigkeit der Lehre besteht darin, dass ich den Sinn von Buddhas Worten sofort mühelos erfassen kann, sobald ich die Struktur des Lamrim einmal verstanden habe. Eine der Hauptschwierigkeiten der kanonischen Texte besteht darin, dass ein und dasselbe Thema auf ganz unterschiedliche Weise erklärt wird. Für unsere Begriffe fehlt dort jegliche Struktur. Die damaligen Zuhörer haben sie allerdings sehr wohl verstanden, sie hatten offensichtlich eine erheblich größere Aufnahmefähigkeit als wir. Für uns heute ist hingegen die Struktur, die wir im Lamrim vorfinden, sehr gut geeignet, um die einzelnen Teile schnell einander zuzuordnen. Wir sehen gleich, was wohin gehört.

4. ... dass sich schwere Fehler von selbst verlieren

Die vierte Großartigkeit der Lehre besteht darin, dass sich durch das Studium des Lamrim alle Fehler, Makel und unheilsamen Handlungen von selbst verlieren. Voraussetzung dafür ist natürlich, dass wir uns mit jedem einzelnen Punkt sehr genau befassen, z.B. eingehend analysieren, was Leiden ist, welches seine Ursachen sind usw. Wir sollten dabei systematisch vorgehen und vor jeder Art von Oberflächlichkeit auf der Hut sein. Wenn wir das Leiden und vor allem seine Ursachen verstanden haben, dann haben wir damit unsere Unwissenheit über das Leiden beseitigt. Wenn wir darüber sprechen, wozu und wie wir Niederwerfungen machen, dann haben wir damit die Unwissenheit über die korrekte Ausführung von Niederwerfungen beseitigt. In jedem Fall kommt es darauf an, durch gründliches Vorgehen unheilsame Geistesfaktoren und unheilsame Handlungen zu beseitigen.

DIE LEHREN ANNEHMEN UND WEITERGEBEN

Der dritte Punkt des Lamrim gibt uns Auskunft darüber, wie wir Belehrungen hören und weitergeben sollten. Der richtige Umgang mit den beiden schon erwähnten Großartigkeiten von

Buddhas Lehre ist für uns besonders wichtig, da wir schließlich einen inneren Zugang zum Dharma finden wollen.

1. Das Nachdenken über den Nutzen, der mit dem Hören der Lehren verbunden ist

Wenn wir einem Lehrer zuhören, erhalten wir etwas, zumindest bleibt ein Eindruck in unserem Geist, der im Gedächtnis abgespeichert wird. Im Gegensatz zu materiellem Besitz erwerben wir durch Hören etwas, das uns niemand rauben kann. In einem kanonischen Text heißt es: »Der Schatz des Hörens ist der kostbarste Schatz überhaupt. Je mehr materiellen Reichtum wir besitzen, umso mehr Feinde haben wir, umso größer sind auch unsere Sorgen.« Weiter heißt es: »Wenn dein Reichtum den Wert eines Pferdes hat, dann sind auch deine Sorgen groß wie ein Pferd. Ist dein Reichtum hingegen so klein wie eine Nadel, dann sind auch deine Sorgen klein wie eine Nadel. Hören und Studieren sind das Licht, das die Dunkelheit der Unwissenheit vertreibt. Hören ist ein kostbarer Schatz, den kein Dieb rauben kann. Hören ist die beste Waffe gegen den Feind der Unwissenheit. Hören ist der beste Freund, denn er kann uns die wirkungsvollsten Methoden zeigen.« (Jâtakamala) Hören und Studieren zeigen uns den Weg, auf dem wir gehen und uns weiterentwickeln können; dadurch verschwinden Zweifel und Täuschungen. Bei unseren weltlichen Freunden sind wir dagegen vor Irrtümern nicht sicher. Auch wenn sie es wirklich gut mit uns meinen, haben sie doch ihre eigenen Vorstellungen und subjektiven Sichtweisen, so dass sie uns nicht das raten, was wirklich gut für uns wäre. Der Grad ihrer Zuneigung hängt auch oft genug von der Größe unseres Wohlstands ab. Wenn ich arbeitslos bin oder in finanzielle Schwierigkeiten gerate, bleibt die Verwandtschaft plötzlich auf Distanz, im Osten wie im Westen. Je reicher ich bin, desto beliebter bin ich hingegen. Deshalb heißt es: »Hören ist der beste Freund. Hören ist die verlässlichste Verwandtschaft, selbst wenn wir arm sein sollten.«

Wenn wir den Schatz des Hörens zu würdigen wissen, werden wir nicht enttäuscht werden, denn er ist immer da, wenn wir ihn brauchen. Allerdings kommt diese Hilfe nicht von selber, wir müssen sie vielmehr erkennen und anwenden wie ein Medikament. In unserem Text steht: »Hören ist die beste Medizin, die niemals Schaden zufügt.« Weiter: »Hören ist der beste Schutz gegen scharfe Hunde.« Wir alle haben viele Feinde, weil wir unzählige falsche Vorstellungen haben, die uns belagern und anfallen wie ein Rudel wilder Hunde. Hören ist unsere beste Waffe, um uns gegen solche Angriffe zu verteidigen. Eine der Grundvoraussetzungen für die Dharma-Praxis ist, dass sich richtige und falsche Vorstellungen annähernd die Waage halten. Wenn wir uns dann zunehmend mehr auf die heilsamen, am Dharma orientierten Vorstellungen konzentrieren, werden als Folge davon die unheilsamen Vorstellungen immer schwächer.

»Hören ist das beste Mittel, Ruhm und Autorität zu erlangen.« Durch Hören werden wir fähig, etwas zu realisieren. Dadurch erfahren wir Anerkennung, weil alle Bodhisattvas, alle vorbildlich Praktizierenden sowie die Buddhas und Lehrer uns schätzen. Dann treffen Sätze wie: »Er macht es richtig, er kommt vorwärts« auf uns zu. In diesem Sinne erlangt auch der Hörer einen guten Ruf, d.h., er wird als Vorbild und Autorität respektiert, hat er doch durch Hören sein Leiden erkannt, die richtige Praxis durchgeführt und so seinen zukünftigen Weg gefunden.

2. Die Erzeugung von Verehrung gegenüber den Lehren und gegenüber dem, der sie gibt

Grundsätzlich sollten wir dem Dharma gegenüber Respekt haben, und zwar deshalb, weil er uns viele Vorteile bringt. In der Regel schätzen wir Geld sehr hoch, weil wir uns damit viel leisten können. Das wissen wir, weil wir die Vorzüge und den Nutzen des Geldes aus eigener Erfahrung kennen. Wenn wir erfahren haben, was uns der Dharma bringt, werden wir ihn sicherlich auch entsprechend zu schätzen wissen.

Der Respekt gegenüber dem Lehrer ist ein schwieriges Thema, zumal hier im Westen. Vielleicht können wir es zunächst so betrachten: Der religiöse Lehrer zeigt uns den Weg, den Dharma, der für mich eine geeignete Orientierung bietet, durch die ich mich weiterentwickeln kann. Der Lehrer besitzt nun die Fähigkeit, mir diesen Weg authentisch zu vermitteln. Deshalb stütze ich mich auf den Lehrer und respektiere ihn. Nicht der Lehrer befiehlt mir, ihn zu respektieren, sondern ich respektiere ihn allein deshalb, weil ich eingesehen habe, dass es für mich vorteilhaft und nützlich ist. Der Respekt beruht nicht auf irgendwelchen Formalitäten, sondern resultiert aus der Einsicht in seinen Nutzen. Natürlich gibt es in der Tradition Aussagen zu diesem Thema, die kulturell bedingt sind und für Europäer eher seltsam klingen, so wenn es z.B. heißt, der Schüler solle dem Lehrer die Füße waschen und massieren. Deshalb ist es vollkommen richtig, nicht alles buchstäblich auszuführen, was in einem kanonischen Text steht. Andererseits würden wir das Kind mit dem Bade ausschütten, wenn wir aus der kulturellen Bedingtheit mancher Aussagen folgern würden, dass die ganze Lehre überhaupt nicht für uns geeignet ist. Da vieles im Text auf die altindische Kultur zugeschnitten ist, sollten wir herausfinden, wie wir einen Lehrer ohne Verkrampfung auf westliche Art und Weise ehren können. Auf jeden Fall sollten wir in angemessener Weise Respekt empfinden, ohne uns zu überfordern, denn sonst entsteht unweigerlich Abneigung gegen das ganze System, die Theorie und den Lehrer.

In einem Werk des großen indischen Meisters Asanga werden sechs Punkte erwähnt, wie man von einem Lehrer Belehrungen annehmen soll:

1. Es muss der richtige Zeitpunkt sein. D.h., man soll nicht um Belehrungen bitten, wenn der Lehrer z.B. gerade kurz davor steht, eine Reise anzutreten. An anderer Stelle steht: »Wenn sich der Lehrer gerade mit einem bestimmten Text beschäftigt, soll man sich nicht da hineinmischen, indem man um eine andere Belehrung bittet.«
2. Dem Lehrer Respekt erweisen – das bezieht sich z.B. auf die Niederwerfungen oder das Aufstehen, wenn der Lehrer den Raum betritt.
3. Man soll sich nicht ärgern, wenn man auf Anweisung des Lehrers hin etwas für ihn tut. Wenn man seinen Wunsch er-

füllt hat, darf man anschließend auch nicht damit angeben, nach dem Motto: »Eigentlich hatte ich ja gar keine Zeit, aber dir zuliebe habe ich es getan.« Man soll es tun, weil es für einen selbst gut ist.

4. Man soll dem Lehrer Gefälligkeiten erweisen, z.B. ihm Wasser zum Waschen anbieten (das ist natürlich eine indische Sitte).
5. Der Schüler darf auf den Dharma und den Lehrer nicht herabblicken und
6. auch nicht krampfhaft nach Fehlern suchen.

Folgende Aspekte sind im Verhalten dem Lehrer gegenüber zu beachten:

1. Man soll nicht auf die Kaste des Lehrers achten. Das bezieht sich natürlich auf das indische Kastenwesen, wo jeder Mensch nach seiner Kaste eingestuft wird.
2. Man soll seiner äußeren Erscheinung keine Bedeutung zumessen. Das bezieht sich hauptsächlich auf die Kleidung. Ob er zerlumpt oder einfach gekleidet ist, sollte keine Rolle spielen. Die indischen Sadhus laufen oft halb nackt herum. Es spielt auch keine Rolle, wie er aussieht, ob er jung oder alt, schön oder häßlich ist.
3. Man soll nicht zu sehr darauf achten, ob er sich moralisch einwandfrei verhält oder nicht. Was er tut, ist letztlich seine Sache. Das bezieht sich natürlich auf einen maßgebenden Lehrer. Wenn ein Lehrer kein maßgebender Lehrer ist, ist es für ihn selbst am schlimmsten, wenn er etwas verkehrt macht, wenn er moralisch unsauber handelt oder die Lehre falsch weitergibt. Der Lehrer muss für sich selbst Verantwortung übernehmen und eine korrekte Linie einhalten können. Wenn er es nicht kann, ist das sein Fehler, aber nicht der der Schüler. Sache der Schüler ist es, sein Wort zu hören und seinem Weg zu folgen. Wenn der Lehrer nun Unsinn erzählt, und der Schüler merkt, dass das nicht der richtige Lehrer für ihn ist, sollte er sich ohne großen inneren Konflikt von ihm distanzieren. Bisher gab es ja immerhin eine spirituelle Beziehung zu diesem Lehrer, deswegen

braucht man ihm nicht gleich zu sagen: »Du bist der dümmste Lehrer, den ich je hatte, du brauchst mir nichts mehr beizubringen.«

4. Man soll sich auch nicht zu sehr davon beeindrucken lassen, wenn der Lehrer gut formulieren und ausgedehnte Erklärungen geben kann oder wenn er vielleicht stottert oder keine rhetorische Begabung hat bzw. er
5. eine unangenehme Stimme hat oder einen ausgefallenen Dialekt spricht. In unserer Generation gab es einen Lehrer, bei dem ich in Indien selbst drei Monate lang Lamrim-Belehrungen gehört habe. Er war geradezu ein zweiter Milarepa, sprach aber einen schauerlichen Dialekt, in dem beinahe jedes Wort anders betont wurde. In der ersten Woche habe ich kein Wort verstanden, obwohl ich den Text vor Augen hatte. Aber nach einer Woche hatte ich mich daran gewöhnt und verstand ihn tadellos. Von solchen Nebensächlichkeiten soll man sich nicht stören lassen.

3. Die Art und Weise des Hörens selbst

Was das Hören angeht, gibt es drei Hindernisse und sechs positive Einstellungen. Jedesmal, wenn der Buddha eine Belehrung gab, sagte er: »Hört gut zu und konzentriert euch, dann werde ich euch eine Belehrung geben.« Die Hindernisse werden am Beispiel eines Gefäßes erklärt, wobei wir Zuhörer für das Gefäß stehen und die Belehrung für den Inhalt.

Die hindernden Umstände, die drei Fehler des Gefäßes, aufgeben

Ein verschmutztes Gefäß sein

Wenn man ein edles Getränk in ein schmutziges Glas gießt, wird es verunreinigt, man kann es nicht mehr trinken. Nach dem gleichen Prinzip haben wir nun die Chance, eine so kostbare Belehrung wie den Lamrim zu hören, aber das nützt uns nichts, wenn unsere Motivation dabei nicht sauber ist, denn dann ist die ganze Mühe des Hörens umsonst.

Ein umgedrehtes Gefäß sein
Wenn wir etwas in ein Gefäß füllen wollen, darf das Gefäß nicht umgedreht stehen, weil sonst nichts hineingeschüttet werden kann. In ähnlicher Weise müssen wir konzentriert zuhören. Wenn wir mit den Gedanken ganz woanders sind, haben wir die Belehrung letztlich gar nicht gehört. Es muss also Aufnahmebereitschaft vorhanden sein.

Ein Gefäß zu sein, in dessen Boden sich ein Loch befindet
Wenn das Gefäß ein Loch hat, läuft alles unten wieder heraus, was man oben hineingießt. Ebenso dürfen wir nicht vergessen, was wir gehört haben. Wenn wir alles gehört haben, aber es gleich wieder vergessen, hat es keinen Nutzen für uns. Rein körperlich anwesend zu sein, ist nicht genug; man muss auch mit dem Geist zuhören.

Entscheidend ist immer die Motivation. Atîsha wurde einmal gefragt, was die Grenze zwischen Dharma und Nicht-Dharma sei. Seine Antwort: »Wenn eine Handlung ab der nächsten Existenz hilft, ist es eine Dharma-Handlung.« Wenn wir hingegen nur kurzsichtige Ziele für dieses Leben verfolgen, ist das kein Dharma mehr. Wenn wir eine große Motivation haben, werden wir ein großes Resultat erfahren, wenn wir eine kleine Motivation haben, ein kleines. Wir denken immer, Buddhaschaft sei ganz weit weg. Aber Buddhaschaft kann auch nur einen Atemzug entfernt sein, wenn man so weit ist. D.h. z.B., dass man gleich nach dem Tod Buddhaschaft erlangen kann, während des Zwischenzustandes oder in der nächsten Existenz. Diese Existenz ist nicht unbedingt eine weit entfernte Sache, sie kann hinter dem nächsten Atemzug liegen: Einmal ausatmen, einmal einatmen, und schon ist man in der nächsten Existenz. Ein Zeitgenosse von Milarepa sagte hierzu: »Der gefürchtete Leichnam liegt nah an meinem Körper« – d.h., wenn ich nicht mehr aus- und einatmen kann, bin ich schon ein Leichnam.

Man könnte auch folgende Motivation haben: Ich möchte diese Einweihung erhalten, um sie später weitergeben zu können, um als Lehrer aufzutreten und viele Schüler um mich zu scharen. Man möchte also nur für sich selbst etwas erreichen. Etwas anderes ist es, wenn man aufgrund der eigenen Fähigkeit und Notwendigkeit auf diese Stufe kommt. Hier ist gemeint, mit Absicht eine »Lehrerausbildung« zu machen, weil man gern den »Beruf« eines religiösen Lehrers ausüben will. Das ist völlig verkehrt! Lehrer werden ist nicht schwer, Lehrer sein dagegen sehr. Ohne Gespür für die Praxis einfach nur Texte zu erklären, das genügt nicht. Der Lehrer selbst muss, soweit es geht, Erfahrung haben. Sicherlich gibt es unter den Lehrern Unterschiede in den intellektuellen Fähigkeiten, der Aufnahmefähigkeit und der Meditationspraxis. Aber nur einmal etwas von seinem Lehrer gehört zu haben, dann gleich weiterzulesen und wortwörtlich zu erklären, bringt für die Schüler wenig. Zwar gibt es im Dharma viele technische Ausdrücke, aber diese Fachbegriffe machen nur dann Sinn, wenn man sie mit Erfahrungen verbinden kann; bloße Worterklärungen ohne eigene Erfahrung helfen nicht weiter.

Zumindest müssen wir uns um eine korrekte Motivation bemühen, die von Entsagung (tib. *Nye byung*, Heraustreten aus Samsara), Warmherzigkeit und Mitleid für andere bestimmt ist.

Die förderlichen Umstände,
die sechs Grundeinstellungen, pflegen

Nun zu den sechs Absichten beim Hören: 1. Man muss das Gefühl haben, selbst krank zu sein, 2. muss den Dharma als Medizin ansehen, 3. den Lehrer als Arzt sehen, 4. glauben, durch korrekte Praxis von der Krankheit geheilt zu werden, 5. Buddha als vortreffliche Person ansehen und 6. wünschen, dass die Dharma-Praxis lange weiterbestehen möge.

Man betrachtet sich selbst als Kranken, die Belehrungen
als Arznei

Mit dem ersten Punkt ist natürlich nicht gemeint, dass man sich Kopfschmerzen o.ä. vorstellt. Es gibt ein berühmtes Zitat von Potowa: »Wir sind Kranke, die nie geheilt worden sind. Wir sind Reisende, die nie ans Ziel kommen.« In ähnlicher Weise kranken wir von Anfang an an unheilsamen Handlungen, und diese Krankheit hat uns ununterbrochen in schlechte Existenzen geworfen. Bis jetzt haben wir unsere Krankheit nicht als solche erkannt. Wir müssen nun unsere Fehler als Fehler erkennen und ihre Wurzel analysieren. Zumindest müssen wir, bei Kleinigkeiten beginnend, versuchen, uns von unheilsamen Handlungen oder falschen Vorstellungen zunächst zu distanzieren, um sie dann zurückzudrängen und immer wieder zu bekämpfen. Sich gleich frontal mit ihnen auseinander zu setzen, ist nicht immer ratsam, man muss geschickt vorgehen. Unsere Anhaftung an die Annehmlichkeiten dieser Existenz macht es uns schwer, loszulassen. Wenn wir z.B. in der Stadt etwas Schönes gesehen haben, kreisen unsere Gedanken immer wieder um diesen Gegenstand, ohne dass wir uns davon lösen können. Das ist eigentlich eine Krankheit, »krank« im Sinne von »unruhig«, denn die Anhaftung an die Phänomene lässt uns nicht in Ruhe. Ein Kadampa-Geshe sagt: »Unsere Krankheit ist wie eine fieberhafte Erkrankung: Wenn man starkes Fieber hat, fühlt man sich ganz gesund, man hat Halluzinationen und nimmt diese als real wahr. Der Kranke kann nicht zugeben, dass er krank ist.« In derselben Weise glauben psychisch Kranke an die Realität ihrer Halluzinationen, hören Stimmen und sprechen mit Personen, die ihnen erscheinen.

Der Buddhismus sagt nun, dass wir ebenso von Anfang an von unseren Illusionen getäuscht werden. Auch wir wollen gar nicht zugeben, dass es sich um Illusionen handelt, wir wollen nicht zugeben, dass wir krank sind. Wenn man wirklich krank wäre, müsste man Schmerzen haben, aber wir fühlen keine Schmerzen. Die Kadampas antworten darauf: »Wir haben sehr wohl Schmerzen, die Unruhe, die aus unserer Anhaftung resultiert, ist unser Schmerz.« Wir haben oft das Gefühl, etwas unbedingt machen zu müssen; wenn wir mit jemandem streiten, entsteht daraus ein unangenehmes Gefühl – das ist unser Schmerz. Unsere Unwissenheit können wir meist gar nicht klar erkennen. Es ist, wie wenn man Grippe hat und nicht mehr klar denken kann.

Wir können leicht prüfen, ob wir an dieser Krankheit leiden oder nicht: Wenn ich von jemandem geschlagen werde, wie reagiere ich darauf? Wie reagiere ich spontan? Wenn ich reagiere, als ob gar nichts passiert wäre, bin ich zumindest in dieser Beziehung nicht mehr krank. Shantideva sagt: »Wenn wir eine Krankheit haben, müssen wir den Rat eines Arztes einholen und ihm folgen. Da wir praktisch unheilbare Krankheiten wie Anhaftung und Gier haben, müssen wir ein Gegenmittel suchen und benützen.« Wenn wir monatelang krank sind, sprechen wir von einer »chronischen Krankheit« und suchen auch Mittel, um sie zu heilen. Aber unsere wirklich schwerste Krankheit macht uns wenig aus, und wir suchen kaum nach Gegenmitteln, sondern genießen die Krankheit. Dharma ist die richtige Medizin für unsere ewige Krankheit. Es ist das einzige Mittel, das uns hilft, denn unsere innere Krankheit ist von geistiger Natur, und Dharma ist auch geistiger Natur, es ist nämlich eine Einstellung, eine Motivation.

Man betrachtet den Lehrer als Arzt
Ohne ärztliche Anordnung Medikamente zu schlucken ist gefährlich. Auch wenn heutzutage den Medikamenten ausführliche Beipackzettel beiliegen, reicht diese Beschreibung allein doch nicht aus (sonst wären alle Ärzte arbeitslos). Wie ich immer sage: Dharma ist keine »do-it-yourself«-Methode! Man muss es sich richtig erklären lassen und nach dieser Anweisung praktizieren. Derjenige, der den Weg zeigt, ist der Lehrer, deshalb heißt es, man solle »den Lehrer als Arzt ansehen«. Ein schlechter Arzt kann uns nicht viel weiterhelfen. Das trifft auch auf die Lehrer zu.

Man betrachtet die Praxis, für die man sich entschieden hat, als Heilprozess
Man muss in richtiger Weise praktizieren, d.h., es ist nicht genug, den Arzt bloß aufzusuchen, wir müssen das Medikament auch einnehmen. Die Untersuchung allein hilft uns noch nicht. Wenn der Lehrer also den Dharma erklärt, genügt das allein noch nicht, wir müssen seiner Erklärung entsprechend prakti-

zieren. Die Tibeter nehmen in der Regel nicht gern Medizin ein, aber sie gehen zu allen Ärzten und holen sich verschiedene Medikamente, ohne sie anzuwenden. Das ist eine tibetische Volkskrankheit. In Tsongkhapas Großem Lamrim heißt es: »Viele Belehrungen zu hören und viele Bücher zu lesen, ohne zu praktizieren, ist Zeitverschwendung. Das hilft nicht. Man soll gemäß der Belehrung praktizieren oder umgekehrt, d.h. die zur Praxis passenden Belehrungen hören.« Eine Dharmabelehrung ist keine Weinprobe, wo der Tester die durchnummerierten Gläser der Reihe nach durchgeht und den Wein wieder ausspuckt, weil er gar keinen Wein trinken, sondern nur den Geschmack prüfen will. Ähnlich gehen wir manchmal mit den Belehrungen um. Ein Sutra dazu: »Der süßeste Saft befindet sich nicht in der Rinde des Baumes, sondern im Inneren des Stammes.« Normalerweise kosten wir nur den Geschmack der Rinde. Wir sollten uns damit nicht zufrieden geben, sondern den Geschmack des Inneren kosten. Wie gut dieser Geschmack ist, muss jeder selbst erfahren. Wie könnte man Schokolade jemandem erklären, der keine Schokolade kennt? »Braun, süß, quadratisch, länglich, mit Nüssen...« – all diese Eigenschaften beschreiben die Sache nicht eindeutig. Nur indem man sie selbst in den Mund nimmt, kann man Schokolade erfahren. Ebenso kann sich der Genuss von Dharma nur durch Praxis entfalten.

Wenn wir viele Belehrungen hören, ohne zu praktizieren, kann das auch leicht gefährlich sein. Gefährlich in dem Sinne, dass man sich an die Inhalte gewöhnt und meint, mit ihnen vertraut zu sein. Man kann über ein Thema hundert Belehrungen hören, und jeder Lehrer wird sich gnadenlos immer wieder wiederholen, obwohl seine Schüler es schon hundertmal gehört haben. Er muss es immer wieder wiederholen, weil das Gehörte sich mit dem Geist verbinden soll. Hören allein genügt nicht, man muss es auch verstehen. Erst wenn sich die Unterweisung mit dem eigenen Geist richtig vermischt, fängt die Wirkung an. Mit der Zeit kann es dazu kommen, dass wir bei der Belehrung nur denken: »Das ist jetzt dieser Abschnitt, den Punkt hat er ausgelassen, jetzt kommt das und das«; das ist ein sicheres Zeichen, dass man innerlich verhärtet ist und zum »Dharmakonsument« (*chos-dred*) geworden ist. Pältrül Rinpoche, ein hervorragender Meister der Nyingma-Tradition, hat die vorbereitende Praxis zum Dzogchen, die nichts anderes ist als Lamrim, von einem einzigen Lehrer fünfundzwanzigmal gehört. Diese Unterweisungen hat er nicht nur fünfundzwanzigmal gehört, sondern auch jedesmal durchpraktiziert. Unsere Einstellung ist hingegen: »Jetzt höre ich das schon zum dritten Mal!«

4. Wie man die Lehren geben sollte

Nachdenken über den Nutzen des Gebens von Unterweisungen

Diese Fragestellung betrifft hauptsächlich den Lehrer, seine Aufgabe und seine Einstellung. Wichtig ist, dass Lehren als Geben angesehen wird. Es gibt verschiedene Arten des Gebens: das Geben von materiellen Dingen und das Geben von Wissen. Schon bei materiellen Dingen macht der Empfänger einen Unterschied: Je bedürftiger der Empfänger ist, desto wirksamer und heilsamer ist die Gabe. Ein geistiges Geschenk ist nun noch kräftiger und heilsamer als ein materielles, denn das geistige Geschenk kann für diese und weitere Existenzen helfen. Daher ist das Geben von Belehrungen sehr verdienstvoll, wenn es mit einer guten Motivation geschieht, was nicht immer der Fall ist. Eine falsche Einstellung drückt sich z.B. im folgenden Gedanken aus: »Wenn ich diese Belehrung gebe, bekomme ich finanzielle Unterstützung, Geschenke, oder ich erlange größeres Ansehen.« Man muss als Lehrer eine ganz saubere Einstellung haben. Speziell bei Lamrim-Erklärungen gilt es, soweit es einem möglich ist, auf die Schüler eingehen, d.h., der Lehrer muss die Schüler bis zu einem gewissen Grad verstehen können. Natürlich ist es immer schwierig, einem allgemeinen Publikum Belehrungen zu geben, weil die Fähigkeiten und Bedürfnisse jedes Einzelnen verschieden sind. Deshalb ist es besser, eher allgemein anzufangen und allmählich tiefer zu gehen und nicht gleich über anspruchsvolle Themen zu sprechen. Der Lehrer muss also etwas über die Wünsche, den Entwicklungsstand und die Neigungen der Schüler wissen und sich danach richten können.

Eine Vertiefung des Lamrim wäre z.B. das Studium der Prajñaparamita-Texte. Dabei ergibt sich aber leicht das Problem, wie man solche großen Texte überhaupt in der eigenen Praxis anwenden kann. Viele haben den Eindruck, die großen Texte dienten nur dem wissenschaftlichen Studium, und nur der Lamrim sei für die Praxis gedacht. Es wird von Geshes berichtet, die ihr Studium mit Auszeichnung abschlossen, aber nach der Gesheprüfung keinen Anschluss an die eigene Praxis fanden. Sie wussten einfach nicht, wo sie anfangen sollten, obwohl sie ein großes theoretisches Wissen besaßen. Um zu praktizieren, mussten sie erst eine besondere Belehrung hören. Das bedeutet, dass sie ihr Studium nach außen gerichtet hatten, ohne Bezug zu ihrer eigenen inneren Entwicklung.

Um ein Beispiel zu geben: Wir sprechen vom Bewusstsein und von den fünf Sinnesorganen. Nach der buddhistischen Philosophie haben die fünf Sinne jeweils ein eigenes Sinnesbewusstsein. Wie nehmen sie nun wahr, wie sehen wir z.B.? Es muss ein Objekt geben, ein Auge und einen Blickkontakt. Wo ist dann die Form, die gesehen wird? Ist die Form im Gegenstand oder im Auge? Eigentlich geht es um ein wichtiges Thema: Wir wollen genau wissen, wie wir wahrnehmen, um damit analysieren zu können, wie unsere Anhaftung an äußere Gegenstände funktioniert. Wenn wir das nicht richtig verstehen, ereignet sich die Anhaftung, als ob das Ganze nichts mit mir zu tun hätte. Deshalb wird die Wahrnehmung so genau untersucht, deshalb wird auch im Madhyamika-Text über mehrere Bände hinweg haarklein aufgezählt, welche Auffassung dieser und jener indische Pandit über Leerheit hatte. Scheinbar hat das mit einem selbst herzlich wenig zu tun, aber eigentlich hat es sehr viel mit einem zu tun, weil es um die Ursache des Leidens geht.

Aus diesem Grund muss jedenfalls zuallererst in der Belehrung eine innere Erfahrung erzeugt werden. Das Sitzen in der Belehrung soll uns eine bestimmte Inspiration geben. Selbst ein Lehrer kann zu Hause nicht so gut erklären wie vor der

Zuhörermenge, allein schon aufgrund der Gruppendynamik und der erforderlichen Konzentration. Wenn man sich konzentrieren muss, um zu kommunizieren, kommen einem die Ideen viel leichter. Auch für den Schüler ist es leichter, während der Belehrung etwas zu realisieren als daheim im stillen Kämmerlein. Im Lauf der Zeit stellen sich natürlich auch daheim meditative Erfahrungen ein, aber in der Belehrung erlebt man alles viel lebendiger. Deshalb haben manche Lamas früher die Hälfte der Zeit auf die Vorbereitungsmeditation verwendet. Bat man sie, die Vorbereitungsmeditation zugunsten der »eigentlichen« Belehrung abzukürzen, haben sie geschimpft: »Ihr habt den Kernpunkt der Belehrung nicht verstanden! Wir wollen nicht nur die Erklärungen verstehen, sondern auch durch Meditation realisieren. Wir alle wollen Hilfe und Inspiration von den Buddhas, Bodhisattvas und unseren Lamas. Während dieser Rezitation bitten wir darum, den ganzen Lamrim realisieren zu können. Deshalb ist sie genauso wichtig wie die Belehrung selbst und ist keinesfalls abzukürzen.« Einer der alten Kadampa-Meister war ein großer Gelehrter und gab sehr tiefgründige, ausführliche Belehrungen, aber viele Schüler konnten damit nichts anfangen. Viele sagten: »Komisch, er kann alles erklären, aber für unseren Geist nutzt es nur wenig. Wenn wir hingegen zu Geshe Potowa gehen, bringt es uns viel mehr.« Geshe Chökyi Wöser kam das irgendwann selbst zu Ohren, und er ging zu Potowa und fragte, warum das der Fall sei. Potowa antwortete: »Du bist sehr gelehrt und gibst ausführliche, wissenschaftliche Erklärungen. Ich habe die Pfeile des Dharma immer nach innen gerichtet und versuche, dementsprechend zu erklären.« Von dieser Antwort war Chökyi Wöser sehr angetan und ging fortan zu Geshe Potowa, um ihn um Belehrungen zu bitten. Nach der Belehrung meinte er dann: »Ich habe nichts gelernt, was ich nicht schon gelernt hatte; aber ich habe vieles verstanden, was ich vorher nie verstanden hatte.« Diese Anekdote zeigt, dass Hören und Verstehen zwei Paar Stiefel sind. Deshalb sollte man nicht denken »Das ist doch ein alter Hut!«, wenn man eine Belehrung hört. Wenn man nicht richtig hört, wird die gesamte Belehrung sinnlos, weil die richtige Motivation fehlt. Daher wird in den Lamrim-Texten so viel Wert auf richtiges Zuhören und richtiges Geben von Belehrungen gelegt.

Die Erzeugung von Verehrung gegenüber dem Buddha und der Lehre
Wenn Buddha Belehrungen gab, ging er zum Ort der Belehrung und bereitete selbst seinen Thron (erhöhten Sitz) vor. Das bedeutet: Was er lehrt ist selbst für einen Buddha verehrungswürdig. Letztlich gilt die Verehrung nämlich nicht ihm, sondern seiner Lehre. Im Übrigen werden überall auf der Welt religiöse Führer geehrt, indem man besondere Sitzgelegenheiten für sie vorbereitet. Manche Lamas sind allerdings so arrogant, während einer Belehrung einen höheren Sitz als ihr Lehrer einzunehmen, weil sie in der Hierarchie über ihm stehen. Normalerweise bereitet man für zwei Lamas, die wechselseitig Lehrer und Schüler sind, zwei gleich hohe Sitzgelegenheiten vor, und sie machen gleichzeitig Niederwerfungen. So ist das z.B. immer bei Seiner Heiligkeit, dem Dalai Lama, denn seine Lehrer haben auch von ihm Belehrungen erhalten und er natürlich von ihnen.

Das Verhalten und die Gedanken, mit denen man lehren sollte
Welche Motivation muss man beim Lehren haben? Die Motivation ist, den Schülern zu helfen, zumindest irgendeinen latenten Eindruck zu schaffen oder eine Tendenz zu erzeugen. Es ist sehr wichtig, dass der Lehrer nicht stolz darauf ist, dass er bestimmte Themen erklären kann oder dass er von allen Schülern respektiert wird und auf einem erhöhten Sitz thront. Das ist für den Lehrer schwer unter Kontrolle zu bringen. Man kann leicht Arroganz und Stolz entwickeln, weil doch eine Distanz zwischen Lehrer und Schülern besteht. Während der Belehrung drückt eine solche Sitzordnung selbstverständlich die Verehrung gegenüber der Lehre aus, aber der Lehrer muss sich innerlich auf der gleichen Ebene wie den Schüler sehen, er muss von gleich zu gleich sprechen können, nicht von oben he-

rab. Natürlich ist er in der Lage, Erklärungen zu geben, deshalb gibt er den Schülern gewisse Anordnungen, aber das heißt nicht, dass er die Schüler von oben herab belehrt. Auch wenn es diesen Anschein haben mag, seine Motivation muss so sein, als ob sich beide auf derselben Ebene befänden. Er darf praktisch zwischen Belehrungen und Diskussionen keinen Unterschied machen. Der erste der Acht Verse zum Geistestraining lautet: »Wo immer und mit wem ich auch zusammen bin, ich werde mich jederzeit als den Niedrigsten von allen betrachten.« Diese zentrale buddhistische Praxis ist dazu gedacht, als Gegenmittel gegen Stolz und Überheblichkeit zu dienen. Man muss mit allen Mitteln versuchen, den eigenen Geist zu zähmen. Früher waren die Lamas sehr streng, manche sagten, man dürfe nicht einmal den Wunsch haben, durch die Belehrung eine heilsame Handlung für sich selbst anzusammeln, damit man während der Belehrung eine Motivation hat, die ganz auf den Schüler gerichtet ist. Selbstverständlich ist es nicht falsch, dass man nach einer solchen heilsamen Handlung ein positives Ergebnis erwarten kann; aber der Nutzen der Schüler hat absoluten Vorrang.

Vor der Belehrung muss der Lehrer drei Niederwerfungen machen, und zwar nicht an den leeren Thron, sondern an ein darauf vorgestelltes Zufluchtsobjekt. Nach den Niederwerfungen meditiert er kurz, dass die Schar der Zufluchtsobjekte in Gestalt von Lichtstrahlen und Nektar in ihn eingehen und mit ihm verschmelzen mögen. Mit den Strahlen soll man die zahllosen Qualitäten von Mañjushri heranziehen und dadurch sein Vermögen, die buddhistische Lehre zu erklären, vertiefen. Das hat auch den Zweck, dass man sich nicht allwissend fühlt. Dann macht der Lehrer die Bewegung des Fingerschnippens. Dieses nur einen Augenblick dauernde Geräusch ist ein Symbol für Unbeständigkeit. Auch das Sitzen auf dem Thron darf man nicht als beständig ansehen. Das Fingerschnippen hat auch noch eine tiefere Bedeutung: Zwei Finger und Daumenballen treffen zusammen und erzeugen ein Geräusch. Ohne ihr Zusammentreffen gäbe es kein Geräusch. Das bedeutet, alles entsteht in Abhängigkeit: ohne Lehrer keine Schüler, ohne

Schüler kein Lehrer. Auch der Thron ist in Abhängigkeit entstanden. Analysiert man diesen Umstand näher, wird die Anhaftung an diese Äußerlichkeiten zerstört. Während der Belehrung muss man, wie gesagt, eine saubere Motivation haben und sich auch bemühen, ein freundliches Gesicht zu machen, eine ansprechende Erscheinung abzugeben. Daneben soll man viele Beispiele geben, aus Quellen zitieren und logische Begründungen geben. Der Kadampa-Meister Potowa erzählte z.B. häufig Tierfabeln. Mithilfe dieser Geschichten gab er korrekte Belehrungen, die seinen Zuhörern weiterhalfen. Wenn wir solche Geschichten hören, denken wir eher: »Lamas Märchenstunde. Wir wollen wahre Geschichten.« Ich glaube, wenn die Kadampa-Meister in der heutigen Zeit lehren würden, hätten sie keine Chance!

Wem man Belehrungen geben sollte und wem nicht

Welchen Schülern man Belehrungen geben soll und welchen nicht, wird ausführlich im Vinaya behandelt. So soll der Lehrer nicht hinter den Schülern sitzen, wenn er Belehrungen gibt, er sollte auch nicht im Stehen lehren, während die Schüler sitzen. Wichtig ist auch, dass der Lehrer um die Belehrung gebeten wird. Er darf nicht einfach von sich aus anfangen zu lehren, sondern sollte sicher sein, dass ein ernsthaftes Interesse besteht. Eine Ausnahme ist es, wenn ein Schüler reif dafür ist, eine bestimmte Belehrung zu erhalten. Der Lehrer wird dann dem Schüler sagen: »Komm her und hör zu« – dann hat der Schüler keine andere Wahl.

WIE MAN DIE LEHREN ANNEHMEN UND AM ENDE GEMEINSAM ABSCHLIESSEN SOLLTE

Am Schluss der Belehrung widmen Schüler und Lehrer ihre jeweilige Aktivität gemeinsam. Dieses Thema wird im Folgenden bei den sechs vorbereitenden Übungen näher besprochen.

DIE STUFEN, ÜBER DIE MAN DEN SCHÜLER MIT HILFE DER EIGENTLICHEN UNTERWEISUNGEN FÜHRT

Nach dem Einschalten müssen bei manchen komplizierten Apparaten auch verschiedene Einstellungen vorgenommen werden, weil sonst das ganze System nicht funktioniert. So müssen wir auch bei der buddhistischen Praxis einer gewissen Reihenfolge folgen und erst eine Vorbereitungspraxis üben, bevor man zur Hauptpraxis kommt. Am Anfang des Lamrim stehen daher sechs vorbereitende Übungen, die man der eigentlichen Meditation voranschickt:

a) Reinigen des Praxisortes, Aufstellen der Repräsentationen von Körper (Buddha-Statue), Sprache (Dharmatexte) und Geist (Stupa)

Der erste Schritt besteht in der Reinigung des Ortes und dem Herrichten des Altars. Wir wollen ja zunächst heilsame Handlungen ansammeln und Opfergaben darbringen. Wenn wir einen Gast einladen, werden wir auch zunächst sauber machen und das Zimmer in Ordnung bringen. Traditionell war es früher üblich, dass die Praktizierenden jeden Morgen ihr Zimmer kehrten und sich den äußeren Staub dabei als Symbol ihrer inneren Befleckungen vorstellten.

Wenn wir längere Zeit hindurch eine bestimmte Praxis durchführen wollen, sollten wir auch einen angemessenen Ort aufsuchen. Wenn z.B. in einem Kloster früher Streit zwischen den Mönchen herrschte, soll man nicht in diesem Kloster meditieren, weil die Energie oder Kraft des Ortes über den Praktizierenden herrscht und seine innere Entwicklung stören kann, indem sie Unruhe stiftet, ablenkt oder Krankheiten hervorruft. Ein Ort, wo früher viele Menschen umgebracht wurden, wie z.B. Dachau, wäre völlig ungeeignet. Wenn man selber geistige Fähigkeiten besitzt, kann man jeden Ort segnen, aber wir sind noch abhängig von äußerlichen Einflüssen. Deshalb bevorzugt man Orte, wo früher hohe Lamas lange meditiert haben, weil wir dort Segen von diesem Ort bzw. diesem Lama bekommen können.

Das Nächste ist das Herrichten des Altars. Allgemein kann man beliebig viele Statuen und Bilder auf den Altar stellen, aber für die Meditation ist das nicht unbedingt nötig und manchmal auch ein bisschen verwirrend. Ein Buddha-Bild und ein zweites Bild des eigenen Lehrers genügen. Dann sollte ein Dharma-Text auf dem Altar liegen, am besten wären ein Lamrim- und ein Prajñaparamita-Text. Im Prinzip genügt aber schon der auf ein Blatt geschriebene Buchstabe »A«, weil das A ein Symbol für die Leerheit ist.

Das wäre die »Stütze«, das Symbol für das Buddha-Wort. Wichtig ist weiter eine Stütze für den Buddha-Körper, nämlich eine Statue oder ein Bild; Symbol für den Buddha-Geist sind Stupas. Was die Aufstellung betrifft: In der Mitte ist der Buddha, von ihm aus gesehen rechts der Lama und die Bücher, links von ihm die Stupas und sonstigen Attribute. Wenn man den Altar einmal hergerichtet hat, muss man ihn nicht jeden Tag umstellen und neu aufbauen, bloß ab und zu sauber machen und Staub wischen. Beim Herrichten und Aufstellen der Opfergaben soll man auch immer wieder die Buddha-Statue oder das Bild anschauen, weil allein durch das Anschauen viel Verdienst angesammelt werden kann. Es gibt eine Legende aus der Zeit vor Buddha: Ein Bote übernachtete in einem verlassenen Tempel, und als er mit seiner Lampe umherleuchtete, sah er ein Buddha-Bild an der Wand. Als er das sah, dachte er: »Was für eine schöne Gestalt, wie schön wäre es, wenn ich so etwas real sehen könnte.« Durch diese reine Gesinnung legte er einen starken karmischen Samen, einem wirklichen Buddha zu begegnen, und wurde in einer späteren Existenz Shariputra, einer der beiden Hauptschüler Buddhas. Im Lotus-Sutra heißt es auch: Selbst wenn man ein Buddha-Bild im Zorn betrachtet, kann man dadurch unzählige heilsame Handlungen ansammeln und so befähigt werden, Buddha später real zu sehen.

b) Darbringung geeigneter Opfergaben

Der zweite Teil der Vorbereitung ist die Darbringung von Opfergaben, die ehrlich erworben sein sollten. Wenn wir Blumen kaufen und auf dem Altar darbringen, dann sollten wir sie mit unserem Geld gekauft haben. Eine schöne Blume aus dem Garten unseres Nachbarn können wir hingegen nicht einfach ausreißen und mitnehmen, das wäre keine geeignete Opfergabe. Wir können aber ihre Schönheit opfern, weil das Zufluchtsobjekt nicht nur auf dem Altar, sondern theoretisch überall ist. Wenn ich spazieren gehe und Wald, Blumen und einen Fluss mit reinem Wasser sehe, kann ich z.B. das Opfermantra sprechen und diese Schönheit darbringen. Warum? Wir sind Mitglieder dieses Universums, deshalb können wir in gewisser Weise und bis zu einem bestimmten Grad all die Dinge, die in den verschiedenen Welten dieses Universums existieren, in Besitz nehmen. Wir können nicht ohne weiteres sagen, »was ich jetzt in der Hand halte, gehört mir, und alles andere gehört den anderen«, das lässt sich gar nicht so stark voneinander trennen. Wenn ich in einem Haus wohne, habe ich Anteil an diesem Haus, wenn ich in Nürnberg lebe, habe ich ein bestimmtes Recht, Nürnberg zu benutzen. Dasselbe gilt für Deutschland, Europa, die ganze Welt.

Im tibetischen Buddhismus werden sehr häufig Wasseropfer dargebracht. Atîsha hat erklärt, dass Wasser ganz allgemein, insbesondere das Gebirgswasser Tibets, eine hervorragende Opfergabe ist, weil es acht gute Qualitäten hat: Es ist kühl, wohlschmeckend, leicht, weich, klar, wohlriechend (weil mit Safran gefärbt, der auch als Heilmittel gilt), leicht verdaulich und wohltuend für die Kehle. Bevor man mit dem Wasseropfer beginnt, muss man die sieben Opferschalen mit einem weichen, sauberen Tuch säubern. Die Wasserschalen soll man übereinandergestapelt und umgedreht aufbewahren. Wir tibetische Buddhisten sind stark an symbolische Vorstellungen gebunden, sodass es manchmal fast krankhaft wird! Ich mache es jedenfalls so: In die oberste Schale gieße ich Wasser, dann gieße ich das Wasser in die darunterliegende Schale, aber so, dass in der ersten Schale ein Rest bleibt, und so weiter bis zur letzten Schale. Die Schalen stellt man vom Objekt her gesehen von rechts nach links auf (von uns aus gesehen also von links nach rechts). Wir Tibeter denken immer vom Objekt her, deshalb ist es etwas schwierig, mit Tibetern Auto zu fahren, wenn ein Europäer sagt, »fahr nach links«, wird ein Tibeter spontan rechts abbiegen wollen. Das kann zu Problemen führen.

Die Zahl der Wasserschalen beträgt üblicherweise 7, 10, 14, 21, 100 oder 1000. Der Abstand der Schalen voneinander soll, wie es in den Lamrim-Texten steht, ein Gerstenkorn betragen – das dürften etwa zwei Millimeter sein. Dann soll man die Schalen weder zu voll noch zu spärlich füllen. Als Speiseopfer können wir alles Essbare verwenden. Leider nehmen viele Tibeter für den Opfer-Tsampa besonders grobes und unschönes Gerstenmehl und ranzige Butter, die man als Mensch gar nicht essen kann. Natürlich essen die Buddhas die Opfergaben nicht wirklich, aber einem Gast würden wir ja auch nichts Ungenießbares vorsetzen. Hier im Westen können wir auch Müsli verwenden, es enthält viele nahrhafte Bestandteile und ist haltbar.

Bei Opfergaben sind immer drei Eigenschaften zu berücksichtigen: Qualität, Farbe und Form. Sie müssen von guter Qualität und schön anzusehen sein, deshalb verwenden wir Safran und andere Farben und verzieren die Tormas (Opferkuchen) mit Ornamenten aus Butter. Das ist das Opfer von Farbe und Form, wie bei einem Bankett, wo ja auch alles so schön wohlgeordnet hergerichtet wird. Eigentlich kommt es zwar auf den Inhalt und nicht auf das Glas an, aber dennoch macht man einen Unterschied zwischen Wein-, Bier- und Sektgläsern, die verschiedene Formen haben; alles nur, damit sich die Gäste wohl fühlen. Die Tibeter sagen auch: »Der Bauch ist satt, aber die Augen sind noch viel satter«, d.h., wenn man gut isst, ist man satt, aber die Augen können sich immer noch an dem schönen Anblick weiden. Opfergaben werden allgemein am Morgen aufgestellt und abends wieder abgetragen, wobei man (von uns aus gesehen) rechts anfängt.

Das Allerwichtigste ist jedoch die so genannte Ursache des Opfers, d.h. die Motivation. Wenn wir Opfer darbringen, geht es ja nicht darum, dass ich es mir selbst oder dem Gastgeber schön und gemütlich machen will, sondern um die Verehrung, die wir den Drei Juwelen erweisen wollen. Die Opfergabe darf daher auch nicht durch eine unheilsame Handlung beschafft werden. Nehmen wir das Beispiel, dass jemand einem Kloster eine Spende machen will, wie das bei uns in Tibet üblich ist. Nun hat er aber zuwenig Tee. Also geht er zu seinem Gönner, sagt aber nicht, dass er um Tee bitten möchte, sondern fängt an, dem Gönner zu schmeicheln: »O du Gütiger, du hast mir immer geholfen und warst so großzügig usw.« – wenn man so indirekt um etwas bittet, ist das auch eine Art von Unehrlichkeit und Lüge. Es gibt fünf solcher Verhaltensweisen, die als unheilsamer Lebenserwerb gelten. Das erste ist Schmeichelei, wenn man jemanden lobt, um von ihm etwas zu bekommen. Das zweite ist indirekte Bettelei, wenn man ihn daran erinnert, was er früher schon alles für einen getan hat. Das dritte: Man bringt selbst ein kleines Geschenk und erwartet ein großes als Gegengabe; im Tibetischen heißt das, »ein totes Pferd an einer Schnur ziehen«, weil das Mittel so dünn ist wie eine Schnur, aber eine Sache so groß wie ein Pferd an Land ziehen soll. Das vierte ist eine unangemessene Strafe, die man jemandem auferlegt, um dann damit Opfergaben zu kaufen. Das fünfte ist Scheinheiligkeit, wenn man gegenüber Fremden so tut, als würde man nur einmal am Tag essen oder jeden Morgen um vier Uhr früh aufstehen, um sie zu beeindrucken und etwas zu bekommen.

c) Vorstellung der Zufluchtsobjekte

Dann nimmt man auf dem Sitz eine bequeme Haltung ein. Die Asiaten sind alle daran gewöhnt, mit überkreuzten Beinen auf dem Boden zu sitzen, nicht auf dem Stuhl. Das muss aber kein Hindernis sein. Wenn jemand nicht in der Lage ist, längere Zeit auf dem Boden zu sitzen, kann er ruhig auf einem Stuhl oder Sessel Platz nehmen. Die Sitzgelegenheit sollte hinten leicht erhöht sein, so dass man den Körper automatisch gerade hält. Wenn man hinten zu tief sitzt, wird man nach längerer Zeit ein unangenehmes Gefühl haben und müde werden. Unter den Sitz legt man eine rechtsläufige Svastika und Kusha-Gras, das als Symbol für Reinheit steht. Besonders geeignet für die Praxis ist die Vairocana-Sitzhaltung, die sieben Merkmale hat. Im Idealfall sind beide Beine über Kreuz wie bei Buddha Shâkyamuni. Die meisten von uns können wohl kaum längere Zeit in dieser Haltung sitzen, deshalb geht auch der Schneidersitz oder der halbe Lotussitz. Über die Sitzhaltung könnte man stundenlang reden, in den kanonischen Texten werden allein acht bzw. sechzehn Sitzhaltungen beschrieben. Bei meinen ikonographischen Forschungen habe ich auch festgestellt, dass bestimmte Sitzhaltungen nur auf sehr frühen Malereien und Figuren zu sehen sind und nach dem 17. Jahrhundert ganz verschwinden.

Die korrekte Sitzhaltung wird in sieben Punkten zusammengefasst: Der Rücken ist gerade, weil es heißt, dass der Geist auch gerade sei, wenn der Körper es ist. Die Wirbelsäule soll gerade wie ein Pfeil sein. Die rechte Hand liegt im linken Handteller, die beiden Daumen berühren sich, wobei die Daumenspitze in Höhe des Nabels ruht. Die Schultern sind locker, weder zu hoch noch zu tief. Die Augen sind leicht geöffnet, der Blick fällt über die Nasenflügel vor uns auf den Boden. Den Kopf zieht man etwas an, so dass das Kinn den Kehlkopf bedeckt. Die Zungenspitze liegt am Gaumen, so dass, wenn man längere Zeit meditiert, kein Speichelfluss auftritt oder man durstig wird.

Als nächstes folgt die Atembetrachtung. Wenn unsere Einstellung schon ruhig und friedlich ist, können wir diese Übung auslassen. Bei der Atembetrachtung zählt man 21 Atemzüge, wobei eine Ein- und Ausatmung als ein Atemzug zählt. Man soll sie nicht mit den Fingern oder der Gebetskette zählen, sondern in Gedanken, weil diese Übung speziell dazu dient, unseren Geist von seiner unruhigen oder unheilsamen Einstellung abzulenken und auf die Meditation vorzubereiten. In der Literatur wird das als »ein Platz für eine Person« bezeichnet: Auf einem Stuhl kann nur einer sitzen. So ist unser Geist von Begierde oder Anhaftung an bestimmte Objekte gefesselt, aber wenn wir ihn mit dem Atemzählen beschäftigen, dann vergisst er seine vorherigen Handlungen und wir können leichter meditieren. Beim Atmen können wir auch noch viele andere Methoden anwenden, z.B. uns vorstellen, alle unruhestiftenden Geistesfaktoren als schwarzen Rauch auszuatmen und alle heilsamen weltlichen und überweltlichen Dinge als weißes Licht einzuatmen, alle Energie der Buddhas und Bodhisattvas so wie Sonnenstrahlen, die in ein dunkles Zimmer fallen.

Wenn wir dadurch einen neutralen Geisteszustand erreicht haben, können wir über unsere Motivation nachdenken. Was habe ich bisher mit meinem Leben gemacht, habe ich etwas Vernünftiges, Heilsames oder viel Negatives getan? Wenn wir so Bilanz ziehen, wird das Endergebnis sicherlich eher negativ sein. Bis jetzt habe ich die negativen Dinge nicht als negativ erkannt, weil es mir an einem Wegweiser fehlte, ich es ignoriert habe oder ich zu jung und die Umstände ungünstig waren. Aber jetzt weiß ich, was heilsame und unheilsame Handlungen sind. Deshalb will ich mich, so weit es geht, bemühen, Tag und Nacht innerlich und äußerlich verdienstvolle Handlungen auszuführen. Meine Vergangenheit war sehr leidvoll und schwierig, auch im Moment befinde ich mich in einer leidvollen Existenz. Wenn ich weiter so bleibe, ohne mich zu korrigieren, wird es noch schlimmer werden, und ich werde genauso weiterleiden wie bisher. Am Beispiel dieser Existenz kann ich mir vorstellen, wie ich früher in unzähligen Existenzen gehandelt habe und wie es für mich in zukünftigen Existenzen aussehen könnte. Ohne Korrektur gibt es keinen besseren Weg, deshalb muss ich mich korrigieren.

Ich bin nicht der Einzige, dem es so geht, sondern alle Lebewesen befinden sich in der gleichen Situation. Nehmen wir nur das Beispiel der Tiere: Die Tiere haben wenig Freiheit, weil sie nicht in der Lage sind, über ihre Zukunft oder ihre Situation nachzudenken. Unsere Haustiere führen zwar ein angenehmes Leben, haben andererseits aber keine Wahl, wann sie essen und trinken oder hinausgehen wollen, weil sie völlig von uns abhängig sind. Viele Tiere werden auch gejagt und getötet; darüber sprechen wir später noch ausführlich. Im Menschenbereich müssten eigentlich die vielen reichen Leute völlig zufrieden sein, aber dennoch gibt es keinen einzigen Menschen, der hundertprozentig leidfrei ist. Im Tibetischen sagt man: Wer soviel Reichtum wie eine Nadel hat, dessen Leiden ist so groß wie eine Nadel, wer soviel Reichtum wie ein Pferd hat, dessen Leiden ist so groß wie ein Pferd. Ein Millionär muss auch ständig daran denken, was er mit seinem Geld macht, wie er es anlegt und schützt. Denn wenn man reich ist, hat man auch Feinde; ohne Reichtum gibt es keine Feinde. In Milarepas Felsenhöhle kam eines Nachts ein Dieb und wollte etwas stehlen, hat aber nichts gefunden. Milarepa lachte und sagte: »Ich kann tagsüber nichts sehen, weil ich nichts besitze, und du kannst nachts nichts finden.« Die meisten Leiden sind jedoch gar nicht einmal äußerlich, sondern innerlich, weil wir unzufrieden sind und uns unwohl fühlen. Das ist die Natur von Samsara.

Um uns aus Samsara zu befreien, nehmen wir Zuflucht und stellen uns dabei das Objekt der Zuflucht vor: Vor mir im Raum erhebt sich ein ausgedehnter Lotussitz, in dessen Mitte sich fünf Throne befinden. Der mittlere Thron ist erhöht, auf ihm sitzt Shâkyamuni Buddha, rechts von ihm Maitreya, links Mañjushri, hinter ihm Vajradhara, vor ihm unser eigener Lehrer in normaler menschlicher Gestalt. Die ganze buddhistische Überlieferung lässt sich dann in zwei bzw. drei Linien aufteilen. Auf der einen Seite, ausgehend von Mañjushri, haben wir die Überlieferungslinie der tiefgründigen Einsicht, der Erkenntnis der Leerheit als der eigentlichen Realität. Maitreya ist der Ausgangspunkt für die Linie der ausgedehnten Aktivität, d.h. der Methoden, wie man Bodhicitta erlangen kann, wie man meditiert, Opfer darbringt usw. Hinter Buddha Shâkyamuni befindet sich Buddha Vajradhara mit den tantrischen Überlieferungslinien. Unter Maitreya sitzen die indischen und tibetischen Lamas der Tradition, beginnend mit Asanga. Asanga ist der Lehrer von Vasubandhu, Vasubandhu ist der Lehrer von Vimuktisena usw. bis hin zu den Lamas der alten und der neuen Kadampa-Tradition. Diese Darstellung ist eine tibetische Erfindung, es gibt hierfür keine Vorschrift aus der indischen Überlieferung. Vor dem Buddha in der Mitte sind dann die eigenen Lehrer und dann die tantrischen Meditationsgottheiten, Buddhas, Bodhisattvas, Pratyekabuddhas, Dakas, Dakinis und Dharmapalas. Soweit die Darstellung des gewissermaßen körperlichen Teils des Zufluchtsobjekts.

Jetzt der Teil des Buddha-Wortes, der auf Thangkhas oft nicht dargestellt wird. Während der Meditation soll man sich aber auf der rechten Seite (nach tibetischer Sitte vom Objekt her gesehen) viele Bücher vorstellen, die das Buddha-Wort symbolisieren, und auf der linken Seite eine Lichtkugel, die so ähnlich wie ein Stupa aussieht. Dieses Licht soll den reinen Buddha-Geist darstellen, den man nicht mehr in einer konkreten Form darstellen kann, weil er ein unbeschreibbares Phänomen ist.

Um mich herum befinden sich alle anderen Lebewesen außer mir, Verwandte, Freunde, Feinde und neutrale Personen. Sie alle erscheinen in Menschengestalt. Rechts von mir steht mein Vater, links meine Mutter. Wenn man dazu fähig ist, soll man sich vorne einen Feind vorstellen, Mitleid üben und Liebe entwickeln. Wenn das zu schwer ist, kann man sich den Feind weiter hinten und die neutralen Personen näher denken. Das lässt sich nach Bedarf variieren, hierzu gibt es keine symbolischen Erklärungen. Wir selbst fungieren als Vorbeter und sprechen gemeinsam mit den anderen Lebewesen die Zufluchtsformel aus. Dabei können wir uns vorstellen, dass wir das Zufluchtsobjekt vor uns »inmitten eines wunderbaren Meers von Opferwolken auf einen funkelnden Thron aus Juwelen« einladen, der von acht Löwen getragen wird. Unter »Opferwolken« versteht man alles Schöne, was in der Welt existiert. Deshalb ist auch die Dekoration von Kulträumen in Tibet, dieser ganze Brokat, die Banner und Baldachine, eigentlich keine Verzierung des Raumes, sondern eine Opfergabe für die Buddhas, Bodhisattvas und die Mönchsgemeinschaft. Der Juwelenthron wird von acht mächtigen Löwen getragen, weil der Löwe als König der Tiere gilt und keine Furcht vor anderen Tieren hat. So hat auch das Zufluchtsobjekt keine Furcht vor Samsara. Die Zahl acht hat auch eine symbolische Bedeutung, sie steht für die acht Kräfte, die nur ein Buddha hat. Auf dem Thron befindet sich ein Lotus mit einer Sonnen- und einer Mondscheibe. Der Lotus ist ein Sumpfgewächs, das dennoch nicht vom Schlamm beschmutzt wird, sondern ganz sauber, rein und schön ist. Ebenso sind die Buddhas und Bodhisattvas in Samsara geboren worden, aber nicht mit samsarischem Schmutz behaftet und haben keine inneren Befleckungen. Wer auf diesem Sitz Platz nimmt, besitzt daher alle guten inneren Qualitäten.

Die Sonnenscheibe steht für das absolute Bodhicitta, d.h. Leerheit. Die Sonne hat die Fähigkeit zu verbrennen, und durch die Erkenntnis der Leerheit wird die Unwissenheit verbrannt. Die Mondscheibe symbolisiert relatives Bodhicitta, weil Bodhicitta eine kühle und friedliche Einstellung erzeugt. Die Buddhas und Bodhisattvas haben beides verwirklicht, deshalb sitzen sie auf einer Mond- und einer Sonnenscheibe. Rechts und links von den Zufluchtsobjekten befinden sich Bücher, aus jedem Buchstaben ertönen wohlklingende Dharmalaute. Der Körper jeder Gestalt strahlt Licht in alle zehn Richtungen aus. Am Ende eines jeden Strahls bilden sich unzählige Emanationen, die den Lebewesen helfen. Die Zufluchtsobjekte soll man sich nicht starr und wie auf einem Foto vorstellen, sondern ganz lebendig, sie können sogar untereinander Gespräche führen. Auch von den Emanationen gehen viele Strahlen aus, und das sieht so aus wie ein großes Kaufhaus, viele Emanationen gehen hinein und viele kommen heraus, und alle haben eine besondere Aufgabe. Die Menschen, die sich um einen befinden, soll man sich als armselige Gestalten vorstellen, dann fällt es leichter, Zuflucht zu nehmen.

Dann fangen wir mit der eigentlichen Zufluchtsformel an und nehmen zu jedem Zufluchtsobjekt einzeln Zuflucht: »Ich nehme Zuflucht bis zur Erleuchtung zu Buddha.« Das wiederholt man mehrfach, bis zu hundert- oder tausendmal, wenn man will. Dabei können wir uns vorstellen, dass viele Strahlen von den Lamas kommen, in einen und in alle Lebewesen hineingehen und sämtliche unheilsamen Handlungen, die wir in früheren Existenzen begangen haben, bereinigt werden. Sie werden herausgewaschen und treten als schwarzer Schmutz aus unserem Körper heraus. Dadurch wird der Körper klar wie Kristall, und wir entwickeln alle guten Qualitäten, langes Leben, Glück, Studium, innere Entwicklung. Diese Meditation kann man bei jedem Zufluchtsobjekt wiederholen oder sich nur auf eines (Lama, Buddha, Dharma, Sangha) konzentrieren.

Bei der Zuflucht zum Dharma können wir uns, wie gesagt, auf der rechten Seite der Lamas und Buddhas Bücher vorstellen. Eine andere Möglichkeit ist, sich am Hals aller Buddhas, Bodhisattvas usw. den Buchstaben »A« vorzustellen, aus dem Strahlen und Nektar hervorgehen, die alle unheilsamen Handlungen gegen den Dharma bereinigen. Eine schwerwiegende unheilsame Handlung wäre z.B. Sektierertum, wenn man die eigene Tradition oder Schulrichtung für die einzig wahre und beste hält. Das soll nicht heißen, dass man nicht über die verschiedenen Lehrmeinungen diskutieren darf, sonst wären die früheren indischen und tibetischen Panditas schon längst in der Hölle gelandet, weil sie ständig Diskussionen über die Ansichten der verschiedenen Schulrichtungen geführt haben, sowohl buddhistische wie nicht-buddhistische. Ganz allgemein sollte man Dharma-Schriften mit Respekt behandeln, sie nicht als Antiquität verkaufen, sie nicht ohne Umschlag auf den Boden legen oder irgendwelche Gegenstände achtlos auf sie legen.

Zufluchtnahme zum Sangha: Zum Sangha gehören die Shrâvakas (Arhats), Dâkas, Dâkinîs und Dharmapalas (Schutzgeister). Den Sangha repräsentieren auch die beiden Mönche, die meistens rechts und links neben Buddha dargestellt werden. Unheilsame Handlungen gegen den Sangha wären z.B. eine allgemeine Geringschätzung der Vinaya-Regeln (Mönchsregeln) oder die unerlaubte Benutzung von Sangha-Eigentum, wenn man z.B. in ein Kloster zu Besuch kommt, dort gerade Tee serviert ist und man sich etwas zu trinken holt, ohne dass es angeboten worden wäre, oder man einfach in die Küche geht und Brennholz mitnimmt. Oder man rät jemandem davon ab, einem Kloster eine Spende zu machen, weil es in diesem Kloster nicht mit rechten Dingen zugehe, so etwas ist auch sehr unheilsam. Wenn wir Mitarbeiter einer Mönchsgemeinde wären, könnten wir unter Umständen vom Sangha-Eigentum persönlichen Nutzen ziehen, etwa Geld für eigene Zwecke missbrauchen. Ein weiteres Vergehen wäre die Spaltung der Sangha, wenn man durch Verleumdung versucht, einen Teil der Mönche oder Nonnen gegen den anderen aufzuhetzen.

Bei den so genannten vorbereitenden Übungen (Ngöndro), die als Vorbereitung für die tantrische Praxis gedacht sind, sammelt man 100 000 Zufluchtnahmen und Niederwerfungen an. Beides lässt sich miteinander verbinden, es ist aber sinnvoller, beides zu trennen, weil man bei den Niederwerfungen die Visualisierung des Zufluchtsbaums wegen der ständigen Körperbewegung schlecht halten kann. Die Beziehung zwischen dem Objekt und dem Meditierenden sollte fest und ohne Unruhe sein. Deshalb ist es besser, still dazusitzen und sich auf das Entgegennehmen von Licht und Strahlen zu konzentrieren. Bei den Niederwerfungen genügt es, nur die reine Gesinnung zu haben, an die Qualitäten der Zufluchtsobjekte zu denken und ihren Segen zu empfangen. Sicherlich kann man dabei auch die Zufluchtsformel sprechen, unsere Tradition verbindet die Niederwerfungen aber lieber mit dem Gebet an die 35 Buddhas des Bekenntnis-Sutras. Ich komme unten darauf zurück.

Nun folgen die vier unermesslichen Gedanken: Liebe, Mitleid, Mitfreude und Gleichmut. Auch dies ist wieder ein Wunschgebet, das man vor dem Zufluchtsobjekt spricht. Tsongkhapa sagt, dass Menschen wie wir, die in einer degenerierten Zeit geboren wurden, kaum in der Lage sind, den Inhalt eines kanonischen Textes richtig zu verstehen, und wenn wir versuchen zu meditieren, erzielen wir nur schwer eine innere Entwicklung. Deshalb ist es für uns sinnvoll, zunächst vor dem Zufluchtsobjekt Verdienste anzusammeln und durch Opfergaben, Niederwerfungen, Mandala-Darbringungen usw. die geistigen Schleier zu beseitigen. Unter einer Schicht von dicken Wolldecken können wir uns nicht leicht bewegen, aber wenn wir einige Decken entfernen, haben wir mehr Spielraum.

d) Vorstellung des Ansammlungsfeldes

Jetzt haben wir unser Zufluchtsobjekt aufgebaut, Zuflucht genommen und die vier unermesslichen Gedanken rezitiert. Nun kann die Verdienstansammlung und Opferdarbringung beginnen. Dazu muss die Visualisierung noch einmal neu aufgebaut werden. Man lässt das vorgestellte Zufluchtsobjekt nach oben in den Himmel steigen und stellt es sich an derselben Stelle gleich noch einmal vor, worauf man dann das Zufluchtsobjekt von oben in das Ansammlungsobjekt hineingehen lässt. Wenn wir die Visualisierung einfach stehen lassen würden, wäre das zu statisch. Aus meditationstechnischen Gründen muss man den Geist in Bewegung halten und die Vorstellungskraft schulen. Das ist auch eine Vorbereitung für die tantrische Meditation, bei der sehr viel mit dem Aufbauen und Auflösen von Visualisierungen gearbeitet wird.

e) Siebengliedrige Übung

Die erste Übung ist die Niederwerfung. Es gibt zwei Arten von Niederwerfung: Die erste ist die so genannte »angewinkelte« Niederwerfung, bei der fünf Glieder den Boden berühren, nämlich die Stirn, die beiden Hände und Knie. Diese Niederwerfung stammt aus dem Vinaya. Bei der vollen Niederwerfung berührt der ganze Körper den Boden. Der Mahasiddha Naropa legte großen Wert auf diese Form. Zur Zeit des Übersetzers Marpa (11. Jh.) erkannte man die Schüler aus der Naropa-Tradition daran, dass sie ihre Niederwerfungen auf diese Weise ausführten. Heute ist sie aber überall in Tibet verbreitet. Sie gilt als verdienstvoller, weil sie mühsamer ist. Traditionell heißt es, dass man dadurch so viele Verdienste ansammelt, wie man Staubteilchen mit dem eigenen Körper bedeckt und dadurch in einem späteren Leben ein Cakravartin, d.h. ein Weltherrscher, werden kann. Niederwerfungen sind außerdem ein Gegenmittel gegen unseren Stolz, weil wir dabei die niedrigste Position einnehmen, die es gibt (unter die Erde können wir ja schlecht gehen).

Zunächst legt man die Hände aneinander, wobei die Daumen innen an den Handtellern anliegen, nicht flach, wie es im Hinduismus üblich ist. Dann berührt man Scheitel, Stirn, Kehle und Herz. Durch die Berührung am Scheitel drücken wir den Wunsch aus, die Kopferhöhung eines Buddha (ushnisha) zu erlangen. Die Berührung am Hals symbolisiert unseren Wunsch, Buddhas Stimme zunächst zu verstehen und später selbst zu realisieren, die Berührung am Herzen steht für die Erlangung des Buddha-Geistes. Während der Niederwerfung können wir aus dem vorgestellten Zufluchtsobjekt die 35 Bekenntnis-Buddhas sozusagen in Nahaufnahme heranziehen und vor ihnen alle unheilsamen Handlungen bereinigen. Nach tibetischer Tradition macht man immer Niederwerfungen vor dem Lama, außer wenn man sich von ihm verabschiedet, oder nach der letzten Belehrung. Niederwerfungen müssen schnell gemacht werden, wie ein Wiesel. Die Motivation darf nicht darin bestehen, abnehmen zu wollen oder die Bauchmuskeln zu trainieren. Eine Schlankheitskur sollte es keinesfalls sein. Wenn man unten ist, streckt man die Arme aus und berührt mit den flachen Handtellern den Boden. Die Beine liegen nebeneinander, die Knie berühren den Boden. Die Finger sind nicht gespreizt, sondern berühren sich. Phabongkha Rinpoche sagt, dass man dadurch symbolisch den Samen für die schönen Finger eines Buddha legt. Dann steht man schnell wieder auf.

Der zweite Teil der Übung ist die Darbringung von Opfergaben, darüber haben wir oben schon gesprochen. Der dritte ist das Bekennen aller unheilsamen Handlungen. Falls man sich mit den 35 Buddhas aus dem Ansammlungsfeld schwer tut, kann man das ganze Ansammlungsobjekt hochheben und sich vor einem im leeren Raum einen von vier Elefanten gestützten Thron vorstellen, auf dem sich die Buddhas befinden. Unheilsame Handlungen werden durch vier Kräfte bereinigt: zum einen die Kraft der Stütze, zweitens die Kraft starker Reue, drittens den Vorsatz, in Zukunft keine Fehler mehr zu begehen und viertens das eigentliche Gegenmittel, nämlich Niederwerfungen, Aussprechen der Zufluchtsformel, Rezitation von Sutras und Mantras. Diese vier Kräfte müssen wir in

Sutra wie in Tantra bei allen weiteren Praktiken benutzen, ob es sich um die Vajrasattva-Meditation, das Lesen von Sutras oder Niederwerfungen handelt.

Der nächste Punkt ist Mitfreude, d.h. die Freude über die heilsamen Handlungen, die andere oder ich selbst begangen haben. Mitfreude können wir gegenüber fünf Arten von Wesen üben: Buddhas, Bodhisattvas, Pratyeka-Buddhas, Arhats und gewöhnlichen Lebewesen. Hier stellt sich natürlich die Frage, was wir denn mit den Verdiensten der Buddhas und Bodhisattvas zu tun haben, die haben ihre heilsamen Handlungen angesammelt und ich meine. Die Freude über die heilsamen Handlungen anderer ist aber selbst auch eine heilsame Handlung des Geistes.

Als nächstes kommt die Bitte um das Verweilen der Buddhas und Lehrer und die Bitte, für uns und alle Lebewesen das Rad des Dharma zu drehen. Diese Bitte bezieht sich auf den Erscheinungskörper Buddhas (Nirmanakâya), nicht auf den Genusskörper (Samboghakâya). Buddha Shâkyamuni ist z.B. ein Erscheinungskörper, der als normaler Mensch in dieser Welt erschien und auch seinen Tod gezeigt hat. Der Samboghakâya zeigt solche Handlungen nicht, weil er so lange existiert, wie Samsara existiert. Er befindet sich auch auf einer Ebene, die nur für Bodhisattvas zugänglich ist, nicht für uns. Die Bitte, das Rad des Dharma zu drehen, ist die Bitte um buddhistische Unterweisungen; dadurch schaffen wir eine karmische Voraussetzung, auch in zukünftigen Existenzen der Lehre zu begegnen.

Den Schluss bildet die Widmung oder Verdienstübertragung. Das ist ein wichtiger Punkt, der darüber entscheidet, zu welchem Zweck wir die Verdienste einsetzen wollen, die wir bis jetzt angesammelt haben. Wenn ich z.B. einen Bausparvertrag abschließe, spare ich für ein bestimmtes Ziel, das Geld ist festgelegt und kann nicht einfach für etwas anderes genommen werden. Deshalb widmet man die eigenen Verdienste dem Wohl aller Lebewesen und dass man selbst zu diesem Zweck die höchste Erleuchtung erlangen möge. Das ist das höchste Ziel. Zum Glück kann man eine verdienstvolle Handlung für mehrere Zwecke gleichzeitig widmen, wobei sie dann jeweils hundertprozentig resultiert. Wenn ich sie für vier Dinge widme, wird dann viermal 100% resultieren, nicht viermal 25%!

Bei der Mandala-Darbringung opfern wir die Welt, wie man sie sich im alten Indien vorgestellt hat und wie sie auch auf Thangkhas dargestellt wird: In der Mitte erhebt sich der Berg Meru wie ein Sockel aus dem Meer. Auf ihm befinden sich die 33 Götterbereiche, um ihn herum sind die vier Kontinente und acht Nebenkontinente angeordnet. Auf den Kontinenten befinden sich verschiedene kostbare Dinge und Glückssymbole wie der Wunschbaum, die wunscherfüllende Kuh, die sieben Kostbarkeiten der Königsherrschaft, wie ich sie in meinem Buch über die buddhistischen Glückssymbole ausführlich beschrieben habe. Diese mythischen Attribute eines Weltherrschers sind in den kanonischen Texten mit den Eigenschaften eines Buddhas gleichgesetzt worden, weil Buddha auch ein König ist, der König des Dharma. Für die Darbringung benutzt man ein Opfergerät, das aus einem Boden, drei oder vier Ringen und einem Knauf besteht. Früher hatte ich ein Mandala, dessen Boden aus massivem Gold bestand, die Ringe waren aus Perlen, darauf kam ein massiv goldenes Dharmacakra als Knauf. Als Opfersubstanz hatte ich kleine Stücke von Türkisen, Korallen, Kristall usw., etwas Getreide, Medizin und verschiedene Münzen. Wenn man sich das nicht leisten kann, nimmt man irgendeine Getreideart, Gerste, wie meistens in Tibet, Weizen oder Reis.

f) Bittgebete

Der letzte Teil der Vorbereitungen ist ein Gebet an die Lamas der Überlieferungslinie: »Mein vollkommener, kostbarer Lama, bitte verweile auf Lotos und Mondscheibe auf meinem Scheitel usw.« In der ausführlichen Fassung werden dann alle 21 Lamas der Lehrtradition aufgezählt, und alles wird zweimal wiederholt. Bei der ersten Wiederholung stellt man sich vor, dass viele Lichtstrahlen von den Lamas ausgehen und alle Hindernisse beseitigen, die uns bei der Realisierung unseres Themas im Wege stehen. Bei der zweiten Wiederholung strahlt wieder Licht aus und verleiht uns die Fähigkeit, den Sinn der Texte richtig zu verstehen und selbst auch innerlich die entsprechende meditative Stufe zu erreichen.

Ein älterer Mensch stützt sich auf einen Stock, weil er ohne Stock nicht mehr ohne weiteres gehen kann. Ohne Worte kann man den Sinn nicht verstehen; das Wort ist die Stütze für den Sinn. Deswegen denken sich die Tibeter: Je mehr Worte, desto leichter ist der Sinn zu verstehen. Aber da wir aus zwei verschiedenen Kulturen kommen, sind die vielen Namen und Begriffe für Westler anfangs sehr verwirrend. Deshalb verwenden wir bei uns einen kurzen, kompakten Gesamtüberblick, den jeder später nach Belieben ausweiten kann, wenn er mit der Praxis vertrauter ist.

Hauptteil: Themen wie im folgenden

Dann machen wir eine Überblicksmeditation über den gesamten Lamrim und greifen ein Thema heraus, das wir näher vertiefen. Die eigentliche Meditation besteht aus zwei Teilen, der analytischen und der stillen Meditation. Unter stiller Meditation verstehe ich das einsgerichtete Verweilen auf dem Thema, das ich gerade analysiert habe. D.h., es gibt keine stille Meditation ohne Analyse, der analytische Teil muss vorangeschickt werden. Manche frühere Gelehrten behaupteten, Meditation bestünde nur aus der stillen Meditation, aber das stimmt nicht. Denn wie kann ich meditieren, ohne zu wissen, worüber? Um zu meditieren, muss ich das Objekt auch erfassen, und um es zu erfassen, muss ich mir ein Bild seiner Form oder seines Zustandes machen. Diese Wahrnehmung seiner Beschaffenheit ist doch eine Art von Analyse. Ohne analytische Meditation habe ich möglicherweise einen ungefähren Überblick, aber keine Klarheit. Ohne Analyse erkenne ich keine Details, und ohne Details fehlt mir die Klarheit. Deshalb sind diese drei Stufen immer das Ein und Alles für den Weg der Meditation, nämlich die Überblicksmeditation, die analytische und die stille Meditation (tib. *dpyad sgom* und *'jog sgom*).

Wenn wir z.B. als Objekt einen Punkt, ein helles Licht oder etwas Ähnliches nehmen, müssen wir wissen, wie groß und hell es ist. Alles hängt zusammen und ist voneinander abhängig; wenn wir ein kompliziertes Objekt nehmen, brauchen wir entsprechend mehr Zeit, es uns zu vergegenwärtigen, als für ein einfacheres und kleineres; dennoch brauchen wir den analytischen Teil. Bei einem Punkt gibt es nicht sehr viel zu analysieren, ein Punkt ist ein Punkt, aber immerhin müssen wir feststellen, wie groß und hell er ist. Durch diese Analyse schaffen wir uns eine klare Vorstellung des Objekts. Wenn wir z.B. über Avalokiteshvara meditieren, schaffen wir durch die Konzentration auf die Details seiner Gestalt ein Gesamtbild von höchster Klarheit. Wenn wir über den Lamrim meditieren, ist das Objekt allerdings kein Gegenstand, sondern ein Thema, das immer weiter vertieft werden muss, bis der Geist schließlich mit ihm eins wird. Aber dafür ist die Kontinuität des Gedankenstroms sehr wichtig, ständiges Hin- und Herspringen ist eines der größten Hindernisse für die Meditation.

Eine ziel- und objektlose Meditation ist nicht das, was wir anstreben. Unsere Zielsetzung ist nicht, einfach nur an nichts zu denken und den Geist dann eventuell mehrere Monate darauf festzuhalten. Das ist keine Dauerlösung, denn was wollen wir damit anfangen? Sicherlich haben wir es geschafft, an nichts zu denken, aber dieses Nicht-Denken hilft uns nicht, unser Ego in eine andere Form zu transformieren. Wir bleiben ja nicht für alle Ewigkeit in dieser stillen Meditation. Irgendwann sterben wir. Angenommen, jemand hat seine ganze Existenz mit Nicht-Denken verbracht, dann hat er sicherlich eine sehr schöne Zeit ohne Aufregung und voller Ruhe gehabt, aber was passiert danach? Es fängt wieder von vorne an: Weil die innere Einstellung nicht korrigiert wurde, können wieder konflikterzeugende Geistesfaktoren entstehen, die uns versklaven. Auch die Meditation über die Leerheit ist nicht objektlos, sondern ist in Wirklichkeit sogar die tiefste Objekthaftigkeit.

Schluss: Widmung

Es gibt drei wichtige Widmungen: Möge der Bewusstseinsstrom aller Lebewesen durch Buddhas Lehre sich entwickeln, d.h., möge Buddhas Lehre studiert und praktiziert werden. Die zweite Widmung: Möge ich in allen Existenzen mit einem guten Lehrer zusammentreffen. Die dritte: Mögen alle Lebewesen die höchste Erleuchtung (Buddhaschaft) erlangen. Das ist der so genannte König der Widmungen oder die Drei-Könige-Widmung.

1. Die Lehrer-Schüler-Beziehung

In allen buddhistischen Schulrichtungen spielen Lehrer eine wichtige Rolle. Im indotibetischen Buddhismus wird ihnen jedoch eine besondere, einzigartige Bedeutung zugemessen, was auch dazu führte, dass manche westliche Wissenschaftler den tibetischen Buddhismus als »Lamaismus« bezeichnen. Die traditionelle Erklärung hierfür lautet: Selbst wenn wir irgendeine weltliche Fähigkeit erlernen wollen, brauchen wir einen erfahrenen Lehrer. Für die anspruchsvolle buddhistische Praxis, die unsere gesamte Existenz betrifft, erst recht. Buddhistische Praxis lässt sich nicht einfach aus Büchern lernen wie Yoga oder Gymnastik. Die buddhistische Praxis ist Gymnastik für den Geist. Wenn ich bei dieser geistigen Übung Fehler mache, sind die Auswirkungen unter Umständen viel verheerender als auf der physischen Ebene. Ein tibetisches Sprichwort lautet: Schlechte Schneider verschneiden kostbaren Stoff – wenn man erst einmal schief geschnitten hat, ist das Unglück nicht mehr rückgängig zu machen, der kostbare Stoff ist ruiniert. Das Kostbarste, was wir besitzen, sind unser Körper und unser Geist, auf dieser Grundlage können wir einen Zweck realisieren, der für alle unsere weiteren Existenzen von Bedeutung ist. Daher sollten wir nicht versuchen, uns irgend etwas auszudenken und wild drauflos zu praktizieren, sondern lieber nach kundiger Anleitung Ausschau halten. Das ist der konventionelle Grund, warum der Lehrer so wichtig ist.

Wie nehme ich nun den Lehrer an? Die Antwort lautet: Ich kann ihn gemäß dem Vinaya annehmen, d.h. gemäß den Regeln der ethischen Disziplin, welche die Basis für Hînayâna und Mahâyâna bilden, gemäß dem Bodhisattva-Weg oder der tantrischen Methode, wobei es erhebliche Unterschiede gibt. Im Vinaya wird der Lehrer einfach als normaler Mensch betrachtet, als kundiger Gelehrter und guter Freund. Auf dem Bodhisattva-Weg wird dem Lehrer genauso viel Wertschätzung entgegengebracht wie dem Buddha; im Tantra wird der Lehrer darüber hinaus als realer Buddha betrachtet. Der Grad der Wertschätzung ist also ganz unterschiedlich. In Tibet war die tantrische Praxis gang und gäbe, was dazu führte, dass sogar in den Lamrim tantrische Einflüsse und Ideen eingingen. Für uns als Anfänger besteht überhaupt keine Notwendigkeit, von vornherein der tantrischen Theorie zu folgen – zumal die Lehrer-Schüler-Beziehung besonders für Westler ein heikles Thema ist. Für den Lehrer ist es auch nicht ganz einfach, den Schülern zu erklären, dass sie ihn jetzt als Buddha betrachten sollen. In gewisser Weise klingt es ja auch idiotisch, und die meisten Lehrer haben kein persönliches Bedürfnis, für mehr zu gelten, als sie sind. Prinzipiell sollten Buddhisten aber darauf bedacht sein, die eigenen Fähigkeiten und Vorzüge bescheiden zu verbergen. Das traditionelle Beispiel ist ein Licht in einer Vase: Innen ist es ganz hell, aber von außen sieht man nichts. D.h., innerlich sollen wir durch die Praxis erleuchtet sein, aber es nicht nach außen zeigen, weil sonst Stolz und Egoismus auftreten können.

Bei aller Kritik lässt sich der Theorie aber auch eine konstruktive Seite abgewinnen. Auch die Lehrer waren einmal Schüler, sie hatten selber Lehrer, die wiederum Lehrer hatten. Sie müssen vorher entsprechende Erfahrungen gesammelt haben, die sie zum Lehren befähigen. Andererseits werden in der Zukunft bestimmt einige von den Schülern Lehrer. Wenn wir unsere Lehrer nun als besondere Wesen betrachten, als buddha-ähnlich oder als Buddha, bringt uns das besondere Vorteile. Für den Lehrer macht es keinen Unterschied, aber für den Schüler entsteht eine ganz andere Wirkung, er fühlt sich stärker inspiriert.

Anders in der tantrischen Praxis. Den Lehrer als Buddha zu betrachten heißt nicht, ihn äußerlich als goldene Buddha-Statue mit Scheitelerhebung und allen Merkmalen eines Buddha zu sehen, sondern sich auf sein eigentliches Wesen zu beziehen: Alle Lebewesen haben Buddha-Natur. Dadurch haben sie die

Möglichkeit, irgendwann einmal ein Buddha zu werden. Wir alle haben also eine starke Verbindung zur Buddhaschaft. In der Buddhaschaft gibt es dann keine Unterschiede mehr zwischen den einzelnen Buddhas. Es ist nicht so, dass der eine Buddha fähiger wäre als der andere. Sie alle haben im gleichen Maß alle negativen Eigenschaften beseitigt und alle positiven Eigenschaften entwickelt; sie haben alles erlangt, was es zu erlangen gibt. Daher befinden sie sich alle auf ein und derselben Ebene. Auch wir werden in Zukunft diesen Zustand erreichen. Auf der Grundlage dieser Theorie betrachten wir dann in der tantrischen Meditation uns selbst, den eigenen Lama und die Meditationsgottheit als eins und untrennbar und entwickeln die feste Überzeugung, dass zwischen diesen dreien kein Unterschied besteht.

Wie entsteht nun eine Lehrer-Schüler-Beziehung? Sie entsteht erst, wenn auf beiden Seiten der echte Wille vorhanden ist, den anderen als Lehrer bzw. Schüler anzunehmen. Wenn ich mich auf den Thron setze und die Absicht habe, alle meine Zuhörer als Schüler anzunehmen, reicht das für sich allein genommen nicht aus. Wenn die Zuhörer nicht die Absicht haben, mich als Lehrer anzunehmen und von mir buddhistische Belehrungen zu hören, besteht zwar dem äußerlichen Anschein nach eine Lehrer-Schüler-Beziehung, in Wirklichkeit passiert aber gar nichts. Umgekehrt gilt das Gleiche: Wenn die Zuhörer alle willens wären, mich als Lehrer anzunehmen, ich aber sie nicht als Schüler betrachte, würde sich auch fast nichts tun. Auf beiden Seiten muss also eine ausreichende Motivation vorhanden sein, sonst könnte auch ein Hund mein Schüler sein. Natürlich ist er das nicht, auch wenn ich eine sehr starke Motivation hätte, ihn als Schüler zu betrachten.

Was geschieht in einer funktionierenden Lehrer-Schüler-Beziehung? Buddhistische Praxis ist eine innerliche Angelegenheit, sie beruht auf Erfahrung, nicht auf theoretischem Wissen. Der Lehrer versucht nichts anderes, als aus seiner Erkenntnis, seiner Erfahrung heraus mit dem Bewusstseinsstrom des Schülers in Verbindung zu treten. Dieser Kontakt findet auf einer viel subtileren Ebene statt als beim Lesen eines Buchs. Nicht, dass der

Schüler in der Belehrung inhaltlich etwas ungeheuer Sensationelles erfährt, aber die mündliche Erklärung an sich ist viel wertvoller als die schriftliche. Wenn ich eine Meditationsanleitung lese, bleibt das relativ oberflächlich, es fehlt das, was man psychologisch vielleicht als Inspiration oder traditionell als »Segen« bezeichnen könnte. Bei uns ist es auch Tradition, dass der Lehrer eine Seite vorliest und der Schüler sie wortwörtlich nachspricht. Dann muss der Schüler diese Seite üben. Wenn ich mal versuchte, eine Seite zu lesen, die ich von meinem Lehrer nicht gehört hatte, kam sie mir sehr fremd vor und ich las sie nicht so flüssig. Ein anderes Beispiel: Beim Studium der Philosophie gibt der Lehrer einen Kommentar zu jedem einzelnen Wort. Wenn ich einen Text lese, den mir mein Lehrer nicht erklärt hat, kann ich ihn natürlich sinngemäß erfassen, aber ich bekomme nicht diese tiefe innere Erfahrung wie im anderen Fall. Vor allem bei der Meditation lässt sich vieles nicht kodifizieren, es ist einfach eine Sache der Erfahrung und der direkten Kommunikation von Gefühl zu Gefühl. Das ist auch der Grund, warum es vor allem in der tantrischen Praxis sehr viele ungeschriebene Kommentare und Erklärungen gibt, die so genannte mündliche Überlieferung oder »Unterweisung von Ohr zu Ohr«.

Die Lehrer-Schüler-Beziehung besteht nicht nur auf der physischen Ebene, sondern vollzieht sich auf dem, was ich in einem früheren Artikel den »Hintergrund« genannt habe. Der Hintergrund ist unabhängig vom physischen Vorhandensein einer Person. Wenn auf meinem Hintergrund Vertrauen, Offenheit und der von Herzen kommende Wunsch vorhanden sind, etwas erreichen zu wollen, und von dieser Ebene her sich etwas mit dem Lehrer verbindet, dann ist das die eigentliche Lehrer-Schüler-Beziehung. Ob ein Lehrer in dieser Welt verweilt oder nicht, macht an sich keinen großen Unterschied. Viele meiner Lehrer, von denen ich viele nützliche Unterweisungen bekommen habe, haben ihren Körper verlassen. Dennoch sage ich nicht, er *war* mein Lehrer, sondern, er *ist* mein Lehrer. Der einzige Unterschied ist, dass ich von ihm keine sichtbare Unterweisung mehr bekommen kann. Solange ich aber in meinem Herzen Vertrauen und Offenheit gegenüber meinen Lehrern habe, bekomme ich dennoch ununterbrochen Unterstützung von ihnen. Das allein zählt, denn dadurch erhalte ich Energie und positive Eindrücke, die mir Mut und Zuversicht geben, weiter zu praktizieren. Dieses Denkmodell scheint für Westler etwas ungewöhnlich, selbst bei lebenden Lehrern scheinen sie die Lehrer-Schüler-Beziehung eher wie ein eheähnliches Verhältnis zu betrachten. Deshalb sagen sie dann: »Er *war* mein Lehrer.« Man geht zu einem Lehrer, aus verschiedenen Gründen passt einem dann dies oder jenes nicht, so dass man von ihm keine Unterweisungen mehr hören möchte, zu einem anderen Lehrer geht und dann behauptet: »Jener *war* mein Lehrer.« Ich kritisiere nicht die grammatikalische Form, sondern die Denkweise, die dahinter steckt und völlig unzutreffend ist. Wenn jemand erst einmal mein Lehrer geworden ist, kann ich dies nicht mehr rückgängig machen, ob ich nun kontinuierlich Belehrungen bei ihm höre oder nicht, spielt keine Rolle. Ich habe sozusagen einen unkündbaren Vertrag abgeschlossen.

Wenn ich mehrere Lamas habe, bekomme ich unvermeidlich unterschiedliche Erklärungen. Solche Unterschiede können durch eine unterschiedliche Terminologie oder Methodik entstehen, schließlich hat jeder Lama seine eigene Erfahrung und Theorie, von der er ausgeht. Alle diese Erklärungen sollte man als Anleitung zur Praxis betrachten. Wenn ich glaube, Widersprüche zu finden, sollte ich das aussuchen, was für mich jetzt gerade nützlich ist, oder einen Lehrer meines Vertrauens konsultieren. In manchen Texten heißt es, man solle jede Einzelheit mit dem Lehrer abstimmen. Das gilt aber nur für bestimmte Schüler, die wirklich hundertprozentiges Vertrauen in den eigenen Lehrer haben, und zwar nicht nur für einen Monat oder ein Jahr. Ohne diese Vertrauensbasis ist es sinnlos. Für uns ist es nicht erforderlich, jede Kleinigkeit zu berichten. Ob eine Handlung positiv oder negativ ist, muss ich auch selbst wissen und entscheiden können. Kurz und gut: Lamas sollten nur in wichtigen Praxisfragen konsultiert werden.

Ob in Tibet oder im Westen, manchmal kommt es mir so vor, als ob die Gespräche mit dem Lama nur dazu dienten, sich eine psychologische Bestätigung zu holen und die Verantwortung auf den Lehrer abzuschieben. Dann fühlt man sich sicherer, weil Lama Soundso es so gesagt hat. Die Tibeter sagen z.B. immer: »Der Dalai Lama hat dies und jenes gesagt, deshalb machen wir es so.« Was ihnen dann von dem, was der Dalai Lama gesagt hat, aber gerade nicht in den Kram passt, übergehen sie stillschweigend und machen, was *sie* wollen. Das ist natürlich nur allzu menschlich, wir wollen schließlich immer nur das machen, was *wir* wollen und brauchen dazu noch eine Bestätigung zur Absicherung, damit uns niemand kritisieren kann.

Manche Schüler entwickeln auch eine starke Anhaftung an den eigenen Lieblingslama, klammern sich an ihn und können die Meinung anderer Lamas überhaupt nicht mehr akzeptieren: Nur das, was mein so genannter »Wurzellama« sagt, ist maßgeblich, alles andere ist nebensächlich. Das geht dann so weit, dass selbst innerhalb eines Zentrums Flügelkämpfe zwischen den Anhängern zweier Lamas ausgetragen werden. Solches Verhalten schadet dem Buddhismus und der eigenen, persönlichen Praxis. Darf ich also überhaupt keine Unterschiede unter den Lehrern machen, bei denen ich Belehrungen gehört habe? Wenn ich mich nun aber von dem einen mehr inspiriert fühle als von dem anderen? Wie ich immer sage: Grundsätzlich sind alle Lamas, von denen wir bisher Belehrungen gehört haben, unsere Lamas, sie sind alle unsere Wurzellamas. Es gibt keine Haupt- und Nebenlamas. Einzig die Lamas, deren Belehrungen unsere innerliche Entwicklung in besonderer Weise unterstützen, haben mehr Gewicht und sind gütiger zu uns, weshalb wir ihnen gegenüber größere Dankbarkeit empfinden als bei anderen. Der entscheidende Punkt ist, ob sie uns wirklich vorwärts gebracht haben. Ob er einen hohen oder einen niederen Rang hat, ob wir den Lama besonders nett und sympathisch finden, uns zu ihm hingezogen fühlen oder ihn als Vaterfigur ansehen – das besagt gar nichts. Wir als normale Menschen entwickeln ohnehin leicht Anhaftung an Äußerlichkeiten, was dazu führen kann, dass wir nur die gut aussehenden jungen Lamas mit Showtalent als Hauptlamas ansehen. Das ist absurd.

Die Lehrer-Schüler-Beziehung ist im Allgemeinen für Westler ein schwieriges Thema, da der ganze Aufbau und Hintergrund stark an die indische Kultur gebunden ist. In Asien gilt der Lehrer generell als besondere Respektsperson. Der Grundgedanke ist klar: Ich kann vom Lehrer etwas Nützliches lernen. Darüber hinaus besitzt der Lehrer aber auch besondere Autorität, die Schüler müssen gehorchen und werden streng behandelt, auch in der normalen Schule. Der religiöse Lehrer besitzt eine noch viel größere Autorität als der weltliche, weil die Themen, um die es bei ihm geht, so bedeutsam sind. Selbst wenn die Westler den Versuch unternähmen, religiöse Lehrer genau so wie in Indien, Tibet oder überhaupt Asien anzunehmen, würde ihnen das nicht vollkommen gelingen – die Kulturkreise sind nun einmal sehr verschieden. Wir müssen nur verstehen, warum der Lehrer so wichtig ist und mit welchen Überlegungen das begründet wird. Dann sollten wir, so gut wir können, den Lehrer annehmen.

Wann beginnt eine Lehrer-Schüler-Beziehung? Ich werde immer wieder von Zuhörern gefragt, ob ich sie als Schüler annehme, auch wenn sie schon mehrere Belehrungen bei mir gehört haben. In diesem Fall kommt die Frage viel zu spät, das Kind ist nämlich schon in den Brunnen gefallen, d.h., die Lehrer-Schüler-Beziehung ist schon längst vorhanden. Ob ich den Betreffenden jetzt noch annehme oder nicht, ist dann nicht mehr relevant. Zu empfehlen ist, so vorzugehen, wie es der Dalai Lama oft empfiehlt: Den Lehrer zunächst als Dharmafreund betrachten, ihm zuhören und über das Gehörte diskutieren. Den Lehrer nicht überbewerten und auch nicht unterbewerten, sondern mit ihm auf gleicher Ebene kommunizieren. Die traditionellen tibetischen Umgangsformen sollten die Westler nicht zu früh nachahmen! Wenn ich längere Zeit Vorträge bei einem Lehrer gehört habe, kann ich mir selbst ein Bild machen, ob er oder sie ein zuverlässiger Lehrer für mich ist oder nicht. Dann kann ich selbst die Entscheidung treffen. Wenn man ihn oder sie dann wirklich von Herzen als Lehrer angenommen hat, soll man dabei bleiben, die Verbindung aber mehr auf den Hintergrund fokussieren.

Nach unserem Verständnis geht ein Schüler zu einem Lehrer bzw. zu einer Belehrung gerade nicht wie ein Student in die Vorlesung bei einem Professor. Indem jemand schlicht und einfach zu einer Belehrung kommt, hat er den Lehrer bereits angenommen. Der Lehrer seinerseits hat zu erkennen gegeben, dass er als Lehrer fungieren möchte, indem er sich für diesen Kurs zur Verfügung stellte. Beim Schüler sind der Wunsch und der Wille vorhanden, den Lehrer als solchen zu akzeptieren. Sobald der Lehrer mehr als einen Vers aus einem buddhistischen Text vorliest und erklärt, und der Schüler zuhört, ist die Lehrer-Schüler-Beziehung entstanden.

Der Nutzen, wenn man den Lehrer richtig annimmt

Man nähert sich der Buddhaschaft

Wenn ein Lehrer mir bestimmte Dinge erklärt, bin ich in diesem Punkt etwas klüger geworden, habe also durch die Güte und die Hilfe des Lamas dieses bestimmte Wissen erlangt. Wenn ich den Lehrer beständig annehme, erhalte ich kontinuierlich weitere Erklärungen, Hilfe und Unterstützung. Je mehr geistige Unterstützung ich bekomme, desto schneller kann ich meine unheilsamen Geistesfaktoren korrigieren. Durch die ständige Korrektur des eigenen Geistes und durch die Zusammenarbeit mit dem Lehrer komme ich der Buddhaschaft näher. Bis zur Buddhaschaft ist es ein weiter Weg, der mehrere Zeitalter in Anspruch nimmt. Wenn ich nun auf den richtigen Weg und den richtigen Lehrer treffe und ihn in der richtigen Weise annehme, rückt die Buddhaschaft gewissermaßen in greifbare Nähe. Padampa Sangye, ein Meister der Chöd-Tradition, sagt daher: »Wenn du vom Lama geführt wirst, kannst du überall hingelangen, wo du hin möchtest. Der Lohn des Führers ist, ihn zu ehren und zu achten.« Bei Nagarjuna heißt es: »Wer von einem hohen Berggipfel herabfällt, wird abstürzen, obgleich er nicht will. Wer von einem Lehrer gütige Belehrungen empfängt, auch wenn er nicht befreit werden will, wird doch befreit werden.« Das ist vielleicht etwas übertrieben.

Wenn wir dem Lama Verehrung bezeigen und ihm Opfergaben darbringen, kommen wir der Buddhaschaft ebenfalls näher, weil wir zwei Arten von Verdienst ansammeln, nämlich Erkenntnis (*ye shes*) und Verdienst (*gsod nams*). Äußere Aktivitäten wie das Darbringen von Opfergaben, Niederwerfungen usw. sind Methoden, um Verdienst anzusammeln. Durch Nachdenken und Meditieren über die Leerheit sammeln wir Erkenntnis an. Durch diese beiden Ansammlungen wollen wir nach dem Vorbild von Buddha Shâkyamuni Buddhaschaft erlangen, also die zwei Körper eines Buddha. Ohne Geist ist der Körper nur eine Leiche, und umgekehrt können wir ohne Körper nichts wahrnehmen und nicht mit anderen Wesen in Kontakt treten. Körper und Geist sind notwendig miteinander verbunden. Durch die Ansammlung von Weisheit erreichen wir den Dharmakâya, den Geist eines Buddha. Alle anderen Verdienste resultieren im Körper eines Buddha. So bewirkt z.B.das Berühren des Scheitels bei der Niederwerfung, dass wir später die Scheitelerhebung eines Buddha bekommen. Dem Lehrer Opfergaben darzubringen, gehört ebenfalls zu diesen Aktivitäten.

Die Buddhas freuen sich

Wenn wir unseren Lehrer in der richtigen Weise annehmen, freuen sich alle Buddhas und Bodhisattvas. Warum? Gemeint ist: Der Lehrer ist der Stellvertreter der Buddhas, weil wir in einer degenerierten Zeit geboren worden sind, in der kein Buddha mit allen 32 primären und 80 sekundären Körpermerkmalen erscheint. Als normale Menschen mit unserer beschränkten geistigen Einstellung können wir den Buddhas nicht begegnen. Den Dharmakâya können wir ohnehin nicht sehen, weil das ein geistiger Zustand ist.

Dennoch wollen die Buddhas den Lebewesen immer Hilfe leisten, ihre Aufgabe ist es schließlich, zu jeder Zeit an die Lebewesen zu denken und sie zu unterstützen. Dazu gibt es nur einen Weg, den über den Lama. Deshalb hat Buddha Shâkyamuni erklärt, dass er in der Zukunft als Lehrer erscheinen werde, und zwar in Gestalt von Lehrern, die zu uns passen, die aussehen wie normale Menschen, so dass wir mit ihnen in Verbindung treten können. Nehmen wir einmal an, dass aus irgendeinem Grund alle Lebensmittel knapp werden: Dann habe ich keine Auswahl mehr zwischen Schwarz- und Weißbrot, sondern bin froh, wenn ich überhaupt Brot bekomme. So bekommen wir derzeit keinen richtigen Buddha als Lehrer und müssen froh sein, wenn wir überhaupt einen Lehrer bekommen.

Bis jetzt haben wir nicht gemäß Buddhas Wort gehandelt, wir haben unser ganzes Leben lang alles falsch gemacht. Aber jetzt fangen wir damit an, zeigen Interesse an der Praxis und können eventuell etwas realisieren. Deshalb freuen sich die Buddhas, weil ihre Wünsche in Erfüllung gehen. Die Buddhas haben keinen anderen Wunsch, als uns zu helfen. Wenn wir einen Lehrer auf richtige Weise annehmen, kommen alle Buddhas von selbst zu uns und geben uns Inspiration und Kraft, unsere Ziele zu erreichen. Von den Buddhas und Lamas können wir eine unbeschreibbare innere Energie für unsere innere Entwicklung erhalten. Dadurch wachsen Vertrauen und Hingabe ganz von selbst. Je mehr Hingabe und Vertrauen vorhanden ist, desto größer und schneller ist die innere Entwicklung.

Man gerät nicht unter den Einfluss von Maras und schlechten Freunden

Wenn wir richtige Hingabe und Vertrauen in Lama und Buddha besitzen, können dadurch keine äußeren und inneren Hindernisse entstehen, es wirkt wie ein Schutz nach innen und außen. Durch das Vertrauen zu Buddha und Lama sammeln wir große Verdienste an, die verhindern, dass wir Schaden erleiden.

Hindernisse können in verschiedener Gestalt auftreten. Im Tibetischen werden sie als »Dü«, »Hindernis-Dämonen« (tib. *bdud*, skt. *mâra*) personifiziert. Ganz gleich, ob wir diese »Dämonen« als eigenständige Wesen oder geistige Zustände auffassen, sie produzieren immer Täuschung und Verwirrung. Eine der größten Klippen bei der Meditationspraxis ist z.B. der Wunsch, so schnell wie möglich ein »Zeichen« der eigenen Verwirklichung zu haben, ob es nun ein bedeutungsvoller Traum oder eine Vision ist. Dass einem beispielsweise der eigene Lehrer im Traum erscheint, muss nicht unbedingt ein gutes Zeichen sein. Die alten Kadampa-Meister sagen: »Kein Zeichen ist der König der Zeichen.« Wir sollen ruhig weiterarbeiten, ohne nach sensationellen Erfahrungen zu streben, was natürlich nicht bedeutet, dass wir nicht nach der Buddhaschaft streben sollen. In der Kadampa-Tradition heißt es jedoch: »Mach dir keine großen Hoffnungen und keine großen Befürchtungen, diese beiden sind die schlimmsten Hindernisse für Praktizierende.« Im Kommentar zu diesem Satz steht auch: »Mach dir keine Gedanken um die Buddhaschaft, mach dir keine Gedanken, dass du in der Hölle landest, mach einfach nur weiter.« Das bedeutet, wir sollen uns auf unser aktuelles Problem konzentrieren, nämlich den Kampf mit unseren konflikterzeugenden Geistesfaktoren, unseren geistigen Giften. Was dann später kommt, kommt ganz von selbst, darum brauche ich mich jetzt nicht eigens zu kümmern.

Alle Geistesgifte und falschen Verhaltensweisen hören von selbst auf

Wenn wir mit dem Lehrer zusammen sind, sprechen wir öfter über die Praxis, stellen Fragen und korrigieren so unsere unheilsamen Geistesfaktoren. Wenn wir keinen Lehrer haben, den wir fragen können, gibt es niemand, der uns eine zuverlässige Antwort gibt, weshalb die innere Entwicklung unweigerlich stagniert. Ein Beispiel: Der Genuss von Alkohol ist an sich keine unheilsame Handlung. Wenn jemand aber ein entsprechendes Gelübde abgelegt hat und dann trotzdem Alkohol trinkt, ist es eine Regelübertretung. Es kann nun sein, dass der Betreffende ab und zu sein Gelübde bricht und nur in der Nähe des Lamas gar kein Verlangen nach dem Genuss von Alkohol verspürt, d.h., durch den Kontakt zum Lama nimmt er diesen richtig an, was sein Verhalten günstig beeinflusst.

Erfahrungen und Erkenntnisse der verschiedenen Ebenen und Wegstufen nehmen zu

Wenn wir den Lehrer richtig annehmen, begehen wir immer mehr heilsame Handlungen, weil wir zunehmend mit dem Dharma in Kontakt treten und die ganze »Atmosphäre« sich mehr am Dharma orientiert. Zur Zeit von Atîsha haben seine beiden persönlichen Begleiter Dromtönpa und A-me Jangchub Rinchen einmal ihre eigene innere Entwicklung mit der von Gönpawa verglichen, der auch ein großer Kadampa-Meister war. Gönpawa hatte die ganze Zeit in seinem Zimmer oder in der Felsenhöhle meditiert, während die beiden anderen die meiste Zeit für Atîsha gearbeitet hatten. Dabei stellte sich heraus, dass sie größere Fortschritte gemacht hatten, obwohl sie viel weniger Zeit zum Meditieren hatten. Der Grund hierfür waren einzig ihre gute Motivation und ihr Dienst am Lama.

Im tibetischen Buddhismus ist es auch gang und gäbe, dass die Schüler die Stimme und äußere Erscheinung ihres Lehrers nachahmen, zumindest bei der Rezitation. Das sieht manchmal etwas arrogant aus, als wollten die Schüler genauso wichtig und groß sein wie der Lehrer, aber die Hauptsache dabei ist, dass wir durch dieses Nachahmen einen speziellen Segen erhalten, nämlich Segen auch durch die Stimme und den Körper. Sich das Bild des eigenen Lamas vorzustellen, ist deshalb ein Tor, durch das der Segen für den Körper eintritt, seine Stimme nachzuahmen, ist das Eintrittstor für den Segen des Wortes. Gemäß seiner Unterweisung zu praktizieren, ist dann das Tor für den Segen des Geistes. Dabei geht es natürlich nicht um die bloße Imitation von Stimme und Haltung des Lamas, sondern um die Entfaltung von innerer Entwicklung und Vertrauen. Wenn ich mir meinen Lama vorstelle, ist das natürlich nicht mehr so intensiv wie die unmittelbare Erfahrung, aber sein Bild und sein Eindruck bleibt, und ich kann versuchen, mich darauf zu stützen und seinem Wunsch gemäß zu praktizieren. Wenn man sich immer wieder an sein Bild, seine Unterweisungen, seine Güte erinnert, kann einen das wirklich zu Tränen rühren. Ich bin wirklich sehr froh, wenn ich an meinen Lama denken, sein Bild festhalten und mir seine Unterweisungen vergegenwärtigen kann.

Man wird in keiner weiteren Existenz nicht vom Lehrer verlassen sein

Das richtige Annehmen des Lehrers bewirkt als karmische Ursache, dass wir auch in der nächsten Existenz gute Lehrer treffen. Das entspricht der Gesetzmäßigkeit von Karma. Wenn wir in diesem Leben Metzger wären und im nächsten wieder als Mensch geboren würden, hätten wir dieselbe Tendenz, Tiere zu töten, z.B.als Jäger. Wenn wir also in dieser Existenz einen guten Lehrer auf die richtige Weise annehmen, verbessert das unsere Chancen für die nächste Existenz.

Man fällt nicht in die niederen Daseinsbereiche

Wenn ich den Lehrer richtig annehme, kann ich in der nächsten Existenz nicht in einen der niedrigen Bereiche fallen, weil die Verdienstansammlung über den Lehrer viel stärker ist als gegenüber einem anderen Objekt. Der Lama ist das beste Verdienstobjekt. Vor einer Buddha-Statue Niederwerfungen zu machen, ist zwar auch sehr schön, aber Niederwerfungen vor dem eigenen Lama sind wesentlich wirksamer, unheilsame Handlungen werden viel schneller beseitigt, wodurch logischerweise die Ursachen für eine Wiedergeburt in den niederen Bereichen verschwinden.

Man erreicht mühelos alle vorläufigen und endgültigen Ziele

Der achte Punkt ist eine Zusammenfassung der vorherigen: Den Lama richtig anzunehmen, ist die Wurzel aller weltlichen und überweltlichen guten Eigenschaften, dadurch erreichen wir alle vorläufigen und endgültigen Ziele, alle guten Qualitäten: Das reicht vom Lesenkönnen bis zur Buddhaschaft.

Die Nachteile, wenn man keinen Lehrer annimmt

Die Nachteile sind das genaue Gegenteil der Vorteile, die sich aus dem richtigen Annehmen des Lehrers ergeben.

Wenn man den Lehrer falsch annimmt

Wenn man den Lehrer verachtet, verachtet man alle Buddhas

Wenn ich den Lama verachte, verachte ich alle Buddhas, weil die Lamas die Vertreter aller Buddhas sind. Angenommen, wir schicken einen Vertreter zu einer anderen Organisation oder in ein anderes Land, und der wird mit allen Ehren empfangen, dann ist das ein Zeichen, dass unsere Organisation Ansehen genießt. Wenn unser Vertreter missachtet würde, würden sie damit zu erkennen geben, dass sie sich nichts aus uns machen, unser Abgesandter wird also als unser Stellvertreter behandelt. Für uns wäre es natürlich leichter, wenn der Lama immer eine hochrangige Person wäre wie der Dalai Lama oder der Karmapa. Aber der Satz gilt auch für die »kleinen« Lamas. Die Herkunft der Lamas ist der Buddha, deshalb missachtet man die Buddhas, wenn man den Lama missachtet.

Jeder Augenblick der Wut auf den Lehrer zerstört die Wurzeln der heilsamen Handlungen eines Zeitalters

Wenn ich eine Stunde lang auf meinen Lama wütend bin, dann erzeuge ich damit die karmische Ursache, genauso lange in den entsprechenden niedrigen Bereichen zu leiden. Dafür gibt es zwei Begründungen: Erstens zerstören die Hassgefühle alle Verdienste und heilsamen Handlungen, die nicht gewidmet wurden. Zweitens ist das Objekt der Handlungen in diesem Fall sehr sensibel. Wenn wir Buddha oder Lama in der richtigen Weise annehmen, entsteht ein sehr starkes heilsames Karma. Bei negativen Taten ist es genau umgekehrt, die Auswirkungen sind auf beiden Seiten sehr intensiv, entweder geht es steil nach oben oder steil bergab.

Auch wenn man sich auf die Mantras stützt, erreicht man die höchsten Resultate nicht

Wer den Lama verachtet, kommt mit der tantrischen Praxis einfach nicht weiter, weil alle guten Eigenschaften vom Lama abhängen. Warum ist Milarepa heute noch so berühmt? Er war ein Mensch genau wie wir, hat aber seinen Lehrer Marpa trotz aller Hindernisse richtig angenommen. Bevor Marpa ihm überhaupt eine Belehrung gegeben hat, musste er unsägliche Mühen auf sich nehmen. Trotzdem war Milarepa niemals enttäuscht, ging immer wieder zu Marpa und bat ihn um Belehrungen. Durch seine große Geduld erlangte er schließlich die Buddhaschaft. Hingegen hat Milarepas Schüler Rechungpa, der viel gelehrter war als er, dreimal nicht auf seinen Lehrer gehört und die Buddhaschaft daher nicht in diesem Leben erreicht.

Auch wenn man mit großer Bemühung nach dem Sinn der Tantras strebt, kommt das der Verwirklichung von Bereichen extremen Leidens gleich

Selbst wenn er den Inhalt der Tantras mit viel Mühe und Eifer studieren würde, würde der Schüler nur eine Existenz in den niederen Bereichen verwirklichen. Seine Bemühungen um eine tantrische Praxis blieben ergebnislos, weil die grundlegende Einstellung fehlt und er die Gelübde gegenüber seinem Vajralehrer gebrochen hat.

Die guten Eigenschaften, die noch nicht entstanden sind, werden nicht entstehen, und die bereits entstandenen gehen zugrunde

Eine solche Person kann keine neuen inneren Qualitäten entwickeln, diejenigen, die sie schon besitzt, nehmen ab. So hat

Marpas Lehrer Naropa einmal gegen das Wort seines Lehrers Tilopa gehandelt, und als Folge davon konnte er die Buddhaschaft nicht in dieser Existenz erlangen.

In diesem Leben wird man von Krankheiten und anderen unerwünschten Dingen gequält

Es ist auch möglich, dass den Betreffenden eine schwere Krankheit und großes Unheil trifft. So gab der indische Gelehrte Buddhajñana einmal eine große Belehrung, und sein Lehrer, der Mahasiddha Saukarika kam vorbei. Eigentlich hätte er aufstehen und ihn begrüßen müssen, aber er tat so, als sähe er ihn nicht; später behauptete er dann noch, er hätte ihn nicht gesehen. Als Folge davon bekam er später eine Augenkrankheit und erblindete.

In den nächsten Existenzen wird man in endlos erscheinenden schlechten Daseinsbereichen herumirren

Gemeint sind die Höllen. Als der Bodhisattva Vajrapani einmal wissen wollte, was die Folge wäre, wenn man den Lehrer verachtet, hat er geantwortet: »Wenn ich das sage, werden sich die Welt und die Götter entsetzen, weil es so unerträglich ist.«

In allen Existenzen wird man vom Lehrer verlassen sein

Selbst wenn ich in einem höheren Bereich wiedergeboren werde, werde ich an einem sehr abgelegenen Ort landen, wo ich keine Chance habe, auf buddhistische Lehrer zu treffen, von ihnen Belehrungen zu hören und zu praktizieren.

Wie man den Lehrer in Gedanken richtig annimmt

Welche Eigenschaften muss nun ein Lama besitzen? Wen soll ich überhaupt als Lehrer annehmen? Bis jetzt haben wir darüber gesprochen, wie ich den Lama annehme und was passiert, wenn ich ihn nicht richtig annehme. Wir haben die Sache also von der Seite des Schülers her betrachtet. Die nächste Frage lautet nun, *wer* überhaupt ein qualifizierter Lama ist. Um Lama zu sein, genügt es nicht, ein guter Mensch zu sein. Ein echter Lama muss vielmehr den Weg kennen, und er muss fähig sein, den Schüler auf dem Weg zu führen. Tsongkhapa sagt, wer sich nicht selbst erlöst hat, kann andere nicht erlösen. Wer selbst nicht gerettet ist, kann niemand anderen retten. Wenn ein Lehrer nur ein bestimmtes Thema kennt, dann kann er seinen Schülern nur diese eine Meditation beibringen und sonst nichts. Auch wenn der Schüler noch so viel Vertrauen, Hingabe und Interesse hat, der Lehrer aber nur Atemtechnik lehren kann, nutzt ihm seine ganze Intelligenz nichts, weil von der Seite des Lehrers nicht mehr »Input« kommt. Das Wissen des Lamas muss also umfassender und vielfältiger sein als das des Schülers.

Die Vorzüge, die ein Lama besitzen muss, richten sich danach, welche Art von Belehrungen er erteilen soll, ob es um die Ordination als Mönch bzw. Nonne, die Bodhicittagelübde oder tantrische Einweihungen geht. Ob der Lehrer diese Vorzüge besitzt oder nicht, muss der Schüler im Voraus prüfen. Bei weltlichen Lehrern gibt es ja die Probestunde oder den Probevortrag, anhand dessen beurteilt wird, ob er geeignet ist oder nicht. Bei Lamas ist es umgekehrt, ich muss vorher wissen, ob er der richtige Lehrer für mich ist oder nicht. Deshalb soll man sich zuerst bei anderen Leuten umhören, nachdenken und sich das Ganze durch den Kopf gehen lassen. Schließlich geht es um einen Lehrer, der uns den kompletten Lamrim vermitteln soll. Dafür genügt es nicht, Ritualgegenstände zu besitzen, gewisse Meditationen zu beherrschen oder ein paar Texte auswendig hersagen zu können.

In Maitreyas *Mahâyânasûtrâlamkâra*, einem der maßgeblichen Kommentare, werden insgesamt zehn Vorzüge aufgezählt, die ein Lehrer besitzen muss: 1.) der Lehrer muss gezähmt sein (durch die Schulung der Ethik), 2.) er muss befriedet sein (durch Meditation), 3.) er muss äußerst befriedet sein (durch Weisheit), 4.) er muss höhere Qualitäten besitzen als der Schüler, d.h., er muss mehr wissen, 5.) er muss aufrichtig bemüht sein, seinen Schülern zu helfen und sich um sie kümmern, der Lehrer darf kein Faulpelz sein, 6.) er muss über eine reiche Kenntnis der kanonischen Literatur verfügen, und er muss 7.) Gewissheit über die wahre Natur der Realität besitzen und den Zustand von Shunyata klar erkennen. 8.) Er muss ein Meister der Rede sein, er muss seine Belehrungen in schöner Form darlegen. Damit nicht genug, er soll 9.) zu anderen Menschen mit sanften, freundlichen Worten sprechen, er soll 10.) anderen gegenüber mitleidvoll sein und muss sich Mühe geben, wenn er für die Schüler körperliche oder geistige Anstrengungen unternehmen soll. Wenn er z.B.einen Tag laufen muss, bis er zu seinem Schüler gelangt, dann darf er nicht sagen, »das ist mir zu mühsam, das mache ich nicht«.

Nun etwas ausführlicher zu den einzelnen Punkten: »Innerlich gezähmt« sein heißt, die ethische Disziplin einzuhalten. Auch muss er durch Meditation innerlich zur Ruhe gekommen sein. Wenn er nervös ist, könnte er ja keinen Frieden ausstrahlen und würde die Schüler verrückt machen. »Äußerst befriedet« bedeutet, dass er durch seine Erkenntnis die Anhaftung an das Ego so weit reduziert hat, dass sein Geisteszustand ganz friedlich geworden ist. Der Lehrer muss mehr Vorzüge besitzen als der Schüler, denn wenn er größere Qualitäten als der Schüler besitzt, teilen sich diese dem Schüler mit. Das klassische Beispiel sind Räucherstäbchen und ein Stück gewöhnliches Holz: Wenn man beides nebeneinander liegen lässt, nimmt das Holz den Geruch der Räucherstäbchen an. Wenn ein Lama schlechte Eigenschaften hat, teilt sich das ebenfalls dem Schüler mit; raucht und trinkt der Lama z.B., werden die Schüler auch leicht Raucher und Trinker. Die anderen Punkte sind einfach zu verstehen: Er muss sich bemühen und mehr gelesen haben als der Schüler, denn wenn er die Schriften nicht kennt, kann er auch nichts weitergeben. Die richtige Formulierung zu finden, macht auch viel aus. So hat einer der alten Kadampas immer Märchen und Fabeln erzählt und diese mit einer kurzen, bündigen Belehrung verbunden. Auf diese Weise hat er seine Zuhörer bei der Stange gehalten.

Gezähmt sein, befriedet sein, äußerst befriedet sein, Mitleid gegenüber dem Schüler und Erkenntnis der Realität: Auf diese fünf Punkte wird besonderer Wert gelegt. Dann darf der Lehrer keinesfalls Dank von Seiten des Schülers erwarten, er muss wirklich die Einstellung haben, dass er für die Schüler da ist, sich Mühe geben und die Last der Verantwortung übernehmen. In dieser degenerierten Zeit ist es sicher sehr schwer, alle diese Vorzüge in einer Person zu vereinen. Deshalb sollte der Lehrer wenigstens mehr Vorzüge als Fehler haben, er soll mehr Wert auf die nächste Existenz legen als auf diese, und mehr Wert auf andere als auf sich. Diese drei Punkte sind die Mindestanforderung für einen Lehrer des allgemeinen Mahâyâna.

Was den Schüler angeht: Der Schüler muss unvoreingenommen sein, seine Einstellung soll offen und ohne Vorurteil sein. Er muss ehrlich und klug sein und zwischen gut und schlecht unterscheiden können: Es darf ihm nicht egal sein, ob es in die richtige oder die falsche Richtung geht, schließlich geht es um seine eigene Existenz. Wenn seine Praxis sehr gut funktioniert, soll er sich nichts darauf einbilden, und wenn Schwierigkeiten auftreten, soll er nicht resignieren. Auf jeden Fall muss er aber erkennen können, ob die eigene Praxis in die bessere oder die schlechtere Richtung läuft, um sie gegebenenfalls zu korrigieren. Er soll sich in der Praxis anstrengen, den Lama als Gegenstand der Verehrung betrachten und während der Belehrungen voller Aufmerksamkeit zuhören. Der fünfte Dalai Lama sagte: Wenn ein guter Lehrer und ein guter Schüler zusammenarbeiten, dann ergibt sich die Buddhaschaft praktisch wie von selbst. Dass die Buddhaschaft für uns in unerreichbarer Ferne zu liegen scheint und es so schwierig ist, eine innere Entwicklung zu realisieren, hängt damit zusammen, dass entweder der Lehrer, der Schüler oder die Beziehung zwischen ihnen zu schwach ist.

Die Entwicklung von Vertrauen als Basis

Für die Art und Weise, wie man sich auf den Lehrer stützt, sind zwei Punkte von Bedeutung: 1.) die Entwicklung von Vertrauen, das die Wurzel für alles weitere ist und 2.) das Erzeugen von Verehrung, indem man sich an seine Güte erinnert. Hier beginnt die eigentliche Meditation über die Lehrer-Schüler-Beziehung. Die acht Vorzüge und Nachteile, wie ich den Lehrer richtig oder falsch annehme, sollte man kennen, aber es gibt keine Anweisung, darüber zu meditieren.

Vertrauen ist das Allerwichtigste. Ohne grundlegendes Vertrauen hat die innere Entwicklung keine Basis. In einem Sutra heißt es: »Vertrauen geht allen guten Eigenschaften voran, gebiert sie wie eine Mutter, nährt alle Vorzüge und lässt sie anwachsen.« Ein Tibeter bat Atîsha einmal um eine Unterweisung, bekam aber keine Antwort. Er fragte noch einmal, diesmal wesentlich lauter. Da sagte Atîsha: »Ich habe gute Ohren, ich höre dich klar und deutlich. Hier ist meine Belehrung: Vertrauen! Vertrauen! VERTRAUEN!!« Dem Schüler fehlte das notwendige Vertrauen, und ohne Vertrauen kann es keine Belehrung geben.

Für die Übung von Vertrauen als Basis sind drei Punkte wichtig: den Lama als Buddha zu betrachten, warum ich ihn als Buddha betrachten soll und wie ich den Lama als Buddha betrachten kann.

Die Art und Weise, wie man den Lehrer betrachten soll

Warum man den Lehrer als Buddha betrachten soll

Die Anweisung, den Lehrer als Buddha zu betrachten, stammt eigentlich aus dem Höchsten-Yoga-Tantra. Wenn ich nun kein Tantra praktiziere, muss ich ihn oder sie dennoch als Buddha betrachten? Ganz und gar nicht. Warum ist dann aber im Lamrim gleich zu Anfang davon die Rede? Das hat eindeutig historische und kulturelle Gründe. Die tantrische Praxis war in Tibet so weit verbreitet, dass es eigentlich niemanden gab, der nicht Tantra praktizierte. Deshalb wird in vielen Texten stillschweigend vorausgesetzt, dass die Zuhörer und Leser Tantriker sind. Zum Glück hat Gampopa in seinem »Juwelenschmuck der Befreiung« die verschiedenen Ebenen klar auseinander gehalten, was meistens nicht geschieht. So kann ich den

Lehrer durchaus als ganz normalen Menschen betrachten, den ich aber respektiere, weil er mir eine gute Qualität vermittelt und etwas weiter ist als ich.

Andererseits hat es pädagogische Vorteile, die Beziehung so zu interpretieren. Da ein Zusammenhang besteht zwischen meiner eigenen Qualität und der des Lama, muss der Lehrer immer etwas mehr wissen und gelernt haben als ich. Wenn ich mich nun als Mahâyâna-Praktizierenden oder potentiellen Bodhisattva betrachten möchte, bleibt mir fast nichts anderes übrig, als mir einen Lehrer zu suchen, dem ich Buddhaschaft zutrauen kann, oder zumindest den Zustand eines hochverwirklichten Bodhisattva. Dabei werde ich versuchen, mich an der Qualität zu orientieren, die ich erkennen kann. Aber der Anspruch reicht noch weiter: Unabhängig von den erkennbaren Qualitäten des Lehrers muss ich in der Lage sein, denjenigen, von dem ich Mahâyâna-Belehrungen nehme, von Herzen als Buddha zu verehren. Nur wenn ich eine solche Haltung in mir erzeugen kann, kann ich die höchsten Belehrungen und Übungen des Mahâyâna erfassen und die entsprechenden Resultate erzielen. Wer das nicht kann, braucht sich nicht zu zwingen und auch kein schlechtes Gewissen zu haben. Er wird dann vermutlich auch die anderen Voraussetzungen des Mahâyâna-Pfades noch nicht erfüllen. Das ist nicht schlimm, er soll eben da anfangen, wo er steht, und dem Lehrer und der Lehre gegenüber die Art von Respekt bezeugen, zu der er wirklich fähig ist. Also: Im Mahâyâna kann, im Tantra muss man den Lehrer als Buddha betrachten. Entsprechend fällt dann das Resultat aus.

Warum man ihn so betrachten kann

Wir können den Lama als Buddha betrachten, weil wir davon den Vorteil haben, durch ihn die Segenskraft der Buddhas und Bodhisattvas zu empfangen. Wie stark der Segen ist, den ich von ihm empfange, hängt ganz von mir ab. Wie gesagt, diese Anweisung ist eng mit der tantrischen Praxis verbunden. Im Höchsten-Yoga-Tantra gibt es vier verschiedene Einweihungen. Die letzte Einweihung enthält die Vorstellung der Buddhaschaft, die so genannte Koinzidenz. Dabei muss der Lehrer diesen Zustand selber realisiert haben, andernfalls kann er sie anderen gar nicht vermitteln. Ohne diese Erfahrung kann er dem Schüler nichts zeigen und alles ist nur ein Schauspiel. Ein anderer Grund liegt darin, dass alle, die Buddhaschaft erreichen wollen, zum Schluss ins Tantra einsteigen müssen. Da viele Lamrim-Lehrer gleichzeitig tantrische Lehrer sind, ist diese Sichtweise gleich von Anfang an in die Praxis mit einbezogen worden.

Andererseits: Sicherlich sollen wir den Lama als Buddha betrachten, aber die Lamas müssen keine Buddhas sein. Viele Lamas können Buddhas sein, viele sind wahrscheinlich keine. Denn nicht nur die Buddhas wollen allen Lebewesen helfen, sondern auch die Bodhisattvas und Arhats, die aufgrund ihrer Verwirklichungen zur Arya-Sangha gehören. Der Lehrer kann sogar ein ganz gewöhnlicher Mensch sein, der sich noch in Samsara befindet, der aber gut praktiziert hat und aufgrund seines Wunsches und starker karmischer Ursachen wiedergeboren wird – nicht ganz freiwillig, aber durch die Verbindung seiner angesammelten guten karmischen Ursachen und seines Willens wird er im nächsten Leben Lehrer. Er wird nicht gerade als Lehrer geboren, er ist ein ganz normaler Mensch, hat aber einen guten karmischen Hintergrund. Er darf Lehrer werden, er soll sogar Lehrer werden, er braucht nicht einmal ein Bodhisattva zu sein.

Die Erzeugung von Verehrung, indem man sich an die Güte des Lehrers erinnert

Vajradhara hat erklärt, dass der Lehrer Buddha ist

Buddha Shâkyamuni hat am Ende seines Lebens gesagt: »Ich werde nicht mehr in dieser Gestalt weiterleben, ich muss jetzt sterben. Nach meinem Tod werde ich als normaler Mensch, als Lehrer erscheinen und werde euch helfen.« Solche Buddha-Worte sind nicht nur an ein oder zwei Stellen überliefert, sondern sowohl in Tantra- wie in Sutratexten. Deshalb muss unter meinen Lehrern mindestens einer sein, der Buddha ist. Denn

Buddha will ja allen Lebewesen helfen, also warum nicht auch mir? Warum soll ich also meinen Lehrer nicht als Buddha betrachten, er könnte es theoretisch ja sein.

Der Lehrer führt die Aktivitäten aller Buddhas aus

In einem Sutra heißt es: »Buddha kann in verschiedener Gestalt emanieren: als weltliche Gottheit, Mann oder Frau, Armer oder Reicher, als Kranker oder als Tier, wenn dies für die Lebewesen eine Hilfe darstellt. Buddha kann sich gierig oder Furcht erregend darstellen, als Dummkopf, als Verrückter oder als Blinder; seine Möglichkeiten, Gestalt anzunehmen, sind unbegrenzt.«

Auch heute wirken die Buddhas und Bodhisattvas zum Wohl der Lebewesen; die eigene Wahrnehmung ist unsicher

Jetzt taucht natürlich die Frage auf: Wenn wir unseren Lehrer als Buddha betrachten sollen, ist er dann ohne Makel? Denn Buddhas haben ja keine Fehler, sie besitzen vielmehr alle guten Eigenschaften und sind allwissend. Mein Lehrer weiß aber dieses oder jenes nicht, er scheint körperliche und geistige Fehler zu haben. Daraufhin müssen wir unsere Wahrnehmungen hinsichtlich ihrer Zuverlässigkeit in Frage stellen. Die Fehler, die wir wahrnehmen, müssen nicht auf Seiten des Lehrers liegen, sondern können auch von unserer Seite kommen. Unsere subjektive Sichtweise der Dinge ist oft übermächtig. So gilt z.B. eine mit vielen Fehlern behaftete Person in ihrem Bekanntenkreis als guter, netter Mensch. Am deutlichsten wird dies, wenn wir in der Meditation überlegen, was Freund und Feind heißt. Mein Freund ist sicher nicht für alle Menschen ein Freund, umgekehrt kann jemand mein Feind sein, den andere als guten Freund ansehen. Ich sehe jemand als Freund oder Feind, das ist nur meine Einstellung, die unabhängig von der betreffenden Person ist. So sind auch die Fehler des Lehrers nur in meiner Sicht Fehler. Wenn ein Lama blind ist, können wir seine Blindheit sicher nicht als Vorzug werten. Aber für seine Emanation als Blinder könnte es einen Grund geben, z.B. kann er durch eine solche äußere Erscheinung eventuell mit bestimmten Menschen besser umgehen.

Die Güte des Lehrers übertrifft die des Buddha

Unser Lama ist gütiger als die Buddhas im Allgemeinen und Buddha Shâkyamuni im Besonderen. Schon früher kamen viele Buddhas in diese Welt, aber aufgrund unseres schlechten Karmas hatten wir einfach keine Chance, ihre Schüler zu werden und zu praktizieren. Deshalb sind die so genannten Vorzeitbuddhas für mich irrelevant. Später in unserem Zeitalter kam Buddha Shâkyamuni, aber wir konnten auch mit ihm nicht zusammentreffen. Wir können nur bei und mit unserem Lehrer anfangen; selbst Buddha Shâkyamunis Worte kann ich nur mit der Hilfe meines Lehrers befolgen und praktizieren.

Die Lamas besitzen die gleichen Qualitäten wie die Buddhas, sind aber viel gütiger zu uns. Die früheren Buddhas erschienen in einer guten Zeit, in der die Schüler besser lernen und schneller Verwirklichungen erlangen konnten. Unsere Zeit hingegen ist eine Zeit des Niedergangs, die Hindernisse sind viel größer als früher. Daher gibt es bei uns die Redensart, dass der Buddha ein Gönner für reiche Leute ist. Das bedeutet: In einer guten Zeit finden die Menschen ohnehin schon günstige Umstände vor, und zu allem Überfluss erscheint dann auch noch ein Buddha. Wenn damals Lehrer erschienen wären und heute der Buddha, wäre es ideal. Aber so ist es nicht. In unserer degenerierten Zeit sind nur einige Lamas in Gestalt von normalen Menschen erschienen, so dass es gleichsam ein Essen für die Satten und keines für die Hungrigen gab.

Warum heißt es nun, dass unser Lehrer gütiger sei als die Buddhas im Allgemeinen und Buddha Shâkyamuni im Besonderen? Die Legende berichtet von einem indischen König, der tausend Söhne hatte. Jeder Sohn richtete an den damaligen Buddha den Wunsch, in seiner nächsten Existenz als ein bestimmter Buddha zu erscheinen, um damit den Lebewesen zu helfen. Der letzte Sohn war der spätere Buddha Shâkyamuni. Er hat sich eigens gewünscht, in einer schlechten Zeit zu erscheinen, um den Menschen zu helfen. Das Schlechte, was von den Wünschen seiner Brüder noch nicht abgedeckt war, wollte er damit auf sich nehmen. Dennoch kann Shâkyamuni Buddha uns nicht unmittelbar helfen. Auch die vielen indischen und tibetischen Gelehrten und Heilige wie Padmasambhava, Marpa, Milarepa, Tsongkhapa, die nach ihm kamen, können uns nicht helfen, für uns haben sie weniger Bedeutung als der eigene Lehrer.

Die Güte, Belehrungen zu geben

In früheren Zeiten bedurfte es großer Mühen und Anstrengungen, um eine Belehrung zu erhalten. Aber dank der Güte von Atîsha haben wir nun alles Wesentliche kompakt und leicht handhabbar als Lamrim beisammen, so dass wir nicht mehr von einem Lehrer zum anderen wandern müssen. Bevor Atîsha nach Tibet kam, gab es keine vollständige Überlieferung der gesamten Lehre: Jeder Lama kannte nur einzelne Themen, weshalb die Schüler vom einen zum anderen laufen mussten, um bestimmte Belehrungen zu erhalten. Seitdem Atîsha den ganzen Buddhismus im Lamrim zusammengefasst hat, haben wir es zum Glück leichter. Mit bloßer Lektüre ist es aber noch nicht getan: Wir müssen Belehrungen hören, Erfahrungen sammeln, unsere Erfahrungen dem Lama vortragen und von ihm korrigiert werden. Allein auf diese Weise kann eine innere Entwicklung in Gang kommen.

Als Atîsha nach Tibet kam, hat er die Tibeter gescholten, sie andererseits aber auch gelobt. Er sagte, sie hätten große Verdienste, weil sie mit wenig Mühe viel bekämen, hervorragende Lehrer aus Indien einladen und viel von ihnen lernen könnten. Deshalb sollten sie jetzt praktizieren. Das Jetzt ist ganz wesentlich: Jetzt wird eine bestimmte Belehrung erteilt, die es früher so nicht zu hören gab und die es auch in der Zukunft so nicht mehr geben wird. Daher ist jetzt der richtige Zeitpunkt für die Praxis gegeben.

Wenn ein Arzt zu einem Patienten kommt, der Gift gegessen hat, gibt er ihm ein Mittel, damit er sich übergibt und das ganze Gift ausspuckt. Ein solcher Arzt rettet uns das Leben, und wir sind ihm dafür sehr dankbar. In gleicher Weise verfahren die Lamas mit unseren »giftigen« Handlungen. Unser fehlerhaftes Handeln, unser ganzes schlechtes Karma, das wir angesammelt haben, lassen sie uns bekennen, um es zu reinigen, und wir versuchen, in Zukunft keine neuen Fehler mehr zu begehen, sondern uns richtig zu verhalten und in der richtigen Weise zu praktizieren. Wenn uns jemand aus dem Gefängnis befreien würde, wären wir ihm sehr dankbar. Wir sitzen ja alle im Gefängnis von Samsara, dem nur sehr schwer zu entkommen ist. Der Lehrer versucht, uns dabei zu helfen, und zu diesem Zweck bringt er uns verschiedene Methoden bei. Aber praktizieren und üben müssen wir selber. Der Lehrer kann es nicht für uns tun, Buddha kann es nicht für uns tun, niemand kann es für uns tun – es gelingt nur durch eigene Leistung.

Die Güte, den Bewusstseinsstrom des Schülers zu inspirieren

Die Inspiration ist ein innerlicher Strom vom Lehrer zum Schüler. Wenn wir Buddhismus praktizieren, sollen wir uns nicht nur Sachverhalte aus der Literatur vergegenwärtigen und darüber analytisch oder still meditieren. Das allein genügt nicht. Wir müssen uns vielmehr im Gebet an die Lamas wenden und Vertrauen zu ihnen entwickeln und gleichzeitig die Themen des Stufenweges in analytischer Meditation durchgehen. Durch diese Kombination kann ein regelrechter qualitativer Sprung nach vorne stattfinden. Es kann auch vorkommen, dass wir in der Meditation plötzlich eine sehr starke Zuneigung zu den Lamas oder zu einer Meditationsgottheit entwickeln oder dass wir Einblick in die Bedeutung der Leerheit gewinnen. Solche Vorkommnisse sind ein Zeichen dafür, dass der Übende die Inspiration des Lamas erlangt hat.

Manchmal rührt einen die Erinnerung an die Güte des Lehrers plötzlich zu Tränen. Das ist kein Weinen aus Trauer, sondern aus Freude und Bewegung. Das ist gleichfalls ein gutes Zeichen der Inspiration durch den Lama. Die Inspiration kommt mitunter aber auch auf ganz andere Weise. Einmal saß Naropa da und meditierte. Sein Lehrer Tilopa kam heran und warf ihm einfach einen Klumpen Lehm ins Gesicht, was wie ein Schock auf ihn wirkte. Daraufhin konnte Naropa sieben

Tage und Nächte ununterbrochen meditieren – mit dem Lehm im Gesicht. Oder wir erinnern uns während der normalen Praxis plötzlich an bestimmte Dinge, an die wir uns sonst nie erinnert haben, uns werden Dinge klar, ohne dass wir uns besonders darum bemüht hätten.

Die Güte, den Schüler materiell zu unterstützen
Dabei geht es nicht unbedingt um große Hilfsaktionen, das Anbieten einer Tasse Tee fällt ebenfalls unter diese Rubrik. Eine der wichtigsten Bodhisattva-Handlungen besteht darin, die Lebewesen finanziell zu unterstützen, armen Leuten Geschenke zu machen, und sei es nur die erwähnte Tasse Tee. Dabei soll ein Bodhisattva zu anderen immer mit sanften Worten sprechen, nett sein und ein freundliches Gesicht machen. Die Bodhisattvas müssen den Lebewesen mit allen Mitteln und unter allen Umständen Hilfe leisten, damit diese in der richtigen Weise Dharma praktizieren können. Selbstverständlich sollen die Bodhisattvas entsprechend ihren Erklärungen auch selbst praktizieren.

Durch die korrekte Durchführung der Bodhisattva-Taten ist der Bodhisattva schließlich in der Lage, Schüler um sich zu sammeln und sie zu unterstützen. Als ich nach der Flucht aus Tibet in Indien lebte, hatten wir viele Probleme und wenig Geld, so dass es an manchen Tagen kein gutes Essen gab. War dies der Fall, dann ging ich sofort zu Kyabje Dorje Chang, da gab es für mich immer etwas Gutes. Er wusste das schon, und wenn ich ankam, fragte er nur: »Gibt's wieder nichts Gescheites zu essen?« Wir Menschen sind durch Anhaftung an das Materielle und an Äußerlichkeiten stark gebunden, deshalb sollten wir selbst aufgrund solcher geringfügigen Aktivitäten Hingabe an den Lama entwickeln.

Wie man den Lehrer im Verhalten richtig annimmt

Fassen wir noch einmal zusammen: Wir sollten öfters darüber nachdenken, welche Güte der Lehrer uns durch seine Belehrungen erweist, z.B. so: Ich habe diese Belehrung erhalten. Was ist dadurch bei mir passiert? Haben sich meine inneren und äußeren Handlungen verändert? Konnte ich durch die Unterweisung des Lamas meine Einstellung korrigieren oder nicht? Wir sollten immer unseren inneren Zustand vor und nach der Belehrung vergleichen. Erkennen wir während einer Unterweisung ganz klar eigene Fehler, so können wir diese beseitigen bzw. zumindest den Versuch machen, sie künftig zu reduzieren. Früher haben wir unsere Fehler einfach ignoriert, aber jetzt sind wir mehr auf der Hut. Durch die Belehrung meines Lamas konnte ich Hingabe entwickeln, bin innerlich ruhiger geworden und kann mich besser konzentrieren. Auch habe ich Klarheit über diese und jene Meditation erlangt. Ich habe Neues gelernt und bereits Bekanntes besser verstanden. Es gibt ja viele Dinge, die ich schon hundertmal gehört habe, ohne sie wirklich zu verstehen. Dann müssen wir auch darüber nachdenken, welcher Rat des Lamas für uns wichtig sein könnte, ob ich in der Belehrung einen solchen Rat bekommen habe. Bei der analytischen Meditation über die Güte des Lehrers betrachten wir einzelne Aspekte, z.B.seine äußeren Aktivitäten wie Freundlichkeit im Gespräch oder finanzielle Unterstützung. Wenn wir uns diese einzelnen Aspekte genau vorstellen, wird in uns automatisch der Eindruck entstehen, dass wir diese Güte erwidern müssen. Es gehört sich ja nicht, nur zu nehmen, ohne zu geben. In gleicher Weise müssen wir uns für die Güte des Lehrers revanchieren, und das tun wir am besten, indem wir so gut wie möglich gemäß dem Buddha-Wort praktizieren. Richtiges Studieren, Lernen, Praktizieren und Meditieren sind die angemessenste Vergeltung für die Güte unserer Lehrer.

Wir behaupten, dass wir Buddhisten, ja sogar Mahâyâna-Praktizierende oder Tantriker seien. All das hängt nur vom Lehrer ab. Von einem bestimmten Lama haben wir zunächst eine Einführung in den Buddhismus und weiterführende Belehrungen bekommen, später dann auch Einweihungen, Erklärungen und sehr viel Segen für die Praxis. All dies war eine Leistung des Lehrers. Wenn wir keinen Lehrer haben, können wir keine Gelübde ablegen, ohne Gelübde können wir bestimmte Regeln nicht einhalten, und wenn wir uns nicht an diese Regeln halten, werden wir gewiss viele unheilsame Handlungen ansammeln. Darüber sollten wir einmal nachdenken und uns diesen Sachverhalt ganz klar vor Augen führen. Man analysiert z.B. zunächst die Vorzüge und Nachteile, die sich ergeben, wenn wir den Lehrer richtig oder falsch annehmen. Dann geht man zur Entfaltung von Hingabe und Vertrauen über und denkt über die Güte des Lamas nach. Bei der täglichen Praxis ist diese Reihenfolge nicht zwingend, wir können sie auch abändern: Mein Lehrer hat mir diese oder jene Erklärung gegeben, was mir großen Nutzen gebracht hat. Deshalb ist dieser Lehrer für mich sehr wichtig, und wenn ich ihn in der richtigen Weise annehme, ergeben sich für mich daraus diese und jene Vorteile. Gelingt mir das nicht, muss ich mit Nachteilen rechnen. Deshalb sollte ich nach Kräften Hingabe entfalten und den Lama äußerlich wie innerlich entschieden annehmen. Man sollte nicht zu schematisch vorgehen, sondern die Praxis lebendig und flexibel halten.

Der letzte Punkt wäre dann, wie man den Lehrer im *äußerlichen* Verhalten annimmt. In Asien wird das sehr groß geschrieben. Dazu gibt es drei Möglichkeiten: Durch Darbringung von Opfergaben, durch Körperpflege und durch Befolgen seines Wortes. Der dritte Aspekt ist der wichtigste. Die Opferdarbringung reicht vom Servieren einer Tasse Tee über das Erledigen von Aufträgen bis zu finanzieller Unterstützung für Hilfsprojekte des Lehrers. Milarepa hat zu diesem Punkt allerdings gesagt: »Ich habe dem Lama nichts als materielle Opfergabe zu bieten, meine Opfergabe besteht aus der Verwirklichung entsprechend der Worte des Lehrers.« Ein anderes Zitat lautet: »Gib alle anderen, materiellen Opfergaben an die Lamas auf, die einzige und beste Opfergabe ist, gemäß seinem Wort zu praktizieren.« Diese Opfergabe ist die beste. Der körperliche Einsatz ist eine rein indische Tradition: Man massiert den Lehrer, bereitet ihm Tee, kocht für ihn oder pflegt ihn bei Krankheit.

ERSTE STUFE

DIE METHODE, UM IM NÄCHSTEN LEBEN EINEN GLÜCKLICHEN ZUSTAND ZU ERREICHEN

2. Das Leben richtig nutzen

Lamrim-Praxis heißt, unsere Denkweise zu analysieren; der Lamrim ist nichts anderes als unsere Biographie, unsere eigene Existenz. Wir sollten also nicht denken, dass der Lamrim etwas ganz und gar Fremdes ist. Natürlich gibt es im Lamrim die eine oder andere kulturell bedingte Aussage oder Denkstruktur, aber im Großen und Ganzen basiert er auf dem allgemeinen menschlichen Bewusstsein und zeigt auf, wie wir als Menschen leben sollen. In unserer Welt gibt es so viele Möglichkeiten zu leben: Wir können so leben, dass alle unsere körperlichen, sprachlichen und geistigen Handlungen auf materielle Dinge ausgerichtet sind; oder das ganze Leben lang studieren, um Wissen anzuhäufen; oder in unserem Beruf und dem Alltagsleben aufgehen, mit unserem Gehalt mehr oder weniger zufrieden sein und so dahinleben, ohne über diesen Horizont hinauszublicken; oder völlig ziellos von heute auf morgen leben. Im Lamrim wird darüber hinaus nun erklärt, wie man aus buddhistischer Sicht sinnvoll leben kann, und was es uns bringt, so zu leben.

Zwischen der tibetischen – ich spreche nur von Tibetern, nicht von Asiaten, das würde zu weit führen – und der westlichen Denkweise gibt es einen gravierenden Unterschied: Die Tibeter sind äußerlich sehr kompliziert, sie sind nicht offen und legen nicht alle Karten auf den Tisch. Das erschwert die Kommunikation mit Westlern unter Umständen beträchtlich. Während die Westler in der Regel ganz offen miteinander reden, auch heftig diskutieren, sich am nächsten Morgen aber auch wieder vertragen, ist das bei uns nicht so. Die Tibeter halten ihre Meinung meist zurück und sind leider sehr nachtragend. Das ist ein Pluspunkt des Westens. Aber innerlich sind die Westler sehr kompliziert, sie machen sich viele Gedanken, und da der westliche Lebensstil seinem Wesen nach viel stärker am Denken orientiert ist, ist die innerliche Bewegung sehr viel größer als bei den Tibetern.

Wenn wir uns nun mit dem Lamrim beschäftigen wollen, können daraus Probleme entstehen. Natürlich haben wir im Lamrim eine klare Struktur, und das mag manche westliche Buddhisten dazu verleiten, den eigenen Weg genau so planen zu wollen wie die berufliche Laufbahn. »Innerhalb wie vieler Wochen werde ich was erreichen, wie viele Jahre brauche ich bis zur Buddhaschaft, um Bodhicitta zu erlangen, brauche ich vielleicht soundso viele Monate«, solche Pläne macht man gerne. Und wenn dann zwei bis drei Jahre vergangen sind, ohne dass sich eine Spur von Bodhicitta abzeichnet, gerät man aus dem Gleichgewicht. Das ist nicht richtig. Vorausplanung mag bei vielem von Vorteil sein, aber sie hat den Nachteil, dass für unvorhergesehene Ereignisse kein Platz mehr ist. Wenn wir mit einer solchen Einstellung an die Praxis herangehen, bringt das gar nichts. Sich auf etwas zu stürzen, weil es irgendwie attraktiv wirkt, ist einfach nur Selbsttäuschung. Es braucht seine Zeit, sehr viel Zeit, durch diese Methode den eigenen Charakter grundlegend zu verändern.

Der Buddhismus ganz allgemein und der Lamrim im Besonderen handelt aber nur zu einem kleinen Teil davon, wie wir bereits in dieser Existenz Lebenshilfe finden können, z.B. wie ich lernen kann, Leiden zu ertragen. Manchmal führt es zu Missverständnissen, dass der Blick im Buddhismus sehr oft über diese Existenz hinaus geht und ständig von zukünftigen Existenzen die Rede ist. Bedeutet das, dass diese Existenz bedeutungslos ist? Keineswegs, diese Existenz, in der ich mich jetzt befinde, ist mein Ein und Alles. Wie meine weiteren Existenzen aussehen, hängt von diesem Leben ab, deshalb ist es zunächst einmal sehr viel wichtiger als die nächste Existenz. Wichtiger bedeutet nicht, dass ich diese Existenz einfach unbeschwert genieße, ohne je an die Zukunft zu denken, sondern gerade wegen ihrer Bedeutung für die Zukunft ist dieses Leben für mich so wichtig. Viele Menschen finden ihr Leben auch so qual- und leidvoll, dass sie ihr Leben beenden wollen. Das ist natürlich genau die falsche Einstellung. Wenn ich diese Existenz schon nicht ertragen kann, wie will ich dann sicher sein, dass ich meine weiteren Existenzen ertragen kann? Wie kann ich denn sicher sein, dass meine nächste Existenz besser als die jetzige sein wird?

Wir sprechen viel über die nächste Existenz; als Buddhist muss ich natürlich so reden, glaube auch bis zu einem gewissen Grad daran. Aber wer von uns ist sich wirklich sicher, dass es überhaupt eine nächste Existenz gibt? Weiß ich selber wirklich, dass es eine nächste Existenz gibt? Solange ich mir nicht sicher bin, ob es überhaupt eine nächste Existenz gibt und, wenn ja, ob es eine gute ist, bleibt mir als Ausgangsspunkt lediglich diese Existenz. Wenn wir fähig sind, über dieses Leben hinaus zu denken, können wir uns mit dieser weiteren Perspektive befassen; aber wenn dem nicht so ist, ist es nicht unbedingt notwendig, sich sofort mit den nächsten Existenzen zu beschäftigen und darüber zu philosophieren. Zunächst sollte ich dann einfach darüber nachdenken, wie ich diese Existenz am besten nutzen kann. Diese Existenz gut zu nutzen, bedeutet nun nicht, dass ich immer besseres Essen und immer mehr Gehalt bekomme, um ein gutbürgerliches Leben zu führen, sondern: Solange ich keine innere Ruhe habe, führe ich kein vernünftiges Leben. Das Leben besteht ja nicht nur aus äußerlichen Aktivitäten, sondern mein Leben besteht hauptsächlich aus meinen Empfindungen, meinem Gefühl, meiner Erfahrung. Das geistige Leben ist für mich eigentlich wichtiger als das äußere Leben.

Wenn ich deshalb wirklich ein besseres, vernünftigeres, angenehmeres Leben will, muss ich innere Ruhe suchen. Wie kann ich innere Ruhe finden? Diese innere Ruhe kann ich nur finden, wenn ich die Ursache meiner Unruhe kenne – nicht als abstrakte Theorie, sondern ganz unmittelbar. Dann kann ich mich bemühen, diese Ursache vorläufig zu reduzieren und dann langsam zu beseitigen. Wenn ich die Ursache der Unruhe beseitige, werde nicht nur ich Ruhe haben, sondern auch meine Nachbarn, Ehepartner, Arbeitskollegen usw. werden von meiner neuen Einstellung profitieren. Denn wenn ich dauernd mit anderen streite, wo soll der Frieden in dieser Gesellschaft oder meiner Familie dann herkommen?

Ein normaler, erwachsener Mensch muss auch darüber nachdenken können: Soll ich ständig mit anderen streiten, soll ich andauernd gierig sein? Es gibt so viele Möglichkeiten, andere Menschen mit meiner negativen Ausstrahlung unglücklich zu machen. Wenn ich das mache, werde ich mich selber dabei wohlbefinden? Ganz und gar nicht. Diese alltäglichen Dinge sind der Kernpunkt unseres Lamrim. Wer damit nicht zurechtkommt, kommt mit Meditation sowieso nicht zurecht. Der entscheidende Punkt ist, ob wir uns wirklich verändern wollen und ob wir überhaupt an die Möglichkeit einer Veränderung glauben. »Ich bin mit meinem Leben zufrieden, eigentlich suche ich gar kein besseres Leben. Dieses Leben ist mir vertraut, ich muss mich ohnedies weiter damit abfinden« – solche Gedanken sind im Westen ziemlich verbreitet. Dazu muss man die Frage stellen: Heißt das, man sieht keine Alternative, keine andere Lösung, selbst während dieser Existenz ein bisschen anders zu werden? Aber dafür gibt es genug Gegenbeispiele: Jeder, der sich z.B. längere Zeit mit dem Buddhismus beschäftigt hat, hat in dieser Zeit bestimmte Erfahrungen gesammelt, gute und schlechte. Diese Erfahrungen sind real, sie haben etwas in einem bewirkt. Ich will nicht unbedingt den Buddhismus verteidigen, aber die schlechten Erfahrungen entstehen dadurch, dass die Betreffenden ein bestimmtes Denkmodell falsch angewandt haben, entweder, weil sie durch den Kulturschock überfordert waren oder nicht genug Erklärungen erhalten haben. Diese schlechten Erfahrungen lassen sich beseitigen.

Im Lamrim ist nun ausführlich davon die Rede, dass der menschliche Körper, die menschliche Existenz kostbar ist. Warum? Kostbar bedeutet hier, dass wir eine Chance erhalten haben, etwas für diese und zukünftige Existenzen zu tun; alle Erlebnisse, die für mich bisher leidvoll waren, kann ich aus einem anderen Blickwinkel sehen, wenn ich die entsprechenden Belehrungen erhalte. Der Wert der kostbaren Menschenexistenz wird in drei Hauptpunkten erklärt: Identifizierung, ihr großer Nutzen, die Schwierigkeit, sie zu finden. Alle weiteren Themen des Lamrim lassen sich auf diese drei Aspekte zurückführen. Als erstes ist es wichtig, die Existenz zu identifizieren, die wir gerade haben. Als zweites betrachten wir ihren großen Nutzen, und zwar kurzfristig, langfristig und in jedem einzelnen Moment. Der dritte Punkt ist die Überlegung, wie selten eine Existenz als Mensch ist.

Ein traditionelles Beispiel für den Wert der menschlichen Existenz lautet: Wenn man die Kostbarkeit einer Vase nicht erkennt, benutzt man sie unter Umständen als Abfallbehälter. Aber wenn ich erkannt habe, dass dieses Gefäß unschätzbar kostbar ist, werde ich es nicht für profane Zwecke missbrauchen. Alle unsere Handlungen sind momentan nicht nur sehr stark an diese Existenz gebunden, sondern auch kurzsichtig. Wir denken nicht sehr weit voraus, an andere Menschen denken wir schon gar nicht, sondern nur an uns selbst und unseren vorübergehenden Nutzen. In meinem Leben gibt es so viele verschiedene Ereignisse, und selbst innerhalb dieser verschiedenen Abläufe treten so viele Widersprüche und Unstimmigkeiten auf. Woraus entstehen diese? Sie entstehen daraus, dass ich kurzsichtig und unüberlegt gehandelt habe, mit starker Selbstbezogenheit und wenig Toleranz gegenüber anderen Menschen. Je instabiler also meine Empfindungen sind, desto mehr Widersprüche und Konflikte treten auf. Heute denke ich so, morgen anders, alle Gedanken sind immer nur auf eine vorübergehende Situation bezogen, wobei ich ichbezogen und intolerant bin. Wenn ich einen etwas weiteren Horizont besitze, überblicke ich eine größere Zeitspanne, beziehe andere Menschen in meine Gedanken mit ein und bin ihnen gegenüber toleranter. Dadurch entstehen in meinem Leben mehr Raum, mehr Frieden und eine bessere Kommunikation.

Wie kann ich meine menschliche Existenz am besten nutzen? Wenn wir bestimmte tibetische Texte lesen, bekommen wir leicht den Eindruck, dass es überhaupt nicht richtig ist, so weiterzuleben wie bisher, sondern dass wir unbedingt sofort alles aufgeben müssen, um uns als Einsiedler in eine Felsenhöhle zurückzuziehen. Aber das ist nur realistisch, wenn die persönlichen und gesellschaftlichen Voraussetzungen dafür vorhanden sind. Wir leben jedoch in einer Gesellschaft und in einem Land, wo so etwas zumindest vorläufig unmöglich ist. Es gibt ja aber noch so viele andere Möglichkeiten, unser Leben zu nutzen. Es hat keinen Zweck, sich selbst unter Druck zu setzen und sich dadurch selbst zu entmutigen, weil wir unseren hochgesteckten Ansprüchen nicht gerecht werden können, anstatt durch die buddhistischen Gedanken etwas weitsichtiger, flexibler und toleranter zu werden; also die Chance falsch zu nutzen. Die eigentliche Praxis ist unser alltägliches Leben: Wie wir uns benehmen, wie wir mit anderen Menschen umgehen, sogar wie wir essen, sprechen, denken, schlafen, alle unsere Aktivitäten von Körper, Rede und Geist. Allein schon das Nachdenken über uns selbst ist eine ganz großartige Praxis.

Das Menschenleben, das wir zur Zeit haben, ist jedoch mehr oder weniger zufällig zustande gekommen. Wir vernachlässigen viele Chancen, aus unserer Lebenszeit Kapital zu schlagen, weil wir über die Bedeutung unseres Lebens nicht nachgedacht haben. Deshalb kommt es zuallererst darauf an zu identifizieren, was für eine Existenz wir eigentlich bekommen haben. Nach buddhistischer Sicht hat unsere Existenz insgesamt 18 Vorzüge, d.h., wir sind frei von bestimmten Umständen, die uns daran hindern würden, Buddhismus zu praktizieren.

Die acht Freiheiten

Zunächst zeichnet sich unsere Existenz durch acht Freiheiten aus. Wenn wir z.B. in einem Höllenbereich geboren worden wären, würden wir unter unerträglichen Schmerzen leiden und könnten deshalb nicht Buddhismus praktizieren. Das wäre, wie wenn wir beim Zahnarzt wären und während der Behandlung irgendeine Meditation ausführen wollten. Aber wir brauchen gar nicht an irgendwelche Höllenwesen zu denken, die wir ohnehin nicht zu sehen bekommen. Wir erfahren auch im Alltag schon genug Leiden, das uns daran hindern kann, Buddhismus zu praktizieren. Aber jetzt gerade sind wir frei von solchen Leiden, haben Zeit. Das tibetische Wort für die 18 Vorzüge heißt eigentlich »Zeit habend« (*dal 'byor*). Zeit bedeutet hier also soviel wie Möglichkeit. Bei solchen Meditationen müssen wir uns die jeweiligen Leiden vorstellen: Wie wäre es, wenn ich jetzt als Höllenwesen geboren wäre? Dann hätte ich überhaupt keine Chance, die buddhistische Lehre zu studieren, nachzudenken und zu praktizieren. Aber ich bin nicht in diesem Daseinsbereich geboren worden, und deshalb bin ich sehr froh. Nach jedem Punkt muss ich damit abschließen, dass ich glücklich bin, nicht in dieser Lage zu sein. Deshalb kann ich mich jetzt dem Buddhismus widmen und erfreuliche Zustände entwickeln.

Der zweite Punkt wäre, dass wir auch keinen Hunger leiden. Wenn wir wirklich von Hunger, Durst oder sonstigen Entbehrungen gequält würden, könnten wir auch nicht meditieren. Aber auch von diesen Leiden sind wir frei. Wie ist es im Tierbereich? Wenn wir versuchen würden, ihnen etwas beizubringen, hätte das wenig Aussicht auf Erfolg. Sie können nicht einmal OM MANI PADME HUM rezitieren. Manchen Tieren können wir einige Worte beibringen, aber mehr als das ist nicht drin, den Sinn verstehen sie ohnehin nicht. Wir sind nicht als Tier geboren worden, also haben wir die Gelegenheit, zu hören und zu verstehen. Wenn wir in den Zirkus oder den Zoo gehen, schauen wir uns die Tiere an, aber ihre tatsächliche Situation sehen wir nicht. Wir kommen nie auf den Gedanken, wie sie leiden, wir haben uns nie an ihre Stelle versetzt und darüber nachgedacht. Wie wäre es, wenn ich dieses oder jenes Tier wäre? Die Tiger im Zirkus können von einem Ring zum anderen springen und uns allerlei Kunststückchen vorführen. Aber um das zu lernen, wie viele Schläge haben sie bekommen? Wir können an einem Hund sehen, was man alles anstellen muss, damit er Männchen macht. Wir sagen auch oft »du Hund« oder »du Schwein«. Wenn das jemand zu uns sagt, sind wir beleidigt, aber wie wäre es, wenn wir wirklich ein Schwein wären?

Ein anderes Beispiel: Wir leben jetzt gerade in Europa und fühlen uns hier wohl. Aber eigentlich merken wir das gar nicht, weil wir immer nur daran denken, was uns noch alles fehlt. Wenn wir Afrika oder manche asiatischen Länder besuchen, merken wir erst, wie gut es uns zumindest auf der materiellen Ebene geht. Ohne den direkten Kontrast merken wir gar nicht, worüber wir ganz selbstverständlich verfügen. Wenn wir im Götterbereich als Gott geboren worden wären, wären wir auch nicht dazu gekommen, Buddhismus zu praktizieren, weil die Götter voll damit beschäftigt sind, ihr angenehmes Dasein zu genießen. Als Vergleich können wir uns vorstellen, dass wir am Abend mit Freunden in geselliger Runde gemütlich beisammensitzen und uns angeregt unterhalten. Dann kommen wir auch nicht auf die Idee, jetzt zu praktizieren, zumindest hätten wir gerade keine große Lust dazu, aufzustehen und wegzugehen, wo es doch gerade so schön gemütlich ist. Die Freuden der Götter sind dabei, verglichen mit den unseren, noch viel intensiver und konzentrierter.

Für uns Buddhisten genügt es jedoch nicht, einfach nur als Mensch geboren zu werden. Wenn wir als Mensch irgendwo geboren worden wären, wo der Buddhismus unbekannt oder nicht verbreitet ist, dann haben wir auch keine Chance, ihn zu praktizieren. Wir können praktizieren, weil wir der Lehre begegnet sind, Lehrer getroffen haben und die Texte lesen können. Wenn wir stumm oder taub wären, könnten wir weder hören noch darüber diskutieren. Wir befinden uns nicht in dieser Lage, sind also frei von den entsprechenden Hindernissen. Selbst wenn wir in einem »zentralen Land« zur Welt kommen, in dem der Buddhismus verbreitet ist, wir aber kein Interesse oder sogar Abneigung für ihn empfinden, nützt uns das auch nichts.

Die zehn günstigen Umstände (fünf persönliche und fünf äußere Umstände)

Die zehn günstigen Umstände sind im Grunde nur eine etwas ausführlichere Wiederholung der acht Freiheiten, d.h. der günstigen Umstände, die es uns ermöglichen, Buddhismus zu praktizieren:

1) als Mensch geboren zu sein
2) in einem Land zu leben, in dem es Dharma gibt
3) klare Sinnes- und Denkorgane zu besitzen
4) keine der fünf extrem unheilsamen Handlungen begangen zu haben (den eigenen Vater, die Mutter oder einen Arhat töten, die Sangha spalten, absichtlich das Blut eines Buddha vergießen)
5) Vertrauen in die Grundlagen des Dharma zu besitzen
6) zu einer Zeit zu leben, in der ein Buddha erschienen ist
7) zu einer Zeit zu leben, in der ein Buddha gelehrt hat
8) zu einer Zeit zu leben, in der seine Lehre fortbesteht
9) zu einer Zeit zu leben, in der seine Lehre praktiziert wird
10) von anderen Zuneigung (in Form von Praxisunterstützung) zu erfahren

Nachdenken über den großen Nutzen der menschlichen Existenz

Als Buddhist muss unsere Zielsetzung besser als die eines Tieres sein, das sich nur um den gegenwärtigen Moment, den eigenen Bauch und einen angenehmen Schlafplatz sorgt. Wir Menschen sollten hingegen auch an die nächsten Existenzen denken. In der buddhistischen Literatur werden insgesamt sechs Daseinsbereiche beschrieben, drei höhere, zu denen wir Menschen und die Götter gehören, und drei niedere. Jeder einzelne Körperteil eines Menschen, ob wir gute oder schlechte Augen und Zähne haben, groß oder klein sind, wie wir aussehen usw., all das ist durch viele einzelne heilsame Handlungen verursacht, die wir in früheren Leben angesammelt haben, auch jede Situation in unserem Leben ist karmisch bedingt. Wenn wir daher wieder eine menschliche Existenz erlangen wollen, müssen wir jetzt schon entsprechende Ursachen für die nächste Existenz ansammeln.

Eine der wichtigsten Ursachen für eine Wiedergeburt in den höheren Bereichen wäre ein moralischer Lebenswandel. Darunter verstehen wir das Einhalten verschiedener Regeln oder

Gelübde. Wann immer wir unbedacht ethische Regeln übertreten, begehen wir eine moralische Verfehlung, die ein Hindernis für eine höhere Existenz darstellt. Dann wollen wir in der nächsten Existenz natürlich einen gewissen Wohlstand haben. Dafür müssen wir uns in den vier Arten des Gebens üben, und zwar im Geben von Dharma, d.h. Texte verschenken und anderen etwas beibringen, im Geben von materieller Unterstützung, im Geben von Liebe, indem wir mit Menschen freundlicher umgehen und Liebe ausstrahlen, und im Geben von Schutz, indem wir versuchen, andere Lebewesen aus Gefahren zu retten, und sei es ein Regenwurm auf der Straße. Wer so viel investiert, wird schließlich auch viel Gewinn machen, das ist im Grunde nicht anders als in der Wirtschaft; denn wenn ich mein Geld in den Sparstrumpf stecke, statt es auf die Bank zu tragen, bekomme ich natürlich keine Zinsen dafür.

Geben allein genügt jedoch nicht. Insgesamt müssen wir uns bemühen, sechs »Vollkommenheiten« oder Tugenden zu üben: Geben, ethische Disziplin, Geduld, Eifer, Konzentration und Erkenntnis. Natürlich sind diese Tugenden bei uns noch längst keine Vollkommenheiten, aber wir können uns schon jetzt in dieser Richtung bemühen. Wenn man sich im Geben geübt hat, aber die ethische Disziplin fehlt, entsteht daraus noch keine Menschenexistenz, sondern, wie es in den Legenden heißt, ein Naga, das ist eine Art Drachen, der über riesige Schätze verfügt, aber zu den Tieren gehört. Reich sein allein genügt nicht, um weiterzukommen. Es gibt auch Menschen, die gar nicht mit anderen Menschen auskommen. Sie sind nicht unbedingt jähzornig oder streitsüchtig, aber irgendwie können sie nicht mit anderen zusammenarbeiten. Das ist ein Anzeichen dafür, dass sie in früheren Existenzen keine Geduld geübt haben. Weil sie früher mit anderen ungeduldig waren, werden sie jetzt selber nicht geduldet, das ist gewissermaßen die karmische Vergeltung.

Üben wir die sechs Tugenden aus, ist die Menschenexistenz *für immer* von Nutzen. Für immer heißt, wir können in diesem Leben bis zur Buddhaschaft gelangen, wenn wir danach streben, oder zumindest die Ursachen für eine Wiedergeburt in den reinen Bereichen schaffen. Selbst wenn wir eine höhere Existenz als Götterwesen erlangen sollten, könnten wir dieses Ziel nicht erreichen, weil die Götter zu sehr von ihrem glücklichen Leben abgelenkt werden. Wenn wir eine geistige Entwicklung anstreben, müssen wir die drei Übungen der ethischen Disziplin, Meditation und Erkenntnis praktizieren. Die ethische Disziplin ist die Basis für die beiden anderen, und um diese ausüben zu können, müssen wir zuvor Entsagung gegenüber Samsara entwickeln, d.h., wir müssen über diese Existenz desillusioniert werden. Dazu sollten wir die verschiedenen Leiden in Samsara erfahren haben, was nur in der menschlichen Existenz geht, aber nicht als Gott. Uns geht es nicht so gut wie den Göttern, aber andererseits ist unser Leidensgrad auch nicht so groß, dass wir überhaupt nicht praktizieren können. Um Bodhicitta zu erzeugen oder andere Formen der Praxis ausüben zu können, brauchen wir sogar einen menschlichen Körper. Die Bodhisattvas in den reinen Bereichen wünschen sich aus diesem Grund, in unserem Bereich wiedergeboren zu werden, weil sie in ihrem Paradies nicht so gut praktizieren können. Natürlich sehen sie mithilfe ihres übernatürlichen Wissens die Leiden der Lebewesen, aber sie erfahren sie nicht unmittelbar, für sie bleibt das bloße Theorie. Deshalb möchten sie am liebsten in den Menschenbereich zurück. Tsongkhapa vergleicht die menschliche Existenz daher mit einem wunscherfüllenden Juwel, das uns alle Wünsche für diese, die nächste und die folgenden Existenzen erfüllen kann.

Unsere Existenz ist daher *in jedem einzelnen Moment* von Bedeutung. Wenn wir die Wichtigkeit und Bedeutung unseres kurzen Lebens genau erkennen würden, dann würden wir jede Minute ausnutzen. Bei den alten Tibetern ist es z.B. Tradition, ständig Wunschgebete zu machen, dass sie nicht in die niederen Bereiche fallen, sie verlassen sich auch zu sehr darauf, dass die Bodhisattvas oder die Lamas sie mit ihren übernatürlichen Fähigkeiten schon irgendwie in ein besseres Leben führen werden. Angenommen, wir leben 70 bis 80 Jahre: Die ersten 20 Jahre davon sind Kindheit und Jugend, in der wir noch zu jung für die Praxis sind. Bleiben noch 60 Jahre, davon gehen zehn bis fünfzehn Jahre ab, in denen wir zu alt sind, um intensiv zu praktizieren. Von der übrigen Zeit verbringen wir die Hälfte mit Schlafen, dann müssen wir essen, arbeiten, uns waschen usw. Wenn man das alles abzieht, bleibt sehr wenig Zeit für formale Praxis übrig. Wir können aber auch während des Gehens, Essens, während der Arbeit mit Achtsamkeit unser Leben beobachten, wie wir mit anderen Menschen umgehen, unsere Zeit verbringen usw. Dann haben wir plötzlich sehr viel Zeit, weil der ganze Tag zur Praxiszeit wird. Praxis bedeutet überhaupt nicht, irgendwo still zu sitzen, eine bestimmte Körperhaltung einzunehmen und sich zu konzentrieren. Wenn wir uns nur darauf verlassen, kommen wir nicht sehr viel weiter. Stattdessen beobachten und korrigieren wir unsere ganz alltäglichen Handlungen, beobachten wieder, blicken zurück und voraus, so dass unsere Perspektive immer weiter wird. Wenn wir so denken würden, könnten wir irgendwann feststellen, dass jede Minute für uns wichtig wäre, weil alle unsere Aktivitäten von Achtsamkeit begleitet sind.

Nachdenken über die große Schwierigkeit, die Existenz zu finden

Die Ursachen

Eine Existenz wie die unsere ist sehr schwer zu finden. Die 18 Vorzüge, die wir besitzen, sind das Ergebnis karmischer Ursachen. Wenn wir uns unsere Lebensweise anschauen, ist es zweifelhaft, ob wir die entsprechenden karmischen Ursachen für die nächste Existenz ansammeln. Eher das Gegenteil ist der Fall. Unsere unheilsamen Handlungen sind vollständig, zahlreich und kräftig, die Ablenkung durch unsere alten Gewohnheiten ist einfach sehr stark. In diesem Zusammenhang können wir während der Praxis ruhig auch einmal darüber nachdenken, wie viele Buddhisten wirklich aufrichtig und ehrlich bei der Sache sind und wie viele Scheinheilige sich in der »Szene« tummeln. Wenn sich das auseinandersortieren ließe, würden die ernsthaft praktizierenden Buddhisten vermutlich eine ziemlich kleine Minderheit ausmachen. Für uns ist es zunächst einfacher, uns unsere Umgebung genau anzuschauen, weil der Schutzwall um unser geliebtes Ego uns daran hindert, unsere Fehler unmittelbar zu erkennen. Wir sind viel mehr daran gewöhnt, die Fehler anderer Menschen zu beurteilen und zu analysieren, als uns selbst. So können wir erst einmal Material sammeln, welche Verhaltensweisen es überhaupt gibt, welche Vor- und Nachteile sie jeweils haben, um die Ergebnisse dann auf uns selbst zu beziehen. Natürlich werden wir uns instinktiv dagegen sperren, dann müssen wir erneut darüber nachdenken, warum wir das tun. Welcher Unterschied besteht denn eigentlich zwischen mir und den anderen? Sehen mich die anderen nicht genauso wie ich sie? Wenn wir immer wieder darüber nachdenken, dass wir selbst und die anderen uns nicht wesentlich unterscheiden, wird diese Verteidigungshaltung immer schwächer. Eine solche Praxis hilft auch bei anderen Gelegenheiten, weil sie unsere Selbstsucht und unsere Missachtung gegenüber anderen Menschen dämpft. In der Regel sollten wir mit Urteilen über andere Menschen zurückhaltend sein, weil wir es ohnehin gewohnt sind, vorschnell Urteile zu fällen. Wenn wir unsere Urteile über andere auf diese Weise als Beispiele nehmen und sie dann aber auf uns selbst beziehen, ist das eine recht geschickte Methode.

Ein Beispiel

In der Lamrim-Literatur gibt es viele Beispiele dafür, wie schwer die menschliche Existenz zu finden ist. Das älteste und bekannteste stammt aus Indien: Nehmen wir an, mitten im Meer schwimmt ein goldenes Joch, das eine Öffnung hat. Der Wind treibt es hierhin und dorthin. Im Meer lebt eine blinde Schildkröte, die alle hundert Jahre einmal aus dem Wasser taucht. Es ist nicht unmöglich, dass die Schildkröte bei dieser Gelegenheit ihren Kopf genau durch das Loch steckt, aber es ist höchst unwahrscheinlich. Erstens ist sie blind, zweitens taucht sie nur alle hundert Jahre auf, drittens ändert das Joch ständig seine Position, und viertens hat es nur eine Öffnung. Samsara ist so riesig wie das Meer, unsere kostbare Menschenexistenz ist so wertvoll wie das goldene Joch und so schwer zu finden wie die Öffnung darin. Durch unsere Unwissenheit sind wir blind wie die Schildkröte und wandern im großen Ozean von Samsara endlos von einer niederen Existenz in die andere.

Von ihrer Natur her

Buddha Shâkyamuni hat erklärt, die Zahl der Lebewesen, die von einer niedrigen oder höheren Existenz in eine niedrige geraten, sei so groß wie die Staubteilchen auf der ganzen Erde. Die Zahl der Lebewesen, die in eine höhere Existenz aufsteigen oder erneut eine solche erlangen, gleiche dagegen der Zahl der Staubteilchen, die an einer Fingerspitze haften. Solche Erklärungen sind jedoch kein Grund zur Resignation. Gerade weil wir jetzt die Vor- und Nachteile deutlich sehen, können wir uns in Zukunft mehr in Acht nehmen und es besser machen. Wir haben zwar zahlreiche unheilsame Handlungen angesammelt, aber auch heilsame. Zumindest können wir jetzt in diesem Leben versuchen, das Resultat der unheilsamen Handlungen abzuschwächen und das der heilsamen Handlungen zu verstärken. Wir sind unserem Karma nicht völlig hilflos ausgeliefert. Aus diesem Grund laufen in unserer Praxis verschiedene Handlungen parallel, wie z.B. die Reinigungspraxis, Niederwerfungen und das Darbringen von Opfergaben – alles zu dem Zweck, die heilsamen Handlungen nach Möglichkeit zu verstärken und die unheilsamen Handlungen einzufrieren. An dieser Stelle sehen wir übrigens, wie eng die Lamrim-Themen miteinander verzahnt sind, so fließen hier schon sehr viele Erklärungen über die Funktionsweise von Karma ein (siehe Kapitel 6).

Der zweite Teil des Lamrim behandelt die richtige Praxis, unterteilt in drei Abschnitte, die der niederen, mittleren und höheren Motivation entsprechen. Niedere Motivation bedeutet, dass wir nur bis zur nächsten Existenz denken können, aber nicht weiter. Die mittlere Motivation geht darüber hinaus:

Wenn die Kontinuität des Leidens nicht aufhört, haben wir nie Ruhe, deshalb müssen wir aus dem Samsara hinausgelangen. Die höchste Motivation ist das Streben nach Buddhaschaft. Buddhaschaft bedeutet, alle Fähigkeiten zu besitzen und alle Fehler beseitigt zu haben; das ist unser eigentliches Ziel.

3. Unbeständigkeit und Tod

Die Unbeständigkeit zu erkennen, ist von großer Bedeutung für die buddhistische Praxis. Buddha Shâkyamunis erstes Wort nach seiner Erleuchtung, als er zum ersten Mal die Vier Edlen Wahrheiten erklärte, war das Wort Unbeständigkeit, der erste Aspekt der ersten Edlen Wahrheit. Und auch kurz vor seinem Tode zeigte er auf seinen Körper und sagte: »Seht euch meinen Körper an, das ist der Körper des Buddha, und jetzt sterbe ich. Alle Phänomene sind von Natur aus unbeständig.« In einem anderen Sutra sagt er: »Wer kontinuierlich über die Unbeständigkeit nachdenkt, bringt allen Buddhas Opfergaben dar.« Das ist der Grund, warum der Lamrim auch in anderen Traditionen mit diesem Thema beginnt.

Das Ziel, das wir erreichen wollen, können wir nur durch den Dharma erreichen. Um den Dharma zu praktizieren, müssen wir einen Grund haben, da wir sonst, wenn wir es zu schön und gemütlich haben, so handeln werden, als ob wir ewig in dieser Existenz blieben. Deshalb müssen wir erst einmal Furcht vor dem Tod erzeugen und uns daran erinnern, dass uns der Tod bevorsteht und dass es von Nachteil ist, nicht darüber nachzudenken. Die nächste Frage ist dann, *wie* wir über den Tod nachdenken sollen. Das sind die drei Hauptpunkte, unter denen das Thema im Lamrim behandelt wird.

Viele Menschen haben aus unterschiedlichsten Gründen Angst vor dem Tod. Warum? Entweder haben sie Angst, ihre ganze Existenz zu verlieren und ins Nichts zu fallen, oder ihre Verwandten, ihren Besitz, ihre Stellung und gewohnte Umgebung zu verlieren. Ist diese Angst notwendig? Ist der Tod wirklich so schrecklich? Der Tod selbst ist wahrscheinlich keine ganz angenehme Sache. Andererseits heißt es, dass der beste Praktizierende mit Freude, der mittlere ohne Hemmung und der einfache wenigstens ohne Reue in den Tod gehen. Für sie ist der Todesmoment unter Umständen ein glücklicher Moment, deshalb können wir nicht pauschal sagen, dass der Tod etwas Schreckliches ist. Wir betrachten ihn so, weil wir zu sehr auf dieses Leben fixiert sind und uns nicht von dieser scheinbar glücklichen Existenz trennen wollen, in der wir uns doch alle einigermaßen wohl fühlen, solange wir keine gravierenden finanziellen Probleme und keine unheilbare Krankheit haben. Die eigentliche Angst liegt also in der Trennung von unserem Körper, unserem Besitz und unseren Angehörigen begründet.

Wie sieht die Sache aus, wenn ich einen zweiten Aspekt mit einbeziehe? Natürlich muss ich meinen Reichtum, meine Macht, mein Ansehen und meinen Namen zurücklassen; das ist von vornherein so vorgesehen. Es ist keine Zumutung, die nur mich betrifft, sondern eine ganz natürliche Sache. Wenn ich nun noch die Wahrscheinlichkeit anderer Existenzen berücksichtige (ich weiß ja nicht, wie reich, mächtig und angesehen ich in früheren Existenzen gewesen bin), davon habe ich in dieser Existenz aber nicht viel, da diese weltlichen Dinge sich immer nur auf eine Existenz beziehen und nicht mit dem Geist selbst identisch sind. Sie haben vielmehr einen negativen Einfluss auf ihn, weil sie mich überheblich machen, Begierde und Anhaftung vermehren. Mein Besitz macht mich vorübergehend glücklich, aber eigentlich ist er eine Ursache für Unglück. Wenn ich meine Bindung an diese Dinge etwas lockere, nicht mehr so stark an ihnen hafte, mich mehr mit solchen Gedanken befasse, werde ich die Angst vor dem Tod umso leichter überwinden. Bisher konnte noch niemand seinen Reichtum oder sein Ansehen in die nächste Existenz mitnehmen, ich werde es auch nicht können.

Aber noch bleibt die Angst, diese Existenz überhaupt zu verlieren, ins Nichts zu fallen. Da wir nicht wissen, was nach dem Tod kommt, erregt der Übergang in eine andere Existenz zunächst Angst: Von der Geburt bis jetzt haben wir auf eine bestimmte Weise gelebt, und das soll nun plötzlich zu Ende sein. Leider ist es unmöglich, die Idee der Reinkarnation in ein paar Sätzen zu begründen. Hierzu gibt es sehr umfangreiche philosophische Erklärungen aus dem alten Indien, von denen manche aber sehr schwer zu verstehen sind. Dennoch will ich kurz versuchen zu erklären, warum wir im Buddhismus von einer Kontinuität des Geistes ausgehen. Zunächst lässt sich feststellen, dass eine Kontinuität von der Geburt bis zum Tod vorhanden ist, sagen wir für 70 Jahre. Im Großen und Ganzen können wir die Erfahrung, die wir als kleines Kind angesammelt haben, bis zum Alter von 70 Jahren im Gedächtnis behalten. Das ist ein Zeichen dafür, dass es eine Gemeinsamkeit zwischen dem Baby und dem alten Menschen gibt, obwohl in jeder Stunde eine Veränderung stattgefunden hat. Zum anderen erleben wir im Schlaf eine Unterbrechung des Wachzustandes, in der die Erfahrung von gestern endet und mit dem Aufwachen am nächsten Morgen eine neue Zeiteinheit anfängt, nämlich »heute«. Dennoch klafft für mich keine Lücke zwischen gestern und heute. Wodurch kann ich mich an die Erfahrung erinnern, die ich gestern gemacht habe? Nur dadurch, dass eine Kontinuität da ist. In ähnlicher Weise haben wir nach einer Operation nicht alles vergessen, was wir früher erlebt haben.

Beim Wechsel von einer Existenz zur anderen ist der Einschnitt natürlich viel größer, aber auch hier bleibt die Kontinuität bestehen. Wie wäre es sonst möglich, dass manche kleinen Kinder mit vier Jahren schon musizieren oder malen? Woher haben sie das? Wir sagen: Von früheren Existenzen her hat eine Rückkopplung stattgefunden, ein Übertrag von der einen Existenz zur anderen, deshalb sind sie in diesem Leben große Musiker geworden und werden höchstwahrscheinlich ihre nächste Existenz auf ähnliche Weise fortsetzen. Anhand dieses Beispiels können wir uns vielleicht vorstellen, dass auch anderes Wissen sich auf diese Weise entfalten kann, wie wir das bei den freiwilligen Reinkarnationen großer buddhistischer Lehrer sehen, die schon als kleines Kind ohne große Mühe lernen können, als würden sie einfach an frühere Existenzen wieder anknüpfen. Im Kapitel über Karma heißt es auch, dass Erfahrungen in Gestalt von Neigungen übertragen werden. Wenn z.B. ein Metzger stirbt, wird er in seiner darauffolgenden Existenz wieder die Tendenz haben zu töten, weil er früher schon einmal daran gewöhnt war. Wenn ich hingegen mein ganzes Leben lang ein guter Musiker war, wird sich diese Begabung fortsetzen. Fast alle von uns haben auch verschiedene scheinbar irrationale, unerklärliche Neigungen und Vorlieben, z.B. für fremde Kulturen oder bestimmte Epochen.

Dieses Wissen, diese Tendenzen werden durch bestimmte Handlungen erworben, auf einer Schicht des Bewusstseins abgespeichert und von dort auf die nächste Existenz übertragen. Nun können wir die gröberen Schichten unseres Bewusstseins nicht mitnehmen, wenn wir sterben, es gibt jedoch ein sehr subtiles Bewusstsein, das Eindrücke aller Handlungen und Erfahrungen speichert und kontinuierlich überträgt. Zu Lebzeiten können wir mit unserem subtilen Bewusstsein so gut wie gar nichts anfangen, weil wir zu sehr mit unseren groben Konzepten beschäftigt sind. Auf unserem jetzigen Entwicklungsstand können wir nur Anlagen übertragen, ohne diesen Vorgang willentlich beeinflussen oder steuern zu können. Wenn wir in unserer inneren Entwicklung jedoch weiter voran gekommen sind und immer mehr von Konzepten befreit werden, können wir uns, weil die Schicht der störenden Faktoren dünner wird, unmittelbar mit unserem subtilen Bewusstsein beschäftigen, schließlich können wir das subtile Bewusstsein sogar direkt mit dem Wissen in Verbindung setzen, statt aufs Geratewohl einzuspeichern wie jetzt. Durch eine solche Arbeit auf der tieferen Ebene können wir leichter beseitigen, was zu beseitigen ist, weil dieser geistige Zustand sehr viel konzentrierter und klarer ist und wir das Objekt in der richtigen Weise erfassen können. Wenn ich mein Leben als Beispiel nehme: Als ich ein Kind war, wusste ich so gut wie nichts. Dann habe ich weiter und weiter gelernt und lerne immer noch. Je mehr ich gelernt habe, umso weiser bin ich geworden. Betrachten wir die Sache von der Ebene des subtilen Bewusstseins aus, dann verläuft dort ununterbrochen ein breiter, kontinuierlicher Strom. Dann ist es logisch, sich zu bemühen, immer weiter zu lernen, weil das Wissen nicht verloren geht. Je mehr Wissen ich besitze, umso leichter lassen sich Unwissenheit und alle anderen Hindernisse beseitigen, und irgendwann werde ich dann die Vollendung der Weisheit besitzen. Dieses höchste Wissen, dieser vollkommene Zustand ist Buddhaschaft.

Wie kann ich nun konkret die Angst vor dem Tod überwinden? Da gibt es verschiedene Möglichkeiten: Eine sichere Methode ist, das eigene Leben bewusster zu leben, d.h. soweit wie möglich unheilsame Handlungen aufzugeben und so viele heilsame Handlungen wie möglich zu begehen, und zwar mit der Motivation, dadurch nicht nur für mich selbst einen Vorteil zu erlangen. Aus kleinen, alltäglichen Erfahrungen muss ich eine Lehre ziehen: Wenn ich z.B. einen Menschen schlecht behandle, welche Reaktion kann ich dann erwarten? Wenn ich jemandem ein Lächeln schenke, bekomme ich dann eine unerträgliche Erfahrung zurück oder nicht? Solche konkreten Beispiele sind für uns sehr nützlich, weil wir sehr intensiv mit dieser Ebene konfrontiert sind. Indem ich unheilsame Handlungen vermeide, werde ich immer mehr positive Eindrücke sammeln, die wir Verdienste nennen. Auf diese Weise kann ich von einem Tag zum anderen immer mehr Verdienste ansammeln. Solche Erfahrungen machen mich zuversichtlich und verleihen mir mehr Mut und Entschlossenheit; ich habe schließlich mehr Sicherheit über mein Leben. Wenn ich diese Sicherheit habe, gibt es eigentlich keinen Grund, Angst vor dem Tod zu haben.

Bei der analytischen Meditation über die Unbeständigkeit sollten die Menschen aus dem Westen insbesondere darauf achten, wieviel sie verkraften können. Die Tibeter sind so unbeweglich und innerlich verhärtet, dass sie schon ziemlich viel vertragen können. Deshalb haben die Lamas viele drastische Erklärungen gegeben, wie man über die Unbeständigkeit nachdenken soll, und tatsächlich passiert in uns Tibetern dann auch langsam, aber sicher etwas. Ich befürchte, wenn die Westler in wörtlicher Entsprechung gemäß den traditionellen Texten meditieren würden, würden sie eher verzweifeln, statt den Weg zu finden. Sie müssen selbst ausprobieren, bis zu welchem Grad sie sich das Thema zumuten wollen, ohne dass sie dadurch verwirrt werden, große Zweifel bekommen oder verrückt werden. Die eigene Stabilität sollte nicht aufs Spiel gesetzt werden. Die Dharma-Praxis ist schließlich eine Methode, alle Furcht zu überwinden.

Wir sollten hingegen nicht versuchen, wie die indischen Mahasiddhas alles aufzugeben. In dieser Existenz leben wir eben als Westler im Westen mit all den vielen Luxusartikeln, die in uns in der Regel starke Anhaftung erzeugen. Diese Gegenstände können wir ruhig benutzen, nur sollen wir nicht an ihnen haften, glauben, ohne sie überhaupt nicht leben zu können, und danach streben, unsere Besitztümer grenzenlos zu vermehren. Ein Beispiel: Wir kaufen eine Ware. Vorher haben wir sie im Schaufenster betrachtet, dann gekauft und nach Hause gebracht, wo wir eine große Meditation darüber machen, wie toll und wunderbar dieser Gegenstand ist, der jetzt uns gehört. Tatsächlich ist der Gegenstand genau derselbe wie zuvor, als wir ihn im Schaufenster sahen. Die Sache selbst hat sich nicht verändert, wohl aber meine Bewertung; je mehr ich meine Wertschätzung steigere, desto stärker wird meine Anhaftung. Das ist genau die verkehrte, moderne Art, Luxusgegenstände zu benutzen. Sie verhindert die innere Korrektur, ohne die wir uns nie richtig wohl fühlen werden – nicht in dem Sinn, dass wir uns gemütlich zurücklehnen, sondern dass wir mehr innere Sicherheit erlangen. Gemütlicher wird es ohnehin nicht, denn solange wir uns in Samsara befinden, geht es dauernd auf und ab.

Die Nachteile, wenn man nicht an den Tod denkt

Man denkt nicht an Dharma

Nicht an den Tod zu denken, hat sechs verschiedene Nachteile: Als Erstes werden wir gar nicht daran denken, Dharma zu praktizieren, weil wir ständig damit beschäftigt sind, für unser

Leben und diese Welt zu sorgen. Wir gehen zur Arbeit und erledigen unsere privaten Angelegenheiten, wofür es lauter wohlklingende Bezeichnungen wie »Geschäftsreise« usw. gibt – aber letztlich läuft alles darauf hinaus, sich Essen, Kleidung und Wohnung zu verschaffen. Diese Aktivitäten sind so verlockend, dass man die wesentliche Praxis oder das Nachdenken aufschiebt. Das ist ein Zeichen dafür, dass wir an der Vorstellung von Beständigkeit haften. Wenn wir uns des Todes genau bewusst wären, hätten wir keine Ruhe – wie ein Reisender, der bald eine Reise nach Indien antreten wird und alle möglichen Reisevorbereitungen treffen muss. Er wird die ganze Zeit daran denken, alle seine Handlungen werden einen Bezug zur Reise haben. Aber weil wir nicht wissen, wann wir sterben werden, bereiten wir uns nicht darauf vor.

Wenn man auch an Dharma denkt, praktiziert man ihn nicht

Auch wenn wir an den Tod denken, kann der Nachteil entstehen, dass wir nicht richtig praktizieren, weil wir davon ausgehen, noch einige Jahre vor uns zu haben. Tsongkhapa sagt, dass jeder bis zum Tod die Hoffnung hat, dass er dieses Mal noch nicht sterben wird. Dieses Sicherheitsgefühl haben wir alle, aber eigentlich ist es keine Sicherkeit, sondern ein Als-Ob. Viele Sterbende denken bis zum Schluss daran, dass sie noch dies und jenes erledigen wollen, in der nächsten Stunde, am nächsten Morgen. Aber diese Hoffnung zerstört alles.

Wenn man praktiziert, praktiziert man nicht sorgfältig

Wir bemühen uns, Buddhismus zu praktizieren, aber dies richtig und rein zu tun, ist nicht gerade einfach, weil wir überwiegend an dieser Existenz haften. Es ist genau wie bei einer medizinischen Behandlung: Wenn wir starke Schmerzen haben, haben wir ein starkes Verlangen nach einem Schmerzmittel. Wenn ich hingegen nichts spüre, werde ich das Medikament nur ab und zu oder gar nicht nehmen. So sollte ich einmal eine tägliche Ultraschall-Massage erhalten, weil ich Schmerzen hatte. Aber nach ein paar Tagen waren die Schmerzen abgeklungen, und ich vergaß zwei Tage lang einfach, zur Behandlung zu gehen.

Wenn ich sehr gut praktiziere, kann ich vielleicht anderen Menschen Erklärungen geben, werde verehrt, gelte als vorbildlicher Buddhist und habe verschiedene Vorteile. Wenn ich Mönch werde, brauche ich nicht mehr zu arbeiten, weil mich andere Menschen ernähren. Es ist nicht ausgeschlossen, dass solche Vorstellungen entstehen. Da sie nach außen gerichtet sind, nutzen sie der eigenen Entwicklung nicht; die Praxis ist dann nur mehr eine scheinbare. So gibt es sicher viele Leute, die Retreats machen, nur weil die anderen das auch schon gemacht haben und man mit dazu gehören will. Dasselbe gilt auch, wenn ich z.B. besonders aufwändige Gaben spende, um jemanden zu übertrumpfen. Einer der alten Kadampa-Geshes erwartete einmal den Besuch seines Gönners. Er hatte sein Zimmer ordentlich sauber gemacht und schön anzusehende Opfergaben aufgebaut. Dann setzte er sich hin und dachte darüber nach, warum er sich heute besonders viel Mühe gegeben hatte: »Ich habe es getan, um meinen Gönner zu beeindrucken, aber nicht für die Drei Juwelen. Deshalb sind meine Opfergaben keine religiöse Handlung.« Dann holte er eine Hand voll Asche und streute sie über die Opfergaben. In Wirklichkeit hat er die Asche nicht auf die Opfergaben geworfen, sondern auf seine schlechte Gesinnung.

Was müssen wir tun, um gemäß der Kadampa-Tradition zielstrebig Buddhismus zu praktizieren? Dazu ist es für uns erforderlich, dass wir dieses Leben aufgeben! Damit ist aber nicht gemeint, dass wir alles aufgeben und wie ein Bettler leben sollen; auch die Bettler haften ja an ihrer Existenz und wandern so von Tür zu Tür. Ein Kadampa-Geshe fragte einmal Atîsha: »Soll ich meditieren? Soll ich Belehrungen geben?« Oder soll ich abwechselnd meditieren und Belehrungen geben? Atîsha antwortete ihm: »Das nützt alles nichts!« – »Und was soll ich dann tun?« – »Du sollst die Welt aufgeben!«

Was wir tatsächlich aufgeben müssen, sind die acht weltlichen Dharmas (Phänomene), nämlich: *Gewinn und Verlust* – wir freuen uns, wenn wir etwas bekommen, und sind traurig, wenn wir nichts bekommen; *Freude und Kummer* – wir freuen uns, wenn wir glücklich sind, und sind traurig, wenn wir unglücklich sind; *Lob und Tadel* – wir freuen uns über Lob und sind verletzt, wenn wir beschimpft werden; *gutes und schlechtes Ansehen* – wir freuen uns über Anerkennung und ärgern uns, wenn andere etwas Negatives über uns sagen. Diese acht weltlichen Dharmas, um die sich fast alles dreht, begleiten alle unsere Aktivitäten und bestimmen unsere gesamte Motivation. Diesen acht weltlichen Phänomenen gegenüber sollen wir Gleichmut entwickeln (nicht Gleichgültigkeit). Es ist in Ordnung, wenn wir uns über positive Erfahrungen freuen, nicht in Ordnung ist es, wenn wir an diesen positiven Erfahrungen haften und von ihnen abhängig werden, weil unsere Freude dann eine negative Färbung annimmt. Es wäre natürlich ideal, wenn wir auf alle Erfahrungen mit demselben Gleichmut reagieren könnten wie Buddha, der auf einen körperlichen Angriff genauso reagierte wie auf eine Massage. Es wäre jedoch nicht angemessen, den Idealzustand des Gleichmuts auf Anhieb verwirklichen zu wollen, das wäre nur entmutigend und würde uns im Alltag in große Schwierigkeiten bringen. Wir können uns nur von Stufe zu Stufe weiterentwickeln. Es gilt, ein gesundes Maß zu finden zwischen den Äußerlichkeiten (z.B. bei der Jobsuche) und unnützer Anhaftung an Autos, Image oder Statusobjekte. Für jemanden, der wirklich Dharma praktiziert, ist unnütze Anhaftung eine unerwünschte Sache.

Die richtige Methode, um dieses Leben aufzugeben, ist die Erinnerung an die Unbeständigkeit, weil man dann nach und nach das befreiende Gefühl erfährt, dass es keinen Anlass gibt, unzufrieden zu sein. Lebe ich noch zig Jahre – umso besser, ich habe noch genügend Zeit für die Dharma-Praxis! Habe ich nur noch einen Tag zu leben, ist es auch gut. Ob ein Tag oder zehn Jahre: Der Unterschied liegt nur in der Zeiteinheit. Die Zeiteinheiten im Fluss der Zeit sind wie die Glieder einer Kette, die an einer Schnur aufgereiht sind. Wir sollten nicht so viel Gewicht auf die einzelnen Perlen der Kette legen, sondern mehr auf die Schnur, die Kontinuität von einer Existenz zur anderen. Wenn wir anfangen, über die Unbeständigkeit nachzudenken, bekommen wir zunächst Angst vor dem Tod, bei fortgesetzter Betrachtung entsteht jedoch allmählich eine Empfindung von Zuversicht, Freude und Befreiung, weil ich allmählich Abstand von den weltlichen Phänomenen gewinne. Wenn ich z.B. Kopfschmerzen habe, empfinde ich nicht nur den eigentlichen Schmerz, sondern habe zusätzlich auch noch die Vorstellung, dass ich Schmerz empfinde, was den Kopfschmerz noch verstärkt. Wenn ich nun über Unbeständigkeit nachdenke, realisiere ich, dass auch Samsara veränderlich und nicht ewig ist, was mir ein Gefühl der Befreiung verschafft.

Unser Leben aufzugeben bedeutet, unsere Wünsche und Ziele auf den Dharma auszurichten. In unzähligen Existenzen haben wir unser Leben an unsinnigen Dingen ausgerichtet. Wenn wir unser Leben jetzt mit Freude am Dharma ausrichten, es gleichsam für ihn opfern, so werden wir nicht verarmen, wir werden niemals verhungern und unseren Lebensunterhalt ganz bestimmt durch die Unterstützung anderer Menschen erhalten. Ein tibetisches Sprichwort sagt: »Wenn der Dharmapraktizierende nicht vom Berg ins Tal rollt, rollt die Tsampa-Kugel von unten nach oben.« Wenn wir nicht richtig praktizieren, werden wir von anderen aber auch keine Unterstützung bekommen. Ein berühmter Kadampa-Geshe, Geshe Ben, der in seinem früheren Leben sehr weltlich gesinnt war, hatte viele Geschäfte betrieben, war Bauer und Räuber gewesen. Doch trotz all seiner Geschäfte, und obwohl er die Menschen ausraubte, führte er ein sehr dürftiges Leben. Weil er glaubte, sich ständig verteidigen zu müssen und sein Handeln sich stets gegen andere richtete, hatte er viele Feinde und nur wenige Freunde. Als er sich dann aber von weltlichen Angelegenheiten abwandte, verringerten sich seine Feinde stetig, seine Freunde mehrten sich und für seinen Lebensunterhalt war gesorgt.

Man gibt sich in der Praxis keine Mühe

Wenn ich nicht an den Tod denke, gebe ich mir in der Praxis keine Mühe, weil ich müde werde, sich mein Eifer erschöpft und mir der eigentliche Antrieb fehlt. Die religiöse Einstellung muss sich aber kontinuierlich durch das ganze Leben ziehen; schließlich geht es darum, unseren Geist zu korrigieren. Da unser Geist ein Kontinuum ist, muss auch das Gegenmittel gegen die unheilsamen Geistesfaktoren kontinuierlich angewandt werden. Wenn wir etwas Unheilsames tun, wenden wir viel Zeit und Mühe auf, aber wenn wir z.B. ein oder zwei Stunden in Meditationshaltung sitzen, dann schmerzen uns die Knie, oder wir werden müde. Wenn ich hingegen mein Auto repariere, fällt es mir leicht, stundenlang auf dem Rücken unter dem Wagen zu liegen. Der Kadampa-Geshe Karakpa (11. Jh.) nahm sich nicht einmal die Zeit, das Unkraut vor seiner Meditationshütte auszureißen. Als die Dornen vor dem Eingang seiner Höhle sein Gewand zerrissen, hatte er keine Zeit, sich Kleider zu nähen, sondern zog einfach einen Sack über. Die alten Kadampas dachten: »Jetzt muss ich ununterbrochen richtig Dharma praktizieren, denn ich kann jeden Moment sterben.« Sie hatten es eilig – wir nicht. Sie hatten einfach keine Zeit für Äußerlichkeiten, nicht einmal fürs Essen.

Man handelt in einer Weise, die einem schadet

Wenn ich nicht an den Tod denke, verliere ich mein eigentliches Ziel aus den Augen, weil ich diesem Leben zuviel Wert beimesse. Mein Egoismus und alle anderen Befleckungen stammen aus dieser Wurzel, aufgrund dieser Sichtweise streiten wir untereinander, weil wir nur an unser eigenes Wohlergehen denken. Unseres vordergründigen Vorteils wegen werden wir andere Wesen schädigen und viele unheilsame Handlungen entstehen lassen. Schlimmer noch, ein Mensch, der so lebt, hat in dieser Existenz viele Feinde, wird leicht gewalttätig, verletzt und tötet andere oder sogar sich selbst. Wenn wir uns mithilfe unserer religiösen Praxis hingegen ein Stück weiterentwickelt haben, werden wir auch nicht Selbstmord begehen. Selbstmord ist ja keine freudvolle Form des Sterbens; zum Selbstmord kommt es, weil die Betroffenen mit diesem Leben nicht fertig werden, sei es, dass die Anhaftung an sich selbst zu stark war oder der Betreffende eifersüchtig auf das Glück anderer war und das nicht ertragen konnte oder weil er die Verantwortung für sich selbst nicht übernehmen und die eigenen Schwierigkeiten nicht überwinden konnte.

Man wird im Todesmoment mit Reue sterben müssen

Wenn wir im Leben nicht den Tod vor Augen haben, so müssen wir am Ende in Reue sterben, weil wir dann das Wesentliche versäumt und nichts mitzunehmen haben. Im Augenblick des Todes erkennen wir genau, was wir bisher getan haben und was nicht: Wir haben keine heilsamen Handlungen angesammelt, sondern unnötig viel für dieses Leben getan und materielle Güter angehäuft. Das alles müssen wir zurücklassen, nur unsere Handlungen begleiten uns. Der König und der Bettler sind in der Todesstunde gleichberechtigt. Der König kann seinen Reichtum nicht mitnehmen – er muss die Auswirkungen seines eigenen Karmas erfahren. Auch für den Bettler, der keine Reichtümer zurücklässt, hängt alles von früheren karmischen Verflechtungen ab. Wenn die Zeit zu sterben kommt, können wir nicht plötzlich lauter vernünftige Vorbereitungen für den Tod oder die nächste Existenz treffen. Bei uns gibt es ein Sprichwort: Kurz vor der Reise soll man das Pferd nicht dick machen. Das Pferd muss vorher schon ständig gepflegt und gefüttert werden, nicht erst heute, damit ich morgen fortreiten kann.

Verwandtschaft, Medizin und sonstige weltliche Dinge können uns dann nicht helfen. Natürlich gibt es wichtige Meditationen wie die Amitabha- oder Weiße-Tara-Praxis, die die Siddhis des langen Lebens erzeugen können. Andererseits helfen sie auch nur bis zu einem gewissen Grad, wenn ein bestimmtes Hindernis für unser Leben aufkommt. Die ganze Lebensspanne können wir aber ganz bestimmt nicht verlängern. Bei einer tickenden Uhr können wir ja auch nicht vorne oder hinten noch eine zusätzliche Zeitspanne anhängen. Die Lebensspanne selbst ist vorgegeben; innerhalb dieser Spanne können verschiedene Hindernisse auftauchen, denen wir mit bestimmten Meditationen, Einweihungen und Langlebensgebeten abhelfen können. Es ist aber nicht so, dass ich mir vom Lama eine Einweihung hole, und dann lässt er mich ein bisschen länger leben. Das wäre zu schön.

Die alten Kadampa-Lamas meinten: Wir haben jetzt keine Angst zu sterben, aber später zögern wir. Genau genommen müsste es umgekehrt sein, wir müssten jetzt zaudern und uns große Gedanken machen. Dadurch wird der Körper vorbereitet, und kurz vor dem Eintreten des Todes können wir dann ganz ruhig sein, weil wir genug getan haben und mit Freude sterben können. Es heißt auch, die besten Praktizierenden sterben mit Freude, die Mittelmäßigen haben keine Furcht, und die Geringsten empfinden wenigstens keine Reue, weil sie sich sagen können: »Ich muss jetzt sterben, ich habe in meinem Leben viel Dharma praktiziert und bin deswegen sicher.« Wenn wir uns auf den Tod freuen können, ist das natürlich am schönsten. Dann gehen wir in den Tod, »wie ein Sohn in seines Vaters Haus geht«, wie es im Tibetischen heißt.

Die Vorteile, wenn man an den Tod denkt

Es hat großen Nutzen

Die tantrischen Meditationsgottheiten tragen oft eine Schädelkette und Schädelschmuck am Körper, das ist alles als Erinnerung an die Unbeständigkeit gedacht. Die Kadampas haben die Wände ihrer Toilette mit Skeletten bemalt, damit sie auch bei dieser Gelegenheit an den Tod denken; so ist es auch im Vinaya vorgeschrieben. Ein anderer Kadampa-Geshe namens Chennga Rinpoche sagte: »Wenn ich nicht jeden Morgen eine Sitzung über Unbeständigkeit und Tod mache, dann habe ich einen ganzen Tag meines Lebens verschwendet.«

Durch die Erinnerung an den Tod sind wir nicht mehr so hassvoll, werden sanfter, Neid, Anhaftung und alle falschen Anschauungen nehmen ab. Bei manchen Dingen sehen wir keinen Sinn mehr darin, ein großes Theater zu machen, weil wir denken: »Ach, das hat doch sowieso keinen Zweck, weil ich in jedem Moment sterben kann.« Unsere jetzige Einstellung ist sehr unausgeglichen, wir unterscheiden zwischen Freunden, Feinden und gleichgültigen Personen. Diese Unterscheidung entsteht aus der falschen Überzeugung, wir würden ewig leben. Auf der Basis dieses gedachten, illusionären Zeitraums lasse ich in mir völlig falsche Vorstellungen von anderen Menschen entstehen, die in mir starke Anhaftung, Zorn und Gleichgültigkeit entstehen lassen. Die Überzeugung, ewig zu leben, ist daher nicht nur ein Hindernis für unsere innere geistige Entwicklung, sondern stört auch das Zusammenleben mit anderen Menschen. Eben weil ich mich selbst für nahezu unsterblich halte, handle ich immer so, wie es *mir* recht ist – egoistisch. Ich stelle *mich* in den Mittelpunkt meiner Wahrnehmung und denke kaum über andere nach. Solange wir eine solche ungleichmäßige und schwankende Einstellung gegenüber Lebewesen und Phänomenen haben, können wir schlecht umfassende, heilsame Gedanken entwickeln.

D.h. nicht, dass ich mich dann in einem Zustand von Gleichgültigkeit befinde, in dem überhaupt kein Geschmack mehr da ist. Der Gleichmut, der aus dieser Betrachtung entsteht, ist positiv. Gleichmut bezieht sich auf die Lebewesen. Wenn mir die Lebewesen egal sind, bringt das keine Vorteile, sondern zieht mich noch mehr runter. Gleichmut ist ein Zustand, der mehr Freude, Zuversicht und Sicherheit erzeugt. Bis dahin müssen wir sehr viel durchmachen und kämpfen, denn von Anfang an sind wir eng mit Anhaftung und Hass vertraut. Jetzt müssen wir sozusagen gegen unseren Willen kämpfen, um diese Ursache vielleicht nicht zu entwurzeln, aber zumindest zu reduzieren, sodass wir nicht mehr in blinde Wut geraten, wenn wir unsere Feinde sehen und uns nicht aufregen, wenn wir unsere

Freunde treffen, sondern allen Lebewesen Wertschätzung entgegenbringen. Die Theorie (der Entwicklung von Bodhicitta) kommt später, aber die Praxis können wir jetzt schon brauchen: Ich lebe und existiere durch die Güte der Lebewesen, ich bin in ein soziales Umfeld eingebunden. Allein kann ich überhaupt nicht überleben, deshalb bin ich weniger wichtig als alle anderen Lebewesen. Auch wenn ich nur meinen eigenen Vorteil im Auge habe, sind die anderen Lebewesen für mich sehr wichtig. Je mehr ich andere Lebewesen wertschätze, umso mehr profitiere ich selbst. Deshalb ist Gleichmut gigantisch positiv!

Es hat große Kraft

Die Erinnerung an den Tod ist immer wichtig, weil sie eine Aufforderung zur Praxis darstellt. Uns ist klar, dass wir irgendwann unweigerlich sterben werden, aber es ist ziemlich schwer, innerlich etwas zu bewegen. Deshalb brauchen wir ab und zu eine Schocktherapie. Wenn wir an den Tod denken, werden unsere heilsamen Handlungen kraftvoller, weil mehr Schubkraft dahinter steht. Das lässt sich mit der Art vergleichen, in der wir einen Wunsch äußern. Wenn ich sage: »Bitte, helfen Sie mir mal«, dann ist das zu allgemein. Aber wenn uns Schwierigkeiten und Not bedrängen, bringen wir unseren Wunsch in die entsprechende sprachliche Ausdrucksform, wir sagen z.B.: »Bitte, bitte, helfen Sie mir doch, ich bin in Not.« Dann liegt die Betonung auf der Notwendigkeit der Hilfe. Sich an den Tod zu erinnern, wirkt wie ein großer Hammer, der alle unheilsamen Handlungen mit Gewalt auf einmal zerschlägt.

Manche Kadampa-Geshes sagten: »Die Unbeständigkeit gibt mir Mut und Zuversicht.« Wenn es nämlich keine Unbeständigkeit gäbe, gäbe es auch keine Veränderung, wir hätten keine Veranlassung, heilsam zu handeln. Das Nachdenken über die Unbeständigkeit stachelt mich dazu an, am Ball zu bleiben und immer mehr heilsame Handlungen zu begehen. Anfangs kann die Beschäftigung mit der Unbeständigkeit zwar Angst auslösen, doch ist diese Angst nur vorübergehend und klingt mit fortgesetzter Praxis ab. Wenn die Angst bleibt, muss ein technischer Fehler bei der Meditation oder im Denken vorliegen. Das Nachdenken über die Unbeständigkeit hilft im Gegenteil, die Angst dauerhaft zu überwinden.

Es ist am Anfang (jeder Handlung/Übung) wichtig

Besonders in der Anfangszeit ist das kraftvolle Denken an den Tod sehr wichtig, weil wir dadurch förmlich in die Dharma-Praxis gestoßen werden. Wir treten in einen Prozess ein, der ohne dieses Denken nicht in Gang käme.

Es ist in der Mitte wichtig

Das fortgesetzte Denken an den Tod hält auch den spirituellen Prozess in Gang. Sonst fangen wir an, für kurze Zeit etwas eifrig zu praktizieren, und hören bald wieder auf, weil wir irgendwann müde werden und die Lust verlieren. Deshalb sollen Anfänger nicht gleich 24 Stunden am Tag meditieren und alle anderen Aktivitäten aufgeben wollen. Grundsätzlich wäre es zwar schon besser, alles Weltliche aufzugeben, weil diese schreckliche Welt uns immer wieder enttäuscht und in die Irre führt; aber eine solche Haltung kann nur langsam wachsen. Kontinuität ist wichtig!

Es ist am Ende wichtig

Zum Ende hin ist es schließlich wichtig, weil wir immer weiter voranschreiten und der Prozess dadurch vollendet wird.

Man wird im Todesmoment mit Freude sterben

Nachdenken über die Unbeständigkeit ist eine große Hilfe für den Augenblick des Todes. Wenn wir uns jahrelang damit beschäftigt haben, ist der Tod nichts Neues, wir haben seit geraumer Zeit damit gerechnet. Dann kann ich vorbildlich sterben, im Zustand der Meditation. Wir alle haben gutes und schlechtes Karma angesammelt. Im Todesmoment erfahren wir entweder das eine oder das andere. Einer der wichtigsten Faktoren zu diesem Zeitpunkt ist unsere Motivation. Wenn wir während des Todes Angst haben und uns nicht von geliebten Menschen oder Dingen trennen wollen, leistet die Angst einer dynamischen Anhaftung Vorschub. Somit bereitet meine Angst vor dem Tod meinem eigenen negativen Karma Tür und Tor, die Angst wirkt als beschleunigende Ursache dafür, dass schädliche Handlungen aus meiner Vergangenheit Resultate hervorbringen können, weil sie sich mit den verschiedenen negativen Aspekten meines Bewusstseinsstroms verbindet und mich in eine schlechte Existenz wirft. Wenn ich keine Angst entwickle, besteht kein Grund für Gier oder Hass. Wenn ich voller Anhaftung oder Hass bin, kann ich nicht ohne weiteres auf Meditation umschalten, selbst wenn ich ein geübter Meditierer bin, weil ich durch die Geistesgifte blockiert bin. Durch die kontinuierliche Beschäftigung mit der Unbeständigkeit bin ich im Todesmoment nicht von Geistesgiften blockiert und kann in der Meditation in die nächste Existenz gehen. Wenn man nicht gelernt hat zu meditieren, sollte man zumindest eine reine Motivation anstreben und z.B. an den Buddha denken.

Wenn unsere Praxis sehr gut ist, wird der Todesmoment erfreulich sein. Denn in der Todesstunde wird unser subtiles Bewusstsein offenbar, das uns unser ganzes Leben lang verborgen war. Dieses subtilste Bewusstsein ist unser eigentliches Zuhause, unsere wahre Natur. Unsere Existenzen sind uns in Wirklichkeit fremd. Selbst wenn wir 90 Jahre leben, ist das eine sehr kurze Zeit, verglichen mit den anfangslosen Äonen, die wir schon gelebt haben. Die Kette all unserer verschiedenen Existenzen beruht auf dem Kontinuum des subtilsten Bewusstseins. Unsere Erscheinungsform hat sich immer wieder verändert, mal wurden wir in den höheren Bereichen geboren, mal im Tierbereich oder noch qualvolleren Daseinsformen. Aber das sind nur Äußerlichkeiten, das subtilste Bewusstsein hat sich nicht verändert, es ist immer vorhanden. Alle unsere Gefühle lassen sich unter die drei Rubriken Hass, Liebe oder

Gleichgültigkeit subsummieren. Sie hängen jeweils von einer einzelnen Existenz ab und gehen mit dem subtilen Bewusstsein weiter in die nächste Existenz. Sie sind aber keine Eigenschaften des subtilen Bewusstseins, denn wenn sie das wären, ließen sie sich nicht beseitigen, und Hass müsste immer Hass, Liebe immer Liebe bleiben. Selbst in diesem Leben, ja selbst innerhalb eines Jahres oder Monats kann sich jedoch unsere Wahrnehmung stark verändern, aus Freunden können Feinde werden und umgekehrt. Wenn wir jetzt die Praxis richtig im Griff haben, dann schaffen wir es, die falschen, negativen Eindrücke, die in unserem subtilsten Bewusstsein vorhanden sind, zu beseitigen. Wir können sehr viele positive Eindrücke entwickeln, wodurch die Qualität unseres subtilsten Bewusstseins immer reiner wird, sodass es schließlich zur Erleuchtung kommt. Wenn dann in der Todesstunde das subtilste Bewusstsein offenbar wird, sind wir praktisch zu Hause.

Damit hängt auch die Theorie zusammen, dass man im Zwischenzustand die Buddhaschaft erlangen kann. Warum ist das so wichtig? Warum kann jemand, der es bis zu seinem Tod nicht geschafft hat, ausgerechnet in der Sekunde nach seinem Tod Buddhaschaft erlangen? Er ist vielleicht in seinem Leben innerlich weit vorangekommen, muss jedoch zusätzlich noch ein früheres Potential entfalten und damit die Buddhaschaft realisieren. Diese früheren heilsamen Handlungen treten in diesem Leben oft nicht hervor, weil die Bindung an diese Existenz sie an der Entfaltung hindert. Gleich nach dem Tod ist der Praktizierende frei, er verfügt über alle heilsamen Kräfte aus der vorausgegangenen Existenz und kann zusätzlich auf alle früheren zurückgreifen, weil er sich im natürlichen Zustand befindet.

Die beste Dharma-Praxis führt daher zur Freude im Sterben. Ich bin auf alles vorbereitet, und nicht nur das: Ich werde im Bardo Erleuchtung erlangen oder in der nächsten Existenz in einem Paradies geboren, wo ich mehr Möglichkeiten zur Praxis habe. Deshalb kann ich den Tod kaum erwarten, ich will bald sterben, damit ich endlich Gewissheit habe und mich schnell realisieren kann. Das ist der beste Standpunkt. Der zweitbeste Standpunkt ist: Ich habe eine Basis geschaffen, ich kann beruhigt sterben, da meine künftige Existenz gesichert ist. Die kleinen Praktizierenden sollten zumindest ohne Furcht vor dem Tod sein: Ich habe nichts zu bereuen, daher habe ich keine Angst vor dem Tod. Die alten Kadampa-Geshes haben daher täglich ein Wunschgebet rezitiert, in dem sie darum baten, dass sie schnell sterben und nach dem Tod den Zwischenzustand als Weg erkennen, um durch den Weg die absolute Befreiung zu erlangen.

Wie man an den Tod denkt

Dieser Punkt wird eingeteilt in drei Wurzeln, neun Gründe und drei Entscheidungen. Die drei Wurzeln sind: 1) Ich werde ganz bestimmt sterben, 2) es gibt keine Gewissheit, wann ich sterbe, 3) zum Zeitpunkt des Todes gibt es keinen anderen Nutzen als den Dharma.

Die Gewissheit des Todes

Zunächst müssen wir daran denken, dass wir ganz bestimmt sterben werden. Es gibt keinen Ort, an den wir vor der Todesgefahr flüchten könnten. Selbst die Buddhas und Bodhisattwas, die indischen und tibetischen Pandits und Mahasiddhas sind schließlich gestorben, nur ihr Name ist geblieben. Es gab sehr viele Könige und Königinnen, so viele hoch gestellte Persönlichkeiten und reiche Leute – sie sind alle gestorben. Es gibt kein einziges Beispiel für jemanden, der nicht gestorben ist. Vor hundert Jahren haben so viele Lamas in Tibet Belehrungen gegeben, heute ist kein einziger von ihnen mehr am Leben. In hundert Jahren wird kein einziger von uns mehr am Leben sein, dessen können wir sicher sein. Heute in der modernen Zeit gibt es viele technische Möglichkeiten, etwas Neues zu erschaffen, aber trotz Gentechnik und Medizin gibt es bis jetzt noch kein Geschöpf, das nicht stirbt. Wir haben nicht die Wahl, nicht zu sterben.

Der zweite Grund ist, dass es keine Ergänzung der Lebensspanne gibt, die unweigerlich abläuft, wie bei einem Tier, das zum Schlachthof geführt wird und mit jedem Schritt dem Tod näher kommt, auch wenn ihm das nicht bewusst ist. Wir wissen es zwar nicht, aber in Wirklichkeit ist unsere Lebensspanne schon festgelegt, obwohl wir mit allen Mitteln versuchen, unser Ende hinauszuschieben. In einem Text des siebten Dalai Lama heißt es: »Wir tun so, als ob wir lebendig wären, aber in Wirklichkeit sind wir schon halb tot. Wir laufen nicht, wir rennen ununterbrochen dem Tod entgegen. Aber das wissen wir nicht, und das ist der Jammer.« Deshalb müssen wir immer daran denken, dass unsere Lebensspanne nicht verlängert werden kann, dass es aber genug Wege gibt, sie zu verkürzen.

Der dritte Grund: Auch während unserer Lebenszeit haben wir wenig Gelegenheit, Dharma-Praxis auszuüben. Jede andere Aktivität erscheint wichtiger als die Dharma-Praxis. Ein berühmter Lama aus Amdo, Gungtang Schenbä Rinpoche (1762–1823), sagt: »Die ersten zwanzig Jahre habe ich nicht an Dharma gedacht. Die nächsten zwanzig Jahre wollte ich meditieren, aber ich bin nicht dazu gekommen. Die letzten zwanzig Jahre habe ich gedacht: Ich habe es nicht geschafft, ich habe es nicht geschafft. Das ist die Geschichte, wie ich mein Leben umsonst vertan habe.« Wir Tibeter rezitieren immer Wunschgebete, damit wir beim nächsten Mal eine bessere Existenz bekommen, um Dharma zu praktizieren. Aber selbst wenn wir eine solche Existenz bekämen, wäre es wieder das gleiche Spiel.

Wir feiern Neujahr und unseren Geburtstag und zählen sie zu den glücklichen, festlichen Stunden. Herzlichen Glückwunsch für die Vergangenheit oder für die Zukunft? Eigentlich ist das sehr unüberlegt, wir müssten vielmehr zurück und voraus schauen: Jetzt bist du 50 oder 60, leider hast du nicht mehr lange zu leben. Dann kommen Ostern, Pfingsten, Sommerferien, Weihnachstferien. Auf diese Weise läuft es weiter, ohne dass wir groß darüber nachdenken, Tag für Tag, Woche für Woche, Monat für Monat. Ohne diese Illusion von der ständigen Wiederkehr desselben Zeitablaufs würde vermutlich die ganze Struktur dieser Gesellschaft zusammenbrechen. In

Wirklichkeit wiederholt die Zeit sich nicht, sondern verrinnt unwiederbringlich.

Die Ungewissheit des Todeszeitpunktes

Im Allgemeinen gibt es in unserer Welt und speziell in der degenerierten Zeit keine Gewissheit über unsere Lebensspanne. Wir wissen nicht, *wann* wir sterben müssen. Dafür gibt es drei Gründe:

In der Regel ist die Lebensspanne auf dieser Welt nicht sicher. Nach der buddhistischen Kosmologie gibt es verschiedene Welten, und in einigen davon ist die Lebensspanne festgesetzt, in anderen aber nicht. Zu letzteren gehört der Bereich, in dem wir leben. Besonders in der heutigen degenerierten Zeit ist sie unsicher, weil es zu viele Hindernisse gibt. Was heißt Degeneration? Zusätzlich zu der traditionellen Erklärung würde ich das so interpretieren: In der heutigen Zeit streben die Menschen zu sehr nach materiellem Wohlstand und dem eigenen Vorteil. Je mehr sie sich darum kümmern, umso stärker werden die unheilsamen Geistesfaktoren, die zu Problemen führen. Ich kann mit sehr wenigen Möbeln und Einrichtungsgegenständen auskommen, oder aber mich sehr aufwendig einrichten, und dann muss es nicht bloß ein gutes Sofa sein, sondern ein teures Stück von InterLübke. Wenn ich eins habe, muss ich ein weiteres haben, und noch eins und noch eins, und so wird mein Streben immer größer und ist im Prinzip unendlich. Dieses ewige Streben, diesen Durst nach materiellem Vorteil, der zu Ungenügsamkeit und Unzufriedenheit führt, meine ich mit Degeneration. Auch der technische Fortschritt ist davon motiviert. So verlieren viele Menschen ihre Arbeit, weil sie wegrationalisiert werden, damit der Firmenbesitzer seinen Profit steigern kann.

Der technische Fortschritt bringt viele Nachteile mit sich, die stillschweigend in Kauf genommen werden, weil diese Nachteile sich scheinbar nur auf die anderen auswirken. Das Auto soll uns eigentlich das Leben erleichtern, es kann unser Leben aber auch ganz schnell verkürzen. Diese Gefahr ist in der modernen Zeit viel größer als früher, wo man zu Fuß lief. Die gesamte äußere, materielle Entwicklung soll eigentlich den Lebensstandard verbessern. Aber je mehr Fortschritte die Technik macht, umso größer werden auch die Gefahren für das Leben. In den kanonischen Schriften steht, dass in der degenerierten Zeit Gift- und Waffenregen vom Himmel fallen. Wir denken, dass das nur ein Mythos ist. Aber ist nicht durch Unfälle wie den in Tschernobyl und die ständige Abgasemission unsere ganze Atmosphäre vergiftet, sodass der saure Regen, der herniederfällt, tatsächlich ein Giftregen ist? Wir können unsere Atmosphäre nicht einfach austauschen, unsere ganzen Lebensbedingungen sind vergiftet. Es gibt vieles in unserer Existenz, was sich auf diese Weise in sein Gegenteil verkehrt. Diese Degeneration ist kein Verhängnis, das von außen über uns kommt, sondern wird von uns erzeugt.

Niemand sagt, ich werde nicht sterben. Alle denken: Wir werden sterben, aber wahrscheinlich nicht dieses Jahr, wir haben noch Spielraum. Wir begründen das mit irrationalen Argumenten wie: »Weil ich gesund oder jünger bin, weil ich meiner Gesundheit sehr viel Aufmerksamkeit widme«, usw., aber letztlich nützt das auch nicht viel. Wir können doch feststellen, ob es eine Reihenfolge gibt, ob die Älteren zuerst dran sind oder die Jüngeren. In Wirklichkeit ist es immer unregelmäßig, die Enkelkinder sterben vor den Großeltern oder umgekehrt. Deshalb gibt es keine Sicherheit, ob der nächste Morgen oder mein Tod zuerst kommt. Wenn wir schwören müssten, könnte niemand darauf schwören, dass er morgen noch am Leben sein wird. Manche Menschen sterben beim Essen, weil sie einen Hühnerknochen verschluckt haben, manche sterben im Schlaf. Manche gehen in eine Versammlung und werden als Leiche hinausgetragen. In den gesammelten Werken früherer Lamas finden wir auch oft Texte, die Fragment geblieben sind, weil der Autor gestorben ist. Wenn jemand in unserer Nähe, in unserem Bekanntenkreis stirbt, denken wir allenfalls daran, was wir aus seiner Hinterlassenschaft in unseren Besitz bringen können.

Es gibt zahlreiche Umstände, die zum Tod führen, und wenige, die das Leben fördern

Unser Körper ist aus den vier Elementen zusammengesetzt. Wenn sie sich nicht im Gleichgewicht befinden, fühlen wir uns rasch unwohl und werden krank. Auf der anderen Seite beherbergen wir in unserem Körper eine riesige Anzahl an Bakterien und potenziellen Krankheitskeimen, von denen jeder unseren Tod verursachen kann. Unser Körper enthält also bereits jetzt schon genügend Ursachen, die zum Tod führen können. Aber auch unser psychischer Zustand kann unseren Zustand negativ beeinflussen. Wir machen uns viele Gedanken, erzeugen viele Konzepte und lassen unseren Geist nicht ruhen. Dieses geistige Durcheinander zieht auch den Körper in Mitleidenschaft, z.B. bekommen wir Magengeschwüre, wenn wir uns zuviel Sorgen machen. Oft entsteht die Krankheit gar nicht durch äußere Faktoren, sondern innerlich, durch unseren verwirrten Geisteszustand. Viele von uns sind auch nervös, und obwohl wir das wissen, werden wir immer nervöser und versuchen überhaupt nicht, unseren Geist zu beruhigen, sondern suchen lieber nach äußeren Ursachen. Die Einstellung »ich bin nun mal so« ist genau die falsche. Eigentlich sollte es heißen: Ich war bis jetzt so, aber von nun an will ich das korrigieren. Nervosität entsteht dadurch, dass wir zu viele verschiedene Gedanken haben und immer alles auf einmal machen wollen. Das schaffen wir natürlich nicht, weil die menschliche Kapazität nun einmal Grenzen hat. Geist und Körper sind wie ein Instrument, das richtig gestimmt sein muss.

Dann gibt es noch zahlreiche weitere äußere Todesursachen, wie z.B. sämtliche Verkehrsmittel. Eigentlich sind sie ganz und gar nicht dazu hergestellt worden, um Menschen zu töten, aber an jedem Wochenende ereignen sich in der Bundesrepublik tausende von Unfällen, und bei einigen müssen Menschen sterben. Und dann unsere Nahrung: Abgesehen von den Umweltgiften, die in ihr stecken, kann die Überernährung, die aus der Lust an gutem Essen und Trinken resultiert, schließlich zur Todesursache werden. Deshalb sagt Nagarjuna: »Wir sind wie eine Lampe im Wind. Wenn wir Glück haben, können wir bis zum Ende herabbrennen, aber unser Licht kann auch in jeder Sekunde ausgepustet werden« (Ratnavali 3, 78).

Der Körper ist sehr empfindlich

Auch unser Körper gibt uns keine Sicherheit über den Zeitpunkt des Todes. Wir glauben zwar, dass unser Körper sehr stabil und gesund ist, schließlich haben wir ja genug Kraft, um zu arbeiten oder Lasten zu tragen. Aber wir haben nicht so viel Lebenskraft, dass uns nichts umbringen könnte. So gesehen, ist unser Körper wie eine Seifenblase. Zwischen dieser und der nächsten Existenz liegt nur ein Atemzug. Sobald der Atem nicht mehr ein- und ausgeht, ist der scheinbar kräftige Körper so reglos wie ein Stück Holz. Milarepa sagt: »Der Furcht erregende Leichnam liegt in meinem eigenen Körper!«

Zum Todeszeitpunkt ist außer dem Dharma nichts von Nutzen

Wenn wir sterben, hilft nur Dharma. Wohltaten helfen nicht, Macht hilft nicht, Medizin hilft nicht. In einem Sutra steht: »Auch wenn wir genug Essen für hundert Jahre hätten, am Tag nach unserem Tod werden wir hungrig sein. Auch wenn wir genug Kleidung für hundert Jahre hätten, am Tag nach unserem Tod werden wir nackt sein.« Wir müssen unsere Verwandten, unseren eigenen Körper zurücklassen. D. h. jedoch nicht, dass im Todesmoment plötzlich der Dharma auftaucht und uns weiterhilft – so ist es nicht gemeint.

Reichtum nützt nichts

Auch wenn wir noch so reich sind, können wir nicht einen Pfennig mit uns nehmen. Der Reiche und der Arme sind im Tode gleich. Die Armen haben sowieso nichts mitzunehmen, die Reichen können es auch nicht. Die Könige müssen ihr Königreich zurücklassen und sehen, wie sie mit eigener Kraft zurechtkommen, wie ein Haar, das aus der Butter gezogen wird. Selbst wenn ich Kleidung für hundert Jahre besitze, muss ich nach dem Tod nackt gehen. In einem Sutra steht: »Auch wenn wir Speise für hundert Jahre haben, beim Sterben müssen wir mit leerem Bauch weiterziehen.«

Freunde und Verwandte nützen nichts

Wir werden allein geboren, und auch im Tod werden wir allein sein. Unsere Leiden können wir mit niemandem teilen. Der indische Mahasiddha Mitrayogi sagte einmal zu einem König: »Wie reich du auch bist, in den Tod kannst du niemanden mitnehmen, niemand kann dich aufhalten, niemand kann dich begleiten. Auf dem schwierigen Weg musst du wie ein Arhat allein weiter gehen.«

Der Körper nützt nichts

Auch unseren Körper können wir nicht mitnehmen. Wir haben so viel Mühe darauf verwandt, unseren Körper zu verschönern und gesund zu halten, aber im Tod werden wir von ihm enttäuscht. Wenn wir uns jetzt eine geringfügige Verletzung zuziehen, sorgen wir mit viel Aufwand dafür, dass der Körper intakt bleibt. Im Tod müssen wir aber den Körper völlig aufgeben und fortgehen.

Was tun wir angesichts der bevorstehenden Trennung von unserem Körper? Wir fürchten uns und haben ständig Angst. Ob das hilft, ist nicht die Frage; aber diese Furcht und dieses Nachdenken bringen uns dazu, richtig zu praktizieren. Dennoch gibt es keinen Grund, in Panik zu geraten, wenn es ein Gegenmittel gibt. Pältrül Rinpoche, ein großer Nyingma-Lama, sagt: »Der Dharma ist der Führer in ein unbekanntes Land. Der Dharma ist der Proviant für unterwegs. Der Dharma ist der Führer auf dem weiten Weg. Deshalb müssen wir alle Kräfte unserer drei Tore (Körper, Rede, Geist) nur für den Dharma verwenden.« Milarepa sagte zu seinen Schülern: »Die nächsten Existenzen sind viel länger als diese Existenz, deshalb nehmt genügend Vorrat für unterwegs mit. Die nächsten Existenzen sind viel fürchterlicher als dieses Leben, deshalb nehmt euch einen vernünftigen Reisebegleiter mit. Wenn ihr keinen habt, dann legt euch einen durch Dharma-Praxis zu!« Wenn wir sterben müssen, ohne Dharma praktiziert zu haben, dann sind wir wie ein Hund, der vor der Tür stirbt. Nur sterben wir wahrscheinlich im Haus, während der Hund draußen stirbt. Das ist der einzige Unterschied. Nach dem Tod spielt sich dann alles auf derselben Ebene ab, der Hund hat nichts Vernünftiges mitzunehmen und wir auch nicht.

Meditation über die Natur des Todes

Um uns auf den Tod vorzubereiten, sollten wir daher schon zu Lebzeiten über den eigenen Tod meditieren. Über das eigene Sterben zu meditieren, hat nämlich eine starke Wirkung. Wir sollten dabei Folgendes überlegen und unsere Reaktion beobachten: Sterben muss ich so oder so, was werde ich machen, wenn die Ärzte mich aufgeben und sagen, wir können nichts mehr tun? Leider ist das Sterben hier im Westen oft mit großer Qual verbunden, weil sie mich nicht in Ruhe sterben lassen, vielleicht liege ich vorher mehrere Wochen im Koma und hänge an hundert Schläuchen. Und weiter, was geschieht dann mit meiner Leiche? Sie lassen mich nicht im Bett, sondern stecken mich sofort in einen Sarg. Das Bewusstsein verlässt den Körper und bekommt alles mit, was mit der Leiche angestellt wird, hat aber keinen Einfluss darauf, wenn die Leiche z.B. seziert wird. Als mein erster Sohn gleich nach der Geburt starb, fand auch eine Autopsie statt, und ich habe dann verlangt, die Leiche noch einmal zu sehen. Sie war in einem Kühlschrank, fein säuberlich in ihre Einzelteile zerlegt und in großen Plastiktüten verpackt; es war wie beim Metzger. Später wurde das Ganze dann mit einem Tuch umwickelt und kam in ein kleines Särgchen. Wenn ich mir vorstelle, dass es mir auch so ergehen wird, ist das sehr wirkungsvoll.

Nach dem Tod beginnt der Zwischenzustand, der Bardo. In Tibet kommen dann Lamas an das Bett des Sterbenden und rezitieren das Totenbuch (Bardo-Thödol). Aber ob das wirklich nützt, ist die große Frage. Leider können wir niemand fragen, der schon einmal im Bardo war und uns erzählen könnte, was er dort gesehen und gehört hat. In der tantrischen Praxis gibt es auch bestimmte Praktiken, die darauf abzielen, sich schon zu Lebzeiten mit den Stadien des Sterbeprozesses vertraut zu machen. Dabei muss man über die Reihenfolge der Auflösung der Elemente und die verschiedenen Erscheinungen meditieren, die damit verbunden sind. Das macht insofern Sinn, als wir uns, wenn der Tod wirklich eintritt, wie zu Hause fühlen und wissen, was abläuft. Wir haben dann die Kontrolle über diesen Vorgang. Diese Meditation finde ich für Sterbende auch besonders wichtig, weil sie ganz nach innen gerichtet ist, nicht nach außen.

4. Die Leiden in den niederen Bereichen

Wir haben festgestellt, wie schwer eine kostbare Menschenexistenz zu erlangen ist und wie leicht sie wieder verloren geht. Meine Lebensspanne ist ungewiss, und außerdem habe ich die Tendenz, alle heilsamen Handlungen unter allen möglichen Ausreden hinauszuschieben. Nach dem Tod habe ich keinen Einfluss mehr auf meine Situation und bin den karmischen Eindrücken aus unzähligen Existenzen hilflos ausgeliefert.

Aber lassen wir zunächst einmal die früheren Existenzen außer Acht. Es genügt, wenn ich über meine jetzige Existenz nachdenke. Dabei komme ich wahrscheinlich zu dem Ergebnis, dass der Anteil an negativem Karma sehr stark ausgeprägt ist. Wenn ich immer mehr davon ansammle, ohne es zu reinigen, muss ich damit rechnen, im nächsten Leben die entsprechenden Resultate zu erfahren. Wie könnte mein nächstes Leben wohl aussehen? Als Buddha gefragt wurde, wie viele Wesen in höhere und wie viele in niedere Bereiche gehen, nahm er etwas Staub von der Erde auf und sagte: »So viele Wesen, wie diese Fingerspitze Staubpartikel hat, gehen in die höheren Bereiche.« Das heißt, unzählige andere gehen in die niederen Bereiche.

Einer der bedeutendsten Lamas der Kagyü-Tradition sagte einmal, dass unsere weltliche Existenz aus einer Hülle von Konzepten besteht. Unsere Welt, d.h. Samsara, wird letztendlich nur von unseren Konzepten gebildet, wobei mehrere Konzepte jeweils ein Objekt oder eine Handlung bilden, auf die wir unsere verschiedenen Illusionen wie Anhaftung, Hass und Unwissenheit projizieren. Aufgrund dieser drei unheilsamen Geistesfaktoren entwickeln sich die acht weltlichen Phänomene: Unterscheidung von Gewinn und Verlust, Lust und Schmerz, Ruhm und Schande, Lob und Tadel. Wenn wir bei einem Objekt angenehme Gefühle bekommen oder wenn wir gelobt werden, freuen wir uns, im umgekehrten Fall sind wir unglücklich. Auf diese Weise verstärken und vermehren sich unsere Konzepte immer mehr. Wir sind dann wie ein Ball, der von einer Richtung in die andere geworfen wird.

Wenn wir uns selbst und anderen wirksam helfen wollen, müssen wir mit allen Mitteln versuchen, unsere Einstellung zu verändern. Dazu benötigen wir nicht nur gute Vorsätze, sondern auch einen gewissen Anstoß, da wir zu sehr an diese scheinbar so freudvolle Welt gebunden sind. Zu diesem Zweck sollten wir genau über die Nachteile dieser Welt nachdenken. In dieser Welt gibt es jedoch nicht nur Menschen und Tiere, sondern noch verschiedene andere Wesen, die sich unserer Wahrnehmung in der Regel entziehen. Wir können aber davon ausgehen, dass alle Gefühle, alle Arten von Leiden nichts anderes sind als Erfahrungen. Erfahrung ist grenzenlos, es gibt daher keine Grenze des Leidens und keine Grenze für die Existenzweise, in der Lebewesen leiden können. Allein das Leiden der Tiere ist unbeschreiblich. Die Tiere in der Wildnis befinden sich im ständigen Kampf ums Überleben, sie fressen sich gegenseitig auf und suchen den ganzen Tag rastlos nach Nahrung. Unzählige Tiere leiden, weil sie von den Menschen ausgenutzt werden und ihr Leben opfern müssen. Unsere Wahrnehmung ist, wie gesagt, begrenzt. Nach der buddhistischen Überlieferung gibt es noch weitere Bereiche extremen Leidens: Hungergeister, die nicht nur unter Hunger und Durst leiden, sondern auch unter verschiedenen inneren Hindernissen, die sie an der Nahrungsaufnahme hindern, sowie Höllenwesen, die für sehr lange Zeit ununterbrochenes Leiden durch Hitze und Kälte erleben.

Westliche Schüler fragen an dieser Stelle sofort, ob diese Höllen wirklich existieren. Im Pali-Kanon werden die Höllen mehrfach erwähnt und an einer Stelle auch ausführlich beschrieben (Mittlere Sammlung, Lehrrede 129). Bei den Angaben über Lage und Art der Höllen hat der Buddha sich aber offensichtlich sehr stark dem damaligen altindischen Weltbild angepasst, das unserem heutigen Wissensstand nicht mehr entspricht. Aber auch wenn sie nicht als reale Orte auf der Landkarte existieren und ihre Beschreibungen stark kulturell bedingt sind, so sind sie doch Beispiele, zu welchen extremen Leiden der Zustand unseres Bewusstseins führen kann. Als solche sind sie sogar mehr als real. Sofern wir stabil genug sind, diese Vorstellungen zu ertragen, wäre es gut, diese Beispiele ernst zu nehmen, denn unser Bewusstsein ist mit Sicherheit zu einem fähig: zu genau den Erfahrungen, vor denen wir die größte Angst haben.

Daher gibt es keine Lamrim- oder Dharma-Praxis, ohne Erfahrungen über die drei niederen Bereiche (Höllen, hungrige Geister, Tiere) zu sammeln. Dem Buddhismus wird oft vorgeworfen, dass er nur über Leiden spricht. Wenn wir jedoch nicht über das Leiden nachdenken, entwicklen wir kein Bedürfnis, uns aus Samsara zu befreien. Wenn wir nur über angenehme Dinge nachdenken, entwickeln wir immer mehr Anhaftung und immer größere Lust, im Daseinskreislauf zu bleiben. Diese Existenz zu genießen ist, wie wenn man Salzwasser trinkt, um seinen Durst zu löschen, man wird nur noch durstiger. Über die Leiden der Hungergeister, Tiere und Höllenwesen nachzudenken, soll jedoch nicht dazu dienen, uns in Depressionen zu stürzen. Wenn jemand zu Depressionen neigt, ist diese Praxis für ihn absolut nicht geeignet, schließlich ist er schon traurig und fassungslos genug. Er sollte dann versuchen, entsprechende Gegenmittel anzuwenden; schließlich nützt es nichts, wenn es ins Haus hineinregnet und wir resignieren, anstatt das Dach zu reparieren oder einen Eimer unterzustellen.

Wenn wir uns in dieser Weise auf das Wesentliche konzentrieren, ist die Anwendung der Methode auch für die Westler glaubhaft. Leiden ist eine Sache des Gefühls. Wie sich ein Wesen fühlt, das extremes Leiden erfährt, können wir mit unseren Maßstäben gar nicht ermessen. Von diesen Bereichen trennt uns nur ein Atemzug, und wann wir den letzten Atemzug machen, ist ungewiss. Wir dürfen diesen Zeitpunkt aber nicht einfach auf uns zukommen lassen, weil es dann, wenn wir in solche Bereiche extremen Leidens zu fallen drohen, zu spät ist, um Gegenmaßnahmen zu ergreifen. Nach dem Tod nutzt uns aller Segen der Buddhas, Bodhisattvas und Lamas nicht viel. »Segen« kommt nicht von außen, sondern von innen, ob der Segen groß oder klein ist, hängt vom Empfänger ab. Wenn wir dem Toten z.B. den Namen Buddhas ins Ohr rufen, ist fraglich, ob der Verstorbene überhaupt in der Lage ist, das zu hören und darauf zu reagieren. Dasselbe gilt für die Rezitation von Texten oder Mantras; wenn der Betreffende nicht sehr damit vertraut ist, wird er davon nicht klüger oder heiliger. Wenn wir uns aber jetzt damit vertraut machen, werden wir uns später daran erinnern können, weil dann eine Verbindung besteht, die eine Inspiration von außen ermöglicht.

In welche Situation wir geraten, hängt von unseren karmisch relevanten Handlungen ab. Über die karmischen Handlungen, die wir in unseren früheren Leben angesammelt haben, brauchen wir gar nicht groß zu spekulieren. Wir können jedoch unseren gegenwärtigen Geisteszustand beobachten und feststellen, in welche Richtung unsere Gedanken gehen und wo wir höchstwahrscheinlich wiedergeboren werden. Deshalb müssen wir uns jetzt schon einen ausreichenden Vorrat an heilsamen Eindrücken und Erfahrungen zulegen, denn jetzt sind wir in der glücklichen Lage, etwas aufnehmen und erreichen zu können. Möglicherweise fühlen wir uns zu dumm oder finden keine Zeit, aber das sind alles Ausreden, das ist die Barriere der negativen Gewohnheiten. Negative Zustände sind immer leichter zu erreichen als positive, es ist z.B. leichter, ein Haus zu zerstören, als eines zu bauen. So fällt es uns auch leichter, sich gehen zu lassen und einfach abzuwarten, was da auf uns zukommt, als den Versuch zur Selbstkorrektur zu wagen. Widerstände treten auf, weil es viel schwerer ist, die positive Seite zu entwickeln. Daher ist es wichtig, das Nachdenken über die Möglichkeit zukünftigen Leidens mit der Kostbarkeit der jetzigen Situation zu verbinden und sich bewusst zu machen, was geschehen kann, wenn man diese Chance verpasst. Die verschiedenen Lamrim-Themen so miteinander zu verbinden, ist sehr zu empfehlen, denn ein Teil stützt den anderen.

Die Leiden in den Bereichen extremen Leidens (Höllen)

Die großen oder heißen Höllen

Wenn jemand das Karma für eine Wiedergeburt in den heißen Höllen hat, empfindet er während des Sterbens ein Gefühl von Kälte, das den Wunsch nach Wärme aufkommen lässt. Dieser Wunsch aktiviert dann das Karma, das zur Geburt in diesem Bereich führt. In der traditionellen Beschreibung, in der acht heiße und acht kalte Höllen beschrieben werden, nehmen das Leiden und die Verweildauer von oben nach unten zu.

Die Ursachen dafür, in eine der heißen Höllen zu geraten, sind die zehn unheilsamen Handlungen bzw. Übertretungen der verschiedenen Regeln. Bei schwerwiegenden Übertretungen wird man als Höllenwesen wiedergeboren, bei mittleren als Hungergeist (preta), bei leichteren als Tier. Leichtere Verletzungen des Vinaya (der Mönchsregeln) führen zu einer Wiedergeburt in einer der oberen Höllen, gravierende Regelverstöße führen in die tiefsten Höllen. Verstöße gegen die Bodhisattva- und Tantragelübde gelten als noch schwerwiegender. In den traditionellen Texten gibt es genaue Zeitangaben, wie lange die Wesen in den jeweiligen Höllen bleiben müssen, es werden dort ganz phantastische Zahlenangaben von Millionen und Milliarden Jahren gemacht. Ich glaube, diese Zahlenangaben sollen die Qualität des subjektiven Zeitgefühls veranschaulichen, das die Höllenwesen haben. Leiden ist ein Gefühl, das auch unser Zeitgefühl verändert: Wenn es uns gut geht, vergeht die Zeit wie im Flug, in einer unangenehmen Situation können fünf Minuten wie drei Stunden wirken. Auch wenn die Höllenwesen nach unseren Maßstäben »objektiv« nur ein Menschenjahr lang leiden, so wird es ihnen dennoch vorkommen, als wären es Millionen von Jahren. Stellen wir uns vor, wir müssten einen Tag lang in der Sauna sitzen – wie unerträglich lang käme uns dann die Zeit vor!

Die kalten Höllen

In den kalten Höllen erheben sich riesige Schneeberge. In ihnen scheinen weder Sonne noch Mond, man sieht die eigene Hand vor Augen nicht. Der Boden besteht aus ewigem Eis, von oben bläst ständig ein scharfer kalter Wind. Es gibt nichts, mit dem man Wärme erzeugen könnte. Die Höllenwesen in diesem Bereich frieren so stark, dass sie am ganzen Körper Frostbeulen bekommen. Vor lauter Kälte platzen die Beulen auf, heraus fließt Eiter und Blut und fällt auf den Boden, wobei sie weiter Kälte spüren. Der ganze Körper wird starr und steif, manche Wesen können daher nur noch stöhnen, andere sind nicht einmal dazu mehr imstande. Wenn es noch kälter wird, können sie überhaupt keinen Ton mehr von sich geben, nur ganz tief aus der Kehle kommt ein armseliges, leises Wimmern. Bei manchen gibt es auch kein Wimmern mehr, sie können den Mund nur noch leicht öffnen, weil die Zähne festgefroren sind. Wir können das auch bei uns beobachten: Wenn es sehr kalt ist, kommt zunächst das Stadium, wo wir vor Kälte mit den Zähnen klappern, dann läuft der Körper blau an und wird gefühllos wie bei einer Leiche. Schließlich zerspringt der gefrorene Körper mit einem Geräusch, wie wenn zwei Knochen zusammengeschlagen werden. Die Ursache für eine solche Existenz ist die nihilistische Ansicht, dass es überhaupt kein Karma gibt oder dass Handlungen keine entsprechenden Wirkungen haben. Eine weitere Ursache wäre, anderen Menschen die Kleider geraubt oder Läuse und andere Tierchen in die Kälte gesetzt zu haben.

Die gelegentlich auftretenden Höllen

Die so genannten gelegentlich auftretenden Höllen befinden sich im Menschenbereich. Gemeint sind Menschen und Tiere, die unter besonderen Qualen leiden müssen, wie z.B. ein großer Fisch, der von vielen kleinen Tieren bei lebendigem Leib aufgefressen wird. In Hongkong gibt es eine besondere Delikatesse, bei der eine bestimmte Schildkrötenart lebendig serviert wird. Der Schildkröte wird ein Glied nach dem anderen abgeschnitten, bis das Tier stirbt. Dass dieses Tier bei lebendigem Leib zerstückelt wird, ist ein Leiden, das über die normalen Leiden der Tiere hinausgeht; deshalb wird es als Höllenwesen angesehen. Im Menschenbereich müssen sehr reiche Leute manchmal unbeschreibliche psychische Leiden erdulden; obwohl sie äußerlich wie Menschen aussehen, erleben sie innerlich eine Hölle.

Die Leiden im Bereich der Hungergeister (pretas)

Die Hungergeister leiden unter sechs verschiedenen Arten von Leiden: Hitze und Kälte, Hunger und Durst, Erschöpfung und Angst. Ihr Bereich sieht aus wie eine Wüste, es gibt kein Grün, keine Bäume, kein Wasser. Der Boden ist wie eine von der Sonne aufgeheizte Kupferplatte. Ihre Gestalt ist grotesk: Auf einem dünnen Hals sitzt ein riesiger Kopf mit gesträubten Haaren, die dünnen Beinchen können den unförmigen Rumpf kaum tragen, auch die Arme sind viel zu dünn. Manche haben auch nur ein Bein oder einen Arm. Jahrelang finden sie nichts zu essen und zu trinken, sodass sie aussehen wie ein verdorrter Baum, der in vertrocknetes Leder gehüllt ist. Sie sind so völlig ausgetrocknet, dass sie keine Körperflüssigkeit mehr haben. Wenn sie sich bewegen, scheuern die Gelenke, sodass ein Knarren oder sogar Funken entstehen. Ständig schleppen sie sich mühsam von einem Ort zum anderen, immer auf der Suche nach Nahrung. Wenn sie endlich einmal etwas gefunden haben, werden sie von Dämonen verjagt und haben große Angst. Im Sommer haben sie das Gefühl, dass selbst das Mondlicht sie verbrennt, im Winter ist ihnen auch im Sonnenlicht kalt. Das sind ihre allgemeinen Leiden.

Einige leiden unter so genannten äußeren Hindernissen. In der Ferne sehen sie Bäume voller Früchte oder Wasser. Wenn sie dann mit viel Mühe dorthin gelangt sind, finden sie nichts oder werden von Bewaffneten abgehalten. Deswegen leiden sie nicht nur unter Hunger und Durst, sondern zusätzlich noch unter Erschöpfung und Traurigkeit. Andere haben innere Hindernisse: Wenn sie etwas essen wollen, können sie es nicht herunterschlucken, sie haben sozusagen einen Knoten im Hals, oder das Essen fühlt sich an wie glühendes Eisen, Heu, Eiter, Blut oder das eigene Fleisch; oder das Essen verwandelt sich im Bauch in geschmolzenes Blei. Ihr Hunger ist riesig, wird aber nie gestillt. Vor lauter Hunger fährt ihnen eine Flamme aus dem Mund. Damit haben sich die Tibeter die Irrlichter erklärt, die in Tibet im Winter nach Sonnenuntergang zu beobachten sind.

Die Hauptursachen für diese Existenzform sind Gier und Neid. Wenn ich zum Beispiel immer neidisch auf den Besitz anderer bin, aber auch wenn ich Anhaftung an meinen eigenen Reichtum entwickle und ständig daran denke, was ich für ein tolles, wertvolles Auto besitze, entsteht Karma, das zu einer Wiedergeburt als Hungergeist führt. Das ist auch der Fall, wenn ich jemanden daran hindere, anderen etwas zu geben. Angenommen, er will einer ganzen Schar von Bettlern Almosen geben und ich sage, er könne doch nicht allen etwas geben, es seien zu viele. Dann habe ich ihn daran gehindert, ihnen etwas zu geben, und bekomme dafür das entsprechende karmische Resultat. Dasselbe gilt, wenn ich mir durch Diebstahl, Raub oder Behinderung Geschenke aneigne, die für den Sangha, die Mönchsgemeinde, bestimmt sind. Umgekehrt schafft ein Mönch, der sich bei der Geldverteilung ein zweites Mal bedient, obwohl er schon etwas bekommen hat, gleichfalls eine solche karmische Ursache.

Nicht alle Hungergeister sind aber so armselige Gestalten. Einige sind auch sehr mächtig, wie z.B. die niederen Schutzgottheiten. Sie verfügen trotz ihrer Behinderungen auch über bestimmte übernatürliche Kräfte wie Hellsicht, werden andererseits aber von Hass und Anhaftung beherrscht. Da sie aber keine Menschen und auch keine Götter sind, werden sie diesem Daseinsbereich zugeordnet.

Die Leiden im Tierbereich

Hierbei sind die allgemeinen Leiden im Tierbereich wie geistige Beschränktheit usw. und die spezifischen Leiden einzelner Tiere gemeint. Was die spezifischen Leiden anbelangt, können wir uns kurz fassen. Es gibt genug Beispiele, wir brauchen uns nur einen Tierfilm im Fernsehen anzusehen.

Fressen und Gefressenwerden

Der Tierbereich ist ein unaufhörlicher Kreislauf von Fressen und Gefressenwerden. Das größere Tier frisst das kleinere und wird selbst von einem größeren gefressen. Viele kleine Tiere zusammen fressen dann wieder die großen. Manche Menschen setzen in ihr Aquarium einen Fisch, der die kleineren fressen soll, damit sie sich nicht ungehemmt vermehren. Das ist eine zusätzliche unheilsame Handlung für den Aquariumsbesitzer mit der Folge geistiger Beschränktheit und Unwissenheit, Hitze und Kälte, Hunger und Durst, Ausbeutung und Benutztwerden.

Tiere wissen nicht, ob sie ins Schlachthaus oder in einen anderen Stall geführt werden. Sie können auch nicht entscheiden, ob sie lieber zur Feldarbeit oder zum Reiten benutzt werden möchten. Sie werden auch nicht gefragt, ob sie sich für die qualvollen Tierversuche zur Verfügung stellen möchten.

Es gibt verschiedene Ursachen für eine Wiedergeburt als Tier. Eine der schwerwiegendsten besteht darin, andere herabzusetzen und zu beschimpfen. Insbesondere wenn man ständig zu jemandem sagt: »Du bist doof«, bewirkt das eine Wiedergeburt im Tierbereich. Einer Legende zufolge heißt es auch, dass ein Lama, der von einer Familie ernährt wird und seine heilsamen Handlungen nicht richtig widmet, dies dann in der nächsten Existenz zurückzahlen muss, indem er z.B. als Milchkuh oder Schlachtochse der betreffenden Familie wiedergeboren wird. Wenn wir jemanden ständig als »blöden Hund« beschimpfen, werden wir vielleicht selbst als herrenloser Hund wiedergeboren. In Tibet bekommen viele Menschen Spitznamen, die Tiernamen sind, und werden dann ihr ganzes Leben lang so genannt, auch in den Klöstern. Wenn sie jemand mit ihrem richtigen Namen nennt, kennt sie keiner, erst wenn man den Spitznamen nennt, wissen alle, wer gemeint ist.

Eine weitere schwerwiegende Ursache ist, die buddhistische Lehre grundsätzlich abzulehnen oder sich über andere Religionen wie das Christentum, den Islam usw. generell negativ zu äußern. Auch wenn es aus unserer Sicht bei ihnen negative Seiten geben mag, so bringen diese Religionen doch vielen Menschen Nutzen, deshalb können wir nicht ihre ganze Lehre in Bausch und Bogen verwerfen.

5. Die Zuflucht

Gründe für die Zufluchtnahme

Das Wort Zufluchtnahme sagt schon, worum es geht: Wir wollen uns vor einer Gefahr in Sicherheit bringen und suchen einen sicheren Ort, so wie die tibetischen und vietnamesischen Flüchtlinge aus Furcht vor einem Unrechtsregime einen sicheren Zufluchtsort suchten. Gegenwärtig befinden wir uns in Samsara, und wenn wir so weitermachen wie bisher, kommen wir da nie heraus, weil wir aufgrund unserer negativen Geistesfaktoren seit unabsehbarer Zeit ununterbrochen schlechtes Karma angesammelt haben. Wir sind von einer Existenz in die andere geworfen worden, und so wird es endlos weitergehen, wenn wir unseren Weg nicht ändern. Unsere jetzige Existenz ist ja noch einigermaßen erträglich, aber es gibt Existenzformen, die viel schlimmer sind als die jetzige, und wir haben keine Sicherheit, nicht in eine solche zu geraten. Deshalb haben wir Angst, nicht aus Samsara herauszugelangen, zumindest wollen wir aber eine Wiedergeburt in den niederen Bereichen vermeiden. Um diese Furcht zu überwinden, nehmen wir Zuflucht zu einem Objekt, dem man vertrauen kann, weil es außer Gefahr ist. Wäre das Zufluchtsobjekt selbst in Gefahr, könnte es uns nicht schützen.

Was kann einen retten? Wie kann man sich retten? Indem ich mich innerlich verändere, ein besserer Mensch werde. Die buddhistische Lehre ist für mich die Methode, der Weg, der aus Samsara hinausführt, daher ist sie der Ort bzw. das Objekt, zu dem ich Zuflucht nehme. Der historische Buddha Shâkyamuni hat diesen Weg aufgezeigt, deshalb ist er für mich der beste Lehrer. Durch seine Lehre haben bereits viele Menschen einen sicheren Weg gefunden und sind Arhats bzw.

Bodhisattvas geworden. Diese Personen sind für mich Vorbild.

Im Grunde genommen bin ich nicht viel anders als die anderen, die vor mir Arhats, Bodhisattvas oder Buddhas geworden sind. Der Unterschied liegt einzig darin, dass sie eifriger waren und sich ihre eigenen Leiden sowie die Leiden anderer mehr zu Herzen genommen, die buddhistische Lehre ernsthaft studiert und sich innerlich weiterentwickelt haben. Obwohl ich bisher die eine oder andere Situation als schwierig empfunden habe, habe ich meine Lage noch gar nicht richtig ernst genommen. Von nun an bin ich mir der Gefahren aber bewusst und will Buddhas Wort ernst nehmen. Das ist meine Motivation, Zuflucht zu nehmen, nämlich Furcht vor Samsara, insbesondere vor den niederen Bereichen, und Vertrauen in die Drei Juwelen, die die Fähigkeit besitzen, mich zu retten.

Vertrauen in die Drei Juwelen zu setzen bedeutet aber nicht, dass ich alles den Drei Juwelen überlasse. So ist es nicht. Letztlich hängt alles von mir ab, der buddhistische Weg kann mich nur retten, wenn ich mich bemühe, ihn zu gehen. Ohne mein Zutun können die Drei Juwelen nichts für mich tun. Das ist ein Unterschied zu anderen Religionen. Wenn wir selber aktiv werden und uns wirklich bemühen, kommen wir sehr viel weiter, auch ohne dass ein Buddha vor uns sitzt.

Die Objekte der Zufluchtnahme

Wir haben im Buddhismus drei Zufluchtsobjekte (die »Drei Juwelen«), nämlich den Buddha als Lehrer, den Dharma als seine Lehre und den Sangha, die Praktizierenden, die seinen Weg bereits weitgehend realisiert haben. Die eigentliche Zuflucht ist das Wort von Buddha Shâkyamuni, das uns zeigt, wie wir unser Leiden beseitigen können. Wir flehen nicht um Buddhas Gnade, damit er uns aus dem Kreislauf der Wiedergeburten herauszieht und in den Himmel oder ins Paradies bringt. Das ist ein wesentlicher Unterschied zwischen Buddhismus und Christentum. Buddha hat gesagt, was es zu sagen gibt, und uns sein Wort als Kanon hinterlassen, der in der tibetischen Überlieferung 108 Bände füllt, zu denen indische Gelehrte noch einmal 225 Kommentarbände geschrieben haben. Das ist gewissermaßen unsere Verfassung, nach der wir uns richten müssen.

Warum sie als Zufluchtsobjekte geeignet sind

Es gibt vier Gründe, warum die Drei Juwelen geeignete Zufluchtsobjekte sind. Sie beziehen sich vor allem auf die Eigenschaften eines Buddha. Ein Buddha befindet sich außerhalb von Samsara und aller Gefahr, weil er alle Fehler beseitigt und alle guten Eigenschaften erlangt hat. Daher ist er auch frei von Furcht: Er hat vollkommenen Gleichmut verwirklicht, sodass er vor nichts und niemand mehr Angst hat. Zweitens ist er geschickt darin, andere von Furcht zu befreien, er weiß genau, was für seine Schüler jeweils am besten ist. Dann hat er große Liebe und Mitgefühl für alle Lebewesen ohne Ausnahme, er unterscheidet nicht zwischen Freund und Feind, zwischen neutral, hoch und niedrig. Schließlich bringt er allen Lebewesen Nutzen, ob sie ihm geholfen haben oder nicht. Wir haben eher die Tendenz, nur für den etwas zu tun, der uns schon einmal geholfen hat.

Wichtiger als alles andere ist für uns jedoch Buddhas großes Mitleid. Was haben wir davon, wenn er eine silberne oder goldene Haut hat, wenn wir über goldene, silberne oder kristallene Buddha-Statuen meditieren? Wenn er noch so gelehrt und geschickt gewesen wäre, ohne Mitleid hätte er keine Motivation gehabt, uns einen Ausweg aus unserer Situation zu zeigen. Das hat sich auch in den tibetischen Klöstern gezeigt, wo es manchmal zwei gleich qualifizierte Lehrer gab: Der eine bemüht sich sehr, seinen Schülern philosophische Erklärungen zu geben und fängt schon früh am Morgen an, der andere strengt sich weniger an, wiederholt den Stoff nicht usw. – seine Qualifikation ist die gleiche, aber er hat weniger Mitgefühl.

Die Qualitäten der Drei Juwelen

Für die richtige Zufluchtnahme gibt es vier Kriterien: Man erkennt die Qualitäten der Drei Juwelen, worin sie sich voneinander unterscheiden, man verspricht es und nimmt keine andere Zuflucht.

Was ist nun eigentlich ein Buddha? Buddha ist zunächst eine historische Person, die vor 2500 Jahren in Indien gelebt hat. Darüber hinaus ist ›Buddha‹ aber auch ein besonderer Zustand, in dem keinerlei Fehler mehr vorhanden sind und in dem man alle Phänomene so erfasst, wie sie wirklich sind. Prinzipiell können alle Menschen diesen Zustand erlangen, vorausgesetzt, wir lernen unsere unheilsamen Geistesfaktoren wie Hass, Gier, Neid usw. zu überwinden, und zwar restlos, bis auf die kleinste Spur. Wenn uns das gelingt, erkennen wir gleichzeitig die Realität, die absolute Natur der Phänomene, wir haben dann Buddhaschaft erlangt. Ein solches Wesen besitzt die vollkommene Fähigkeit, anderen Menschen zu helfen und ihnen auf geschickte Weise den Weg zu zeigen. Daher gibt es nicht nur einen Buddha, sondern viele. Unser Lehrer ist der historische Buddha Shâkyamuni, der über viele Existenzen Verdienste angesammelt hatte und dann in seiner letzten Existenz große Anstrengungen unternahm, um die wahre Natur der Dinge zu erfassen. So hat er nacheinander verschiedene indische Meister aufgesucht, anschließend sieben Jahre lang im Sitzen meditiert und schließlich Erleuchtung erlangt. Das heißt, um den Zustand eines Buddha zu erreichen, ist ein hoher Einsatz erforderlich.

Der Zustand eines Buddha ist somit das Endergebnis eines langen Entwicklungsprozesses, der unser ganzes aus Körper und Geist bestehendes Dasein transformiert. Körper und Geist sind sehr vielschichtig, bei beiden unterscheiden wir aber grundsätzlich zwischen einer groben und einer feinen Ebene. Der grobe Körper ist unser gewöhnlicher Leib aus Fleisch, Blut und Knochen. Der feinstoffliche Körper besteht aus einer besonderen Energie, die den Geist begleitet und wegen ihrer Beweglichkeit als »Wind« bezeichnet wird (obwohl sie mit der gewöhnlichen Luft nichts zu tun hat). Nach unserer Theorie kann sich der Geist, der von Natur aus klar ist, nicht allein bewegen. Wenn wir nun etwas nach außen projizieren, sozusagen aus uns herausgehen, kommt unser feinstofflicher Körper mit. Als feiner Geist wird der Zustand bezeichnet, in dem wir uns punktförmig auf ein Objekt konzentrieren können, sodass der grobe Geist vorübergehend abgeschaltet und frei vom Einfluss äußerer Gegenstände ist. Auf dieser Ebene spielt sich das ab, was wir Meditation nennen. Der subtilste Körper und der subtilste Geist treten hingegen erst während des Sterbeprozesses in Erscheinung und können zu Lebzeiten nur durch sehr tiefe und intensive Meditation erfahren werden. Auf dieses subtilste Bewusstsein, das die Kontinuität von einer Existenz zur anderen herstellt, speichern wir alle karmischen Eindrücke ab. Das subtilste Bewusstsein geht kontinuierlich durch bis zur Buddhaschaft, d.h., die Verbindung zwischen meinem jetzigen Zustand und meiner zukünftigen Buddhaschaft liegt in meinem subtilsten Bewusstsein, das von einem ganz feinen, subtilen Wind begleitet wird. Wir müssen nun versuchen, möglichst heilsame Eindrücke auf dieser Schicht unseres Bewusstseins abzulegen, weil sich dadurch die unheilsamen Spuren vermindern. Diese Ansammlung guter Qualitäten geht immer weiter, bis die Buddhaschaft als Gipfel der Vollkommenheit erreicht ist. Diese unsere zukünftige Buddhaschaft ist die so genannte Zuflucht zum Zeitpunkt des Resultats (*'bras skyab*).

Buddhaschaft zu erlangen heißt, einen reinen Körper und einen reinen Geist zu erlangen, eben Buddha-Körper und Buddha-Geist. In der buddhistischen Philosophie sprechen wir vom Dharma-Körper (*Dharmakâya*) und vom Formkörper (*Rûpakâya*) eines Buddha. Der Dharmakâya entspricht dem Geist, der Rûpakâya der äußeren Erscheinung eines Buddha. Der Dharmakâya besteht aus zwei Teilen: dem so genannten Erkenntniskörper (skt. *jñânadharmakâya*, tib. *yeshe-kyi-chos-ku*) und dem Körper der Soheit der Essenz (skt. *svabhâvakâya*, tib. *ngo-bo-ñid-sku*).

Der **Erkenntniskörper** ist die Erkenntnis eines Buddha, die alle Arten und Seinsweisen der Phänomene erkennt. Sie ist die unmittelbare Wahrnehmung der absoluten Natur der Dinge, d.h. ihrer Leerheit von inhärenter Existenz, und gleichzeitig die Wahrnehmung aller relativen Wahrheiten, all dessen, was überhaupt erkannt werden kann. Der **Essenzkörper** lässt sich unter zwei Aspekten betrachten, dem des Aufgebens und dem der Erlangung. Ein Buddha hat zum einen alles Negative, alle geistigen Gifte vollständig beseitigt, sodass das gereinigte subtilste Bewusstsein übrig bleibt. Die geistigen Gifte wie Hass und Gier sind nur vorübergehende Befleckungen des subtilsten Bewusstseins, sie sind nicht seine Substanz, und daher ist es möglich, sie zu beseitigen. Da ein Buddha sie alle beseitigt hat, ist er rein von vorübergehenden Befleckungen. Zum anderen: Wenn man einen Fehler beseitigt, erhält man ein positives Ergebnis. Damit ist nicht gemeint, dass einfach etwas entfernt wird. Wenn ich z.B. die Brille vom Tisch nehme, wird der Tisch frei von der Brille, aber er wird dadurch auch nicht besser. In unserem Fall wird durch den Kampf gegen die Unwissenheit die Negativität reduziert, sodass die positive Seite immer stärker hervortritt. Diese positive Seite ist die natürliche Reinheit (*rang bzhin gyis dag-pa*), die wahre Natur des Geistes, seine Leerheit. Weil die Leerheit die wahre Natur ist, ist sie positiv, und durch die Erkenntnis der wahren Natur werden alle Fehler beseitigt. Die natürliche Reinheit ist nichts anderes als die Buddha-Natur, die wir alle besitzen. Sie ist unser eigentlicher, natürlicher Zustand, den wir im Gegensatz zum Buddha aber nicht erkennen und der bei ihm zum Buddha-Geist wird.

Der **Formkörper** (*rûpakâya, gzugs sku*) eines Buddha besteht aus dem vollkommenen Genusskörper (*samboghakâya, long spyod rdzogs pa'i sku*) und dem Erscheinungskörper (*nirmânakâya, sprul sku*). Der Samboghakâya befindet sich in einem Höchsten Reinen Land und kann nur von fortgeschrittenen Bodhisattvas wahrgenommen werden. Wenn man Buddhaschaft erlangt, landet man zunächst in diesem Bereich, wozu aber bestimmte geistige Eigenschaften vorhanden sein müssen, als deren Basis dann dieser Körper dient. Der Samboghakâya ist das Zentrum aller Buddha-Aktivitäten, er emaniert die Erscheinungskörper wie den historischen Buddha

Shâkyamuni und andere, die wir als normale Menschen wahrnehmen und unter Umständen gar nicht als Buddhas erkennen. Da Buddha uns den Weg gezeigt hat, muss er mehr wissen und mehr geleistet haben als gewöhnliche Menschen. Um seine Qualitäten zu versinnbildlichen, wird er mit bestimmten Körpermerkmalen dargestellt, die alle eine symbolische Bedeutung haben und in einer Liste von 32 Haupt- und 80 Nebenmerkmalen kodifiziert sind.

Die **Rede** eines Buddha hat 60 Eigenschaften. Die wichtigsten: Wenn ganz verschiedene Lebewesen ihm in ihrer Sprache eine Frage stellen, könnte er alle Fragen mit einem einzigen Wort beantworten, und zwar so, dass alle ihn verstehen. Seine Rede ist akustisch gut zu hören, ganz gleich, ob der Zuhörer sich in der Nähe oder weiter entfernt befindet. Außerdem haben seine Worte die Kraft, den Geist des Hörers zu befrieden, er entspannt sich und fühlt sich glücklich. Als Buddha-Wort gilt aber nicht nur das, was er selbst ausgesprochen hat, sondern auch alles, was von ihm inspiriert wurde. So hat er beispielsweise das Herzsutra nicht selbst verkündet, sondern war scheinbar unbeteiligt in Meditation versunken, während zwei seiner Schüler miteinander diskutierten, aber sein Segen bestimmte den Inhalt ihrer Diskussion. Zum Schluss sagte er bloß: »Das war großartig, genauso ist es, so sollt ihr praktizieren.« Deswegen gilt dieses Sutra ebenfalls als Buddha-Wort. Insgesamt unterscheidet man daher drei Arten von Buddha-Wort: Worte, die vom Buddha selbst gesprochen wurden; Worte, die mit seiner Erlaubnis gesprochen wurden und Worte, die durch seinen Segen zustande kamen.

Die beiden grundsätzlichen Eigenschaften des **Geistes** eines Buddhas sind Wissen und Mitleid, wobei das Mitleid wichtiger ist als alles andere. Über die Qualitäten seines Geistes existieren ausführliche philosophische Erklärungen: So hat er zehn Kräfte, die nur ein Buddha besitzt, vier Arten von Furchtlosigkeit, vier genaue Wahrnehmungen, 18 einzigartige Qualitäten, 21 Arten von Erkenntnis usw. Ein Buddha erkennt z.B. alle Aspekte von Karma, er erkennt jedes einzelne Phänomen fehlerfrei, er ist sich sicher, dass er alle Hindernisse überwunden hat, und er verliert nie die Beherrschung. Alle diese Eigenschaften lassen sich letztlich aber unter Wissen und Mitleid subsummieren.

Ein Buddha entfaltet seine **Aktivitäten** mühelos und spontan. Er handelt völlig konzeptfrei, ohne Vorsatz, so wie der Mond sich ganz von selbst im Wasser widerspiegelt, vorausgesetzt, dass das Wasser ruhig und klar ist. In derselben Weise werden die Buddha-Aktivitäten spontan wirksam, wenn das Bewusstsein der Lebewesen, die fähig sind, gezähmt zu werden, hinreichend gereinigt ist.

Dharma ist die dritte und vierte Edle Wahrheit: die Beendigung des Leidens und der Weg dorthin. Jede Praxis, die wir ausüben, richtet sich gegen unsere geistigen Gifte. In der eigentlichen Meditation kämpfen wir gegen unsere Negativität und überwinden sie Schritt für Schritt. Dieser Weg wird in fünf Stufen (Pfade) eingeteilt. Auf jeder Stufe werden bestimmte Hindernisse überwunden. Wenn wir die dritte Stufe, den Pfad des Sehens, erreichen, haben wir den Dharma innerlich entwickelt und das Leiden beendet. In der Prâjñâparamitâ-Literatur (die zum traditionellen Studienprogramm der Klöster gehört) wird jede einzelne Stufe ausführlich beschrieben, was es auf ihr aufzugeben und zu verwirklichen gilt. Diese Beschreibungen sind keine bloße Scholastik, sondern Wissen aus der Praxis für die Praxis und gehören zu einem grundlegenden Studium des Dharma.

Jeder, der den Pfad des Sehens erreicht, wird zu einem Erhabenen (skt. *Arya*, tib. *phags pa*), der vom Zwang zur Wiedergeburt befreit ist und zum **Sangha** gehört. Eigentlich heißt Sangha »Versammlung, Zusammenkunft«, und zwar handelt es sich um die Versammlung derjenigen Personen, die die dritte Stufe auf dem Weg erreicht hat. Auf dem Mahâyâna-Weg ist die unterste identisch mit der Erlangung von Bodhicitta, die fünfte ist Buddhaschaft. Auf der dritten Stufe realisiert man Leerheit und gelangt aus Samsara heraus, man unterliegt nicht länger dem Zwang zur Wiedergeburt, sondern kann sich nach Bedarf freiwillig reinkarnieren. Jemand, der diese Stufe erreicht hat, kann uns aus dem qualvollen Samsara heraus- und zur

Buddhaschaft führen. Nun kann niemand von außen erkennen, wer diese Stufe tatsächlich erlangt hat. Deshalb bezeichnen wir stellvertretend eine Gruppe von vier voll ordinierten Mönchen oder Nonnen als Sangha, weil sich unter ihnen ein Arhat oder Bodhisattva befinden könnte, der aus Samsara heraus ist. Wir können also nicht jede beliebige Gruppe von Buddhisten als Sangha bezeichnen.

Wie man Zuflucht nimmt

Indem man es verspricht

Buddha ist der Lehrer, der uns zeigt, wo wir Zuflucht finden; Dharma ist der Weg, der dorthin führt; Sangha sind die Freunde und Vorbilder, die uns helfen, sie zu finden. Nach dem traditionellen Beispiel sollen wir Buddha als den Arzt, den Dharma als das Medikament und den Sangha als die Krankenschwester betrachten.

Indem man keine andere Zuflucht nimmt

Das soll nicht heißen, dass der Buddhismus der einzig wahre Weg auf der Welt ist und alle anderen Religionen nichts taugen. Das würde auch schlecht dazu passen, dass der Buddhismus als eine der tolerantesten Religionen der Welt gilt. Gemeint ist, dass es auf der Welt sehr viele Systeme gibt, um den Lebewesen im Allgemeinen und den Menschen im Besonderen zu helfen, und der Buddhismus unter ihnen ist eine der besten Methoden. Wir können und dürfen die anderen Religionen nicht missachten, aber jede hat nun einmal ihre eigene Theorie und ihre eigene Technik, die für sich genommen wunderbar funktioniert. Wenn wir sie miteinander vermischen, funktioniert hingegen überhaupt nichts mehr. Ich esse sowohl chinesische wie indische Küche sehr gern, aber wenn ich ein chinesisches Gericht mit Curry verbessern will, wird die Mahlzeit ungenießbar. Deshalb empfiehlt es sich nicht, bei einer religiösen Praxis wesentliche Elemente wegzulassen und unwesentliche zu praktizieren. Ein solcher unvollständiger Weg wird uns nicht weit führen.

Überall existieren verschiedene Schulrichtungen, auch im Buddhismus. Wer die Zeit und die Kraft dazu hat, mag ruhig verschiedene Systeme zugleich praktizieren. Generell sollte aber jede Methode gemäß ihrer Tradition sauber weitergepflegt werden, weil sie dann reibungslos funktioniert. Wir müssen gar nicht alles praktizieren, was es gibt, da wir ohnehin nicht die Zeit dazu haben, mehrere Methoden gleichzeitig anzuwenden. Es ist daher vernünftiger, bei einer bestimmten Tradition zu bleiben und sie dann durch andere Unterweisungen zu ergänzen. Die vier Schulrichtungen des tibetischen Buddhismus haben ohnehin einen Großteil ihrer Praxis gemeinsam, da gibt es keine großen Unterschiede. Die Unterschiede betreffen nur die Formulierungen, die verschiedene Lamas für ein und dieselbe Lehre zu unterschiedlichen Zeitpunkten gefunden haben.

Vor anderen Religionen müssen wir auf alle Fälle Hochachtung haben. Aber für uns als Buddhisten sind nur die Drei Juwelen gültige Zufluchtsobjekte. Wir können vom Islam oder vom Christentum keine zusätzlichen Zufluchtsobjekte entlehnen, auch wenn wir ihnen durchaus Respekt und Verehrung entgegenbringen dürfen und sollen. Es ist nichts dabei, in einer christlichen Kirche Kerzen anzuzünden, das mache ich auch. Aber zwischen respektieren und Zuflucht nehmen besteht ein klarer Unterschied. Andere Religionen respektieren bedeutet nicht, dass wir deswegen Christen werden oder dass ein Christ Buddhist wird, wenn er sich für den Buddhismus interessiert. Wenn man wirklich Buddhist werden will, muss man aus der Kirche oder sonstigen Gemeinde austreten, das ist einfach eine Frage der klaren Verhältnisse. Umgekehrt, wenn jemand lieber Christ oder Moslem werden möchte, soll er aus dem Buddhismus austreten. Für uns Buddhisten gibt es keinen Grund, an unserer Gemeinschaft anzuhaften und jemanden festzuhalten, wenn eine andere Religion für ihn besser geeignet ist.

Wir können die verschiedenen spirituellen Wege und Methoden auch schlecht miteinander vergleichen und bewerten, was gut und schlecht ist. Da die grundlegende Methode anders ist, lässt sich nicht sagen, wie weit z.B. der christliche Weg dem buddhistischen entspricht. Durch die jeweilige Methode wird das entsprechende höchste Ziel erreicht; ob sie übereinstimmen, ist schwer zu sagen. Wir können den Christen also nicht an den Kopf werfen: »Mit eurer Praxis kommt ihr nur bis zum Anfang oder zur Mitte des buddhistischen Weges.« Das weiß keiner. In einigen grundlegenden Dingen stimmen aber alle Weltreligionen überein: Alle wollen mit dem eigenen Geist arbeiten und unheilsame Geisteszustände beseitigen. Um solch grundlegende Dinge zu praktizieren, muss man nicht Buddhist sein.

Andererseits stimmt es mich nachdenklich, wenn ich sehe, dass das Vertrauen zu früh und die Kontrolle zu spät kommt. Manche Buddhisten haben nach zehn Jahren im Buddhismus keinen Weg gefunden und verlieren das Vertrauen. Ich bin überhaupt nicht traurig, wenn jemand den Buddhismus aufgibt, aber ich bin sehr unglücklich, dass er oder sie zehn Jahre lang im Buddhismus war und für sich keinen Weg fand. Die ganze Praxis lief einfach schief, und sie konnten keine stabile Basis aufbauen, weil aufgrund mangelnder Selbstprüfung die Vertrauensbasis fehlte. Andererseits ist zu bedenken: Der Betreffende versucht möglicherweise mit aller Mühe, etwas zu verstehen, findet aber nicht den richtigen Lehrer. Mich schmerzt es nur, wenn dann die ganze Schuld auf den Buddhismus geschoben wird statt auf den Lehrer. Ich wäre wirklich glücklich, wenn so jemand dann sagen würde: »Ich habe jahrelang mit einem Lehrer zusammengearbeitet, und er konnte mich nicht weiterbringen, deshalb muss ich austreten.« Dann hat der Lehrer versagt, weil er dem Schüler nicht den richtigen Weg zeigen konnte. Jedenfalls dürfen wir nicht die ganze Schuld auf den Buddhismus schieben. »Ich will so bleiben, wie ich bin; ich will mich gar nicht verändern, ich kann mich nicht an den Buddhismus anpassen, also muss der Buddhismus oder der Lehrer sich an mich anpassen«

– das geht ja nicht. Der Buddhismus ist sehr flexibel und kann sich weitgehend an verschiedene Persönlichkeitsstrukturen anpassen, bis auf einige wenige Punkte. Aber der bzw. die Praktizierende muss ihn seinerseits auch entsprechend respektieren.

Die Vorteile der Zufluchtnahme

Man tritt in den Weg des Buddha ein

Durch die von Herzen kommende Zufluchtnahme werde ich Buddhist. Es wäre keine richtige Zufluchtnahme, wenn ich die Zufluchtsformel jeden Tag tausendmal rezitieren würde, ohne mein Herz dabei zu öffnen und Vertrauen zu üben. Diese Handlung unterscheidet Buddhisten von Nicht-Buddhisten.

Man erwirbt die Basis für alle Gelübde

Die Zufluchtnahme ist die Basis für alle weiteren Gelübde wie die Mönchsgelübde, die Bodhisattva- und die Tantra-Gelübde. Ohne die Zufluchtnahme gibt es also keine gültige Ordination als Mönch oder Nonne, keine Entwicklung von Bodhicitta und keine tantrische Praxis. Wenn jemand die Zuflucht wieder auflöst, werden folglich auch alle anderen Gelübde gebrochen, und man ist kein Buddhist mehr.

Durch die Zufluchtnahme verringern sich die unheilsamen Handlungen, die wir in unseren früheren Existenzen angesammelt haben, und wir sammeln immer mehr Verdienste, was dazu führt, dass uns weder Menschen noch Dämonen Schaden zufügen können. Das starke Vertrauen, das wir in die Drei Juwelen setzen, erzeugt auch Selbstsicherheit, was uns vor Gefahren schützt.

Die Übungen der Zufluchtnahme

Mit der Zufluchtnahme übernehmen wir gewisse Verpflichtungen. Wenn wir zu Buddha Zuflucht nehmen, dürfen wir andere Menschen oder Wesen nicht als gleichwertige Zuflucht betrachten, für uns ist der Buddha der höchste Lehrer. Wenn wir zum Dharma Zuflucht nehmen, nehmen wir Buddhas Wort an und dürfen keinem anderen Lebewesen Schaden zufügen, z.B. dürfen wir kein Tier schlagen, töten oder ihm übermäßig schwere Lasten aufladen; wir dürfen auch keinen Unfrieden oder Streit stiften und verbreiten. Das ist der wichtigste Punkt von allen, weil die Dharma-Praxis grundsätzlich friedvoll ist und allen Lebewesen in unserem Umkreis helfen soll. Die Zuflucht zum Sangha bedeutet für uns, nicht auf schlechte Freunde zu hören, die uns vom Buddhismus abzubringen suchen, indem sie sich über ihn lustig machen und uns vorhalten, dass wir ohne die Drei Juwelen ein bequemeres Leben führen könnten. Selbst wenn solche Ratschläge gut gemeint wären, sind sie für Buddhisten doch Gift.

Jetzt die positive Seite, was wir tun sollen: Wir sollen jede Buddha-Figur wie einen wirklichen Buddha betrachten und ihr Opfergaben darbringen, ohne Rücksicht auf die künstlerische Qualität der Darstellung. Eine wertvolle alte Statue ist genauso verehrungswürdig wie eine neue. Die älteren Stücke zu bevorzugen heißt, religiöse Gegenstände als rein materielle Wertgegenstände zu betrachten. Wir dürfen auch keinen Unterschied zwischen einer Statue aus Gold und einer aus Ton machen. Auch Bücher sind mit Respekt zu behandeln, weil sie (zumindest in Tibet) meist einen religiösen Inhalt haben, also den Dharma verkörpern. Hier im Westen erscheint das allerdings ungewöhnlich, dass man Bücher nicht einfach »nackt« (ohne Unterlage) auf den Boden legt und auch nicht über sie steigt. Da sind wir Tibeter sehr streng. Hauptsache ist, dass wir Bücher respektvoll behandeln, weil ihr Inhalt für uns eine religiöse Bedeutung und einen hohen ideellen Wert hat.

Wenn frühere Lamas unterwegs einen roten oder gelben Stofffetzen fanden, hoben sie ihn auf und legten ihn sich auf den Kopf, weil es ein Stück von einer Mönchsrobe sein konnte. Wenn jemand Mönch ist, verkörpert er den Sangha, weil er eine innere Entwicklung nimmt, die verehrungswürdig ist. Wir können das bei Ordinierten und einfachen Tibetern beobachten, die zwischen Mönchen und Nonnen hindurchgehen: Sie laufen nicht einfach drauflos, sondern halten ihre Kleidung gerafft zusammen und treten vorsichtig auf. Das bedeutet symbolisch: Ich will nicht über die Kleidung anderer Menschen steigen, das ist auch eine Verpflichtung.

Dann sollen wir uns immer wieder an die Eigenschaften der Drei Juwelen erinnern, über ihre Güte nachdenken und ihnen bei jeder Mahlzeit den ersten Bissen und Schluck darbringen. Opfergaben, die man auf den Altar legt, muss man respektvoll darbringen. Wenn jemand Interesse am Buddhismus zeigt, sollen wir ihm alles erklären, dürfen ihn aber nicht zwingen oder missionieren. Unter Missionieren verstehe ich nicht nur, jemandem einfach die Lehre darzulegen, sondern Zwang auszuüben, indem man an das Angebot Bedingungen knüpft. Bevor jemand Zuflucht nimmt, sollte er sich genau informiert haben und es sich gründlich überlegt haben. Manche meiner Kollegen geben von ihrem Thron herab hundert Leuten pauschal Zuflucht, ohne zu fragen, ob überhaupt ein Interesse daran besteht. Das ist kein sauberes Verfahren. Natürlich wäre es schön, wenn sich der Buddhismus ausbreiten würde, aber es besteht die ständige Gefahr, dass die buddhistische Praxis aus allen möglichen Gründen degeneriert. Eine unsaubere Verbreitung des Buddhismus um jeden Preis bringt vielleicht manchen Leuten politische und finanzielle Vorteile, aber ob das dann wirklich zum Nutzen der Menschheit und der Lebewesen ist, scheint mir doch sehr fraglich. Darum soll man als Buddhist denjenigen, die ein spirituelles Interesse haben und etwas über den Buddhismus wissen wollen, zunächst einmal sachliche Informationen geben und alles erklären. Zum Glück wollen die Menschen im Westen immer alles ganz genau wissen; so gesehen gibt es eigentlich keinen Platz für abergläubische Vorstellungen.

Nach Möglichkeit sollte ein Buddhist dreimal am Tag und dreimal in der Nacht an die Drei Juwelen denken. Was man tut, sollte im Vertrauen in die Drei Juwelen unternommen werden. Deshalb soll man ihnen vor bestimmten Handlungen Opfergaben darbringen und um ihren Segen bitten. Aufgeben dürften wir die Drei Juwelen nicht einmal im Scherz.

6. Das Karma

Handlungen und ihre Folgen

Wie wir im vorigen Kapitel gesehen haben, ist die Zufluchtnahme der Eingang zum Buddhismus. Wer Zuflucht genommen hat, ist Buddhist, oder besser gesagt, bringt dadurch seine Absicht zum Ausdruck, Buddhismus praktizieren zu wollen. Ob er dies auch wirklich tut, entscheidet sich daran, ob er entsprechend den Erklärungen über Karma handelt. Erst dann praktiziert er Buddhismus richtig, erst dann!

Wir haben also Zuflucht zu den Drei Juwelen genommen. Was heißt das? Es heißt nicht, dass wir vor Buddha Shâkyamuni Niederwerfungen machen, ihm Opfergaben darbringen oder irgendetwas rezitieren. Unsere eigentliche Zuflucht ist der Dharma, der Weg, den uns der Buddha gezeigt hat. Der Dharma soll uns schützen, soll unsere Zuflucht sein. Wie kann er aber für uns Zuflucht sein? – Indem wir ihn auf unser eigenes Leben anwenden. Die eigentliche Essenz des Dharma ist nichts anderes als Karma. Die Botschaft des Buddha, wie er sie in den Vier Edlen Wahrheiten formuliert hat, lautet: »Übe heilsame Handlungen, vermeide unheilsame.« Die Vier Edlen Wahrheiten zielen darauf ab, Leiden zu vermeiden und die Ursachen des Leidens dauerhaft zu beseitigen. So gesehen, ist das ganz simpel: Wenn wir heilsame Handlungen sammeln und üben, ist das der richtige Weg, durch den wir zur Befreiung und Buddhaschaft gelangen. Wenn wir hingegen weiterhin unheilsame Handlungen begehen, kommen wir nie aus dem Leiden heraus, es gibt keine Spur von Erlösung oder Befreiung. Deshalb ist Karma die Essenz des Dharma.

Einerseits ist Karma also ganz einfach zu erklären. Andererseits ist aber auch sehr schwer zu verstehen, wie die Verbindung von Ursache und Wirkung im einzelnen genau funktioniert. Es heißt, nur ein Buddha sei in der Lage, die ganze Komplexität von Karma völlig zu verstehen. Buddha hat das karmische System vor 2500 Jahren geschickterweise so erklärt, wie es der Mentalität der damaligen Menschen entsprach. Diese unterschied sich natürlich beträchtlich von der unsrigen, sodass uns vieles, was in den traditionellen Texten steht, nicht unmittelbar einleuchtet. So sind viele karmischen Erklärungen in die Gestalt von Legenden gekleidet: Jemand hat ein besonderes Körpermerkmal, oder ein Fisch mit 18 Köpfen wird an den Strand gespült. Dann kommt der Buddha und erklärt, welche Taten in einem früheren Leben zu dieser Wiedergeburt geführt haben, welche karmische Ursache dieses Ergebnis bedingt hat. Viele dieser Geschichten sind für uns eher schwerverdaulich; deshalb möchte ich hier darauf verzichten, Märchen zu erzählen. Wir brauchen diese Aussagen nicht für falsch zu halten, aber für unseren kulturellen Hintergrund und unsere veränderte Wahrnehmung genügen sie nicht mehr. Die Praxis vieler Menschen hat schon bewiesen, dass das, was Buddha Shâkyamuni uns hinterlassen hat, für uns von Nutzen ist. Deshalb können wir davon ausgehen, dass er uns nicht angelogen hat, und Vertrauen in die Richtigkeit seiner Erklärungen haben. Aber das allein genügt nicht und wäre blindes Vertrauen. Wie Buddha selbst gesagt hat, sollen wir uns selbst überzeugen, soweit wir nach unseren Fähigkeiten dazu in der Lage sind.

Was ist Karma überhaupt? In der buddhistischen Philosophie gibt es zwei Definitionen von Karma. Die Schulen der Sautrântikas, Cittamâtrin und Svâtantrika-Madhyamaka behaupten, dass Karma ein Geistesfaktor ist, ein Aspekt des Geistes. Im System der Vaibhashikas und der Madhyamaka-Prasangika heißt es hingegen, Karma sei eine unsichtbare, subtile Form, die nur von einem Buddha direkt wahrgenommen werden könne. So sind z.B. unsere Gelübde kein Geisteszustand, sondern ein nicht wahrnehmbares Phänomen. Alle Schulen sind sich jedoch darin einig, wie karmische Eindrücke entwickelt werden und welche Resultate sie erzeugen. Für uns ist erst einmal wichtig zu wissen, welche Arten von Karma es gibt, welches Karma schwerwiegend ist usw.

Die Handlungen (und ihre Resultate) sind sicher

Um zu verdeutlichen, dass heilsame Ursachen nur heilsame Ergebnisse bewirken und unheilsame nur leidvolle, hat Buddha äußere und innere Ursachen verglichen. Wenn ich beispielsweise einen Pfirsich pflanze, bekomme ich eine süße Frucht, keine saure, selbst wenn ich daneben Zitronen pflanze. Der Pfirsich wird nicht sauer, weil dies den Naturgesetzen widerspräche. Wenn ich meine Wut an einem anderen Menschen auslasse, erhalte ich in der Regel sofort eine unangenehme Reaktion, es sei denn, ich bin zufällig einem Bodhisattwa begegnet. So gesehen erscheint es plausibel, dass heilsame Handlungen ein angenehmes Resultat zeitigen und umgekehrt.

Als Ergebnis heilsamer Handlungen stellt sich jedoch nicht immer unmittelbar eine Glückserfahrung ein. Wenn ich beispielsweise eine Reinigungspraxis korrekt durchführe, können in ihrem Verlauf Komplikationen und Krankheiten auftreten. Auf die Frage, ob diese das Ergebnis des Reinigungsprozesses seien, lautet meine Antwort: »Jein«. Einerseits »ja«, denn durch meine richtig durchgeführten kraftvollen Handlungen kommen die unangenehmen Ergebnisse, die ich sonst in späteren Existenzen erfahren würde, schneller auf mich zu; ich erfahre sie jetzt, und damit ist der Fall erledigt. In meinen nächsten Existenzen werde ich dafür einen angenehmeren, glücklicheren Zustand erfahren. Andererseits »nein«, denn diese unangenehme Situation ist natürlich kein direktes Ergebnis der Reinigungspraxis, sondern ist eindeutig das Ergebnis einer oder mehrerer unheilsamer Handlungen aus einer früheren Existenz.

Manche Bodhisattwas und Arhats sind in der Lage, die samsarische Struktur des menschlichen Daseins zu erkennen und zu beschreiben, aber die volle Komplexität des karmischen Systems vermag nur ein Buddha zu durchschauen, weil die karmischen Eindrücke so fein und stark miteinander verzahnt sind, dass die normale Erkenntnis sie nicht zu erfassen vermag und nur ein Buddha genau erklären kann, welche Wirkung aus welcher Ursache resultiert. Bei einem Spinnennetz sind wir ja auch nicht in der Lage, spontan anzugeben, wo der Faden anfängt und wo er endet. In ähnlich komplexer Weise sind auch die karmischen Ursachen und Wirkungen vernetzt.

Handlungen und ihre Resultate wachsen stark an

Wie wir uns das Anwachsen des karmischen Ergebnisses vorstellen sollen, ist eine sehr schwierige Frage. Zwar gibt es zu diesem Punkt sehr viele Stellen aus der kanonischen Literatur, aber das allein genügt nicht, es muss auch einen logischen Grund haben. Meistens gibt es hinter jeder buddhistischen Quelle einen logischen Gedanken, aber in diesem Fall habe ich ihn bis jetzt noch nicht erfahren und kann ihn deshalb auch nicht erklären. Mir scheint, dass das Anwachsen von Karma zwei Bedeutungen hat: Auf der einen Seite ist damit sicher die gegenseitige Verstärkung vieler einzelner Handlungen gemeint, auf der anderen potenziert sich aber auch jede einzelne Handlung. Im ersten Fall erzeugen viele kleine Karmas – sowohl heilsame wie unheilsame – irgendwann ein gigantisches Ergebnis, so wie auch viele einzelne Wassertropfen zusammen schnell eine Vase füllen. Wir töten nicht jeden Tag einen Elefanten, aber kleine Missachtungen anderer Menschen oder sonstige Regelübertretungen sammeln wir schnell an. Daher sollten wir die tägliche kurze Meditation oder Rezitation nicht für bedeutungslos halten, ebensowenig wie das Zertreten einer Ameise beim Spazierengehen, denn viele solcher kleinen Portionen ergeben schließlich ein großes Endergebnis – die Menge macht's. Das ist die eine Seite.

Auf der anderen Seite kann eine einzelne kleine Handlung auch von sich aus anwachsen. Aus einer einzigen Walnuss entsteht ja auch nicht nur eine einzelne Walnuss, sondern ein ganzer Baum mit vielen Walnüssen. Der Buddha hat hierfür viele Beispiele gegeben. Eines davon lautet so: Jemand hatte einem früheren Buddha eine Hand voll Erbsen als Opfergabe dargebracht. Daher wurde er später als reicher Gönner wiedergeboren und konnte viele arme Leute unterstützen, weil das Resultat dieser einen Handlung so stark angewachsen war. Wenn wir nun eine einzelne heilsame oder unheilsame Handlung unterschätzen, erhalten wir auch ein dementsprechendes Ergebnis.

Von nicht durchgeführten Handlungen erfährt man keine Resultate

Der dritte Punkt ist: Ich werde kein Ergebnis erfahren, für das ich keine Ursache gesammelt habe; keine Wirkung ist ohne Ursache. Wir können uns dies wieder an äußeren Ursachen verdeutlichen: Wenn ich keine Blume säe, brauche ich nicht darauf zu hoffen, dass an dieser Stelle Blumen wachsen. Die Tibeter hängen sich gern Amulette und Schutzknoten um, um sich vor Gefahren zu schützen und sind natürlich fest überzeugt, dass sie wegen ihrer Schutzknoten nicht verletzt wurden. Es gibt viele Geschichten über Schafe oder Ziegen, denen man ein Amulett um den Hals gehängt und auf sie geschossen hat, ohne dass sie starben – das ist dann der Beweis, dass das Amulett wirkt. Wenn der Träger eines Amuletts dann doch im Krieg umkommt, heißt es, es habe seine Kraft verloren, weil z.B. eine Frau es berührt und es dadurch verunreinigt habe. Solcher Aberglaube beherrscht das ganze Land. Aber ob ich sterbe oder verletzt werde, und wenn, wie schwer, an welchem Körperteil, an der rechten oder linken Hand oder am Unterkörper, das hängt alles von früher angesammeltem Karma ab. Es kann kein Zufall sein. Buddha selbst hat gesagt: Selbst die kleinste heilsame Handlung sollst du nicht missachten, sie wird dir immer weiter folgen und irgendwann ein großes Resultat bewirken, wie Wassertropfen einen Stein aushöhlen.

An dieser Stelle kann ich vielleicht etwas tiefer gehen. Unser gegenwärtiger Horizont beschränkt sich auf das, was wir ohnehin schon wissen; alles, was darüber hinausgeht, ignorieren wir. Wenn wir nun mit bestimmten Aussagen wie den buddhistischen Erklärungen über Karma konfrontiert werden, die diesen Rahmen überschreiten, beginnen wir sofort zu zweifeln. Die meisten von uns haben einerseits eine ungefähre Vorstellung, aber andererseits wissen wir gar nichts. Wenn wir etwas tun wollen, ergeben sich zu viele Fragen, und alles schwebt im Nebel, d.h., unser Gedankengebäude ist auf Sand gebaut. Ich vermute, dass psychische Probleme für diese Haltung verantwortlich sind. Die Konfrontation mit den Erklärungen könnte zu unangenehmen Einsichten führen, die wir nicht vertragen können. Vielleicht habe ich zur Zeit Probleme in der Ehe, im Beruf oder kein Geld. Wenn ich nach den Ursachen dieser einzelnen Probleme forsche, ist das eine komplizierte und langwierige Angelegenheit. Wie können wir diese Blockade überwinden und einen Durchbruch schaffen, auch wenn es vorübergehend schmerzhaft sein mag? Indem wir es wagen, darüber nachzudenken; denn wenn wir darüber nachgedacht haben, gewinnen wir eine klarere Erkenntnis unserer selbst und unserer Situation, die uns befähigt, vernünftiger zu handeln. Im Moment ist unsere Perspektive sehr eng, unser Blick geht nicht über das hinaus, was uns gerade vor Augen liegt. Wenn wir uns aber mit unseren Problemen selbst auseinander setzen und unser Wissen um karmische Zusammenhänge erweitert haben, werden wir unsere Probleme besser bewältigen als zuvor. Diesen Durchbruch zu schaffen, ist nicht einfach, aber es ist machbar – das heißt jedoch nicht, dass wir übernatürliches Wissen erlangen und hellseherische Fähigkeiten entwickeln.

Ein Beispiel: Was uns gerade widerfährt, können wir natürlich nicht völlig vermeiden, aber wir können es sehr wohl vermeiden, noch mehr Negativität zu erzeugen. Wenn Peter z.B. von Hans geschlagen wird, muss er in diesem Moment leiden. Dieses Leiden wurde durch sein Karma verursacht. Aber wenn Peter nicht zurückschlägt, sondern sich im Erdulden übt, erzeugt er durch sein Ertragenkönnen ein heilsames Ergebnis. Alle Lebewesen streben nach Glück, keines will leiden. Wir sollten uns nun ganz grundsätzlich überlegen: Was heißt Glück? Was heißt Leid? Wodurch erreiche ich einen glücklichen Zustand? Wie erfahre ich das? Wie leide ich? Wodurch leide ich? Kann eine unheilsame Handlung einen glücklichen Zustand erzeugen? Dies alles müssen wir uns durch den Kopf gehen lassen, wie gesagt, nicht nur intellektuell, sondern anhand unserer eigenen Erfahrungen. Wir sind ständig in Kontakt mit anderen Menschen: Wodurch wird der zwischenmenschliche Umgang zu einer positiven Erfahrung, wodurch zu einer unangenehmen? Darüber nachzudenken, hilft enorm.

Mit dem Thema Karma werden wir uns nicht nur über mehrere Existenzen hinweg, sondern bis zur Buddhaschaft beschäftigen müssen. Dabei sollten wir nicht die Absicht haben, zuerst das Thema Karma in allen Einzelheiten theoretisch verstehen zu wollen, um dann erst mit der buddhistischen Praxis zu beginnen. Ich fürchte, dann müssten wir noch mehrere Existenzen lang warten; beides sollte vielmehr parallel laufen. Karma als Thema für Anfänger zu betrachten, wäre grundverkehrt. Als Atîsha nach Tibet kam, traf er verschiedene Tibeter, die gegen das Karmagesetz handelten und das als Kleinigkeit betrachteten. Er sagte damals zu ihnen: »Von euch kann ich keine richtige buddhistische Praxis erwarten, denn euch fehlt die Wurzel; ihr begeht achtlos so viele kleine unheilsame Handlungen. Diese Kleinigkeiten sind aber sehr wichtig.«

Karma heißt nichts anderes als Handlung. Handlungen begleiten uns den ganzen Tag, körperliche, sprachliche oder geistige Handlungen. Die Karmaübung ist also eine ganztägige Arbeit. Karma ist etwas, worauf wir uns ständig konzentrieren müssen. Karma ist keine Meditation oder Rezitation, die man einmal täglich macht und die damit erledigt wäre. Karma ist nie zu Ende. Selbst im Traum können wir Ursachen ansammeln, von Stunde zu Stunde, von Minute zu Minute, von Sekunde zu Sekunde. Wenn ich in einer Tabelle genau sehen könnte, was ich an einem Tag in dieser oder jener Sekunde getan habe, hätte ich reichlich Stoff zum Nachdenken. Denn all diese Handlungen sind Ursachen, die irgendwann ein Ergebnis erzeugen werden. Karma heißt nicht: »Jetzt habe ich Karma gesammelt, und jetzt ist Pause bis zum nächsten Mal«, sondern es geht pausenlos weiter, kontinuierlich produziere ich Ergebnisse.

Durchgeführte Handlungen (und ihre Resultate) gehen nicht verloren

Einmal angesammelte Ursachen gehen nicht verloren – selbst wenn mehrere Äonen vergehen und ich in verschiedenen Körpern Karma angesammelt habe, wird es nicht älter und nicht kleiner. Zu Buddhas Lebzeiten gingen die Mönche jeden Morgen Almosen sammeln. Einer der Arhats bekam dabei jeden Tag schlechtes Essen. Was er bekam, vertrug er schlecht, und schließlich starb er daran. Buddha Shâkyamuni erklärte daraufhin, dass seine Schwierigkeiten von einem früheren Karma herrührten, das er ertragen musste, obwohl er ein Arhat war. Jede Handlung muss einen Anfang haben, jedes Resultat muss eine frühere Ursache haben. Jedes noch so kleine Karma wird sich weiterentwickeln und irgendwann zu einem Ergebnis führen, wobei ein Ergebnis durchaus das Resultat mehrerer Ursachen sein kann. So heißt es beispielsweise, dass jedes Körpermerkmal eines Buddha eine besondere Ursache hat, sodass sein Körper das Ergebnis unzähliger Ursachen ist.

Wenn ich über diese vier Punkte nachgedacht habe, muss ich für mich eine Entscheidung treffen: Nachdem ich Gewissheit über Karma gewonnen habe, werde ich mit Bestimmtheit heilsame Handlungen ausüben und unheilsame vermeiden. Selbst um ganz geringe heilsame Handlungen werde ich mich bemühen, und selbst kleine unheilsame Handlungen werde ich vermeiden.

Obwohl Buddha die Karmalehre in diese vier Punkte unterteilt hat, ließe sich das gesamte karmische System unschwer auch an jedem einzelnen Punkt demonstrieren. Um ein Beispiel zu geben: Während der Kulturrevolution in Tibet hatten die Chinesen in einem Kloster an der Grenze zu China 800 ausgewählte Gelehrte gemeinsam eingesperrt. Diese Elite von 800 Gelehrten wurde dann durch Arbeit und Unterernährung systematisch vernichtet. Aber trotz strengster Bewachung kamen drei von ihnen davon. Diese drei waren genauso schuldig oder unschuldig wie die anderen, sie waren für das kommunistische Regime ebenso sehr Feinde wie die, die gestorben sind. Alle Faktoren waren scheinbar gleich, dennoch haben sie auf unerklärliche Weise überlebt; sie leben heute noch und können diesen Bericht bestätigen. Niemand kann einen Grund dafür angeben, warum die anderen gestorben sind und sie nicht. Offensichtlich waren die Faktoren und der Zeitpunkt, dieses Leid zu erfahren, nicht gegeben, deswegen haben sie es nicht erfahren.

Hier in Deutschland gibt es auch genug Beispiele aus der Nazizeit: Viele Schuldige kamen ungeschoren davon, und viele Unschuldige mussten ganz entsetzliche Leiden durchmachen. Kein Mensch kann zuverlässig nachvollziehen, woran das lag. Auch im Vinaya und anderen Sutren gibt es zahlreiche Beispiele zu diesem Punkt: Viele aus einer Gruppe müssen in gleicher Weise Leid erfahren, aber einige davon werden, obwohl sie in diesem Moment an diesem Ort eigentlich hätten davonkommen können, dennoch durch irgendeine Kleinigkeit getötet. Alle starben zur selben Zeit, weil sie ein gemeinsames, »kollektives« Karma hatten.

Was das »kollektive« Karma angeht: Wir sehen in der heutigen Zeit beinahe tagtäglich, dass viele Lebewesen gemeinsam leiden müssen, sei es an Epidemien, Kriegen oder Unfallkatastrophen. Wir sehen aber auch, dass die Einzelnen dabei doch ganz verschiedene Abstufungen des Leidens erfahren, abhängig von der individuellen Vergangenheit. Das individuelle und das kollektive Karma sind zwei Seiten einer Medaille und schließen sich gegenseitig nicht aus. Wenn beispielsweise Lehrer und Schüler zu einer Belehrung zusammentreffen, spricht einer und die anderen hören zu. Dieses Zusammentreffen ist ein kollektives Ergebnis, dessen Ursachen die Anwesenden möglicherweise zuvor an einem bestimmten Ort zu einer bestimmten Zeit geschaffen haben. Entweder haben sie gemeinsam in der Vergangenheit eine Ursache geschaffen, und alle maßgebenden Faktoren sind so ausgewogen, dass sie das Ergebnis jetzt auch gemeinsam erfahren können. Aber sehr häufig wurden die Ursachen auch zu unterschiedlichen Zeitpunkten geschaffen, aber durch das Zusammentreffen anderer Gegebenheiten bzw. Umstände macht man die Erfahrung in *dieser* Existenz gemeinsam. Alle haben jedoch auf irgendeine Weise ähnliche Ursachen gesammelt, sodass ihr Zusammentreffen möglich wurde. Kollektives und individuelles Karma sind also klar unterscheidbar, obwohl sie sich gleichzeitig ereignen.

Auch jede einzelne Handlung hat ganz bunt gemischte Ursachen und Ergebnisse. Die Motivation mag sehr sauber gewesen sein, ist also eine heilsame Handlung, aber die Durchführung ist miserabel, also eine unheilsame Handlung, und die Widmung ist dann vielleicht mittelmäßig. Wie geht nun – soweit ich das beschreiben kann – das Ansammeln von heilsamem oder unheilsamem Karma vor sich? Worauf sammele ich sie an? Wie könnte die Übertragung von einer Existenz zur anderen aussehen?

Wenn ich in einer bestimmten Existenz heilsame und unheilsame Handlungen angesammelt habe, müssen diese innerhalb eines gewissen Zeitraums zur Wirkung kommen. Das ist nur möglich, wenn eine Verbindung zwischen mehreren Existenzen besteht. Unser Dasein besteht aus einer physischen und einer psychischen Komponente, aus Körper und Geist, wobei letzterer in der buddhistischen Tradition in vier Funktionen unterteilt wird. Das ist der Stoff, aus dem wir gemacht sind; wir existieren als Zusammensetzung dieser fünf Komponenten (skt. *Skandhas*), die dann als »Ich« bezeichnet werden. Die fünf Komponenten sind: Körper (Form), Empfindung, Wahrnehmung, karmische Gestaltungskräfte und Bewusstsein. Wie diese Komponenten zustande kommen, werden wir bei den zwölf Gliedern des abhängigen Entstehens sehen (Kapitel 8). Das Bewusstsein umfasst mehr als nur das, womit wir normalerweise denken und reagieren, d.h. unseren normalen Geist, der nur auf diese eine Existenz beschränkt ist und sich im Sterbeprozess auflöst. Dieser gröbere Geist kann gröbere Objekte wahrnehmen, aber keine feineren. Wenn ich meditieren will, muss ich hingegen eine Etage tiefer gehen, da wir auf der gröberen Ebene des Geistes, die aus einer ganzen Fülle von Konzepten besteht, zu sehr abgelenkt sind, um einspitzige Konzentration zu üben. Um eine solche Konzentration zu erzeugen, muss man sich aber von den Konzepten zurückziehen und in feinere Bewusstseinsschichten vordringen.

Unser Geist hat viele Schichten und gleicht dem Meer: Die untersten Schichten sind unbewegt und klar, während an der Oberfläche die Wellen auf- und niederwogen. Wie die Wellen aus dem Meer aufsteigen und ins Meer zurücksinken, steigen die Konzepte aus dem Gesamtbewusstsein auf und verschwinden wieder in ihm. Diese ganze Bewegung und Veränderung ereignet sich hauptsächlich in den oberen Schichten. In den unteren Schichten ist durch die Bewegung an der Oberfläche eine feine Vibration zu spüren – vielleicht ist das aus naturwissenschaftlicher Sicht nicht ganz korrekt, aber wir wollen das Bild hier nur als Beispiel nehmen, und bis zu einem gewissen Grad trifft es auch zu. Nehmen wir an, ich habe einen Streit und bin zornig. Ich bin meinem Zorn in diesem Moment völlig ausgeliefert, kann an gar nichts anderes denken und bin ganz durcheinander. Dabei geschehen etliche körperliche, sprachliche und geistige Handlungen, die deutlich zu spüren sind und sowohl bei mir als auch bei meinem Gegner ein Ergebnis erzeugen. Dadurch verschlechtert sich die ganze Situation, aber all das geschieht nur auf der gröberen Bewusstseinsebene.

Eine solche Reaktion hinterlässt irgendwo eine Information. Wenn diese Information in den gröberen Schichten bleiben würde, wäre das nicht weiter tragisch, da diese gröbere Schicht mit unserem Tod zu Ende geht. Wir selbst würden uns dann gemeinsam mit unserem gröberen Bewusstsein verabschieden. Aber leider ist die Sache doch schwerwiegender und gefährlicher, denn eine Spur, ein Eindruck dieser Handlung bleibt auf einer subtileren, feineren Ebene weiter bestehen. Deshalb hatte ich oben versucht, diesen Vorgang anhand der weitergeleiteten Vibration zu erklären: Oben herrscht wildes Auf und Ab, das nach unten hin immer schwächer wird, aber eine leichte Erschütterung kommt noch auf der tiefsten Ebene an. Auf der Oberfläche ist diese Vibration nicht spürbar, aber sie war und ist da.

Auf ähnliche Weise bleiben Eindrücke von heilsamen und unheilsamen Handlungen auf der subtilsten Bewusstseinsschicht bestehen. Dieses feinere Bewusstsein endet nicht mit meinem physischen Dasein, sondern geht von einer Existenz zur anderen weiter; es ist die Basis für meine ganze Existenz. Ohne diesen Träger bräuchte ich weder nach der Buddhaschaft zu suchen, noch müsste ich Furcht vor niederen Wiedergeburten haben. Ich will an dieser Stelle keine ausführlichen Erörterungen aus der buddhistischen Philosophie geben, uns geht es im Moment nicht um einen philosophisch korrekten Terminus, sondern darum, die Sache selbst zu verstehen; deshalb sprechen wir von einem »feineren« bzw. »subtilsten Bewusstsein«.

Der Begriff »subtilstes Bewusstsein« impliziert bereits eine tantrische Sichtweise. In den normalen philosophischen Texten ist nicht von »Subtilität«, sondern von einem Bewusstsein die Rede, das »als Basis für alle anderen Bewusstseinsarten dient«, d.h. für die fünf Arten von Sinnesbewusstsein, die auf dem Hauptbewusstsein basieren, mit anderen Worten, dem Bewusstsein mit grundlegenden Merkmalen. Das ist nichts anderes als das subtilste Bewusstsein. Nur die Terminologie ist eine andere, da sie auf den Prajñaparamita-Sutras basiert, in denen die Sache nicht ganz so tiefgründig erklärt wird, weil dazu eine zu große geistige und körperliche Konzentration erforderlich wäre. Auf dieses subtilste Bewusstsein speichern wir also die karmischen Eindrücke ab. Da uns normalerweise nur das gröbere Bewusstsein zugänglich ist, ist dieser Vorgang für uns nicht unbedingt erkennbar. Unser Geist ist gar nicht fähig, die feineren Schichten wahrzunehmen, da er einfach zu wild ist. Wir können ja nicht einmal eine Minute lang auf einem Objekt still verweilen. Wenn wir allmählich dazu fähig werden, d.h. uns in tiefe Meditation versenken können, sieht die Sache ganz anders aus. Und wenn wir so immer weiter üben, wird uns dieses feine Bewusstsein offenbar, wir können es wahrnehmen und mit ihm umgehen. Aber bis dahin ist noch ein langer Weg. Im Augenblick des Todes wird uns das subtilste Bewusstsein jedoch auf jeden Fall offenbar werden.

Wir haben also alle karmischen Eindrücke auf dem subtilsten Bewusstsein eingespeichert (das übrigens nicht mit dem Unterbewussten identisch ist; das Unterbewusstsein ist eine feinere Strömung der oberen groben Schicht, nicht ganz so wild, aber noch lange kein subtiles Bewusstsein). Jetzt wird es noch etwas komplizierter: und weil das karmische System sehr tiefgründig ist, muss ich auch sehr vorsichtig formulieren. Nehmen wir als Gedankenspiel einmal an, dass ich auf dem subtilsten Bewusstsein Platz für hundert Karmas habe. Bis jetzt habe ich 60 Karmas gesammelt und ich sammele weiterhin einmal weißes, ein andermal schwarzes Karma. Die verschiedenen schwarzen und weißen Eindrücke nehmen den ganzen Platz ein. Da die Eindrücke von heilsamen Handlungen die entgegengesetzte »Ladung« zu denen der unheilsamen haben, neutralisieren sie sich gegenseitig. In den meisten Erklärungen heißt es allerdings, dass wir unendlich viele karmische Eindrücke ansammeln können, dass dieser Vorgang immer weiter läuft. Aber schwarzes und weißes Karma beeinflussen sich nach wie vor gegenseitig, d.h., sie machen sich gegenseitig unwirksam oder zerstören sich sogar. Z.B. können bisher gesammelte Eindrücke heilsamer Handlungen durch Zorn zerstört werden. Allerdings gilt auch das Umgekehrte: Durch eine einzige maßgebliche heilsame Handlung können sämtliche bisherigen Eindrücke durch unheilsame Handlungen beseitigt werden. Die Chancen stehen also 50:50.

Eine Handlung, die ich vor mehreren Kalpas durchgeführt hatte, geht nicht verloren. Irgendwann, wenn die Zeit dafür gekommen ist, wird das entsprechende Karma aktiviert. Die ganze Information, alle gesammelten Eindrücke sind nach wie vor auf dem subtilsten Bewusstsein vorhanden, ganz gleich, ob die Handlung heute oder vor tausend Jahren durchgeführt wurde. In der Gegenwart reagiere ich nun in Form einer heilsamen oder unheilsamen Handlung, und diese Reaktion schafft auf irgendeine Weise eine Verbindung zu den Eindrücken früher gesammelten Karmas. Dieses Zusammentreffen, diese Wechselwirkung erzeugt aber ein bestimmtes Resultat. Ob der frische oder der ältere karmische Eindruck stärker ist, hängt wiederum von verschiedenen Faktoren ab. Die verschiedenen Informationen müssen nicht untereinander verbunden sein, können aber jederzeit aktiviert werden, wenn die entsprechenden Umstände vorhanden sind.

Wie dann die Verbindung zwischen dem subtilsten Bewusstsein und der Handlung zustande kommt, lässt sich eigentlich nicht beschreiben. Sie kommt aber zustande, auch wenn wir nichts davon merken. Ein Beispiel: Ein Mann versucht, jemanden zu töten und stellt ihm eine Falle. Selbst wenn der Mann den Ort verlassen hat, besteht die Handlung weiter, und sobald ein Lebewesen in seiner Falle stirbt, entwickelt die unheilsame Handlung bei dem eigentlichen Täter ihre volle Kraft, auch wenn er gar nichts davon weiß. Das lässt sich annäherungsweise mit einem Wertpapier vergleichen, das wir auf der Bank liegen haben und ständig im Kurs schwankt. Wenn der Kurs steigt, werden wir reicher, wenn er fällt, werden wir ärmer, auch wenn wir es gar nicht wissen. Den aktuellen Wert erfahren wir erst, wenn wir uns erkundigen, weil wir die Geldanlage verkaufen wollen. Es existiert aber tatsächlich eine Beziehung zwischen der Kapitalanlage und ihrem Besitzer. Noch genauer lässt es sich nicht veranschaulichen, da das eine materieller und das andere geistiger Natur ist.

In ähnlicher Weise muss die karmische Ursache nicht unbedingt gleich nach Vollendung der Handlung ein Ergebnis erzeugen. Sie kann auch mehrere Existenzen lang eingespeichert bleiben. Wann und wie sie eine Wirkung hervorbringt, ist eine sehr komplexe Sache, die von der Gewichtung verschiedener Faktoren abhängt, dazu weiter unten mehr. Dann gibt es wahrscheinlich noch einen Moment, der weder positive noch negative Handlungen abspeichert. Wenn ich z.B. ein paar Sekunden lang gar nichts denke oder tue, passiert nichts, der Zustand ist neutral. Auf dem subtilsten Bewusstsein sind aber schon alle bisherigen Ursachen vorhanden. Sie werden ständig weiter abgerufen, so dass jede Sekunde unseres Lebens das Resultat früheren Karmas ist. Unsere gesamte Lebensspanne hängt also in jeder Sekunde von früheren Existenzen ab, dieser Prozess ist fortdauernd in Bewegung, selbst wenn wir für eine oder zwei Sekunden einmal kein neues Karma sammeln. Manche Philosophen meinen jedoch, dass auch diese neutralen Momente eine karmische Handlung darstellen, die dann eben ein neutrales Resultat erzeugt. Wenn mir beim Spazierengehen ein Blatt auf den Kopf fällt, erzeugt das herunterfallende Blatt bei mir ja einen Eindruck, ein Gefühl, das eine karmische Wirkung sein müsste. Der Fachausdruck dafür ist meines Wissens »unbewegliches« oder »aus sich selbst heraus entstandenes Karma« (*rang byung las*), das weder positiv noch negativ ist, sondern als Naturgesetz wirkt.

Untersuchung der einzelnen Handlungen

Wie im Christentum gibt es auch im Buddhismus fünf bzw. zehn »Gebote«, die beschreiben, was von Natur aus heilsam und unheilsam ist. Töten ist z.B. eine unheilsame Handlung. Das Töten aufzugeben, ist die entsprechende heilsame Handlung, bloßes Nicht-Töten ist jedoch noch keine heilsame Handlung. Die Regeln für die Mönche und Nonnen, die Buddha im Vinaya festgelegt hat, sind hingegen Empfehlungen, normale Vorschriften, die er aus praktischen Gründen verfügt hat. Mönchsroben lang oder kurz zu tragen, ist an sich keine unheilsame Handlung. Töten ist hingegen *an sich* eine unheilsame Handlung. Auf Tibetisch nennen wir das »von Natur aus schlecht« (*rang bzhin gyi kha na ma tho pa*, skt. *prakrtisâvadyam*). Wenn nun ein Mönch oder eine Nonne ein Tier tötet, verstoßen sie nicht nur gegen eine ethische Grundregel, sondern auch gegen ihre Gelübde, die sie bei der Ordination vor der Gemeinschaft abgelegt haben. Sie müssen den dadurch entstandenen negativen Eindruck auf zweifache Weise beseitigen: Der Verstoß gegen die Ordensregeln muss durch eine Beichte vor der Versammlung der Mönche wieder gutgemacht werden. Die unheilsame Handlung als solche ist hingegen Privatsache und kann durch Mantrarezitation, Meditation über Leerheit oder dergleichen bereinigt werden.

Die Wirkung unheilsamer Handlungen

Alle unheilsamen Handlungen werden durch die drei Tore von Körper, Rede und Geist begangen. Die unheilsamen Handlungen des Körpers sind: Töten, Stehlen, sexuelles Fehlverhalten; die der Sprache: Lügen, Verleumdung, verletzende Worte, sinnloses Geschwätz; die des Geistes: Habgier, Böswilligkeit und falsche Ansichten.

Die vier Bestandteile einer karmischen Handlung

Jede dieser Handlungen besteht aus vier Elementen: der Basis, der Motivation, der Durchführung der eigentlichen Handlung und der Vollendung bzw. Widmung. Ich will das am Beispiel des Tötens erklären: die *Basis* ist ein anderes Lebewesen, die *Motivation* wäre die Absicht, es ums Leben zu bringen. Wenn ich hingegen aus Versehen eine Tat begehe, ist das Karma unvollständig. Werfe ich aus Spaß einen Stein in die Dunkelheit und töte dadurch versehentlich ein Tier oder einen Menschen, ist das kein hundertprozentig unheilsames Karma. Auch wenn ich Werner töten wollte, stattdessen aber Hans erwische, ist das Karma nicht vollständig. Über solche Einzelheiten lässt sich aber viel diskutieren. Grundsätzlich gilt für die Motivation: Sie wird von einem konflikterzeugenden Geistesfaktor wie Hass oder Gier begleitet, und das Objekt muss korrekt wahrgenommen werden. Nun zur *Durchführung* der Handlung selbst: Wir können durch Gift töten, durch Waffengewalt oder durch schwarze Magie. Ob wir selbst töten oder töten lassen, spielt keine Rolle. Wenn ein General seinen Soldaten den Befehl zum Töten gibt, dann erhalten die Soldaten das Karma für das Töten ihres jeweiligen Feindes, der General hingegen sammelt das Karma an, das der Zahl aller getöteten Menschen entspricht, selbst wenn er während der Schlacht ruhig im Zimmer sitzt. Wenn drei Leute gemeinsam ein Schaf töten, erhält jeder der drei die vollständige negative Wirkung der Tötung; das Karma wird also nicht durch drei geteilt.

Was Lügen im Allgemeinen bedeutet, dürfte klar sein. Aber nehmen wir an, jemand wollte ein Schwein töten, und das Schwein ist weggelaufen. Ich habe das Tier gesehen, und der Mann, der hinter dem Tier her ist, fragt mich, ob ich es gesehen habe. Wenn ich ihm die Wahrheit sage, ist das arme Schwein dran, was ich vermeiden will. Daher darf ich in diesem Fall lügen. In der Literatur gibt es zu diesem Thema allerdings zwei verschiedene Meinungen: Manche Gelehrte meinen, wir sollten einfach über ein anderes Thema reden, ohne die richtige Information zu geben. Andere sagen, das laufe auf dasselbe hinaus, da könne man auch gleich die falsche Antwort geben. Das ist zu überlegen. Lügen bedeutet aber nicht nur, von sich aus eine falsche Aussage zu machen, der Zuhörer spielt auch eine Rolle. Wenn er verrückt oder ein Tier ist und das Gesagte nicht versteht, passiert gar nichts, auch wenn ich den ganzen Tag lang Lügen erzähle. Der Zuhörer muss ein normaler Mensch sein, der mich verstehen kann. Wenn man aus Versehen die Unwahrheit sagt, ist das keine hundertprozentige Lüge, sondern nur eine partielle. Man kann nicht nur mit Worten, sondern auch mit Gesten lügen.

Als Beispiele für sinnloses Gerede werden traditionellerweise Gespräche über Krieg und Politik, Schauspiele und Romane usw. angeführt. Gemeint sind Gespräche, die ohne Bedeutung sind, also eigentlich keinen Sinn erfüllen. Wenn wir hier im Westen über Politik reden, sprechen wir hingegen in der Regel über Dinge, die uns betreffen und uns Sorge bereiten. Wenn wir uns nicht darum kümmern, wer soll es dann tun? Das würde ich nicht als sinnloses Geschwätz bezeichnen, die Absicht ist ja, dass es unserem Land gut gehen möge. In Asien ist hingegen die Ansicht weit verbreitet, dass die Behörden sich schon um die nationalen Belange kümmern und dass uns das nichts angeht.

Die ersten sieben unheilsamen Handlungen beziehen sich auf Körper und Rede, wobei die erste die schwerste ist und der Grad der Schwere immer weiter abnimmt. Bei den drei negativen Handlungen des Geistes dagegen nimmt die Schwere von Habgier über Bösartigkeit zu falschen Ansichten zu. Letztere beziehen sich auf die Vier Edlen Wahrheiten bzw. die buddhistische Lehre im Allgemeinen, wobei vorausgesetzt wird, dass der Handelnde Buddhist ist. Bei Nicht-Buddhisten können wir allenfalls von Respektlosigkeit sprechen.

Unterscheidung nach dem Schweregrad

Heilsame und unheilsame Handlungen betrachten wir meist zu pauschal: Entweder ist die Handlung gut oder böse, schwarz oder weiß. Aber so einfach verhält sich die Sache nicht. Wenn ich eine unheilsame Handlung, wie z.B. Töten, begehe, macht es einen großen Unterschied, *wie* ich töte, *wen* ich töte, mit welcher *Motivation*, mit welchem Gefühl ich töte. Es heißt, einen Elefanten zu töten wiegt schwerer, als eine Ameise zu töten. Die eigenen Eltern zu töten wiegt schwerer, als jemand anderen zu töten. Ob man mit großem Hass oder willentlich, aber ohne besonders großen Zorn tötet, macht ebenfalls einen Unterschied. Nehmen wir z.B. eine Fliege: Ich kann sie einfach so erschlagen – oder ich reiße ihr erst einzeln die Beine aus, weil ich mich die ganze Zeit über sie geärgert habe. Für den, der über unheilsame und heilsame Taten nicht informiert ist und daher nie Reue empfindet, wiegen die unheilsamen Handlungen noch schwerer. Denn ohne Reue hat er keine Absicht, diese Taten zu bereinigen. Insgesamt gesehen sammelt er nur unheilsame Handlungen an und hat kein Gegenmittel zur Verfügung. Wir begehen zwar auch sehr viele unheilsame Handlungen, versuchen aber andererseits, sie zu reinigen, wodurch die Sache etwas leichter wird. All diese Erklärungen von indischen und tibetischen Meistern sollen uns als Gedankenstütze dienen, um ein Gefühl für die Tragweite unserer Handlungen zu entwickeln.

Wir unterscheiden insgesamt sechs Aspekte, die den Schweregrad einer karmischen Handlung bestimmen:

1. Die **Essenz** der Handlung: Manche Handlungen sind prinzipiell unheilsam (z.B. Töten), wobei bestimmte unheilsame Handlungen schwerer oder leichter wiegen als andere. Für die heilsamen Handlungen gilt dasselbe.
2. Die **Motivation** macht einen Unterschied. Wenn zwei Personen ein Schaf töten, sammeln sie unter Umständen unterschiedliches Karma an: Der eine hatte vielleicht große Gier nach Fleisch oder dem Fell, während der andere einfach nur mithalf.

3. Die **Durchführung** spielt auch eine Rolle: Töten durch Elektroschock ist z.B. leichter als totschlagen oder dergleichen. Die Chinesen töten Schweine nicht schnell, sondern langsam und qualvoll, was natürlich viel schlimmer ist.
4. Auch von der Seite des **Objekts** her ergeben sich Unterschiede: Einen Mönch oder eine Nonne zu töten, ist schlimmer als einen Laien; der Mord am eigenen Lehrer wiegt wiederum schwerer als der an einem anderen Mönch. Die eigenen Eltern zu töten, ist auch äußerst unheilsam usw.
5. Die **Häufigkeit** der Handlung: Sinnloses Gerede gilt z.B. als sehr unheilsame Handlung, nicht, weil die einzelne Tat so schlimm wäre, sondern weil wir es sehr oft tun und so sehr leicht viel schwarzes Karma ansammeln.
6. Werden keine **Gegenmittel** angewandt, wiegt die Handlung schwerer. Wer keine heilsamen Handlungen ansammelt, besitzt keine Gegenmittel. Bemühen wir uns hingegen, jeden Tag darüber nachzudenken, was heilsam und unheilsam ist oder über Leerheit meditieren, wirkt dies als Gegenmittel, das die negative Handlung abschwächt.

Die Ergebnisse unheilsamer Handlungen

Jede einzelne Handlung hat drei verschiedene Arten von Ergebnissen: das »vollständig ausgereifte Ergebnis«, das »der Ursache ähnliche Ergebnis« und das »Ergebnis der Umgebung«.

Vollständig ausgereiftes Ergebnis (Existenzform)

Ein vollständig ausgereiftes Ergebnis ist die Folge einer bestimmten Art von unheilsamen Handlung. Als vollkommen ausgereiftes Ergebnis des Tötens z.B. wird der Mörder als Höllenwesen wiedergeboren.

Ergebnis, das der Ursache gleicht

a) ähnlich der Erfahrung, die man (beim Objekt) verursacht hat

b) ähnlich der verursachenden Handlung (fortlaufende Gewohnheit beim Ausführenden)

Ist das Ergebnis der früheren Handlung ähnlich, wird innerhalb dieses Ergebnisses unterschieden zwischen der Ähnlichkeit mit der Erfahrung, die wir bewirkt haben, und der Tendenz, die betreffende Handlung wieder zu begehen. Die Erfahrung für Töten wäre eine kurze Lebensspanne, viele Krankheiten usw. Wenn ein Kranker trotz guter medizinischer Behandlung nicht geheilt werden kann, liegt das nicht an der Medizin, sondern an früheren karmischen Ursachen: Weil er früher getötet hat, kann er jetzt nicht ohne weiteres gesund werden. Die Tendenz wäre die Neigung, in dieser Existenz wieder zu töten, z.B. als Jäger. Der Sohn eines meiner Bekannten wollte als kleines Kind von sechs oder sieben Jahren immer den Schlachthof besuchen oder dem Metzger beim Schlachten zusehen. Er hatte eine richtige Vorliebe dafür, wollte das unbedingt sehen und stand dafür auch gern früh am Morgen auf. Das ist natürlich ein extremes Beispiel. Für heilsame Handlungen gilt das Umgekehrte: Wir leben lange, haben wenig Krankheiten, sind immer bemüht, andere Leben zu retten, und sind von Natur aus dazu geneigt, andere zu unterstützen, sind immer hilfsbereit – auch das sind Tendenzen, die aus früheren heilsamen Handlungen entstanden sind.

Ergebnis bezüglich der Umgebung und der Lebensbedingungen

Manche Menschen leben in einer sehr schönen Gegend, andere leben in der Wüste. Manche haben eine schöne Wohnung, andere haben eine schlechte, ständig stößt ihnen etwas zu, nichts funktioniert, eine Katastrophe folgt der anderen. Das hängt nicht unbedingt von der finanziellen Situation ab. Obwohl sie genügend Geld besitzen, können sie ihr Leben nicht genießen, weil immer etwas dazwischen kommt. Diese unvermeidlichen Situationen sind durch früheres Karma bedingt und stellen auch eine Form der Tendenzen dar, die aus karmischen Ursachen resultieren. Stehlen führt z.B. dazu, dass man arm wird, wenig Freunde hat, nicht geachtet wird oder oft von anderen kritisiert wird. Niemand hört einem zu, die eigenen Wünsche gehen nicht in Erfüllung. Auch schlechte Ernten, Hagel, Hitze, eine raue Landschaft, Epidemien und Krieg sind das Ergebnis von Stehlen.

Jede karmische Wirkung kann zudem aus der Verbindung einer heilsamen und einer unheilsamen Handlung resultieren. Ein Haustier wird beispielsweise eindeutig als Ergebnis einer unheilsamen Handlung als Tier geboren. Manche Hunde führen aber ein besseres Leben als mancher Mensch, müssen sich nicht um Fressen und Unterkunft kümmern. Bei ihnen hat sich also auch positives Karma ausgewirkt, das die näheren Umstände ihrer Existenz verbessert.

Die Wirkungen heilsamer Handlungen

Auf welche Art und Weise resultiert nun ein karmisches Ergebnis? Da gibt es vier Faktoren, die die Reihenfolge (der Reifung) bestimmen: 1. der Schweregrad der gespeicherten Handlung, 2. welcher Art von Handlung man im Moment näher steht, 3. mit welcher Art von Handlung man vertrauter ist, 4. die Reihenfolge, in der das Karma gesammelt wurde. Es geht sehr demokratisch zu: Theoretisch resultiert zunächst die schwerwiegendste Handlung, die ich gesammelt habe. Wenn mehrere gleichwertige Eindrücke vorhanden sind, tritt der zweite Punkt in Kraft, d.h., es reift eine heilsame oder unheilsame Handlung heran, je nachdem, was mir näher steht, d.h., wozu ich die stärkere Tendenz habe. Wenn man z.B. nie davon gehört hat, dass unheilsame Handlungen zu meiden sind, ist die Möglichkeit größer, dass man sich an eine unheilsame Handlung annähert. Oder wenn jemand in Klausur sitzt, hat er relativ wenig Möglichkeiten, mit anderen schlecht umzugehen. Sind zwei Handlungen wiederum gleichwertig, kommt der dritte Punkt zum Tragen, die Häufigkeit: Es reift dann das, womit ich vertrauter bin. Sind wiederum mehrere gleichwertige Eindrücke vorhanden, reift der zuerst, der früher gesammelt wurde.

Im Westen werde ich auch oft gefragt, ob es außer Karma noch andere Faktoren gibt, die bestimmen, was passiert, z.B. der Zufall. Tatsächlich lässt sich nicht sagen, dass der Buddhismus keinen Zufall kennt. Im Großen und Ganzen sind aber alle Handlungen durch bestimmte Ursachen bedingt. Wenn ich z.B. einen Vogel fliegen sehe und denke, »da fliegt ein Vogel«, ist das auch eine Handlung. Sagen wir einmal, es ist weder eine positive noch eine negative Wirkung eingetreten, sondern nur eine Wahrnehmung gemacht worden. Auf die Frage, ob diese Handlung sich mit früherem Karma verbinden kann, lautet die Antwort theoretisch: »Jein«, denn unser gemeinsames Karma – ob gut oder schlecht, besagt gar nichts – hat mir die Chance gegeben, diesen Vogel zu sehen. Dieser Vogel muss genau in diesem Moment in dieser Höhe vorbeifliegen, nicht höher, nicht tiefer. Das ist ein karmisches Ergebnis. Normalerweise sagen wir einfach: Das ist Zufall.

Zusätzliche Erklärung für kraftvolles Karma

Weiter heißt es, dass es relativ weniger heilsam ist, einem wohlhabenden Menschen finanzielle Unterstützung zu geben, als einem Bedürftigen. In beiden Fällen wird ein Mensch unterstützt, aber der eine hat es nötiger als der andere. Mit guter Motivation, großer Willenskraft, ohne Geiz oder dergleichen zu geben, ist heilsamer als pflichtschuldiges Geben. Vielleicht müssen wir sowieso etwas spendieren, dann sollten wir auch gleich darauf achten, dass unsere Motivation gut ist. Wenn jemand die Laiengelübde abgelegt hat, werden die ihm gegenüber durchgeführten Handlungen, seien es heilsame oder unheilsame, automatisch wirkungsvoller. Mit Mönchs- oder Nonnengelübden verstärkt es sich noch mehr; und mit Bodhisattwa- oder tantrischen Gelübden zusätzlich.

Karma bereinigen

Wie werden wir nun die Eindrücke von unheilsamen Handlungen, also schlechtes Karma, wieder los? Denn anders kommen wir nicht weiter, da Buddhaschaft zu erlangen nichts anderes heißt, als alle Makel auf dem subtilsten Bewusstsein zu beseitigen und auf dieser Bewusstseinsebene alle Vollkommenheiten zu erlangen, so dass das subtilste Bewusstsein, die bereits vorhandene Buddha-Natur, zum Buddha-Geist wird. Unheilsames Karma kann sich nun zum einen durch Abtragen (Erleben) erschöpfen, es kann aber auch durch einen Reinigungsprozess gezielt beseitigt bzw. geschwächt werden oder durch die Erkenntnis der Leerheit von der Wurzel her zerstört werden.

Jeder Ursache steht ein entsprechendes Ergebnis gegenüber. Wenn dieses Ergebnis eingetreten ist, ist die entsprechende karmische Ursache abgetragen, verbraucht. Dasselbe gilt für eine Krankheit oder dergleichen: Wenn ich von einer bestimmten karmischen Ursache Zahnschmerzen bekomme, habe ich damit dieses schlechte Karma abgetragen, und die Ursache besteht nicht mehr. Aber wir können natürlich nicht nur darauf warten, dass wir alle schlechten karmischen Ursachen abgetragen haben. Das würde viel zu lange dauern. Es gibt viele Methoden, das Abtragen zu vermeiden und das unheilsame Karma zu bereinigen.

Ob die Reinigung funktioniert, hängt aber sehr vom Vertrauen ab, das wir in diese Methode haben, jedenfalls ist sie mit Vertrauen wesentlich wirkungsvoller. Eine besondere Reinigungspraxis, die in vielen Ritualtexten enthalten ist, ist z.B. das siebengliedrige Gebet, das aus folgenden Übungen besteht: Niederwerfungen, Opfergaben darbringen, Bekenntnis der eigenen unheilsamen Handlungen, Mitfreude über die heilsamen Handlungen anderer, Bitte an den Dharmalehrer, das Rad der Lehre zu drehen, Bitte um sein langes Leben, Widmung der Verdienste. Die Niederwerfungen sollen den eigenen Stolz, die eigene Überheblichkeit zerstören, da man mit der Niederwerfung zum Ausdruck bringt, dass man jemanden respektiert und ihn als höherrangig betrachtet. Opfergaben darzubringen ist ein Mittel gegen Geiz. Die Bitte um Belehrung wirkt gegen Neid und dient dazu, Überheblichkeit und Konkurrenzdenken zu dämpfen. Jedenfalls führen alle diese Handlungen zur Beseitigung von konflikterzeugenden Geistesfaktoren, vorausgesetzt, dass sie nicht lediglich äußere Gesten bleiben.

Bei jeder Reinigungspraxis benötigen wir zunächst die *Kraft der Stütze*: Als »Stützen« werden die Zufluchtnahme und die Entwicklung von Bodhicitta bezeichnet, weil sie die Grundlage der gesamten Praxis sind und es von der Motivation abhängt, ob die eigentliche Praxis sauber und stabil wird. Als *Gegenmittel* wirken die Meditation über die Leerheit, das Rezitieren kanonischer Texte, insbesondere der Prajñaparamita-Sutren, das Herstellen von Stupas und Buddha-Statuen. Außerdem muss man entschlossen sein, die negative Handlung nicht wieder zu begehen, das ist dann die Kraft der *Abwendung*. Viertens muss man die Tat aus tiefstem Herzen *bereuen*.

Verdienstübertragung

Inwieweit ist es nun möglich, dass ich einem anderen Wesen schlechtes Karma abnehme? Gibt es so etwas wie »Gnade« im Buddhismus? Karmische Ursachen können kollektive Ergebnisse erzeugen, die sehr weitreichende Auswirkungen haben. Die Übertragung von einer Person zur anderen ist jedoch nicht so leicht zu bewerkstelligen. Es muss aber dennoch eine Möglichkeit geben, dass ich meine Verdienste auf andere Lebewesen übertrage, denn wenn das nicht möglich wäre, bräuchten wir keine Widmung der Verdienste. Ich weiß, dass das keine klare Antwort ist. Ob es funktioniert, hängt von der Verbindung ab, die sich zwischen zwei Personen herstellen lässt. Diese Verbindung kann auf der physischen, der spirituellen oder auch der finanziellen Ebene hergestellt werden, was auch mit einer neutralen Person möglich sein sollte, und funktioniert auf einer tieferen Schicht als dem gewöhnlichen Alltagsbewusstsein.

Wenn ich z.B. hundertmal OM MANI PADME HUM rezitiere und diese Verdienste dann der Heilung eines Kranken widme, dann habe ich mich irgendwie mit meinem subtilsten Bewusstsein bzw. mit meinen heilsamen karmischen Kräften in Verbindung gesetzt und diese Energie oder Kraft auf den Kranken gerichtet. Der Kontakt zwischen beiden findet auf der Ebene des »Hintergrunds« statt und versetzt die karmischen Tendenzen im Bewusstsein des Kranken in stärkere oder schwächere Bewegung, je nachdem, wie stark mein Impuls ist. Durch diesen Anstoß kann der Kranke unter Umständen geheilt werden, muss aber nicht. Wenn seine negativen Tendenzen zu stark sind, habe ich es nicht geschafft, meine Kraft war zu schwach.

Als Beispiel können wir uns die Radiowellen vorstellen. Wenn ich das Radio anschalte, hängt der Ton, den ich höre, nicht nur von diesem Apparat ab – der Apparat ist nur einer der Faktoren. Eigentlich hängt es von der Sendezentrale ab, denn ohne Sender kann ich mit meinem Radio nicht viel anfangen. Dann spielt die Reichweite eine Rolle: Wenn der Sender sendet und ich mein Radio richtig eingeschaltet habe, hängt der Empfang immer noch davon ab, wie weit der Sender vom Empfänger entfernt ist. Wenn man jemandem nahe steht, spürt man in seiner Anwesenheit irgendwie, ob er glücklich ist oder nicht, auch ohne die Gesichtszüge zu beobachten. Oder wenn man einen Raum betritt, spürt man, ohne zu hören oder zu sehen, welche Atmosphäre dort herrscht. Das alles sind gute Beispiele, wie diese Verbindung, die karmische Übertragung, funktionieren könnte.

ZWEITE STUFE
DAS STREBEN NACH BEFREIUNG

7. Die allgemeinen Leiden in Samsara

Der mittlere Abschnitt des Lamrim besteht aus nichts anderem als den Vier Edlen Wahrheiten: Mit ihnen lässt sich die gesamte buddhistische Lehre kurz und bündig darstellen, da sie eine vollständige Beschreibung unseres Daseins und unserer Möglichkeiten enthalten. Ziel des Buddhismus ist die Befreiung vom Leiden. Aber bevor wir über die Befreiung sprechen, müssen wir verstehen, wovon wir uns befreien können, wovon wir gefesselt werden. Den Zustand der Unfreiheit, in dem wir uns befinden, nennt der Buddhismus *Samsara* (tibet. *'khor ba)*, was wörtlich übersetzt »Sich-im-Kreis-drehen« oder »Kreislauf« bedeutet. Damit ist gemeint, dass wir manchmal eine höhere, manchmal eine niedrigere Existenz annehmen, uns grundsätzlich aber ständig im Kreis drehen. Aus dieser Definition ergeben sich natürlich einige Fragen: Wie sieht dieser Kreislauf konkret aus? Wie sind wir da hineingeraten? Wie befinden wir uns in ihm?

Ich werde chronologisch zuerst auf die Ursache des Leidens zu sprechen kommen, dann auf das Leiden selbst, auf die zur Befreiung führende Methode und schließlich die eigentliche Befreiung. Buddha hat jedoch zuerst das Leiden, dann die Ursache, die Befreiung und die Methode gelehrt. Um nämlich ein Interesse an der Befreiung zu entwickeln, muss man das Leiden zuerst als Leiden erkennen, denn wenn man es für Nicht-Leiden hält, wird man erst gar nicht nach den Ursachen forschen. Deshalb ist im Lamrim an dieser Stelle ausführlich von den allgemeinen und speziellen Leiden in Samsara die Rede, insbesondere von den einzelnen Daseinsbereichen, in denen man wiedergeboren werden kann.

Manchmal heißt es, unser Körper in Verbindung mit Bewusstsein sei Samsara (was nicht bedeutet, dass mein Bewusstsein bei meinem Tod mit dem Körper auch Samsara verlässt). Ich bezeichne die Verbindung von Körper und Geist als Samsara, weil durch ihre zwangsläufige Verbindung die existenzielle Situation entstanden ist, in der ich mich befinde. Diesen Zustand habe ich mir nicht ausgesucht, ich bin von meinem früheren Karma und meinen konflikterzeugenden Geistesfaktoren in dieses Dasein geworfen worden. Mit den konflikterzeugenden Geistesfaktoren und dem Karma ist es wie mit der Henne und dem Ei: Eine bestimmte Art von Karma verursacht konflikterzeugende Faktoren, wodurch ich weiteres Karma schaffe, das wiederum konflikterzeugende Geistesfaktoren auslöst – und so geht das immer weiter, immer wieder alle möglichen Gegebenheiten, Erfahrungen und Existenzformen verursachend. Solange ich meinen Geist nicht unter Kontrolle bringe, bin ich seinen zwanghaften Verhaltensmustern hilflos ausgeliefert, die mich immer weiter Karma ansammeln lassen. Im Moment sind wir kaum in der Lage, die Eindrücke und Regungen unseres Bewusstseins vernünftig zu steuern, wir versuchen es auch so gut wie gar nicht, sondern lassen unserem Geist einfach freie Bahn: Wir sagen zwar, dass wir dies und jenes tun wollen, aber in Wirklichkeit tun wir so gut wie gar nichts. Andererseits machen wir uns dann wieder Vorwürfe, weil wir es nicht schaffen, das, was wir uns vornehmen, zu verwirklichen.

Den meisten von uns fällt es sehr schwer, selbst eine kurze Meditation ohne Ablenkungen durchzuführen. Wenn wir z.B. über die Zufluchtnahme meditieren, sollten wir nur an die Eigenschaften der Zufluchtsobjekte denken, wenn wir über die Gestalt des Buddha meditieren, sollten wir eigentlich die ganze Zeit über nur bei dieser Vorstellung verweilen. Unsere Gedanken und Konzepte sind jedoch äußerst geschickt darin, sich fortzustehlen. Plötzlich sind wir mittendrin in einem anderen Gedankengang, ohne zu wissen, dass wir abgelenkt wurden. Irgendwann merken wir dann, dass wir bei der falschen Vorstellung gelandet sind und fragen uns, seit wann – meistens schon seit geraumer Zeit. Dann macht man sich selber Vorwürfe und versucht, wieder zu seinem Thema zurückzukehren und sich darauf zu konzentrieren. Irgendwann sind die Gedanken dann heimlich wieder durch die Hintertür entwischt.

Das alles ist ein eindeutiges Zeichen, dass wir keine Kontrolle über unser eigenes Bewusstsein und unsere Gedanken haben. Wenn ich meine Konzepte und mein Bewusstsein näher unter die Lupe nehme, kann das natürlich sehr unangenehm werden, da unser Ego gerade das vermeiden will. Wenn wir mit unserem Geist kämpfen wollen, ist das immer mit Schmerzen verbunden. Wollen ist allerdings nicht der richtige Ausdruck, denn ich bezweifle, dass wir wirklich mit unserem Geist kämpfen wollen. Wir wollen nicht, aber wir müssen, weil es unumgänglich ist. Wenn wir nämlich nicht mit unserem Geist kämpfen, bleibt alles beim Alten. Wenn wir damit glücklich wären, bräuchten wir uns auch gar nicht zu verändern, aber unsere Erfahrungen aus der Vergangenheit zeigen uns, dass unser bisheriger Zustand alles andere als befriedigend ist.

Sicher haben wir neben unangenehmen auch jede Menge angenehme Erfahrungen gemacht. Wenn wir jedoch genauer über unsere angenehmen Erlebnisse nachdenken, stellen wir fest, dass sie immer mit vielen Ängsten und Befürchtungen verbunden waren. Wir haben vielleicht finanzielle Probleme und beneiden die Reichen: Aber die haben womöglich noch größere Schwierigkeiten, weil sie viel mehr zu verlieren haben als einfache Leute. Wenn jemand wie Boris Becker die Nr. 1 der Tennis-Rangliste ist, muss er bei jedem Spiel Angst haben, dass er nicht nur das Spiel, sondern auch seine Spitzenposition verliert. Es gibt keine Erfahrung, keine Existenz, die durch und durch erfolgreich, glücklich und angenehm wäre. Obwohl wir vorübergehend einige scheinbar angenehme Zustände erfahren, ist unser Dasein insgesamt gesehen doch leidvoll. Wir müssen immer kämpfen, haben ständig etwas zu verlieren, ein Problem kommt nach dem anderen.

Aus diesem Grund hat der Buddha zuerst die Wahrheit vom Leiden gelehrt. Sie besagt: Wo immer wir auch geboren werden, solange wir uns in Samsara befinden, ist unser Dasein leidvoll. Solange wir dieses Leiden nicht als Leiden erkennen, werden wir auch keine Sehnsucht entwickeln, uns aus diesem Zustand zu befreien. Um Befreiung zu erlangen, muss ich aber darüber nachdenken, aus welcher Ursache diese leidvolle Situation entstanden ist. Daher ist die zweite Wahrheit die von der Ursache des Leidens. Wenn ich die Ursache des Leidens erkannt habe, kann ich in Zukunft das Ansammeln neuer Ursachen vermeiden und das Leiden dadurch beenden. Das ist dann die dritte Wahrheit. Die Beendigung des Leidens erfordert viertens die praktische Umsetzung der buddhistischen Unterweisungen, d.h. eine richtige Dharma-Praxis. Diese umfasst den achtfachen Pfad, der aus der Übung in höherer Erkenntnis, Ethik und Meditation besteht.

Wir wollen nun die erste Wahrheit etwas vertiefen. Hier unterscheiden wir zunächst zwischen den allgemeinen Leiden in Samsara, die alle Lebewesen betreffen, und den besonderen Leiden der verschiedenen Daseinsbereiche. Die allgemeinen Leiden in Samsara werden mit der Aufzählung von acht, sechs und drei Arten von Leiden beschrieben. Sie unterscheiden sich aber nur in ihrer Ausführlichkeit, nicht im wesentlichen. All diese Beschreibungen dienen nur dazu, eine wirkliche Sehnsucht nach Befreiung zu erwecken. Dazu müssen wir spüren, dass das Leiden ununterbrochen vorhanden ist, dass es unerträglich ist. Daher haben die früheren Meister versucht, die einzelnen Leiden so drastisch wie möglich darzustellen und z.B. die einzelnen Gebrechen des Alters schonungslos beschrieben.

Die acht Arten von Leiden

Die acht Arten von Leiden sind: Geburt, Altern, Krankheit und Tod, die Begegnung mit Unerwünschtem, das Getrenntsein von Erwünschtem, nicht erlangen, was man sich wünscht, die fünf Skandhas.

Geburt (Empfängnis)

Unter Leid der Geburt verstehen wir nicht das Gebären, so schmerzhaft diese Situation auch sein mag, sondern unser gesamtes Leben ab dem Zeitpunkt, an dem das Bewusstsein in die befruchtete Eizelle eintritt. Dieser Moment gilt im Buddhismus als die eigentliche Geburt. Von da an läuft unser Leben in die falsche Richtung.

Eine solche Aussage scheint das Vorurteil zu bestätigen, dass der Buddhismus pessimistisch und lebensfeindlich ist und dass man depressiv wird, wenn man sich mit dem Buddhismus beschäftigt, weil ständig nur vom Leiden die Rede ist. Natürlich hat alles seine zwei Seiten: Wie wir schon gesehen haben, kann man sich auch glücklich schätzen, diese kostbare menschliche Geburt mit all ihren Chancen erlangt zu haben. Aber trotz dieser günstigen Voraussetzungen besitzen wir nicht die Fähigkeit, gezielt heilsame Handlungen anzusammeln, weil wir unseren Geist keine zehn Minuten unter Kontrolle halten können, geschweige denn die wirkliche Natur der Dinge erkennen. Wir laufen ihm ständig hinterher und führen die Befehle aus, die er bzw. die unseren Geist beherrschenden konflikterzeugenden Geistesfaktoren uns geben, die sich immer weiter vermehren und immer weitere unheilsame Handlungen erzeugen.

Weil ich geboren bin, begegne ich vielen Objekten, über die ich mir so lange Gedanken mache, bis in mir Anhaftung und Hass entstehen. Daraus erwächst nicht nur mir Leid und Schmerz, sondern auch anderen Menschen, meinem Partner, meiner Nachbarschaft, der ganzen Welt. Der gegenwärtige Zustand der Welt ist nicht die Schuld eines Einzelnen, wir alle tragen durch unser wechselseitiges Handeln dazu bei, wie bei einer Epidemie, wo einer den anderen ansteckt. Als Bewohner dieses Universums existieren wir alle in wechselseitiger Abhängigkeit, keiner ist völlig unabhängig von anderen. Alle unangenehmen Erfahrungen, die wir in dieser Welt machen, haben wir absichtlich oder unabsichtlich selber geschaffen.

Alter

Das Nachdenken über das Alter soll uns aufrütteln, jedoch nicht völlig in Niedergeschlagenheit versetzen. Man soll sich ruhig darüber freuen, dass man schon zwanzig, dreißig oder sechzig Jahre gelebt hat. Gleichzeitig bin ich mir aber auch bewusst, dass das Ende des Lebens unaufhaltsam näher rückt, deshalb muss ich die mir noch verbleibende Zeit nutzen. Die Kadampa-Lamas sagen: Wir haben große Angst vor dem Tod, aber eigentlich ist der Tod gar nicht so schlimm, weil der Augenblick des Todes nur sehr kurz ist. Das Altern ist eigentlich viel schlimmer. Zum Glück altern wir jedoch langsam und unmerklich, denn wenn das Alter über Nacht mit einem Schlag käme, wäre es unerträglich. Milarepa hat einmal, undiplomatisch wie er war, zu einigen alten Menschen gesagt: »Ihr seid sehr alt geworden. Ihr geht gebückt und langsam wie eine Katze, die auf die Jagd geht, aber nicht, weil ihr dieses Tier nachahmen wollt, sondern weil ihr keine Kraft mehr habt und nicht anders könnt. Ihr sitzt schlaff da wie ein Sack, dessen Seil gerissen ist. Ihr könnt euch nicht mehr im Gleichgewicht halten, wie Glas, das herunterfällt. Deswegen seid ihr traurig und betrübt, aber das ist einfach die Natur von Samsara. Die Haut zieht sich zusammen und wird runzlig, das Fleisch schwindet, und die Knochen werden sichtbar. Man hört schlecht und spricht undeutlich, das Gedächtnis lässt nach.«

Krankheit

Bei diesem Stichwort denken wir zunächst an physische Krankheiten wie eine Erkältung oder Aids. Dann gibt es noch die psychischen Krankheiten, die auf einer verzerrten Sichtweise der Realität beruhen und schließlich auch den Körper in Mitleidenschaft ziehen. So haben wir vielleicht Probleme, weil unsere Leistungen von anderen Menschen nicht anerkannt werden, oder fühlen uns minderwertig, weil wir unserem Idealbild von uns selbst nicht gerecht werden oder mit unserem Aussehen nicht zufrieden sind. Dann machen wir große Anstrengungen, das zu ändern, unterziehen uns einer Schönheitsoperation usw. Da wir in der abhängig entstandenen Situation, in der wir leben, ununterbrochen vielen großen und kleinen Komplikationen begegnen, sind wir nie zufrieden und immer gestresst. Auch das führt schließlich zu verschiedenen Krankheiten, die ich gar nicht weiter auszuführen brauche.

Psychische Probleme sind natürlich eine ernste Sache, und im konkreten Fall sollte man einen Fachmann heranziehen. Da ich kein Psychologe bin, kann ich mich im Einzelnen dazu nicht äußern, aber mir scheint, der Grund der psychischen Erkrankung liegt in der eigenen Einstellung. Entscheidend ist, glaube ich, wie weit man sich selbst gegenüber großzügig sein kann. Bei Shantideva heißt es an einer Stelle: »Wenn man etwas helfen kann, braucht man sich keine Sorgen zu machen, wenn man nicht helfen kann, nutzt es auch nichts, sich Sorgen zu machen.« Dementsprechend gilt: Wenn ich viel leisten kann, gibt es keinen Grund, darüber unzufrieden zu sein, wenn ich überhaupt keine Fähigkeiten habe, nutzt es auch nichts, unzufrieden zu sein, weil dadurch keine zusätzliche Leistung hervorgebracht wird.

Tod

Wir fürchten uns vor dem Tod, weil wir uns von allem trennen müssen: von unserem Körper, unserem Besitz, unserer Verwandtschaft, von allem, mit dem und von dem wir bisher gelebt haben. Diese Angst ist ein deutliches Anzeichen, dass unsere bisherige Existenz sehr stark von anderen Faktoren abhängig ist. Wenn wir völlig unabhängig von anderen Menschen und Dingen oder sogar von unserem eigenen Körper leben könnten, gäbe es keinen Grund, im Augenblick des Todes Angst zu haben, weil unser wahres Ich bisher völlig unabhängig gewesen wäre und auch in Zukunft autark wäre. Weil dem nicht so ist, tauchen ganz andere Gedanken auf: Was wird jetzt aus mir? Ich muss mich von allem trennen und ganz allein, wie wir Tibeter sagen, »das Haar aus der Butter ziehen«. Wenn man ein Haar aus der Butter zieht, bleibt an dem Haar kaum Fett hängen. Das subtilste Bewusstsein ist ebenso haarfein, wenn es den Körper verlässt, kann es nichts von meinem Körper mitnehmen, geschweige denn Besitz und Verwandtschaft. Da wir uns aber genau damit ein Leben lang identifiziert haben, haben wir Angst vor dem Tod.

Die alten Kadampa-Geshes gingen beim Thema Tod und Unbeständigkeit wirklich tiefgründig vor. Sie meditierten so lange, bis ihnen die Tränen kamen. In meiner Jugend gab es z.B. einen großen Lamrim-Meister, von dem ich selbst zwar keine Belehrungen gehört habe, den ich aber sehr schätze. Wenn er Belehrungen gab, besonders über Unbeständigkeit oder Leiden, weinte er lange auf seinem Thron; und manchmal musste er die Belehrung wegen seiner Tränen abbrechen. Das war ein Beweis dafür, dass seine Praxis ihm richtig zu Herzen gegangen war. Theoretisch ist das der richtige Weg, der aber hier im Westen für viele nicht angemessen ist, da sie psychisch nicht stabil genug sind. Schließlich sollen wir uns durch die Praxis ja keinesfalls verrückt machen. Es kommt darauf an, ein Gespür für die Dosis zu entwickeln, die wir gerade noch ertragen können; im Lauf der Zeit werden wir feststellen, wie sich unsere Grenzen immer mehr erweitern.

Einerseits sollte man sich also all diese verschiedenen Arten von Leiden klar vor Augen führen und sich gewissermaßen selber Angst machen. Andererseits gibt es für jede Situation eine Lösung, gibt es Gegenmaßnahmen, die wir treffen können. Die wirksamste Methode bestünde darin, der Anhaftung völlig zu entsagen. Zumindest wäre es wichtig, aufgeben zu können und zu akzeptieren, dass wir uns von bestimmten Dingen trennen müssen. Ganz loszulassen ist das Beste, nicht nur im Augenblick des Todes, sondern generell, aber das ist natürlich für uns alle sehr schwierig. Dennoch können wir die Stärke der Anhaftung zumindest reduzieren.

Wenn wir uns bei der Vorstellung des Todes hingegen wohl fühlen, kann dies zweierlei bedeuten: Entweder sind wir in unserer Praxis so stabil, dass wir einfach keine Angst vor dem

Tod mehr zu haben brauchen; wir gehen von einer Existenz zur anderen, wie – so heißt es im Tibetischen treffend – »Kinder, die zu den Eltern heimkehren«. Oder das wohlgefällige Denken an den Tod ist ein Anzeichen dafür, dass die Erfahrung oberflächlich geblieben ist und mich nicht wirklich berührt hat. Dadurch hat sich in mir nichts verändert, und meine Stabilität ist die falsche Gemütlichkeit meines alten Ego.

Begegnung mit Unerwünschtem

Da wir in Gesellschaft leben müssen, begegnen wir den unterschiedlichsten Menschen. Am liebsten wollen wir immer nur mit netten, guten Menschen zusammentreffen und -leben. Aber die Wirklichkeit sieht natürlich anders aus. Selbst wenn wir jemanden jahrelang sehr geschätzt haben, ändert sich das womöglich irgendwann, und wir wollen von ihr oder ihm nichts mehr hören oder sehen. Das kommt bekanntlich immer wieder vor. Wenn wir ihm oder ihr dann auf der Straße begegnen, genügt schon der bloße Anblick, um in uns starke Abneigung hervorzurufen. Auch das ist eines der vielen Leiden in Samsara.

So befürchten wir, ignoriert, missachtet oder bestraft zu werden. Die einen fürchten sich davor, zu Recht oder Unrecht eingesperrt zu werden, die anderen haben Angst vor mangelnder Anerkennung und Missachtung ihrer Leistung. Der Erfolgreiche leidet unter der Angst, sein Ansehen zu verlieren, während Otto Normalverbraucher fürchtet, dass seine Leistung im Beruf nicht entsprechend honoriert wird. Wir als praktizierende Buddhisten erfahren ebenfalls entsprechende Leiden: Ich habe vielleicht Angst davor, dass mich die anderen Buddhisten schief ansehen, wenn ich schlecht praktiziere. Selbst wenn ich nach mehreren Jahren feststelle, dass mir die ganze Praxis nichts gebracht hat, mache ich zum Schein weiter, um mich nicht zu blamieren. Eine solche Einstellung kann sehr leicht entstehen. In diesem Fall ist es sehr wichtig, ehrlich zu sein und es sich offen einzugestehen, wenn man mit irgendeiner buddhistischen Praxis nicht zurechtkommt und die aufgebaute Praxis nach und nach zerfällt, obwohl man sich längere Zeit mit dem Buddhismus beschäftigt hat. Das ist noch kein Grund, sich zu schämen, man sollte es lieber zugeben, offen miteinander diskutieren und selber darüber nachdenken; dadurch lassen sich in der Regel die meisten Probleme lösen. Bevor wir auf dem falschen Weg zu weit gehen, sollen wir lieber wieder von vorne anfangen. Wir können immer wieder von vorne anfangen!

In der Übung des Geistestrainings versuchen wir, unsere grundlegende Einstellung zu ändern und eine ausgewogene Einstellung zu kultivieren. Was immer ich auch erfahre, leidvolle wie glückliche Erfahrungen, kann ich richtig bewerten und »mit in den Weg nehmen«. Dann ist es völlig gleichgültig, ob ich Leid oder Glück erfahre, ich bewerte es gleich, weil beides eine vorübergehende Erscheinung ist. Wenn ich z.B. ins Theater gehe, um ein Stück zu sehen, das mich sehr interessiert, und keinen Sitzplatz bekomme, sondern nur einen Stehplatz, ist das unangenehm. Dennoch ärgere ich mich nicht, weil ich das Stück genießen will, egal ob mit Sitzplatz oder nicht. Wenn das Stück hingegen langweilig ist, kann ich auch auf einem bequemen Ledersessel leiden. Es kommt allein auf die innere Einstellung an.

Getrenntsein von Erwünschtem

Nicht nur im Tod, auch während unseres Lebens müssen wir uns aufgrund der unterschiedlichsten Umstände von geliebten Menschen und Dingen trennen. Auch dadurch entsteht starkes Leiden, zumal wir oft erst durch den Verlust spüren, wieviel sie uns bedeutet haben. Wir Tibeter haben ein Sprichwort: Wenn eine geschätzte Person gestorben ist, nehmen seine Qualitäten immer mehr zu. D.h., zu Lebzeiten haben wir sie zwar geschätzt, aber erst nach ihrem Tod bewundern und verehren wir sie. Das können wir leicht nachvollziehen, wenn bei Trauerfeiern alle Vorzüge und Leistungen des Verstorbenen aufgezählt werden. So haben die Chinesen manche Gelehrten erst zwanzig Jahre lang im Gefängnis gefoltert und sie dann am Schluss zum Tode verurteilt. Aber einige Jahre später wurden sie »auf die weiße Seite gestellt«, d.h. rehabilitiert. Es hieß dann, einige schlechte Menschen hätten sie verleumdet, in Wirklichkeit seien sie aber ganz großartige Männer gewesen.

Nicht erlangen, was man sich wünscht

Diese Form des Leidens ist sehr häufig, und ich brauche wohl nicht viel dazu zu sagen. Wir wünschen und erstreben sehr vieles, was wir nicht bekommen, ob es nun ein Partner, ein Geschäft oder eine Arbeit ist. Wir wollen eine angenehme Arbeit haben, bei der wir in kurzer Zeit viel verdienen, eine ruhige, möglichst billige Wohnung usw. Wenn wir Arbeit haben, sind wir zunächst sehr glücklich, aber nach einiger Zeit haben wir uns daran gewöhnt und wünschen uns, auf einer einsamen Insel in der Sonne zu liegen.

Die fünf (unreinen) Skandhas sind Leiden

Die fünf Skandhas sind die fünf Bestandteile unserer Persönlichkeit: Form (Körper), Empfindungen, Wahrnehmungen, karmische Gestaltungskräfte, Bewusstsein. Sie sind aufgrund unseres früheren Karmas zustande gekommen und bilden das Gefäß, in dem sich die Resultate unserer früheren Handlungen sammeln. Da unser früheres Karma gemischt war, ist auch unsere jetzige samsarische Existenz »durchwachsen«, d.h., wir machen ganz unterschiedliche Erfahrungen von Glück und Leid. Gleichzeitig sammeln wir mit den fünf Skandhas wiederum ununterbrochen heilsames und unheilsames Karma an, das in der nächsten Existenz die Gestalt neuer Skandhas annimmt. Solange wir unsere konflikterzeugenden Geistesfaktoren nicht unter Kontrolle haben, sind wir unfrei, weil wir unser eigenes Schicksal nicht bestimmen können. Diese Unfreiheit ist die tiefste, allgegenwärtige Art von Leiden.

Die sechs Arten von Leiden

Es gibt keine Sicherheit

Ein Lama wurde kurz vor seinem Tod von seinen Schülern um eine letzte Anweisung gebeten, sein Vermächtnis. Er gab zur Antwort: »Es gibt keine Essenz von Samsara. Das sind meine letzten Worte.« – Wie schnell verändern sich Beziehungen zwischen Menschen: Aus Feinden können Freunde werden, und umgekehrt. Es gibt keine Garantie dafür, dass mein Freund mein ganzes Leben lang zu mir hält. Selbst wenn wir nicht Feinde werden, kann die Freundschaft abkühlen und verschwinden, Beispiele gibt es mehr als genug. Es gibt in Samsara absolut keine Sicherheit, dass das nicht passiert. Unser Wohlstand, an dem wir so sehr hängen, ist ebenfalls unsicher, auch wenn wir noch so viele Versicherungen haben. Eine unerwartete Katastrophe, und wir haben alles verloren. Vor ein paar Jahren haben wir noch gar nicht an die Sachen gedacht, die wir jetzt besitzen, und was damit in einem Monat sein wird, wissen wir auch nicht. Während meiner Jugendzeit habe ich z.B. Messer und Gabel aus massivem Gold und Silber besessen. Als wir dann als Flüchtlinge nach Indien kamen, hatte ich natürlich überhaupt nichts mehr, auch kein Gerät für das Mandala-Opfer. Stattdessen haben wir auf der Straße eine kleine Schieferplatte gesucht, sie etwas poliert und dann als Opfergerät verwendet. Aber auch das war nicht von Dauer, und inzwischen habe ich wieder eine höhere soziale Position.

Wir wissen wirklich nie, was in naher oder ferner Zukunft auf uns zukommt. D.h., wir können uns auf gar nichts verlassen, nicht auf Menschen, nicht auf Reichtum, nicht auf Macht und Ansehen, auf gar nichts. Nur unsere eigene Weisheit, unsere eigene innere Qualität und Entwicklung sind davon ausgenommen, sie sind der beste Reichtum. Nagarjuna sagt: »Sich an das zu erinnern, was man gehört hat, ist eine Ursache für die Erleuchtung, die das Dunkel der Unwissenheit vertreibt.« Was man gelernt hat, ist der beste Reichtum, den kein Dieb stehlen kann. So konnte ich alles, was ich früher auswendig gelernt hatte, auf der Flucht nach Indien mitnehmen und in Indien weiter rezitieren, als ich keine Bücher mehr hatte. Noch wichtiger ist natürlich das innere Wissen, die Gewissheit, die man über ein Thema besitzt; das kann einem niemand nehmen. Ling Rinpoche, der ältere Lehrer des Dalai Lama, von dem ich viele Belehrungen und Erklärungen bekommen habe, konnte bis auf die Seiten- und Zeilenzahl genau angeben, was in welchem Text stand. Ich natürlich nicht. Deswegen hat er oft mit mir geschimpft und das tibetische Sprichwort zitiert: »Personen, deren Wissen in den Büchern geblieben ist, die in ihrem Wissen nicht von Lehrern unterwiesen worden sind und ihr Wissen wieder vergessen haben, werden zumeist enttäuscht, wenn sie ihr Wissen brauchen.« Die Lehrer, die uns helfen, unser Wissen zu entwickeln, sind daher der beste Freund und Helfer, ansonsten gibt es in Samsara keine zuverlässige Hilfe.

Es gibt keine Befriedigung

In Samsara gibt es keine Zufriedenheit für uns, weil wir unersättlich immer mehr und mehr haben wollen. Fast niemand sagt, ich habe jetzt genug, ich will nichts mehr. Selbst ein Millionär will seinen Reichtum noch vermehren. Die Arbeitnehmer möchten gern weniger arbeiten und mehr Geld verdienen, aber selbst wenn ihre Forderungen erfüllt würden, wären sie eine Zeit lang zufrieden, würden dann aber wieder neue Forderungen stellen usw. Wenn ich Macht habe, will ich meine Macht immer weiter ausdehnen, immer mehr Länder erobern, dafür gibt es in der Geschichte genug Beispiele. Wenn ich ein Haus habe, geht es genauso: Entweder ist es zu klein oder zu schlecht, Gründe für die Unzufriedenheit gibt es immer. Alles, was wir in dieser Existenz besitzen können, ist unbefriedigend, weil uns immer noch ein Stückchen zu unserem Glück fehlt. Beim Essen sieht man das auch sehr deutlich: Wenn es etwas Gutes gibt, esse ich immer weiter und weiter, obwohl ich eigentlich schon satt bin, bis dann irgendwann der Bauch protestiert.

Wenn wir Gesalzenes essen oder Salzwasser trinken, wird unser Durst nur noch größer. So steigern alle samsarischen

Güter unser Verlangen nur noch mehr, weshalb unsere Zufriedenheit auch nur vorübergehend ist. Das ist auch ein Grundzug der Gesellschaft, in der wir leben: Ich will immer mehr und immer bessere Waren haben; dementsprechend werden auf dem Markt auch viele moderne, schöne Dinge angeboten. Dann gehe ich nicht einfach hin und kaufe einen Apparat, sondern versuche herauszufinden, welche Marke die beste ist, indem ich ein Heft der »Stiftung Warentest« kaufe und von einem Geschäft ins andere laufe. Wenn ich die Ware dann habe, genügt das nicht, dann will ich noch mehr, noch schönere Sachen haben, und dabei machen wir uns alle gegenseitig Konkurrenz. Je größer das Angebot wird, umso größer wird paradoxerweise auch die Unzufriedenheit. Das soll nicht heißen, dass ich für totale Askese plädiere und etwas gegen die materielle Entwicklung hätte. Solange die materielle Entwicklung wirklich den Bedürfnissen der Menschen dient, ist nichts gegen sie einzuwenden. Mir kommt es jedoch so vor, dass es sich gerade umgekehrt verhält: Die Menschen sind dazu da, das Material zu entwickeln, nicht das Material dazu, den Menschen das Leben zu erleichtern.

Dasselbe gilt auch für unsere soziale Position. Wenn ich in der Firma eine Stelle habe, bin ich zunächst zufrieden, aber dann möchte ich aufsteigen, Abteilungsleiter werden, Geschäftsführer, Direktor. Wenn ich das erreicht habe, ist mir die alte Firma zu klein geworden, ich gehe zu einer größeren und strebe nach noch mehr Einfluss und Ansehen. Und so geht es unendlich weiter, in allen Lebensbereichen. Damit will ich nicht sagen, dass wir überhaupt nicht mehr danach streben sollen, unsere Einkünfte zu verbessern oder eine bessere Position zu erreichen. Aber nur diesem Ziel hinterherzurennen, nur nach Karriere, Geld und Besitz zu streben, ist nicht unsere eigentliche Lebensaufgabe. Dafür ist dieser menschliche Körper zu schade. Bei Nagarjuna heißt es: »Genügsamkeit ist der beste Schatz. Denn wenn man genügsam ist, hat man alles, was man braucht.«

Stattdessen sollten wir lieber unersättlich beim Lernen sein. Da sollten wir uns keine Grenze setzen und meinen, wir hätten schon genug Belehrungen gehört und uns auf die faule Haut legen. Das ist die falsche Einstellung. Wir sollten nach Möglichkeit auch viel lesen, darüber nachdenken, nach ein paar Tagen noch einmal dieselbe Stelle lesen und beobachten, welche Erfahrungen wir damit gemacht haben. Denn es geht ja nicht um das bloße Lesen, sondern um das Verstehen des Inhalts. Das Verstehen ist aber nie abgeschlossen, man muss immer wieder von vorne anfangen.

Der Körper muss immer wieder aufgegeben werden

Wir sind in dieser Existenz zu Gast. Im Vergleich zu all den Existenzen, die wir hinter uns haben, ist unsere Lebensspanne nur ein kurzer Augenblick. In meiner jetzigen Situation kann ich auch davon ausgehen, dass mir noch einige Existenzen in Samsara bevorstehen. Dieses Leben ist nur ein Übergang. Warum soll ich mich also an diesen Körper und diesen samsarischen Zustand klammern, der sich innerhalb kurzer Frist verändern wird? Wenn ich jede Nacht in einem anderen Hotel übernachte, werde ich mich in dem Zimmer nicht für längere Zeit wohnlich einrichten, weil ich ja weiß, dass ich schon bald wieder abreise.

Man muss immer wieder wiedergeboren werden

Unzählige Male habe ich meinen Körper gewechselt, und sehr oft noch werde ich einen Körper annehmen. In jeder dieser Existenzen gibt es Höhen und Tiefen, die uns Kummer machen. In den klassischen Texten heißt es: »Wenn wir all die Tränen zusammennehmen würden, die wir in unseren bisherigen Existenzen vergossen haben, wäre ihre Menge größer als der Ozean. Wenn wir all die Köpfe aufeinandertürmen würden, die wir unseren Feinden im Kampf abgeschlagen haben, wäre dieser Haufen größer als der Weltenberg Meru.« Wenn wir also weiter in Samsara bleiben, werden wir immer nur noch mehr leiden und andere leiden machen.

Immer wieder wandeln sich hohe in niedrige Zustände

In Samsara herrscht ein ständiges Auf und Ab. Manchmal erlange ich eine hohe Position, Reichtum, Macht, Ansehen; aber das bleibt nicht immer so, ich kann sehr schnell wieder herabstürzen.

Es gibt keinen Freund über den Tod hinaus

Ich habe keinen Freund in Samsara. Ich bin allein geboren und muss allein sterben. Natürlich bekomme ich von anderen Lebewesen sehr viel Unterstützung, ohne die ich gar nicht überleben könnte. Aber im Wesentlichen, von der tieferen Ebene her gesehen, bin ich ganz allein. Wenn ich die Buddhaschaft erstrebe, muss ich das selber tun, ich kann mich nicht darauf verlassen, dass andere für mich Verdienste sammeln und ich damit das Ziel erreiche. Vor allem muss ich aber ganz allein sterben und kann nichts mitnehmen. Im Moment habe ich viele Freunde und Verwandte, aber wenn es darauf ankommt, können sie mir auch nicht helfen. Wir können das oft schon in diesem Leben feststellen: Wenn ich plötzlich meine bisherige Position verliere, verliere ich auch eine Menge Freunde, weil von mir nichts mehr zu erwarten ist. Als ich in Indien als ganz normaler Flüchtling lebte, haben mich meine bisherigen Diener und Begleiter auch nach und nach verlassen. Als ich dann in den Westen ging und später zu Besuch in Indien war, kamen sie alle wieder zu mir und boten mir ihre Freundschaft und Unterstützung an! Im Tibetischen gibt es auch ein bekanntes Zitat: »Plötzlich habe ich Onkel und Neffen bekommen, die ich vorher überhaupt nicht kannte. Deshalb verneige ich mich vor meinem Geldbeutel.«

Wenn wir unseren eigenen Lebenslauf einmal genau betrachten, ist das im Grunde interessanter als jeder Film. Wie habe ich mich verhalten, wie habe ich mich entwickelt, wo waren die Höhen und Tiefen – das zu erkennen, ist sehr wichtig für unsere Zukunft. Denn unsere eigene Erfahrung sollte die beste Unterweisung für die Zukunft sein, aus ihr müssen wir lernen.

Aber leider verdrängen wir die Probleme, die wir miteinander in der Vergangenheit hatten und machen uns Hoffnungen, in der Zukunft mehr von anderen zu bekommen, eine bessere Position zu erlangen usw.

Die drei Arten von Leiden

Leid des Leidens

Unser jetziges Dasein ist wie ein Gefäß, in dem sich das aus früheren Handlungen resultierende Leiden sammelt. Da unser Karma gemischt ist, machen wir in diesem Leben auch ganz unterschiedliche Erfahrungen, angenehme und unangenehme; gleichzeitig sammeln wir ununterbrochen verschiedene Arten von Karma an, die sich in der Zukunft auswirken werden. Das offensichtliche Leiden wie Krankheit oder Schmerz, das wir in unserem Leben erfahren und auch normalerweise als leidvoll betrachten, wird auch als »Leid des Leidens« bezeichnet.

Leid des Wandels

Diese Art des Leidens ist schon schwerer zu erkennen. Sie bezieht sich auf die letztlich unbefriedigende Natur von Erfahrungen, die wir vordergründig als angenehm und beglückend erleben. Wenn wir uns z.B. mit jemandem gut verstehen oder für uns alles nach Wunsch läuft, dann kann (und wird) diese positive Situation früher oder später »umkippen«. Es ist wie mit Sonne und Schatten: Wenn wir zu lange im Schatten sitzen, wird uns kalt, und wir möchten uns in der Sonne aufwärmen. Im Moment ist es dort dann schön warm und angenehm, aber nach einiger Zeit wird es uns dann doch zu heiß, und wir müssen wieder in den Schatten zurück, wo es uns dann bald wieder zu kühl wird. Wenn ich Hunger habe, habe ich starkes Verlangen nach Essen, wenn ich dann etwas esse und immer weiter esse, verwandelt sich der Hunger bald in Überdruss. Eine Bekannte von uns arbeitet bei McDonald's. Ihr Sohn war ganz wild auf Hamburger, deshalb hat sie ihm jeden Tag einen Hamburger mitgebracht. Neulich sagte er dann zu mir: »Ich kann keine Hamburger mehr sehen, ich möchte lieber etwas anderes.«

Als ich das erste Mal nach Deutschland kam, hat es mich etwas amüsiert, dass hier bei Kerzenlicht gegessen wird und man das besonders stimmungsvoll findet, obwohl man jederzeit auf Knopfdruck hundert elektrische Lampen einschalten kann. Drüben in Asien müssen wir notgedrungen immer »gemütlich« bei Kerzenlicht speisen, meistens haben wir nicht einmal das. Für einen tibetischen Nomaden wäre elektrisches Licht erstrebenswerter, das wäre seine Vorstellung von Luxus. Mit der Liebe ist es genauso: Zwei Menschen begegnen einander, und anfangs ist es der Himmel auf Erden. Sie wollen alles gemeinsam machen und nach Möglichkeit jede Minute zusammen sein. Aber irgendwann kühlt sich die große Leidenschaft ab und man beginnt, den eigenen Bereich abzugrenzen, schläft getrennt usw. Dann streitet man sich, geht vor Gericht und verlangt die Scheidung. Jahre später kommt dasselbe Paar wieder zusammen. Sie entdecken alte Gemeinsamkeiten, gehen wieder aufeinander zu, heiraten ein zweites Mal, lassen sich zum zweiten Mal scheiden. Solche Geschichten können wir oft in der Zeitung lesen.

Was heißt das? Unser Glück ist nicht von Dauer, es ist kein endgültiges, dauerhaftes Glück. Dennoch wollen wir nicht wahrhaben, dass es vergänglich ist, weil wir einerseits nicht daran glauben, dass es ein endgültiges Glück außerhalb von Samsara gibt und uns deshalb an das klammern, was wir für die einzige Realität halten. Andererseits erscheint uns dieses scheinbare Glück so attraktiv, dass wir uns gar nicht davon trennen wollen und immer wieder danach greifen.

Allesdurchdringendes Leiden

Diese Form des Leidens ist am schwersten zu verstehen. »Allesdurchdringend« bedeutet, dass es umfassend, allgegenwärtig ist und alle Daseinsbereiche betrifft. Solange wir unseren konflikterzeugenden Geistesfaktoren nicht entsagt haben, sammeln wir immer wieder unheilsames Karma an, das zwangsläufig zu den entsprechenden Resultaten führen wird. Aufgrund dieser zwangsläufigen Kausalität geraten wir in den Zustand, den wir unsere Existenz nennen. Ganz gleich, ob wir diese Existenz nun als glücklich oder leidvoll betrachten, wir unterliegen einem Zwang, wir können nicht frei entscheiden, was aus uns wird. Daher heißt es, dass diese Art des Leidens alle Arten von Existenz durchdringt.

Aufgrund dieser Vorstellung sollen wir Überdruss gegen unser eigenes, persönliches Samsara entwickeln. Zwar können wir Samsara, d.h. die Verbindung von diesem Geist und diesem Körper nicht sofort verlassen (Selbstmord ist keine Lösung!), aber wir können zunächst soweit kommen, dass wir mit unserem Leben besser zurechtkommen und alle schwierigen Umstände als Chancen betrachten, uns weiterzuentwickeln. Das ist ein vorläufiger Vorteil. Darüber hinaus können wir die konflikterzeugenden Geistesfaktoren schwächen, sie nach und nach reduzieren und ihnen schließlich ganz entsagen. Wenn wir soweit sind, spielt es überhaupt keine Rolle mehr, ob wir immer denselben Körper und Geist besitzen oder nicht. Wir müssen uns keineswegs von Körper und Geist trennen, um aus Samsara herauszukommen, sondern Körper und Geist, die das Ergebnis von Samsara sind, kommen aus Samsara heraus. Wir können in diesem Leib und in diesem Leben aus Samsara hinausgelangen.

8. Die Ursachen des Leidens – wie Samsara entsteht

Wie die Geistesgifte entstehen

Die verschiedenen Arten von Leiden, die wir in Samsara erfahren, entstehen durch konflikterzeugende Geistesfaktoren. Das tibetische Wort bezeichnet wörtlich etwas, wodurch Komplikation und Verwirrung erzeugt wird, was Unruhe schafft. Alle Handlungen, die wir begehen, werden durch eine Motivation in Gang gebracht, und die ist in der Regel einer der konflikterzeugenden Geistesfaktoren. Auch wenn ich sehr viel Karma angesammelt habe, im Moment aber keine entsprechende Motivation habe, fehlt der Auslöser, der dieses Karma zur Reife bringen könnte. Wie wir später bei den zwölf Gliedern des abhängigen Entstehens sehen werden, müssen Gier und Greifen als verwirklichende Ursachen hinzukommen, um ein früheres Karma zu aktivieren. Karma allein kann kein Ergebnis hervorbringen. Die konflikterzeugenden Geistesfaktoren sind also fast noch wichtiger als Karma, weil sie zum einen ständig Karma erzeugen und zum anderen dafür sorgen, dass vorhandenes Karma heranreift.

Die philosophische Definition bestimmt sie als Geistesfaktoren, deren Auftreten das Bewusstseinskontinuum beunruhigen. Diese Unruhe ist keine bloße Nervosität, sondern ein zügelloses Getriebensein, das mich nicht zur Ruhe kommen lässt und ständig in neue Komplikationen verwickelt. Bei Anhaftung und Hass können wir sehr gut beobachten, wie diese Geistesfaktoren ihre eigene Dynamik entwickeln und uns immer wieder ablenken, so dass wir über bestimmte Dinge nicht nachdenken und nicht das tun können, was wir eigentlich wollen. Die sechs grundlegenden Geistesgifte sind: Anhaftung, Hass, Überheblichkeit, Unwissenheit, Zweifel und falsche (theoretisch-spekulative) Anschauungen.

Die Reihenfolge, in der die Geistesgifte entstehen

Die konflikterzeugenden Geistesfaktoren entstehen nicht von alleine, sondern werden durch die grundlegende Unwissenheit verursacht, die die letztliche Wurzel aller Leiden ist. Es gibt zwei Arten von Unwissenheit: die Unwissenheit über das karmische System und die Unwissenheit, die hinsichtlich der Soheit verwirrt ist. Jedes Phänomen kann nämlich in zweifacher Hinsicht identifiziert werden, auf der konventionellen und der endgültigen Ebene. Erstere betrifft seine Erscheinung, letztere seine wahre Natur. Die Unwissenheit über Karma bezieht sich auf die konventionelle Ebene, sie lässt uns denken: »Wenn ich heilsame Handlungen begehe, sammle ich angeblich große Verdienste an, aber das kann nicht stimmen, weil ich nichts davon sehe: Wir haben so viele Gebete und heilsame Handlungen gemacht, aber trotzdem sind wir krank und haben viele Schwierigkeiten.« Aber der Buddhismus ist nicht dazu da, nicht krank zu werden oder gute Geschäfte zu machen, sondern für die Befreiung aus Samsara. Die Unwissenheit hinsichtlich der wahren Natur der Phänomene ist das eigentliche Haupthindernis für diese Befreiung, weil sie meine Wahrnehmung des Objekts verfälscht, das ich nicht in seiner Bedingtheit sehe, sondern so, als ob es aus sich selbst heraus existieren würde.

Gehen wir zunächst von meiner konkreten Situation aus, um, vom Gröberen zum Feineren vordringend, die Unwissenheit aufzuzeigen: Ich möchte ein glückliches Leben führen. Dazu brauche ich eine feste Arbeit, eine Wohnung und was sonst noch dazu gehört. Von alleine bekomme ich das nicht: Erst muss ich eine Ausbildung hinter mich bringen und einen passenden Arbeitsplatz finden. Wenn ich Arbeit habe, muss ich mit dem Chef und den Kollegen auskommen. So bin ich von vielen Menschen abhängig: vom Ausbilder, vom Arbeitgeber, von den Kollegen, vom Vermieter usw. Um leben zu können, bin ich in vielfacher Weise auf andere Menschen und Dinge angewiesen und das seit meiner Kindheit. Wenn wir nun weiter überlegen, können wir feststellen, dass auch einzelne Handlungen und Situationen von vielen Faktoren abhängig sind.

Wenn eine Belehrung stattfindet, muss ein Gebäude vorhanden sein, in dem sie stattfinden kann, eine Organisation, die das Ganze organisiert, Zuhörer und jemand, der über ein bestimmtes Thema spricht. Alle diese Faktoren sind voneinander abhängig, damit aus ihnen das Ereignis »Belehrung« werden kann.

Wenn ich jetzt sage: »Ich gehe in eine Belehrung«, dann setze ich die Belehrung als Objekt und mich als Subjekt. Das Objekt betrachte ich dabei als substanzielles, stabiles Ding. Das ist unsere normale Wahrnehmung, die wir auf alle Arten von Objekten anwenden. Dasselbe gilt für das Subjekt: Auf meinem Türschild steht »Dagyab«, und wenn ich gehe, sitze oder schlafe, dann geht, sitzt, schläft »Dagyab«, der scheinbar substanziell existiert. Aber so fest bin ich nicht, im Gegensatz zu anderen Dingen bin ich sogar sehr zerbrechlich.

Was ist nun die Basis für meine Person, mein Körper oder mein Name? Ich habe meinen Namen nicht wie in Europa gleich nach der Geburt bekommen. Manches Baby durfte in Tibet zwei oder drei Jahre lang keinen Namen bekommen, und weil es keine Meldebehörde gab, hat das auch niemand gestört. Ich habe meinen Namen also nicht von Anfang an mitgebracht, sondern ihn erst später bekommen. Außer von meinem Namen bin ich auch von meinem Aussehen abhängig: Mein Bruder sieht anders aus als ich, außerdem trägt er einen anderen Namen. Der Unterschied zwischen uns hängt einerseits von uns ab, andererseits aber auch vom Betrachter, der uns auseinander hält. Wenn bestimmte Merkmale auf eine Person zutreffen, kann sie vom Betrachter als »Dagyab« bezeichnet werden.

Wenn wir in dieser Weise weiter analysieren, werden wir feststellen, dass sich die Realität lockerer anfühlt, nicht mehr so dualistisch, als ob hier ich als Subjekt und da die unabhängigen, substanziellen Objekte vorhanden wären. Wir erkennen, dass es wesentlich auf die Bezeichnung und die Wahrnehmung ankommt, um ein Objekt als solches zu definieren. Nehmen wir einmal an, ein Tibeter vom Land findet zufällig einen modernen europäischen Stuhl, weiß nicht, was das ist, und benutzt ihn dann als Altar: Auf die Sitzfläche legt er die buddhistischen Bücher und darunter stellt er die Statuen. Für ihn funktioniert dieser Gegenstand dann als Altar. Wenn dann ein anderer Tibeter kommt, der schon einmal einen Stuhl gesehen hat, ist er vielleicht entsetzt, weil der andere die unheilsame Handlung begangen hat, eine Buddha-Statue unter einen Stuhl zu stellen. Der Unterschied entsteht einzig und allein durch die andersartige Wahrnehmung.

Das ist ein Anzeichen dafür, dass dieses Ding kein Ding an sich ist. Das Objekt an sich kann uns gar nicht dazu zwingen, es nur als Stuhl zu sehen und nicht als Altar, weil es in Wirklichkeit keine feste Substanz hat. Wenn wir uns fragen, was eigentlich ein Stuhl ist, werden wir feststellen, dass diese Frage nach seinen wesentlichen Eigenschaften gar nicht so einfach zu beantworten ist: Muss er eine Rücken- und eine Armlehne haben? Welche Form muss er haben, aus welchem Material muss er gemacht sein? Da gibt es viele Möglichkeiten. Wir können von seiner Funktion ausgehen und sagen, dass ein Stuhl zum Sitzen dient. Aber sitzen können wir auch auf einem Stein oder einem Hocker. Worin besteht der Unterschied zwischen einem Stuhl und einem Hocker? Anscheinend muss eine besondere Wahrnehmung, eine besondere Bezeichnung stattfinden, damit ich einen Hocker von einem Stuhl unterscheiden kann.

Damit wollte ich zeigen, dass Objekte immer in Abhängigkeit existieren: von ihren Teilen, von ihrer Funktion, von ihrer Wahrnehmung und Bezeichnung. Kein Ding existiert substanziell, aus sich selbst heraus. Wenn es das nicht gibt, woran soll ich mich dann festhalten? Meine ganze Anhaftung, alle meine Hassgefühle, mein Neid usw. haben sich bis jetzt auf alle möglichen Faktoren bezogen, die ich als substanziell existierend wahrgenommen habe. Jetzt weiß ich aber, dass das Objekt von unzähligen Faktoren abhängig ist und dass es in Wirklichkeit keine zuverlässige Basis gibt, auf die ich mich stützen könnte. Das Objekt ist nun zwar nach wie vor vorhanden, aber seine Wirkung auf uns ist drastisch reduziert. Ich nehme alle Phänomene, alle Objekte mit größerer Unabhängigkeit zur Kenntnis, aber ohne dass sie meine Wahrnehmung völlig bestimmen. Ich erkenne, dass das Phänomen bzw. Objekt allein durch Benennung in Verbindung mit einer passenden Basis existiert, nicht mehr und nicht weniger. Das Phänomen ist tatsächlich vorhanden und erfüllt seine Funktion, aber nun bestimmt das Objekt nicht mehr mich, sondern ich nehme es wahr, wie ich will. Diese klare Sicht der Phänomene ist die Erkenntnis der Leerheit, Leerheit im Sinne von Nicht-Vorhandensein einer konkreten Eigennatur des Objekts.

Aber es gibt eine Basis. Gäbe es keine Basis, würden wir alle Phänomene als Illusion betrachten, und die ganze buddhistische Praxis würde überflüssig. Wir bräuchten dann gar nicht weiter zu praktizieren, weil dann das karmische System, Anhaftung, Wut, alles, was wir sehen, illusorisch wäre: Es gäbe nichts zu tun. Wir müssen solche kurzgefassten Formulierungen wie »alle Phänomene sind Illusion« also sinngemäß ergänzen: »Alle Phänomene sind *wie* Illusionen«. Wenn der Mond sich im Wasser spiegelt, besteht einerseits kein Unterschied zwischen dem Bild des Mondes und dem Mond selbst. Aber ich sehe andererseits nicht den Mond selbst, sondern sein Bild im Wasser. Ebenso sind alle angenehmen und unangenehmen Zustände, Glück und Leid, *wie* Illusionen, weil sie nicht von Dauer sind und nur das Produkt meiner Wahrnehmung sind.

Diese Erkenntnis erlaubt es mir, meine vorhandenen Geistesgifte in Frage zu stellen. Von nun an lockere ich allmählich meine Bindung an das Objekt, löse meine konflikterzeugenden Geistesfaktoren auf und sammle keine unheilsamen Handlungen mehr an. Jetzt habe ich z.B. keine Basis mehr für meinen Hass, weil ich meinen Feind nicht mehr als feste Entität sehe, sodass dieses Gefühl nicht mehr entsteht, ich keine dadurch motivierten Handlungen mehr durchführe und folglich auch keine entsprechende Information auf dem subtilsten Bewusstsein abspeichere. Da ich kein unheilsames Karma abgespeichert habe, ergeben sich auch keine unangenehmen Resultate mehr, die unheilsamen Handlungen verringern sich ständig, und die heilsamen Handlungen nehmen immer mehr zu. Dadurch vermehren sich auch die angenehmen Ergebnisse und ich gelange leicht aus Samsara heraus.

Die Ursache der falschen Einstellungen (Unwissenheit – Ego)

Vasubandhu nennt drei Ursachen für das Auftauchen von konflikterzeugenden Geistesfaktoren: »Wenn man die Geistesgifte nicht überwunden hat, ein Objekt in der Nähe ist und Zu- oder Abneigung vorhanden ist, können die Geistesgifte sehr leicht entstehen« (Abhidharmakosha V,34). Die konflikterzeugenden Geistesfaktoren sind latent in uns vorhanden. Im Moment bin ich vielleicht ganz friedlich, aber sobald der richtige Auslöser auftritt, gehe ich hoch und fange Streit an. Mein Zorn ist nicht spontan entstanden, sondern war im Verborgenen schon präsent. Durch die Verbindung einer latenten Neigung mit einem angenehmen oder unangenehmen Objekt und einer subjektiven Einstellung sind die Ursachen für das Auftreten eines konflikterzeugenden Geistesfaktors jeweils vollständig gegeben, und solange diese latenten *Tendenzen* nicht überwunden sind, können sie immer wieder aktiviert werden. Solange ich nicht dazu fähig bin, mit meinem Geist richtig umzugehen, sollte ich störende *Objekte* besser auf Distanz halten. Ich glaube, das ist der eigentliche Grund, warum man Klöster gebaut hat und Retreats macht: um störende Objekte fern zu halten. Erst wenn ich genügend Selbstbeherrschung besitze, kann ich es wagen, mich gezielt mit ihnen zu konfrontieren und z.B. nicht auf die andere Straßenseite zu wechseln, wenn ich meinen Feind sehe, weil ich meine Emotionen beherrschen kann.

Die *Gesellschaft*, in der wir uns aufhalten, beeinflusst unser Verhalten sehr stark. Ich kenne einige Leute, die normalerweise nur zwei bis drei Zigaretten am Tag rauchen, aber wenn sie mit anderen zusammensitzen, rauchen sie viel mehr, weil das Beisammensein sie dazu anregt. Was für *Bücher und Zeitschriften* wir lesen, worüber wir uns unterhalten, macht auch viel aus. Bloßes Lesen zum Zeitvertreib ist weniger störend, es lenkt nur ab, aber es gibt auch Literatur, die Hass und Anhaftung erzeugt. Deswegen galten die alten Heldenepen in Tibet als sehr störend, weil in ihnen nur von Streit und Krieg die Rede ist, obwohl die Tibeter sehr gerne Epen lesen. In den Klöstern waren diese Texte deshalb nicht erlaubt; jedenfalls konnte man sie nicht offen ins Regal stellen, sondern musste sie irgendwo verstecken.

Wichtig ist auch, über die eigenen *Gewohnheiten* nachzudenken: Welcher Geistesfaktor macht mir mehr zu schaffen als andere, welche Schwächen habe ich? Wenn wir nicht versuchen, unsere Lieblings-Geistesgifte etwas zu bremsen, werden sie immer weiterwuchern, bis sie sich schließlich zur Gewohnheit auswachsen. Wenn wir ein bisschen an ihnen arbeiten, gehen sie doch etwas zurück, was schon sehr hilfreich ist. Eine weitere Ursache für konflikterzeugende Geistesfaktoren ist das *Über-* bzw. *Unterbewerten* von Objekten. Bei meinem Anhaftungsobjekt überbetone ich die positiven und unterschätze die negativen Seiten, beim Hassobjekt unterschätze ich seine positiven Seiten und übertreibe die negativen. Mein Feind hat ganz bestimmt auch viele gute Qualitäten, aber ich sehe nur die Fehler. Weil die negative Seite so übersteigert und die andere ganz ausgeblendet wird, wird die Illusion immer größer. Beim Anhaftungsobjekt läuft es genau umgekehrt, ich blende die weniger schönen Seiten aus und überhöhe die angenehmen.

Tod, Zwischenzustand und Wiedergeburt

Tod

Nach der tibetisch-buddhistischen Philosophie verlässt das Bewusstsein während des Sterbeprozesses den Körper. Die Trennung von Geist und Körper vollzieht sich in mehreren Phasen, während derer man verschiedene Erfahrungen macht, die angenehm oder unangenehm sein können. Abgesehen von einem unfallbedingten plötzlichen Tod kann der Sterbeprozess bei einem normalen Menschen einen bis sieben Tage dauern. Dabei geht das Bewusstsein nach und nach ins Bardo (den Zwischenzustand) über, wobei es schreckliche oder angenehme Erfahrungen macht. Diese Erfahrungen treten bei allen Menschen auf, auch wenn sie von der buddhistischen Lehre keine Ahnung haben. Wenn man sich längere Zeit mit der buddhistischen Praxis beschäftigt und ein tieferes Wissen besitzt, erlangt man die Fähigkeit, diese Erfahrungen zur Praxis zu machen, und gewinnt die vollständige Kontrolle über sie, sodass man sein Schicksal in die eigene Hand nehmen kann. Ein Text, der die dazu erforderlichen Methoden beschreibt, ist das so genannte »Tibetische Totenbuch« oder *Bardo Thödol*. Dieser Text ist aber eigentlich nur für Buddhisten gedacht, die zu Lebzeiten eine ganz bestimmte tantrische Praxis geübt haben. Viele meinen nun, dieser Text wäre für jedermann geeignet und jeder würde genau die in diesem Text beschriebenen Gottheiten sehen, auch wenn er kein Buddhist ist. Das ist aber keineswegs der Fall.

Welche Möglichkeiten haben wir nun, diese drei Stadien – Tod, Bardo und Geburt – zu beeinflussen? Zunächst können wir davon ausgehen, dass diese drei Stadien unserem Wachen, Schlafen und Aufwachen ähneln. So hat Übergang vom Wach- zum Schlafzustand Ähnlichkeit mit dem Sterbeprozess, denn auch beim Einschlafen lösen sich die gröberen Bewusstseinsfunktionen bis zu einem gewissen Grad auf, so dass nur noch der feine Geist weiterläuft. Dies äußert sich unter anderem darin, dass wir uns manchmal überhaupt nicht daran erinnern können, welche Erfahrung wir im Schlaf gemacht haben. Andererseits besitze ich im Traum- wie im Wachzustand einen vollständigen Körper und nehme mit diesem Traumkörper alles Mögliche wahr: Wie ich im Lotto gewinne oder in einen Abgrund stürze, verbrannt werde usw. Oft sind diese Eindrücke so stark, dass sie am nächsten Tag noch nachwirken.

In Wirklichkeit bin ich natürlich nicht in den Abgrund gefallen oder verbrannt. Diese Erfahrungen waren nicht real. So sind auch die schrecklichen Erfahrungen im Bardo letztlich nicht real, so intensiv sie in der Situation auch sein mögen. Nun ist es möglich, den Traumzustand für die Praxis zu nutzen. Da der Traumkörper ein Geistkörper ist, kann man sich in diesem Zustand leicht an andere Orte versetzen, mehrere Körper manifestieren oder mit anderen Lebewesen kommunizieren. Natürlich bedarf es dazu vorheriger Praxis und Übung. In ähnlicher Weise können wir jetzt schon den Sterbeprozess in unsere tägliche Meditation einbeziehen, so dass wir im Ernstfall vorbereitet sind, die einzelnen Phasen problemlos wiedererkennen und lenkend und korrigierend in den Ablauf eingreifen können.

Die beiden Hauptquellen für unsere Auffassung von Tod, Bardo und Wiedergeburt sind Vasubandhus *Abhidharmakosha* und die Tantras. Eine Besonderheit der tantrischen Sichtweise liegt darin, dass Tod, Bardo und Wiedergeburt mit den drei Körpern eines Buddha parallelisiert werden, dem Dharmakâya, Samboghakâya und Nirmanakâya. Die drei ersteren sind die Basis, die durch den Weg in die Frucht umgewandelt werden soll, nämlich die drei Buddhakörper. So soll etwa der Tod als Basis soweit gereinigt werden, dass als Ergebnis der Dharmakâya entsteht. Aus technischen Gründen bezeichnet man den Todesmoment daher auch als Dharmakâya in Bezug auf die Basis, analog dazu werden Bardo und Wiedergeburt als Samboghakâya bzw. Nirmânakâya bezeichnet. Eigentlich ist der Todesmoment aber kein echter Dharmakâya, d.h. kein Buddha-Geist. Sie sind sich aber insofern ähnlich, als es im Todesmoment wie im Dharmakâya keine konventionelle Wahrnehmung gibt.

Solche Erklärungen setzen allerdings eine erweiterte Perspektive voraus, die sich nicht mit der Ansicht der westlichen Medizin deckt. Aus tantrischer Sicht (und in der tibetischen Medizin) geht man davon aus, dass es in unserem Körper drei Hauptkanäle gibt, einen ungefähr fingerdicken Zentralkanal und zwei dünnere Seitenkanäle, die wir uns aus meditativen Gründen ganz gerade vorstellen. Die Existenz dieser Energiekanäle können wir mit den Methoden der westlichen Wissenschaft weder beweisen noch widerlegen, wir können mit dieser Vorstellung erfahrungsgemäß jedoch zufriedenstellend arbeiten. In der Höhe von Scheitel, Hals, Herz bzw. Brustmitte, Nabel und Geschlechtsorganen befinden sich mehrere Kanalsysteme, die als Chakren bezeichnet werden. In der Regel ist in der tantrischen Praxis meist von vier oder fünf Chakren die Rede, es gibt aber auch Beschreibungen mit bis zu acht Chakren. Der gesamte Körper wird von 72 000 Kanälen durchzogen, in denen die so genannten Winde (Energien) zirkulieren.

Beim Tod ziehen sich diese Winde immer weiter nach innen zurück, bis sie zum Schluss in den Zentralkanal eintreten. Das Kanalsystem sieht nicht aus wie ein Baum mit Zweigen, vielmehr winden sich die Nebenkanäle um den Zentralkanal und bilden bei jedem Chakra einen Knoten. In der Herzgegend befindet sich in der Mitte des Zentralkanals das so genannte weiße und rote Element, d.h. die Essenz aus Samen und Eizelle der Eltern. Nach tibetischer Auffassung ist die Eizelle rötlich, der Samen weiß. Diese Kapsel, der »unzerstörbare Tropfen«, in der sich das weiße und rote Element befinden, enthält auch das subtilste Bewusstsein (allerdings ist das subtilste Bewusstsein an sich nicht an Materie gebunden, es ist also nicht so, dass die Kapsel hermetisch verschlossen wäre). Nun sagen wir, dass Bewusstsein sich immer aufgrund der Bewegung des Windes bewegt. Wenn ich z.B. an Amerika oder Indien denke, unterstützt ein bestimmter Wind diese auf ein äußeres Objekt gerichtete Gedankenbewegung. Der Geist allein hat nicht die Fähigkeit, sich zu bewegen.

Je weiter sich der Wind daher nach innen zurückzieht, umso mehr verinnerlicht sich auch der Geist. Aus diesem Grund ist es auch unerlässlich, während oder vor einer wichtigen Meditation Atemübungen zu machen. Darauf will ich etwas näher eingehen. Warum ist einspitzige Konzentration so wichtig? Wenn ich alle Gedanken nach innen richte, schalte ich die äußeren Objekte aus. Dadurch ziehe ich den Wind, der sich sonst nach außen richtet, nach innen. Je kraftvoller ich diese Energie nach innen lenke, desto besser kann ich alle Bewegung von Geist und Energie auf den Zentralkanal beschränken, wodurch ich leichter an das subtilste Bewusstsein herankomme, ohne von den konventionellen Phänomenen der gröberen Ebenen abgelenkt zu werden. So kann ich dann ungestört mit meinem subtilsten Bewusstsein arbeiten. Das ist das eigentliche Ziel der tantrischen Praxis, die aber immer von der Erkenntnis der Leerheit begleitet sein muss: Sich ein paar Kanalsysteme vorzustellen und den Wind hinein- und herauszuziehen, bringt gar nichts; schließlich soll das buddhistische Tantra zur Befreiung aus Samsara und sogar zur Erlangung der Buddhaschaft dienen, nicht bloß zur Erreichung einiger übernatürlicher Kräfte.

Durch die Trennung von Bewusstsein und Körper während des Sterbens löst sich unser Körper auf, der aus den 25 gröberen Phänomenen besteht. Dazu gehören die fünf Anhäufungen (*skandha*), die vier Elemente, die fünf Sinnesfähigkeiten, die fünf Sinnesorgane, der Geistsinn sowie die fünf grundlegenden Erkenntnisse. Die fünf Anhäufungen sind: Körper (Form), Empfindung, Wahrnehmung (Unterscheidung), karmische Gestaltungskräfte, Bewusstsein. Während des Sterbeprozesses löst sich zuerst die Anhäufung des Körpers auf, wobei äußere und innere Anzeichen erscheinen. Als äußeres Anzeichen werden die Glieder schwach und kraftlos, das innere Zeichen sind Erscheinungen ähnlich einer Fata Morgana, wie der Schatten von Rauch. Gleichzeitig hört die spiegelgleiche Erkenntnis in Bezug auf die Basis auf. Was ist darunter zu verstehen?

Zunächst müssen wir zwischen Geist und Bewusstsein differenzieren. Der Geist ist von Natur aus klar und erkennend, während Bewusstsein im Buddhismus vor allem Wahrnehmungsbewusstsein ist, z.B. Seh- oder Hörbewusstsein, also eher vordergründig. Erkennen spielt sich hingegen auf einer tieferen Ebene ab: Wahrnehmen heißt, ein Objekt zu sehen oder hören usw., ein Gefühl zu entwickeln und diese sinnliche Wahrnehmung mit Assoziationen zu verbinden. Unsere gesamte Wahrnehmung lässt sich nun in fünf Gruppen einordnen. Die fünf grundlegenden Aspekte aller Wahrnehmungen werden als Erkenntnisse in Bezug auf die Basis bezeichnet.

Wie kommen wir ausgerechnet auf fünf grundlegende Erkenntnisse? Das liegt daran, dass wir an der Basis die fünf so genannten geistigen Gifte haben, die nichts anderes sind als die konflikterzeugenden Geistesfaktoren Anhaftung, Hass, Verblendung, Stolz und Neid. Diese fünf Geistesgifte, die nicht untrennbar mit der Natur des Geistes verbunden sind, sind zu reinigen bzw. zu überwinden. Als reine Qualitäten des Geistes (des subtilsten Bewusstseins), sind sie nichts anderes als die fünf grundlegenden Erkenntnisse, die in ihrer gereinigten Form identisch sind mit den fünf Arten der Erkenntnis eines Buddha: spiegelgleiche, Gleichheits-, unterscheidende, allesvollendende und wesenhafte Erkenntnis. Diese reine Erkenntnis ist in jeder Wahrnehmung enthalten, wird aber ständig von unseren Konzepten überlagert. Wenn ich z.B. eine schöne Blume sehe, ist das keine Illusion, sondern eine korrekte Wahrnehmung, die sich dann aber sofort mit einem Geistesgift wie etwa Anhaftung verbindet.

Als erste grundlegende Erkenntnis löst sich die spiegelgleiche Erkenntnis auf. Dies führt dazu, dass die Sehkraft schwächer und alles trüb oder verschwommen wird. Auch das Sinnesorgan versagt, und wir verlieren die Fähigkeit, unsere Augen zu bewegen. Gleichzeitig löst sich auch das Erdelement auf, die Glieder werden kraftlos, und man glaubt in der Erde zu versinken. Manche Sterbenden wollen dann, dass man sie hochzieht. Die Ausstrahlung des Körpers verschwindet. Als nächstes löst sich das Wasserelement auf. Mit der Auflösung der Elemente ist nicht gemeint, dass Erde zu Wasser, Wasser zu Feuer und Feuer zu Luft wird, sondern dass die Qualität des Elements verschwindet, dass der Körper also austrocknet und seine Wärme verliert. Zugleich verschwindet die Anhäufung der Empfindung, man verliert das mit den Sinnesorganen verbundene Gefühl von Lust und Unlust. Die grundlegende Erkenntnis der Ausgewogenheit löst sich ebenfalls auf, wie auch das Wasserelement. Die Körperflüssigkeiten wie Blut oder Speichel verringern sich, man bekommt einen trockenen Mund. Das Ohr und die Hörfähigkeit versagen. Anscheinend gibt es ein Naturgeräusch, das wir zu Lebzeiten ständig hören, dieser ständig vorhandene Laut verschwindet jetzt. Als inneres Zeichen tritt eine Erscheinung wie Rauch oder Dunst auf; in manchen Texten heißt es »wie ein mit Rauch angefülltes Zimmer«. Dieser Ablauf ist auch sehr einleuchtend: Mit der Auflösung der grundlegenden spiegelgleichen Erkenntnis hatte die Sehkraft nachgelassen und tauchten unklare Erscheinungen auf. Nun ist auch das Gefühl verschwunden, deswegen wirkt alles diffus, wie in weite Ferne gerückt.

Dann hört die Wahrnehmung selbst auf, die Fähigkeit zur Unterscheidung. Äußeres Anzeichen hierfür ist die Unfähigkeit, sich an Bekannte und ihre Namen zu erinnern. Die entsprechende grundlegende Erkenntnis ist die Erkenntnis der Unterscheidung. Das Feuerelement löst sich auf, deshalb können wir Speisen und Getränke nicht mehr verdauen. Der Geruchsinn verschwindet, wir atmen erst lang und stark aus, dann schwach und kurz. Der Körper verliert seinen normalen Eigengeruch. Als inneres Anzeichen erscheinen viele einzelne Funken im Rauch. Als nächste Anhäufung folgen die karmischen Gestaltungskräfte (die Verbindung von Handlung und karmischem Ergebnis). Wir können uns nicht mehr bewegen. Die Auflösung der grundlegenden Erkenntnis der Aktivität führt dazu, dass wir uns nicht mehr an unsere Handlungen erinnern können und alles vergessen. Wenn man zu Lebzeiten sehr viel meditiert, reduziert sich das Interesse an der normalen äußeren Aktivität in ähnlicher Weise.

Viertes Stadium: Mit der Auflösung des Windelements kommt auch der Atem zum Erliegen. Der Geschmackssinn verschwindet, die Zunge wird kürzer und dicker, die Zungenspitze färbt sich bläulich. Wir schmecken nichts mehr, weder heiß noch scharf. Tastsinn und Körperkontrolle hören auf. Die innere Erfahrung ist die eines hellen, unbewegten Lichts. Wenn ich Fieber habe, habe ich ein ähnliches Gefühl, mein Körper trennt sich von der Wahrnehmung, die dann die ganze Gegend zu umfassen scheint. Dabei richtet sich meine Wahrnehmung auf einen Lichtpunkt im freien Raum, der sozusagen mein Gesprächspartner ist.

Danach beginnt die Auflösung der Anhäufung des Bewusstseins. Hier kommen wir auf die subtilere Ebene des Geistes, die aus achtzig Konzepten besteht, die mit der allgemeinen Wahrnehmung verbunden sind. Die anderen Konzepte waren mehr oder weniger durch die äußere Wahrnehmung (Hören, Sehen usw.) bedingt. Diese äußerliche Ebene haben wir bereits hinter uns gelassen, aber auf dem Bewusstsein befinden sich noch immer die relativ groben Konzepte, die abgebaut werden müssen. Dies geschieht während der drei Phasen, die »weiße

Erscheinung«, »rote Intensivierung« und »schwarzes Beinahe-Erlangen« genannt werden. Während der ersten Phase lösen sich die 33 Arten von Konzepten auf, die mit Hass verbunden sind, während der zweiten 40, die mit Anhaftung zu tun haben, bei der dritten die sieben übrigen, die auf Unwissenheit basieren. Schließlich erscheint das klare Licht des Todes.

Nun möchte ich diese vier letzten Stadien etwas näher erläutern, die auch als vier Arten von Leerheit bezeichnet werden: leer, sehr leer, große Leerheit und absolute Leerheit. Damit ist jedoch nicht die gewöhnliche Leerheit gemeint, sondern eine bestimmte meditative Erfahrung. Auf der ersten Stufe, dem Bewusstsein der Weisheit der Erscheinungen, sieht man ein weißes Licht, das so hell und leer ist wie ein Vollmond in einer klaren Herbstnacht. Diese Farbwahrnehmung entsteht dadurch, dass die vom Vater stammende weiße regenerative Substanz, die sich am oberen Ende des Zentralkanals unterhalb des Scheitels befindet, sich nach unten bewegt. Im nächsten Stadium, der »Erscheinung der roten Intensivierung«, sieht man eine rote Erscheinung, die wie die den ganzen Himmel bedeckende Morgenröte ist. Auch hierfür gibt es eine besondere tantrische Erklärung: In Höhe des Nabels befindet sich der von der Mutter stammende rote Tropfen, der nach oben steigt, wenn sich die ihn umgebenden Energiekanäle auflösen. Als nächstes tritt das Bewusstsein in das »schwarze beinahe Erreichen« ein, die »große Leerheit«. Hier lösen sich nun die letzten sieben der 80 Konzepte auf. Im ersten Teil dieses Stadiums erlebt man eine dunkle, unklare Erscheinung, aber dann verliert man völlig das Bewusstsein. Ich hatte vorhin gesagt, dass der Zentralkanal von zwei Seitenkanälen umschlungen wird, die in Höhe des Herzens einen sechsfachen Knoten bilden. Wenn nun alle Winde in den Zentralkanal eintreten, dehnt sich der zentrale Knoten aus, und die Winde umhüllen die oben erwähnte Kapsel in der Mitte des Zentralkanals von allen Seiten. Dadurch wird die schwarze Erscheinung erzeugt.

Diese Bewusstlosigkeit markiert den Übergang von der Auflösung der gröberen Schichten des Bewusstseins zum Erscheinen des subtilsten Bewusstseins, dem »klaren Licht des Todes«. Damit haben wir die vierte und letzte Phase der Auflösung erreicht. In ihr hat man den Eindruck vollkommener Klarheit, ohne Dunkelheit, ohne bestimmte Licht- und Gestaltwahrnehmung. Es ist wie ein klarer Herbstmorgen vor Sonnenaufgang, ein ganz konzeptfreier, unbehinderter Zustand ohne jede dualistische Erscheinung, der eine gewisse Ähnlichkeit mit der Verwirklichung von Leerheit hat. An dieser Stelle kann große Angst entstehen, weil die Auflösung immer feiner und feiner wurde und nun der Punkt erreicht ist, wo man sich endgültig von seinem Körper trennen muss. Große Meister sind hingegen imstande, nach ihrem Tod tage- oder wochenlang in diesem Zustand zu verweilen, ohne dass Leichenstarre oder Verwesung eintritt. Ein normaler Mensch bleibt nach dem klinischen Tod bis zu drei Tage in diesem Zustand, so lange ist er nach unserer Ansicht noch nicht gestorben. »Normal« heißt, dass er keine besonders tiefgehenden Erfahrungen mit buddhistischer Praxis gemacht und andererseits keine starken unheilsamen Handlungen begangen hat. In letzterem Fall würde er nur sehr kurz in diesem Zustand bleiben. Als äußere Zeichen, dass diese Phase beendet ist und das Bewusstsein den Körper verlassen hat, kann etwas Flüssigkeit aus der Nase und den Geschlechtsorganen treten. Wenn die betreffende Person vorher aber lange Zeit krank war, kann diese Erscheinung auch ausbleiben.

Der Grund für das Erscheinen des »klaren Lichts« ist die Vereinigung des weißen und des roten Tropfen mit der Kapsel, die sich im Zentralkanal befindet. Ihre obere Hälfte ist weiß, ihre untere rot, die beiden Tropfen verbinden sich mit dem gleichfarbigen Teil. Sämtliche Winde, die das subtilste Bewusstsein begleiten, sind damit eins geworden. Was bleibt nun übrig? Ein subtilster Geist und ein subtilster Wind, die die innere Erscheinung dieses freien, natürlichen Zustands erzeugen, das Anzeichen dafür, dass die äußerliche Bedingtheit keine Rolle mehr spielt. In diesem Moment gibt es ein Objekt und ein Subjekt: Das Subjekt ist das subtilste Bewusstsein, das Objekt ist ein Zustand der Leere, der vom subtilsten Bewusstsein wahrgenommen wird. Diese Kombination wird als der Erkenntniskörper in Bezug auf die Basis oder einfach als Dharmakâya der Basis bezeichnet. Das ist der eigentliche Todesmoment.

Dieses subtilste Bewusstsein hat keine Form, keine Farbe und ist aus nichts anderem entstanden, wurde von niemand geschaffen. Es ist ein Zustand von Klarheit und Wachheit. Aus dieser untrennbaren Einheit von Leere und Klarheit gehen unzählige Strahlen aus, aus diesem Zustand heraus kann man sehr viel wahrnehmen und erfassen. Für dieses subtilste Bewusstsein gibt es keine Geburt und keinen Tod, weil sein Kontinuum nie abreißt, es geht durch bis zur Buddhaschaft. Auf dieser Basis können wir alle guten oder schlechten Qualitäten entfalten, deshalb wird sie auch als unsere Buddha-Natur bezeichnet.

Bardo

»Bardo« (skt.: *antarabhava*) heißt »Zwischenzustand«, gemeint ist der Zwischenzustand zwischen Tod und nächster Existenz. Er stellt den Beginn der nächsten Existenz dar. Die längste Lebenszeit im Bardo beträgt angeblich sieben Menschentage. Die Bardowesen können bis zu sieben Mal im Bardo wiedergeboren werden, d.h., bis zu 49 Tagen nach dem Tod besteht die Möglichkeit, dass die verstorbene Person noch immer im Bardo ist. Aber es ist auch möglich, dass man innerhalb von Sekunden ins Bardo gerät und dort sofort eine neue Existenz annimmt.

Wenn man in den drei niederen Daseinsbereichen wiedergeboren wird, tritt das Bewusstsein in der unteren Körperhälfte aus, bei einer Wiedergeburt in den höheren Bereichen erfolgt der Austritt durch die Augen (bei Menschen), den Bauchnabel oder die Ohren, die Stirn und die Schädelkrone (bei Göttern und Halbgöttern). Wenn man über sehr starke meditative Fähigkeiten verfügt oder eine sehr kraftvolle geistige Unterstützung erhält, kann man mithilfe der Praxis der Bewusstseinsumwandlung (Phowa) aus dem Zustand des klaren Lichts in die nächste Existenz übergehen. Wenn man jedoch sehr stark mit unheilsamen Handlungen belastet ist, wird man nach dem

Tod sofort in einem leidvollen Dasein (etwa als Höllenwesen) wiedergeboren.

Prinzipiell ist es so, dass die Bardowesen einen nicht-materiellen Geistkörper besitzen, der aus dem subtilsten, untrennbar mit dem subtilsten Bewusstsein verbundenen Wind besteht. Das subtilste Bewusstsein allein ist von Natur aus klar und erkennend, aber nicht beweglich. Ohne den subtilsten Wind könnte es den Körper gar nicht verlassen. Nun kann man sich die Frage stellen, ob es diesen »Wind« überhaupt gibt. Früher habe ich auch gedacht, dass man vielleicht einfach die Bewegung des Geistes als Wind bezeichnet hat, aber wenn man sich näher mit Tantra und Philosophie beschäftigt, gelangt man doch dazu, die Existenz dieses subtilsten Winds zu akzeptieren. Wenn wir z.B. Brot backen, besteht das Brot aus Mehl und Wasser. Brot besteht aus Mehl, aber Mehl allein ist kein Brot. Das Mehl ist sozusagen die direkte Ursache, das Wasser die Nebenursache. Die Nebenursache ist zwar nicht der Hauptbestandteil, ist aber ausschlaggebend für das Zustandekommen des Brots. Das subtilste Bewusstsein ist die direkte Ursache des Geistes des Bardowesens, der subtilste Wind ist seine Nebenursache. Umgekehrt ist der subtilste Wind die direkte Ursache für den Bardokörper, das subtilste Bewusstsein ist dessen Nebenursache.

Was für einen Bardo wir bekommen, hängt vom Verlauf des Todesprozesses ab. Wenn wir ihn richtig bewältigen, geraten wir automatisch in einen guten Zwischenzustand. Daher soll man seinen Ablauf möglichst genau kennen lernen und darüber nachdenken, darüber meditieren, sich selbst als Sterbenden vorstellen und sich die einzelnen Phasen vergegenwärtigen, wie sich die einzelnen Kräfte und Elemente nach und nach auflösen. Das Bardowesen hat die Gestalt und den Körper der nächsten Existenz, denn der Bardo gehört bereits zum nächsten Leben und hat dieselben karmischen Ursachen wie dieses. In den kanonischen Texten heißt es auch, dass die Bardowesen unterschiedliche Farben haben: Ein zukünftiges Höllenwesen hat einen Körper wie verkohltes Holz, bei einem Tier ist er rauchfarben, bei Menschen und Göttern golden. Der Bardokörper eines Menschen ist ungefähr so groß wie ein vier- bis fünfjähriges Kind. In diesem Zustand besitzt man noch nicht die vollständigen Skandhas, sondern nur einen geistigen, nichtgrobstofflichen Körper. Die Bardowesen können sich gegenseitig wahrnehmen, sind aber sehr empfindlich und neidisch, weshalb sie nicht gut miteinander auskommen. Sie können sich ungehindert bewegen, sind ihrem Karma aber auf besondere Weise unterworfen. Wesen, die als Menschen wiedergeboren werden, bewegen sich geradeaus, künftige Götter steigen empor, Höllenwesen fallen kopfüber nach unten. Anfangs kehren sie immer wieder zu den ihnen vertrauten Orten und Personen zurück, aber da die Hinterbliebenen sie nicht wahrnehmen können, fühlen sie sich vernachlässigt und gekränkt.

Die Lebensspanne im Bardo beträgt, wie gesagt, maximal 49 Tage, obwohl ich nicht sagen kann, wer diese Zeitspanne festgelegt hat. Von unserer konventionellen Wahrnehmung aus mögen solche Zahlenangaben phantastisch erscheinen, aber in der tantrischen Meditation funktioniert es hervorragend, daher ist das für mich eine sehr zuverlässige, stichhaltig begründete Darlegung. In der tibetischen Kultur haben wir jedenfalls die Gewohnheit, nach dem Tod 49 Tage lang Gebete zu sprechen und Opfergaben darzubringen, Buddha-Statuen herzustellen und andere heilsame Handlungen auszuführen.

Die Bardowesen besitzen bis zu einem gewissen Grad besondere Fähigkeiten wie Hellsehen und können sich aufgrund ihrer Windnatur ungehindert bewegen. Sie brauchen nur an einen Ort zu denken, um dort zu sein. Sie können jedoch keine grobstofflichen Speisen zu sich nehmen, sondern ernähren sich von Gerüchen. Daher haben wir auch ein besonderes Rauchopfer, das speziell für die Bardowesen gedacht ist. Die Wesen im Formbereich sind darauf jedoch nicht mehr angewiesen. Wenn sie im Bardo nach jeweils sieben Tagen sterben und wiedergeboren werden, gehen sie wieder vorwärts und rückwärts durch die acht Stadien des Sterbeprozesses, nur schneller. Wenn sie dann schließlich eine richtige Geburt annehmen, durchlaufen sie ebenfalls die acht Stadien des Sterbeprozesses, nur in umgekehrter Reihenfolge.

Über die 49 Tage, die man im Bardo bleiben kann, gibt es noch viele weitere ausführliche Erklärungen, in denen beschrieben wird, was während der ersten, zweiten, dritten usw. Woche geschieht, welche Erscheinungen auftreten können und wie man damit umgehen soll. Insbesondere gibt es auch die Möglichkeit, im Bardo Erleuchtung zu erlangen, wenn man zu Lebzeiten zwar intensiv Tantra praktiziert hat, ohne die Samaya-Gelübde zu verletzen, aber nicht genug Rückendeckung durch heilsame Handlungen hatte, um die Buddhaschaft innerhalb eines Lebens zu erlangen. Aufgrund seiner soliden Praxis kann man den Todesprozess dann jedoch mit den entsprechenden Meditationen begleiten und im achten Stadium das klare Licht des Todes erlangen. Von da aus geht es nicht weiter ins normale Bardo, sondern man nimmt einen »unreinen Illusionskörper« an, der dem Traumkörper ähnlich ist. Diesen wandelt man in einen »reinen Illusionskörper« um, bis zum so genannten »klaren Licht der vierten Stufe«, das ist die reale, einspitzige Konzentration auf die Leerheit. In diesem Stadium kann man sich sehr schnell weiterentwickeln und schließlich die so genannte Vajradharaschaft, d.h. Buddhaschaft, verwirklichen.

Anstelle des normalen Bardokörpers erscheint man dann im Samboghakâya, dem Genusskörper eines Buddhas, von dem aus man entsprechend dem Wunsch des Praktizierenden Emanationen bzw. Reinkarnation aussenden kann. Unter Reinkarnation verstehen wir im Buddhismus also zweierlei: zum einen die gewöhnliche, zum anderen die gezielte, freiwillige Wiederverkörperung wie bei den so genannten Tulkus, den anerkannten Reinkarnationen früherer Lehrer.

Wiedergeburt

Die Bardowesen wandern umher und suchen nach einer Möglichkeit zur Wiedergeburt. Wenn sie schließlich auf eine karmisch geeignete Person treffen, treten sie in den Mutterleib ein. Nach unserer Auffassung geht das Bardowesen in den Mund des Vaters ein, wandert durch seinen Leib und gelangt durch die Geschlechtsorgane in den Mutterleib. Wenn es ein Sohn wird, wendet das Kind sein Gesicht nach hinten der Mutter zu, wenn es eine Tochter wird, blickt sie nach vorn. Ein Junge sitzt auf der rechten Seite im Mutterleib, ein Mädchen auf der linken. Beim Übergang vom Bardo in den Mutterleib durchläuft das Bardowesen wieder kurz die acht Stadien. Wenn es in die Nähe der Eltern kommt, sieht es ihre Vereinigung und entwickelt einen starken Zorn gegen die Mutter, wenn es als Mädchen geboren wird. Durch diesen Zorn beendet es seine Bardoexistenz und tritt in den Mutterleib ein. Wenn es ein Junge wird, ist es genau umgekehrt, dann entwickelt es Zorn auf den Vater. Die Erklärung ist folgende: Das Bardowesen hat die karmische Bestimmung, als Mädchen geboren zu werden, ein weibliches Wesen zu sein. Es will sich daher mit dem Vater vereinigen, ist aber durch die Vereinigung der Eltern daran gehindert. Durch den Zorn, den dieser Anblick in ihm auslöst, explodiert es sozusagen.

Die traditionelle Erklärung beschreibt dann sehr ausführlich, wie sich das Kind im Mutterleib entwickelt. Zusammen mit der äußeren Form bilden sich die drei Hauptkanäle und die verschiedenen Nebenkanäle. In den Kanälen bewegen sich fünf Haupt- und fünf Nebenwinde, die jeweils eine bestimmte Funktion haben und z.B. die Verdauung, den Atem und die Blutzirkulation steuern. In den Kanälen fließt ein weißes Fluidum, das zusammen mit den Winden dafür sorgt, dass wir bei freudigen oder unangenehmen Erfahrungen ein Gefühl im ganzen Körper haben. Wenn wir z.B. einen äußeren Reiz wahrnehmen, wirkt dieser auf das Fluidum, wodurch die körperliche Reaktion entsteht. Das ist schwer zu verstehen und zu erklären, da diese ganze Vorstellung auf meditativen Erfahrungen beruht. Auch im Mutterleib macht das Kind viele leidvolle Erfahrungen. Zum Beispiel spürt es sehr genau, wenn die Mutter etwas Heißes isst oder trinkt; das ist dann, als ob ihm kochendes Wasser auf den Kopf gegossen würde. Wenn sie zu schnell läuft, wird es durchgeschüttelt usw.

Ein bis drei Jahre nach der Geburt können sich die Kinder noch an ihre frühere Existenz erinnern. Das ist so, wie wenn man kurz vor oder nach dem Aufwachen den Traum rekapituliert, den man geträumt hat. Nach einer halben oder ganzen Stunde sind diese Eindrücke dann aber schon schwächer geworden, und am Abend kann man sich meist gar nicht mehr daran erinnern. In ähnlicher Weise verblassen nach der Geburt die Erinnerungen an frühere Existenzen, da sie zunehmend von den ganzen falschen Konzepten überlagert werden, die im Mutterleib nur potenziell vorhanden waren und nun immer weiter ausgebaut werden. Daher zeigt man den Tulkus (reinkarnierten Lamas) auch bestimmte Gegenstände und stellt ihnen Fragen, wenn sie noch ganz jung sind, weil die Möglichkeit der Rückerinnerung an frühere Existenzen in diesem Alter am größten ist.

Die zwölf Glieder des abhängigen Entstehens

Die zwölf Glieder des abhängigen Entstehens sind eine Beschreibung des Ablaufs unserer Existenz, wie sie zustande kommt und wo sie hinführt. Sie sind ein wichtiges Hilfsmittel, um erstens das karmische System richtig zu verstehen und zweitens richtig zu handeln. Wenn wir nur über einen einmaligen Zyklus von zwölf Gliedern sprechen, klingt das Ganze wenig plausibel und wirkt relativ simpel. Es gibt jedoch nicht nur eine Kette, sondern Millionen Ketten, die ineinander greifen und auf diese Weise Realität erzeugen. Denn als Lebewesen führen wir in jedem Moment Handlungen aus. Mit jeder Handlung beginnt nun eine Ursachenkette, die entweder in zwei oder in drei Existenzen vollendet wird. Wenn wir uns vorstellen, dass wir in einer Minute eine Handlung ausführen und dann die Anzahl unserer Handlungen für einen Tag oder ein Jahr errechnen, bekommen wir eine Vorstellung von den Ausmaßen des Vorgangs.

Nun zu den einzelnen Gliedern der Kette: Das erste Glied ist *Unwissenheit (*tib. *ma rigpa,* skt. *avidyâ*). Sie hat zwei Aspekte: Unwissenheit über das karmische System und Unwissenheit über den natürlichen Zustand, die wahre Natur der Realität.

Die erste Art von Unwissenheit ist die hauptsächliche Ursache für die Ansammlung von unheilsamen Handlungen: Weil ich nicht glaube, dass meine Handlungen für mich Konsequenzen haben werden, begehe ich sie. Diese Unwissenheit ist daher negativ. Die zweite kann hingegen sehr wohl mit heilsamen Handlungen verbunden sein. So kann ich z.B. eine positive Handlung ansammeln und damit den Wunsch verbinden, in meiner nächsten Existenz wieder als Mensch geboren zu werden. Das ist zwar bereits eine Dharma-Handlung, weil sie sich nicht auf diese, sondern auf die nächste Existenz bezieht, aber dennoch ist sie nicht positiv genug, da diese menschliche Existenz immer noch innerhalb von Samsara liegt. Die Bindung an die konventionelle, »normale« Realität ist noch zu stark, man besitzt noch kein Wissen über die wahre Natur der Realität. Mit »normaler Realität« meine ich unsere Wahrnehmung der Dinge, dass wir nicht genau überlegen, wie das Objekt zustande kommt und wie wir mit ihm in Beziehung stehen. Ohne darüber nachzudenken, können wir keine Erkenntnis der Realität erlangen. Solange ich das Objekt weiter auf die »normale« Weise betrachte, kann ich mich gar nicht richtig von ihm lösen, ich werde immer wieder in Versuchung geraten und weiter an ihm haften. Meine Hassgefühle und sonstigen störenden Geistesfaktoren werden sich so nie erschöpfen. Daher ist die Unwissenheit über die Natur der Realität die Hauptwurzel von Samsara, die Unwissenheit über die karmischen Zusammenhänge ist letztendlich auf sie zurückzuführen, auch wenn sie der besseren Anschaulichkeit wegen getrennt aufgeführt wird. Diese grundlegende Unwissenheit ist jedenfalls die Basis aller weiteren, konflikterzeugenden Geistesfaktoren.

Wie in unserem Geist ständig solche Störfaktoren auftreten, können wir sehen, wenn wir in der Mahamudrapraxis den Strom unserer Gedanken betrachten. Unser Geist ist wie eine Schnur, an der viele bunte Perlen aufgereiht sind: manche sind aus Glas, manche aus Holz oder Plastik. Einerseits gibt es also diese Kontinuität der Reihe, andererseits ist die Qualität der einzelnen Momente sehr unterschiedlich. So entstehen auch in unserem Bewusstsein unterschiedliche Gedanken, die manchmal neutral, manchmal schwach positiv, wieder neutral, sehr negativ, dann wieder sehr positiv, neutral sind usw. Diese offenkundigen Geisteszustände werden von der grundlegenden Unwissenheit verursacht, die alle diese Eindrücke positiv und negativ färbt. Für uns ist es zunächst nicht möglich, rein positiv, ohne jeden Bezug zur Unwissenheit zu handeln. Auch unsere positiven Geisteszustände sind vorerst noch mit dieser Unwissenheit befleckt. Wenn ich z.B. eine Opfergabe an den Buddha darbringe, ist das zwar eine heilsame Handlung, aber ich betrachte die Gabe und den Buddha dabei immer noch als durch sich selbst existierend, weil ich noch nicht die Sichtweise einer Person habe, die Leerheit realisiert hat.

Das zweite Glied sind die *karmischen Gestaltungskräfte* (skt. *samskâra*, tib. *'du-byed*). Das sind nichts anderes als auf der Basis von Unwissenheit durchgeführte Handlungen, die das Potenzial haben, eine Wiedergeburt in einem der sechs Daseinsbereiche herbeizuführen (unreifes Karma, werfendes Karma). Neben den äußerlichen gibt es auch sprachliche und geistige Handlungen, wenn ich zum Beispiel über jemanden schimpfe oder schlecht von ihm denke, erzeuge ich ebenfalls karmische Ursachen.

Das dritte Glied, *Bewusstsein* (skt. *vijñâna*, tib. *rnam-shes*), hat zwei Teile: das Bewusstsein zur Zeit der Ursache und das Bewusstsein zur Zeit des Ergebnisses. Unter Bewusstsein verstehe ich in diesem Fall keineswegs die sechs Arten von Sinnesbewusstseine wie Seh-, Hörbewusstsein usw., sondern das subtilste Bewusstsein, das im Unterschied zu den gröberen Schichten von einer Existenz zur anderen kontinuierlich weitergeht. Dieses subtilste Bewusstsein ist die Basis unseres Daseins. In der philosophischen Terminologie wird es als Hauptbewusstsein und als Basis der Benennung bezeichnet, die dann konkret als Mensch oder Hund »benannt« wird. Es funktioniert wie eine Informationszentrale, die alle unsere Handlungen registriert. Da es keine Handlungen ohne Motivation gibt, sind unsere Handlungen immer mit Bewusstsein verbunden (sonst könnte eine Leiche auch handeln) und werden auf dieser feineren Ebene abgespeichert, deren Speicherkapazität im

Grunde unbegrenzt ist. Dieses auf das subtilste Bewusstsein eingespeicherte Karma ist nun das Bewusstsein zur Zeit der Ursache. In der nächsten oder übernächsten Existenz erfahre ich in der Verbindung von Körper und Geist genau das Ergebnis dieser Handlung, das ist dann das Bewusstsein zum Zeitpunkt des Ergebnisses.

Jetzt kann man fragen, warum die Unwissenheit vor dem Bewusstsein kommt, wo Unwissenheit doch eine Art von Bewusstsein ist. Widerspricht sich das nicht? Des Rätsels Lösung ist: Unwissenheit ist die momentane, jeweils spezifische Unwissenheit für eine bestimmte Handlung. »Bewusstsein« ist dementsprechend die spezielle karmische Information, die im Bewusstsein abgelegt wird und zum Zeitpunkt des Ergebnisses als Basis für einen bestimmten Bewusstseinszustand dient. Die ersten drei Glieder bilden einen Block, der zu einer Existenz gehört. Mit dem vierten Glied, Name und Form (*nâma-rupa, min-gzugs*), beginnt eine andere Existenz. Name und Form sind die Voraussetzung für den Beginn einer Existenz, sie entstehen durch den Eintritt des Bewusstseins in den Mutterleib und seine Verbindung mit den Keimzellen. Die voll entwickelte Person besteht aus den fünf Anhäufungen Form, Empfindung, Wahrnehmung, karmische Gestaltungskräfte und Bewusstsein. Die letzten vier werden unter der Bezeichnung »Name« zusammengefasst. Im Mutterleib sind sie noch nicht vollständig ausgebildet. Form ist der materielle Körper. Mit ihrer Verbindung fängt ein neues Leben an.

Auf der Basis von Name und Form entwickeln sich dann fünftens die sechs Sinnesbereiche (skt. *âyatana,* tib. *skye-mched*). *Âyatana* heißt »das Tor zum Eintritt ins Dasein«, *skye-mched* bedeutet wörtlich »entstehen – weiter ausbilden«. Damit ist die Ausbildung der verschiedenen Sinnesorgane wie Auge, Ohr, Nase usw. gemeint, sowie der ihnen jeweils entsprechenden Sinne wie Sehen, Hören usw. Neben den fünf äußeren Sinnen wird das Denken, die innere Selbstwahrnehmung, als sechster Sinn gezählt, das entsprechende Organ wäre das Gehirn. Auf der Grundlage von Name und Form differenzieren sich also die Eigenschaften des Körpers aus, seine Fähigkeit zur Wahrnehmung. Noch kommt aber keine Wahrnehmung zustande.

Die beiden nächsten Glieder sind eng miteinander verzahnt. Berührung (skt. *sparsha,* tib. *reg-pa*) ist im Grunde der Beginn der Empfindung. Durch das Zusammentreffen von Objekt, Sinnesorgan und Sinnesbewusstsein wird nun eine Wahrnehmung erzeugt: Vermittels meines Sehorgans sehe ich z.B. eine Person, registriere diesen Eindruck mit dem Sehbewusstsein und identifiziere sie als Freund oder Feind. Durch das Zusammenwirken von Objekt, Organ und Bewusstsein entsteht eine Wahrnehmung, die bereits nach den Kriterien angenehm, unangenehm oder neutral sortiert ist. Durch die Berührung kommt es jetzt siebtens zur Empfindung (skt. *vedanâ,* tib. *tshor-ba*), z.B. zu einer Empfindung von Hass aufgrund des unangenehmen Eindrucks. Es kann jedoch auch sein, dass diese Empfindung nicht unbedingt auf einer äußeren Wahrnehmung beruht, sondern dass ich aufgrund einer Erinnerung oder meiner schlechten Laune jemanden als Feind betrachte. Hier gibt es einen gewissen Spielraum. Damit ist der zweite Block abgeschlossen: Aus der Verbindung von Name und Form entwickeln sich die sechs Sinnesbereiche, mit denen ich angenehme, unangenehme und neutrale Wahrnehmungen machen kann, die in mir eine Empfindung von Anhaftung, Abneigung und Gleichgültigkeit erzeugen. Anhaftung und Abneigung hängen natürlich eng mit der Bildung des Ego zusammen, das hier wieder aufgrund der karmischen, auf dem subtilsten Bewusstsein abgespeicherten Informationen entsteht.

Die nächste Sequenz umfasst Gier (*trsna, sred-pa*), Ergreifen (*upâdâna, len-pa*) und Werden (*bhâva, srid-pa*). Die Berührung mit einem angenehmen Objekt erzeugt eine Empfindung von Glück, die mit einem unangenehmen Objekt Leiden. Die glücklichen Empfindungen möchten wir gerne behalten und haben deshalb Angst, uns von dieser wonnevollen Erfahrung wieder trennen zu müssen. Das ist Gier, oder wörtlich »Durst«, die Unersättlichkeit, die immer wieder nach einer bestimmten Erfahrung verlangt. Gier bezieht sich aber auch auf unglückliche Erfahrungen: Ich leide unter einer bestimmten Situation und will frei von diesem Leiden sein, weil ich den Wunsch nach Leidfreiheit habe. In diesem Fall bezieht sich die Gier auf den Wunsch, von dieser Situation getrennt zu sein. Bei den neutralen Empfindungen drückt sich die Anhaftung in dem Unwillen aus, über den Kreis der bereits vorhandenen Eindrücke hinauszugehen. Ich habe schon genug angenehme und unangenehme Objekte, deswegen will ich mit diesem neuen Objekt nicht auch noch zu tun haben, sondern den Status quo beibehalten.

Ein angenehmes Objekt führt also zu einer Empfindung von Glück, die Anhaftung an diesen Zustand erzeugt und aus der heraus man immer wieder danach greift. Durch diesen Prozess entstehen all unsere Gefühle. Zunächst nimmt man ein bestimmtes Objekt wahr und trifft eine Entscheidung: Ich mag es, oder ich mag es nicht. Wenn ich es mag, will ich es behalten, wenn nicht, versuche ich, es wegzuschieben. Das ist damit gemeint, dass die Gier zum Greifen nach dem Objekt führt. Wir können nach ganz unterschiedlichen Objekten greifen. So ist es auch durchaus möglich, dass man Anhaftung an falsche Anschauungen entwickelt, die nicht mit der buddhistischen Theorie der Leerheit in Einklang stehen. Zum Beispiel kann man sich in eine nihilistische Anschauung verrennen und behaupten, dass alles, was wir sehen, nur Täuschung und Illusion ist; oder wir vertreten die materialistische Auffassung, dass es nur das gibt, was wir im Moment sehen, dass es keine früheren und keine späteren Existenzen gibt und mit dem Tod alles endet. Das ist auch falsch. Dann gibt es nach buddhistischer Auffassung auch verschiedene Arten von Askese, die abzulehnen sind. Darin steckt eine Kritik an verschiedenen extremen hinduistischen Praktiken wie kontinuierlichem Schlafentzug oder jahrelang auf einem Bein zu stehen.

Streng genommen geht es jedoch nicht um irgendeine Gier und irgendein Ergreifen, sondern um die Gier und das Greifen, die kurz vor dem Tod auftreten und die Verbindung zur nächsten Existenz herstellen, weil die Motivation in dieser Situation sehr stark, sehr intensiv wird. Nehmen wir an, ich habe zunächst den starken Wunsch, in der nächsten Existenz ein Mensch mit einem langen Leben zu werden. Diesen Wunsch bestärke und bekräftige ich immer weiter, bis ich durch mein Greifen danach die Möglichkeit geschaffen habe, dieses Ergebnis zu erhalten. Wenn sich diese Möglichkeit mit dem entsprechenden positiven Karma verbindet, kann das Resultat tatsächlich eintreten. Prinzipiell kann jedes Karma zum werfenden Karma werden, nur wird das kurz vor dem Tod aktivierte Karma durch die Umstände noch zusätzlich verstärkt.

Der tibetische Ausdruck für **Werden** bedeutet wörtlich übersetzt »möglich machen«. Erinnern wir uns, dass wir beim 2. Glied Gestaltungskräfte auf unserem Bewusstsein Karma angesammelt haben. Dieses Potenzial verbindet sich nun mit Gier und Ergreifen und bringt eine bestimmte Art von Ergebnis zur Reife. Dieses Ergebnis ist noch nicht zu sehen, aber die Möglichkeit für sein Entstehen ist geschaffen. Die Realisierung dieser Möglichkeit führt dann zur Geburt (skt. *jâti*, tib. *skyeba*), zu einer neuen Existenz. Ohne diese Möglichkeit kann keine neue Existenz entstehen. In der ersten Sekunde nach der Geburt beginnt man schon zu altern, und das ist das zwölfte Glied: Alter und Tod (skt. *jarâmarana*, tib. *rga-shi*).

Eine andere Einteilung unterscheidet zwei Ursachenblöcke (1–3 und 8–10) und zwei Ergebnisblöcke (3–7 und 11–12). Wieso? Aufgrund meiner Unwissenheit sammle ich Gestaltungskräfte auf meinem Bewusstsein. Gier und Greifen aktualisieren diese Anlage und lösen Werden aus, das zum Zeitpunkt des Resultats zum Bewusstsein führt, zu einem Bewusstsein, auf dem nun die Ergebnisse des früher gespeicherten Karmas reifen. Dieser zweite Teil von 3) kann allein für sich genommen nicht viel ausrichten, deshalb verbindet er sich mit der physischen Form (4), aus der sich dann allmählich die Glieder 5–7 entwickeln. Der erste Ursachenblock wird auch als Block der *werfenden Ursachen* bezeichnet, weil diese Ursachen uns in Samsara hineinwerfen. Die Glieder 1–3 sind wie ein Samen, der zusätzlich Dünger, Feuchtigkeit und Wärme braucht, um sich zu entwickeln. Diesen auslösenden Faktor liefert die Sequenz 8–10, die *verwirklichenden Ursachen*. Die unmittelbare Folge ist die *Frucht des Geworfenseins*, die zweite Hälfte von 3–7, während 11–12 die *Folge der Verwirklichung* ist.

Nun ist es nicht so, dass ich erst einen Zyklus beende, bevor der nächste beginnt, sondern bevor der eine endet, habe ich bereits sehr viele neue Ketten begonnen. Wenn ich mir überlege, wie viele Zyklen ich in einer Stunde, einem Jahr oder einem Leben in Gang bringe, wird in mir der starke Eindruck entstehen, dass ich so niemals aus diesem Netz herauskomme, dass ich rettungslos in ihm gefangen bin. Das ist auch der Sinn der Sache. Was soll ich jetzt tun? Ich kann nur nach einer Methode suchen, die diesen zwanghaften Kreislauf an der Wurzel abschneidet, das heißt die grundlegende Unwissenheit beseitigt.

9. Der Weg zur Befreiung

Die dritte Edle Wahrheit ist die Wahrheit von der Beendigung des Leidens: Nirwana. Die Bedeutung des Sanskritwortes *nirwana* ist etwas umstritten, meist wird es mit »Verwehen, Auslöschen« übersetzt. Das tibetische Wort für Nirwana (*tharpa*) bedeutet einfach »Befreiung«. Wenn wir wissen wollen, was Nirwana ist, müssen wir also wissen, was uns bindet und wie wir uns davon lösen können.

Wir sind gefesselt von unseren unfreiwillig angesammelten karmischen Handlungen und unseren konflikterzeugenden Geistesfaktoren. Tagtäglich begehen wir Handlungen, die meistens eine neutrale oder unheilsame Motivation haben. Dadurch sammeln wir entsprechendes Karma an, dessen Auswirkungen wir irgendwann erfahren werden. Auch unsere jetzige Existenz ist das Produkt vergangenen Karmas. Da wir ununterbrochen weitere Handlungen ansammeln, haben wir noch zahllose Existenzen vor uns; wir sind fest eingebunden in einen Kreislauf, aus dem wir nicht einfach herauskönnen.

Wenn wir ausführlich über unsere Situation nachdenken und uns die verschiedenen Arten des Leidens in Samsara vergegenwärtigen, wird uns diese Analyse früher oder später dazu führen, dass wir uns aus diesem zwangsläufigen Kreislauf der Wiedergeburten befreien wollen, weil dieser Teufelskreis uns nie in Ruhe lässt. Immer wieder werden wir in alle möglichen Existenzformen und Situationen geworfen, in denen wir alle erdenklichen Erfahrungen machen und unendlich leiden müssen, ob wir wollen oder nicht. Daher sage ich mir: Ich will nicht länger umhergetrieben werden wie ein welkes Blatt im Wind. Das ist die große Theorie. Nirwana ist die Befreiung von Samsara, dem Daseinskreislauf, das positive Gegenteil dieses negativen Zustands.

Die Überwindung von Samsara

Die kostbare Menschenexistenz ist die beste Gelegenheit, Samsara zu überwinden. Die Götter und Halbgötter haben ein so angenehmes Leben, dass sie gar nicht daran denken, Entsagung zu entwickeln. Die Lebewesen in den niederen Bereichen hingegen müssen so viel grobe Leiden ertragen, dass sie keine Muße haben, über den Weg zur Befreiung nachzudenken.

Wie kommt man nun ins Nirwana? Alle konflikterzeugenden Geistesfaktoren lassen sich auf die drei geistigen Gifte zurückführen, nämlich Begierde, Hass und Unwissenheit oder Verblendung. Die beiden ersten sind relativ einfach zu verstehen, im Gegensatz zum dritten. Es gibt zwei Arten von Unwissenheit: Unwissenheit über die Wirkungsweise von Karma und Unwissenheit über die eigentliche Natur der Phänomene, d.h. die Leerheit. Im ersten Fall hat man kein Vertrauen in Karma oder weiß gar nicht, dass heilsame Handlungen positive und unheilsame Handlungen unangenehme Resultate haben. Die Verblendung über den natürlichen Zustand der Phänomene ist die Ursache dafür, dass sich überhaupt konflikterzeugende Vorstellungen bilden, vor allem die Konzepte »ich« und »mein«. So betrachte ich mich selbst als unveränderliche, solide Person, als das Subjekt, das Wahrnehmungen der Phänomene hat. Diese Selbstwahrnehmung dehnen wir dann auch auf die Objekte aus und sagen »das gehört mir, das ist meins«. Dadurch erscheinen auch »ich« und »du« getrennt: Dem eigenen »Ich« wird der höchste Wert zugeschrieben, und alle anderen werden ihm untergeordnet. Innerhalb der Gruppe »die anderen« betrachte ich ebenfalls einige als »mein«: »meine« Familie, »meine« Frau, »meine« Verwandten, bis hin zu »meinem« Land, »meiner« Rasse, »meiner« Religion. Wenn wir jetzt noch außerirdische Konkurrenz hätten, würden wir die Erde als »unseren« Planeten und die anderen als die »Fremden« ansehen.

Auf diese Weise entwickeln sich ununterbrochen konflikterzeugende Geistesfaktoren, die zu unheilsamen Handlungen führen. Wenn man länger darüber nachdenkt, sieht man nach und nach ein, wie eng Verblendung und konflikterzeugende Geistesfaktoren zusammenhängen, und wie sie sich unter den Menschen wechselseitig bedingen. Was sich zwischen uns abspielt, ist zum Großteil durch die Trennung in »ich« und »die anderen« motiviert, was zur Folge hat, dass die konflikterzeugenden Geistesfaktoren sich ungehemmt entfalten können. Solange sie freie Bahn haben, vermehren sie sich auch immer weiter und schaffen immer mehr Ursachen für unheilsame Handlungen. Deshalb muss man zunächst eine Grenze setzen und ihre Entfaltungsmöglichkeit einschränken.

Die drei Übungen (ethische Disziplin, Meditation, Erkenntnis)

Aus diesem Grund müssen wir, wenn wir ins Nirwana gelangen wollen, drei Übungen praktizieren, nämlich ethische Disziplin, Meditation und Erkenntnis. Wir kennen verschiedene Arten von Disziplin: Es gibt Regeln für Laien, für Mönche und Nonnen, sowie spezielle Bodhicitta- und Tantra-Gelübde. Alle diese Disziplinen oder Regeln dienen nur dazu, die von den konflikterzeugenden Geistesfaktoren erzeugte innere Unruhe zu dämpfen. Wenn sie sich nicht mehr ungehemmt ausbreiten können, richten sie weniger Unheil an. Wenn ein wildes Kind einen strengen Aufseher hat, kann es keinen großen Terror machen, wenn man es einfach frei laufen lässt, stellt es hingegen alles Mögliche an.

Es ist jedoch nicht so, dass diese drei Übungen etwas ganz Neues wären. Als Buddhist erhält man von Anfang an verschiedene Empfehlungen, was man tun und nicht tun soll (siehe Kapitel 6). Damit hat man schon begonnen, *Disziplin* zu üben. Auf dieser Basis grenzt man dann die konflikterzeugenden Geistesfaktoren immer mehr ein, der Zaun um sie wird sozusagen immer enger: Erst kommen die Laiengelübde, dann die Nonnen- oder Mönchsgelübde, die Bodhicitta- und schließlich die Tantra-Gelübde. Die einen machen die anderen nicht überflüssig, sondern verstärken sie noch.

Die zweite Übung ist **Konzentration**. Wenn wir die konflikterzeugenden Geistesfaktoren eingesperrt haben, können wir sie besser kontrollieren und uns jeden einzelnen genauer ansehen. Um sie endgültig zu überwinden, bedarf es jedoch großer Konzentration und Selbstbeherrschung, d.h. der meditativen Fähigkeit, die Gedanken einspitzig auf einen Punkt, ein Objekt richten zu können.

Die dritte Übung ist dann die **Erkenntnis** der Leerheit. Die konflikterzeugenden Geistesfaktoren sind unter Kontrolle gebracht, jetzt können wir daran gehen, ihre Wurzel unter die Lupe zu nehmen, nämlich die grundlegende Unwissenheit. Die Konzentration auf die Leerheit bekämpft die Irrtümer über die wahre Natur der Phänomene. Sie zeigt uns, wie die Dinge wirklich sind, wodurch alle falschen Auffassungen, die ich bisher gehegt habe, automatisch zerstört werden. Weisheit und Unwissenheit sind wie heiß und kalt, das eine schließt das andere notwendigerweise aus. Durch diese Übung beseitigt man also die Ansammlung von weiterem unheilsamen Karma, das durch Unwissenheit entsteht, und dadurch endet der Zwang, immer wieder in allen möglichen Existenzen wiedergeboren werden zu müssen. Wenn man diesen Zwang überwindet, hat man Nirwana erreicht. Die Übung von Konzentration und Weisheit wird unten noch ausführlich behandelt, weshalb ich sie an dieser Stelle nur kurz erwähne.

DRITTE STUFE

DER WEG DES GROSSEN FAHRZEUGS

10. Bodhicitta – das Streben nach Buddhaschaft

Bodhicitta ist der außerordentlich starke Wunsch, Buddhaschaft erlangen zu wollen, weil ich den Menschen und darüber hinaus allen anderen Lebewesen helfen will. Ich will sie nicht nur unterstützen, sondern sie aus Samsara retten und in einen absolut glückseligen Zustand versetzen.

Jeder Mensch besitzt eine gewisse Warmherzigkeit. Manche Menschen sind sehr liebevoll, manche kalt, aber ein bisschen Liebe oder Warmherzigkeit besitzt jeder. Zu dieser Warmherzigkeit gehört, anderen Freiheit von Leiden zu wünschen, ihnen helfen wollen. Wenn wir einen warmherzigen Menschen treffen, gibt es wohl keinen, der sagen würde: »Der ist zu gut oder zu lieb« (abgesehen vielleicht von manchen Zynikern). Alle loben Menschen, die nett sind, warmherzig zu sein hat keinen Nachteil. Das ist sozusagen ein Miniaturbild von Bodhicitta. Die Reichweite von Bodhicitta ist aber nun nicht auf einige wenige Personen beschränkt, sondern erstreckt sich auf alle Menschen, alle Lebewesen; Bodhicitta ist grenzenlos. Unsere Warmherzigkeit kann leicht ein Ende finden, aber Bodhicitta ist beständig. Es ist millionenfach stärker als unsere gewöhnliche Warmherzigkeit, seine eigentliche Qualität ist daher schwer mit Worten zu beschreiben.

Bodhicitta ist natürlich keine leichte Sache. Anderen Menschen gegenüber immer Warmherzigkeit zu zeigen, ist schon deshalb schwierig, weil ich die Schuld immer bei den anderen suche und glaube, mich verteidigen zu müssen. Wenn das schon nicht einfach ist, dann ist es natürlich noch viel schwieriger, Bodhicitta zu erlangen. Aber buddhistische Praxis oder Übung bedeutet nicht nur, dass man sich darum bemüht, immer nett zu sein, sondern den Dharma »in den Geist aufzunehmen«. »In den Geist aufnehmen« heißt, dass man sich nicht mehr auf Äußerlichkeiten beschränkt, sondern alles, was man denkt, tut oder spricht, in den eigenen Geistesstrom mit einbezieht.

Wenn man Bodhicitta verwirklicht, wird man zum Bodhisattva, einem »Erleuchtungswesen«, und erhält den Namen eines Sohnes bzw. einer Tochter des Buddha. Durch die Erlangung von Bodhicitta können wir unermessliche unheilsame Handlungen beseitigen und unsere inneren Hindernisse schneller überwinden. Das ist eigentlich logisch: Unsere ganzen Hindernisse drehen sich immer um das eigene Ego. Wenn man Bodhicitta entwickeln will, muss man das eigene Ego zwar nicht ganz entwurzeln, aber doch sehr stark in den Hintergrund schieben. Das hat den Vorteil, dass man sich nicht mehr groß von anderen stören lässt und keine neuen Konzepte mehr produziert. Kein Konzept, keine Handlung.

Sobald man echtes Bodhicitta erlangt hat, d.h., sobald die altruistische Motivation eine echte, beständige Vorstellung ist, erreicht man die erste Stufe von insgesamt fünf Mahâyâna-Pfaden. So wie wir uns als Eltern wünschen, dass die eigenen Kinder immer glücklich sind, nicht krank werden und nicht leiden, und, wenn ein Kind krank ist, jede Sekunde an es denken, so denkt auch ein Bodhisattva in jeder Sekunde daran, wie er alle Lebewesen unterstützen kann und wie er, um das zu ermöglichen, Buddhaschaft erlangen kann. Nach der Sutra-Tradition muss man, um Buddhaschaft zu erlangen, drei unermessliche Äonen lang Verdienste ansammeln. Diese Ansammlung fängt erst mit dieser ersten, kleinen Stufe an. Die Praxis bzw. die Handlungen, die zuvor durchgeführt wurden, sind natürlich positiv bzw. heilsam, werden aber noch nicht zur Ansammlung der drei unermesslichen Zeitalter gerechnet.

Auf der ersten Stufe, dem *Pfad der Ansammlung*, gibt es drei Abschnitte, nämlich den so genannten kleinen, mittleren und großen Pfad der Ansammlung. Sie unterscheiden sich durch die Fähigkeit, Verdienste anzusammeln. Für uns besitzt jemand, der kurz vor der Erlangung der ersten Stufe steht, eine sehr große Fähigkeit, Verdienste anzusammeln, aber im Vergleich zu den beiden nächsten Stufen ist sie immer noch begrenzt. Hier müssen wir zunächst zwischen zwei Arten von Bodhicitta unterscheiden: Bodhicitta, das man durch den Wunsch entwickelt, und Bodhicitta, das man durch den Eintritt entwickelt. Bodhicitta durch den Wunsch ist einfach die Absicht, Buddhaschaft zu erlangen und damit andere zu unterstützen. Es geht nur um die Absicht, weshalb dieses Bodhicitta zunächst relativ passiv bleibt. Man hat den Wunsch, sammelt darüber hinaus verschiedene Verdienste an, hat aber noch keine Gelübde abgelegt. Auf dieser Grundlage entsteht dann irgendwann aktives Bodhicitta. Wenn man richtig in die Aktivitäten eines Bodhisattva eintreten will, muss man nun vor einem Lehrer die Bodhicitta-Gelübde ablegen. Durch die Gelübde und die mit ihnen verbundenen Pflichten werden die entsprechenden Handlungen viel wirkungsvoller. Im Idealfall entwickelt man das Bodhicitta durch den Wunsch auf der kleinen Stufe des ersten Pfads, des Pfads der Ansammlung, während das zweite Bodhicitta auf der mittleren Stufe desselben Pfads zum Vorschein kommt.

Dieser Pfad hat zwölf zur Erleuchtung führende Glieder: Vier Arten der Achtsamkeit auf dem kleinen Pfad der Ansammlung, vier Arten der Entsagung auf dem mittleren und vier übernatürliche Grundlagen auf dem großen. Diese zwölf Glieder finden wir auch im Hînayâna, weil die allgemeine Praxis in beiden Fahrzeugen weitgehend parallel läuft.

Das Wort »Achtsamkeit« heißt auf Tibetisch *dran-pa,* was auch Erinnerung und Bewusstheit bedeuten kann. Achtsamkeit meint, auf einen bestimmten Punkt Acht zu geben. Dabei gibt es eine breite Palette: Zum Beispiel können wir zunächst achtsam in Bezug auf das Gehen sein, wie wir einen Fuß vor den anderen setzen. Weiter können wir auf Gefühle Acht geben, z.B. ob wir während der Praxis angenehme oder unangenehme Empfindungen erfahren oder eine scheinbare Erleuchtung und dergleichen – dann denkt man darüber nach, ob dieses Gefühl zuverlässig ist, ob es dem Buddha-Wort gemäß ist oder nicht. Bei der Übung des ruhigen Verweilens (skt. *shâmata*) wäre *dran-pa* dagegen eine richtige Konzentration ohne Analyse, die sich an das Objekt erinnert, damit es nicht vergessen wird. *Dran-pa* ist das Festhalten des Objekts; *shes-bzhin*, was manchmal auch mit »Achtsamkeit« übersetzt wird, ist hingegen die Aufmerksamkeit auf den eigenen inneren Zustand, ob der

Geist richtig auf das Objekt fixiert bleibt oder nicht. Dieses *shes-bzhin* hat gar nichts mit dem Objekt zu tun, sondern nur mit der geistigen Haltung. In dieser Weise wird bei der *Shâmata*-Praxis sauber zwischen *dran-pa* und *shes-bzhin* getrennt.

Es gibt vier Arten von Achtsamkeit: Achtsamkeit in Bezug auf den Körper (*lus*), Achtsamkeit in Bezug auf die Gefühle (*tshor*), Achtsamkeit in Bezug auf den Geist (*sems*), Achtsamkeit in Bezug auf die Phänomene (*chos*). Die Reihenfolge spielt, glaube ich, keine Rolle. Diese Praxis ist gegenwärtig in den Theravada-Ländern besonders lebendig.

Achtsamkeit in Bezug auf den Körper

In einem Sutra heißt es: »Während des Gehens ist man achtsam auf das Gehen, im Sitzen auf das Sitzen« usw. Wenn man geht, denkt man nur an das Gehen: »Jetzt gehe ich so und so«, man denkt quasi von Schritt zu Schritt. Man tut etwas, denkt aber nur an diese Tätigkeit, sodass man nicht so abgelenkt ist. Dadurch lassen sich viele konflikterzeugende Geistesfaktoren und unheilsame Handlungen vermeiden, weil man im Gehen nur an das Gehen denkt und alles andere ausgeschlossen wird. Die wichtigste Form der Achtsamkeit auf den Körper ist aber die Atemmeditation, die bis heute eine wichtige Praxis aller Fahrzeuge ist. Wenn wir uns ausführlich mit den einzelnen Praktiken beschäftigen, können wir auch feststellen, ob es wirklich so große Unterschiede zwischen Hînayâna und Mahâyâna gibt. Letztendlich gibt es kein Mahâyâna ohne Hînayâna, das muss wirklich klar gesagt und verstanden werden. Im Hînayâna gibt es einige Praktiken, die vom Mahâyâna nicht übernommen werden, weil sie aus Sicht des Mahâyâna nicht fein genug, nicht tief und konzentriert genug und für die Mahâyâna-Praxis nicht notwendig sind. Bis auf diese wenigen Ausnahmen hat das Mahâyâna aber die gesamte Praxis und Lehre des Hînayâna übernommen.

Wir alle atmen ein und aus, aber wir konzentrieren uns nicht auf die Atemzüge. Atmen ist eine Sache, Konzentration auf die

Atemzüge eine andere. Da wir ohnehin ständig atmen, ist es eine einfache Übung, wir brauchen für diese Praxis nur noch die Hilfe der Konzentration. Die Atemmeditation ist eine der wichtigsten und einfachsten Methoden, um Ablenkungen zu beseitigen: »Jetzt atme ich aus, jetzt atme ich ein«, so fährt man immer weiter fort, man konzentriert sich auf die Atemzüge, auf nichts anderes. Durch diese Übung erlangt man schnell die Fähigkeit, sich auf einen bestimmten Punkt konzentrieren zu können. Diese Übung ist sowohl am Anfang als auch während der eigentlichen Shâmata-Praxis sehr wichtig, da sich in ihrem Verlauf auftretende Hindernisse durch die Atemmeditation beseitigen lassen.

Achtsamkeit in Bezug auf die Gefühle

Bei den Gefühlen lässt sich analysieren, ob die vielen Empfindungen, die wir ständig haben, zuverlässig und richtig sind. Unter »Gefühl« (tib. *tshor-ba*) verstehen wir einmal Empfindungen wie kalt und warm, angenehm und unangenehm usw., hier aber hauptsächlich auch die Empfindungen und inneren Gefühle, die durch Konzentration und Meditation entstehen. Werden wir dadurch glücklicher, sind sie angenehm oder nicht, sind diese angenehmen oder unangenehmen Gefühle richtig oder falsch? Diese Analyse ist für uns äußerst wichtig.

Sowohl im »normalen« Leben als auch während der Praxis erwarten wir immer angenehme Gefühle. Aber das muss nicht unbedingt so sein, es können sehr viele unangenehme Nebenwirkungen auftreten, die oft förderlich sind. Der einzige Haken ist nur, dass wir auch fähig sein müssen, sie zu überwinden. Während einer wirklich konzentrierten Praxis kann es sein, dass man immer kränker wird und ständig Probleme aller Art auftreten. Das ist eine wunderbare Sache, weil dadurch viele karmische Ursachen beseitigt bzw. gereinigt werden. Es kann auch sein, dass wir keine angenehmen Empfindungen verspüren, sondern sich ein ängstliches, beengtes oder sonstwie unerträgliches Gefühl einstellt. Wenn wir innerlich direkt mit dem eigenen Ego konfrontiert werden, läuft diese Konfrontation selbstverständlich nicht immer reibungslos ab. Dennoch ist diese Konfrontation in unserem Inneren eine hervorragende Sache, weil wir langfristig nur gewinnen können. Denn wenn wir unsere Praxis weiter fortsetzen, unterstützt durch unser eigenes Wissen, das uns der Lehrer vermittelt hat, hat sie die Rückendeckung der Wahrheit. Im Moment ist die Ego-Einstellung vielleicht stärker, aber sie hat keine Rückendeckung. Unsere Vorstellung, die auf der Wahrheit basiert, hat letztendlich mehr Kraft als das Ego, und dadurch wird irgendwann unweigerlich ein Durchbruch stattfinden. Es spielt deshalb keine Rolle, was für ein Gefühl während der Praxis auftritt. Es ist vielmehr außerordentlich wichtig, gegenüber den eigenen Gefühlen eine ausgewogene, gleichmütige Einstellung zu haben.

Viele ungebildete Tibeter meinen auch: »Wenn man viel buddhistische Praxis macht, entstehen in der Familie viele Probleme. Diejenigen, die nicht so viel praktizieren, kommen immer zurecht und haben wenig Probleme. Deshalb ist es nicht gut zu praktizieren, Gaben zu spenden, große Rituale durchzuführen oder Retreats zu machen, das hat alles keinen Sinn.« So denken und handeln sie, weil sie sich sehr stark auf das eigene Gefühl verlassen und den Ursprung dieser ganzen Schwierigkeiten nicht kennen. Man soll also praktizieren, ohne angenehmen Gefühlen und Träumen oder scheinbaren Visionen besondere Aufmerksamkeit zu schenken. Wenn man sehr weit fortgeschritten ist, dann kann man solche Erscheinungen in den Griff bekommen und prüfen, ob sie zuverlässig sind oder nicht. Solange man dazu nicht in der Lage ist, soll man am besten alles ignorieren. Deshalb sagen die alten Kadampas: »Ohne Zeichen oder Anzeichen ist der König der Zeichen.«

Wir sagen oft: »Mein Gefühl, meine innere Stimme tendiert zu diesem und jenem.« Dieses Gefühl entsteht durch oder in Verbindung mit den verschiedenen Konzepten. Wenn wir wirklich so weiterdenken, ist das eigentlich ziemlich blamabel, weil wir unsere Intelligenz dabei kaum benutzen. Im Alltag verlassen wir uns sehr selten auf unsere Intelligenz, sondern mehr auf unsere Gefühle und Konzepte. Weil das alles so komplex und eng miteinander verzahnt ist, bildet sich ein bestimmter Alltagsrahmen, dem wir automatisch vertrauen. Unsere Intelligenz hat damit sehr wenig zu tun, sie schaltet nur von einem Konzept zum anderen um. Wenn dem Ego der Wind zu scharf ins Gesicht weht, schalten wir einfach auf andere Konzepte um und versuchen es eine Weile damit. Wir haben genug Konzepte auf Vorrat und sind nie müde, immer pausenlos von einem aufs andere umzuschalten. Deshalb ist die Achtsamkeit auf die Gefühle eine sehr tiefgründige Praxis: Einerseits werden die Gefühle analysiert, andererseits werden sie ausbalanciert.

Achtsamkeit in Bezug auf den Geist

Diese Art der Achtsamkeit beinhaltet die Beobachtung des eigenen Geistes während der Meditation, ob wir in richtiger Weise praktizieren oder sich subtile Fehler einschleichen. Wenn wir einen Fehler bemerken, muss er schon gigantisch sein. Die subtilen Fehler fallen uns kaum auf, wir betrachten sie als reine Praxis und beziehen sie einfach mit ein. Dadurch wird die Praxis sehr bunt oder besser gesagt grau, weil alles vermischt wird. Wie wir noch sehen werden, gibt es bei der Übung der Konzentration (*shâmata*) fünf zunehmend subtiler werdende Fehler, die zu beseitigen, und acht Gegenmittel, die anzuwenden sind (siehe Kapitel 12).

Die Grundlage all unserer Konzepte ist die Anhaftung, die durch unsere einseitige Betrachtungsweise der Wahrnehmungsobjekte entsteht. Wir ignorieren alle negativen Seiten und heben nur die angeblich positiven hervor, oder umgekehrt. Hassgefühle beruhen zum Beispiel auf Selbstliebe und Ignoranz gegenüber anderen. Anhaftung kann durch zwei Dinge entstehen, durch die Person bzw. den Körper und durch die Phänomene bzw. die Umgebung. Wir wollen zum Beispiel in unserer Gegend bleiben und sagen, »meine Heimat ist am schönsten«, »das eigene Nest ist das beste«, »auf der linken

Rheinseite ist es viel schöner als auf der rechten«. Andererseits haften wir sehr stark an unserer Person und unserem Körper. Solange wir dieses Greifen nach dem Objekt der Anhaftung nicht lockern, wird es nie zu einem Durchbruch kommen. Um das zu ermöglichen, müssen wir uns auf die negativen Aspekte der Phänomene und des Körpers konzentrieren. Aus diesem Grund denkt man vor allem im Hînayâna sehr viel über die Unreinheit dieser Objekte nach.

Im Vinaya, der Ordensregel, heißt es zum Beispiel, dass im Kloster Skelette und Schädel an die Wände gemalt werden sollen, um die Mönche ständig an Unbeständigkeit und Unreinheit zu erinnern. Unter uns Menschen gibt es sehr gut Aussehende und andere, die weniger attraktiv sind. Diese ganze Betrachtung ist nur auf die Haut bezogen. Wenn wir ihnen die Haut abziehen würden, sähen sie alle gleich aus. Wir betrachten diese Ansammlung von Knochen, Fleisch, Blut, Muskeln usw. aber von außen und versehen sie mit Etiketten wie »schön« und »hässlich«, »dick« und »dünn«, »klein« und »groß«, und dann verbinden wir sie mit Anhaftung, Zorn oder Neid. In ähnlicher Weise können wir auch über unsere Umgebung nachdenken: Diese Bäume, dieser Wald, diese Gebäude sind sehr schön, aber diese Schönheit ist eine momentane Sache. Wie sieht das jetzt aus, und wie im Winter? Sie vergehen mit der Zeit und sind unzuverlässig. Viele Nachteile und Probleme entstehen durch diese Phänomene bzw. durch ihre negativen Seiten. In dieser Weise konzentriert man sich auf die Unreinheit.

Achtsamkeit in Bezug auf die Phänomene

»Phänomene« steht hier für das Sanskritwort *dharma* (tib. *chos*). Die Definition lautet: »was ein eigenes Merkmal hält oder festhält«. Es gibt insgesamt zehn verschiedene Bedeutungen von *dharma*, für unseren Bedarf müssen wir vor allem zwei davon verstehen, nämlich den Dharma als Dharma-Praxis und die *dharmas* als die allgemeinen Phänomene. Jedes einzelne Phänomen besitzt sein eigenes Merkmal: Ein Buch zeigt seine Natur als Buch, ein Stift zeigt seine Natur als Stift, das ist sein Identitätszeichen. Deshalb heißen Phänomene *dharma*. Bei der Dharma-Praxis hat das Wort eine noch tiefere Bedeutung. Das Merkmal dieser Praxis ist, uns zu halten, d.h. zu schützen, sodass wir nicht auf einen falschen Weg abirren. Die Achtsamkeit auf die *dharmas* umfasst das Erkennen von Hindernissen, die im Geist auftreten, die Analyse der fünf Skandhas, der sechs Sinne und ihrer Objekte, die Betrachtung der sieben zur Erleuchtung führenden Glieder und der Vier Edlen Wahrheiten.

Die *vier Entsagungen* wären: 1.) unheilsame Handlungen, die bisher nicht entstanden sind, nicht entstehen zu lassen, 2.) die unheilsamen Handlungen, die schon entstanden sind, zu beseitigen, 3.) heilsame Handlungen, die schon entstanden sind, zu vermehren, 4.) heilsame Handlungen, die noch nicht entstanden sind, entstehen zu lassen.

Die *vier übernatürlichen Grundlagen,* die aber mit magischen Fähigkeiten nichts zu tun haben, sind: 1.) die übernatürliche Grundlage des Strebens, d.h. das Streben, selbst weiterzukommen und andere Lebewesen zu unterstützen, 2.) die übernatürliche Grundlage der Analyse, die eng mit der Achtsamkeit auf die *dharmas* verbunden ist, 3.) die übernatürliche Grundlage der Bemühungen (hier verbindet sich das Streben mit einer besonderen Konzentration, die ihm eine viel stärkere Kraft verleiht) und 4.) die übernatürliche Grundlage des Geistes, eine besondere Scharfsinnigkeit, die Fähigkeit, sehr scharf nachdenken und sich auf die subtile Ebene konzentrieren zu können.

Durch diese Praxis erlangen wir die Fähigkeit, Leiden als glücklichen Umstand zu betrachten, ganz gleich, ob wir selber leiden oder das Leiden anderer sehen. Denn durch das Leiden kann ich das eigentliche Problem erkennen: Einerseits ist das Leiden momentan akut, andererseits hat es keine feste Basis, schon im nächsten Moment kann es in einen glücklichen Zustand übergehen. Außerdem bringt mich erst das Leiden dazu, dass ich mich von ihm befreien will. Weil ich sonst immer so weiter machen würde wie bisher, bin ich dankbar für das Leiden, das mir die Augen öffnet. Damit ist nicht gemeint, dass Leiden an sich schön und angenehm wäre, sondern dass ich froh bin, dass mich das Leiden dazu bringt, mich zu ändern.

Was die Verwirklichung von Leerheit angeht, so ist das eine sehr komplizierte Sache. Es gibt nämlich Praktizierende, die zuvor durch Hînayâna-Praxis Leerheit erreicht haben, und solche, die noch keine richtige Leerheit erlangt haben, obwohl sie in den Mahâyâna-Weg eingetreten sind. Auf dem Hînayâna-Weg gibt es wie im Mahâyâna fünf Stufen, und wenn wir das parallel setzen wollen, erhalten wir unterschiedliche Resultate: Es gibt nämlich Praktizierende, die eine, zwei, drei oder vier Stufen des Hînayâna-Weges komplett erlangt haben und dann ins Mahâyâna eintreten. Die eigentliche Erlangung der Leerheit ist erst auf der dritten Stufe möglich, weshalb sie als »Pfad des Sehens« bezeichnet wird. »Sehen« heißt, dass man auf dieser Stufe den absoluten Zustand der Phänomene erkennt.

Angenommen, jemand hat im Hînayâna-Lehrsystem die dritte Stufe erreicht – das bedeutet, er oder sie hat Leerheit realisiert – und tritt dann ins Mahâyâna ein, dann befindet er sich auf der ersten Stufe des Mahâyâna-Weges, auch wenn er Leerheit schon realisiert hat, muss er nun Bodhicitta entwickeln und Verdienste ansammeln. Der Unterschied liegt darin, dass die Leerheit im Hînayâna anhand der Leerheit der Person realisiert wird, während im Mahâyâna auch noch die Leerheit der Phänomene untersucht wird. Allerdings gibt es auch im Hînayâna Praktizierende, die etwas weiter gehen und sich nicht nur auf die Person beschränken, sondern die allgemeine Wahrnehmung von Subjekt und Objekt als Basis nehmen. Im Mahâyâna wird der absolute Zustand auf der Basis der Person wie auch aller Phänomene realisiert.

Gehen wir nun von einer Person aus, die auf dem Hînayâna-Weg noch nicht Leerheit realisiert hat und ausreichende Verdienste gesammelt hat, um die große Stufe auf dem Pfad der Ansammlung zu erreichen. Zu dieser Zeit bemüht sie sich sehr stark, die Leerheit zu verstehen, und als Ergebnis ihrer Bemühungen kann sie durch die Kombination von Konzentration (skt. *shâmata*) und Analyse (skt. *vipashyana*) die Leerheit einigermaßen verstehen – sie kann sie noch nicht unmittelbar erkennen, hat aber ein genaues Bild von ihr. Wenn sie soweit ist, erreicht sie die zweite Stufe, den Pfad der Vorbereitung im Sinne von Vorbereitung auf die eigentliche Realisierung von Leerheit.

Der *Pfad der Vorbereitung* ist wiederum in vier Abschnitte unterteilt: Hitze, Spitze, Geduld und vortreffliche Phänomene. Jetzt wird es ernst: Was wollen wir mit dieser ganzen Praxis überhaupt erreichen? Wir wollen unsere unheilsamen bzw. störenden Geistesfaktoren beseitigen. Diese konflikterzeugenden Faktoren werden in der buddhistischen Philosophie als Bedeckungen oder Schleier bezeichnet. Es gibt zwei Arten von Schleiern: Schleier, die durch konflikterzeugende Vorstellungen bedingt sind und Schleier, die uns daran hindern, alles zu wissen, was es zu wissen gibt. Der zweite Schleier hat, vereinfacht gesagt, zwei Schichten und reicht von nun an bis zur Buddhaschaft. Die erste Schicht ist sehr stark mit dem ersten Schleier verbunden, den zu beseitigen wir uns jetzt schon bemühen. Die zweite Schicht können wir noch gar nicht berühren, wir können sie erst später auf dem Pfad der Meditation in Angriff nehmen.

Auf der Stufe der *Hitze* werden Hindernisse zur Erkenntnis beseitigt, die durch Studium entwickelte Ideen sind und bei denen mit geistigen Giften verbundene Objekte für wahrhaft unabhängig existierend gehalten werden. Hierbei geht es um falsche Vorstellungen über die Objektwahrnehmung, die durch illusionäre, intellektuelle Zuschreibung und Benennung zustande kommen. Es gibt nämlich zwei Arten von Wahrnehmungen, spontan entstehende und künstliche. Erstere lassen sich schwer beseitigen und sind eine Sache für die höheren Stufen. Mit Wahrnehmungen, die mit künstlichen Auffassungen verbunden sind, sind alle Benennungen, Illusionen und Ideologien gemeint, sei es, dass diese durch das eigene Studium, die eigene Schulrichtung oder die eigene Auffassung entstehen. Manche Menschen entwickeln von klein auf aus eigener Kraft ein besonderes System, das sie dann auf dem Papier darstellen und für die Lösung aller Probleme halten. So haben zum Beispiel Marx und Lenin den Kommunismus präsentiert, und zwar aus eigener Spontaneität, er entsprang ihrem Naturell. Die künstliche Vorstellung wäre dann der Kommunismus, der einem von außen durch Gehirnwäsche eingetrichtert wird. Obwohl diese Auffassung sehr tief im Gehirn sitzt, hat sie dennoch keinen natürlichen Charakter, sondern ist durch äußere Einflüsse wie Erziehung, Kultur oder Ideologie bedingt. Daher ist sie auch nicht so fest verankert und lässt sich durch stichhaltige Begründungen beseitigen. Kurz und gut, wenn man die Fähigkeit besitzt oder erlangt hat, solche künstlichen Auffassungen aufzugeben, erreicht man diese erste Stufe, die als »Hitze« oder »Wärme« bezeichnet wird, weil man einen ersten Eindruck bekommt, wie man Befleckungen beseitigen kann.

Auf der zweiten Stufe, die *Gipfel* genannt wird, wird die manifeste Vorstellung von reinen Objekten, d.h. dem Wahren Aufhören und dem Wahren Pfad als wahrhaft unabhängig existierenden Objekten schwächer. Auch hier geht es darum, falsche Vorstellungen aufzugeben, aber diesmal in Bezug auf reine Objekte, nämlich den zukünftigen Weg.

Bei der dritten Stufe, *Geduld*, geht es immer noch um künstliche Wahrnehmungen, die aufgegeben werden: Subjekte, die an substanziellen Entitäten festhalten und für wahrhaft unabhängig existierend gehalten werden. Das bezieht sich auf eine tiefere Ebene, auf die Existenzweise der Phänomene, ihre eigentliche Basis usw. Es geht nach wie vor um die Realisierung der Leerheit, deshalb beschäftigt man sich andauernd mit Subjekt und Objekt, dem Zustandekommen der Phänomene. Vorher hat man sich mit der allgemeinen Wahrnehmung befasst, jetzt geht man etwas tiefer und untersucht, wie Subjekt und Objekt tatsächlich existieren. Auf der vierten Stufe, *vortreffliche* oder *höchste weltliche Phänomene*, geht es um ein Subjekt, das an nominellen Entitäten festhält und für wahrhaft unabhängig existierend gehalten wird. Hier geht es darum, dass alle Phänomene durch Benennung oder Bezeichnung existieren.

Durch diese Praxis entstehen auf den Stufen Hitze und Gipfel die *fünf Fähigkeiten* des Vertrauens, der Willenskraft, der Achtsamkeit, der Konzentration und der Einsicht, die auf den Stufen Geduld und höchste weltliche Phänomene zu den gleichnamigen *fünf Kräften* werden. Dadurch kehrt sich unsere gesamte Einstellung gegenüber Leiden, Reinheit, Glück, Unbeständigkeit und dem Ego gänzlich um: Wir haben keine Bewunderung mehr für die Annehmlichkeiten und Reichtümer von Samsara, stattdessen streben wir nach der absoluten, vollkommenen Befreiung.

Es dürfte deutlich geworden sein, dass die Realisierung von Leerheit sehr viel Fleiß und viele komplizierte technische Prozesse erfordert. Man kann Leerheit nicht anstreben, indem man einfach, ohne zu überlegen, immer nur »Leerheit, Leerheit« vor sich hin sagt. Um den absoluten Zustand der Leerheit zu erkennen, muss man wissen, welche Hindernisse zur Erlangung dieses Zustands beseitigt werden müssen. Durch die vier Stufen auf dem Pfad der Vorbereitung beseitigt man die gröberen dualistischen Vorstellungen über inhärente Existenz, die feineren dualistischen Vorstellungen kann man erst bei der eigentlichen Realisierung der Leerheit auf dem nächsten Pfad erreichen. Auf dem zweiten Pfad verringert man durch andauerndes Üben die Wahrnehmung des Objekts als wahrhaft existierend und verstärkt parallel dazu die Bemühung um das Ansammeln von Verdiensten. Durch diese Erfahrungen gelangt man auch dazu, dass man im Traumzustand den Traum als Traum erkennt und nach Wunsch lenken kann. Wenn man soweit ist, ist das Erkennen des Bardozustandes eine Kleinigkeit. Der Praktizierende hat in diesem Stadium die Herrschaft über die Elemente, kann Krankheiten und sonstige Hindernisse lenken, beseitigen oder abschwächen. Auf der dritten Stufe (*Geduld*) des Pfads der Vorbereitung überwindet man die niederen Bereiche, d.h., man kann nicht mehr unfreiwillig als Tier, Preta oder Höllenwesen wiedergeboren werden, es bleibt nur noch jenes Karma übrig, das zu einer Wiedergeburt als Mensch oder Gott führt. Man kann jedoch freiwillig in die niederen Bereiche gehen, um andere Lebewesen zu unterstützen.

Die dritte Stufe auf dem Mahâyâna-Weg ist der *Pfad des Sehens,* auf dem man endgültig Leerheit realisiert und dadurch ein starkes Gegenmittel gegen die Unwissenheit erhält, sodass sich kein großes geistiges Gift mehr entfalten kann und keine gravierenden unheilsamen Handlungen mehr angesammelt werden. Bis zu diesem Punkt ist unser Ziel, Nirwana oder die Buddhaschaft, nur ein bloßer Wunsch. Vor dem Eintritt in diesen Pfad haben wir noch nicht richtig begriffen, was der erhabene Weg, die Erleuchtung, das Nirwana für uns bedeuten kann. Mit der Verwirklichung von Leerheit wissen wir ganz genau, wie wir die Wurzel aller unheilsamen Handlungen zerstören und was wir erreichen können. Wer diesen Pfad erreicht, wird zu einem Erhabenen (skt. *Arya*, tib. *phagpa*) und gilt als Teil des richtigen Sangha, als eines der Drei Juwelen, die unsere Zuflucht sind.

Der Pfad des Sehens zerfällt in zwei Teile, in eine Meditations- und eine Pausenzeit. In der Meditationszeit konzentriert man sich nur auf die Leerheit und beginnt damit, den Schleier der offenkundigen Geistesgifte abzutragen, weil man diesen nur durch die Erkenntnis über die Leerheit beseitigen kann. Es bleiben dann nur noch die angeborenen Geistesgifte, die latenten Eindrücke von konflikterzeugenden Geistesfaktoren übrig, zu deren Beseitigung noch stärkere meditative Prozesse erforderlich sind. Bis zu diesem Punkt können wir nur versuchen, die Schleier etwas abzuschwächen, können sie aber noch nicht ganz beseitigen. Während der Meditationszeit konzentriert man sich also auf die Leerheit und fängt damit an, diesen ersten Schleier zu beseitigen. Der Hauptteil dieser Meditation wird als »ununterbrochener Weg« bezeichnet, weil sie aus der kontinuierlichen Bemühung besteht, diese Hindernisse zu beseitigen. Der letzte Teil der Meditation heißt »ganz befreiter Weg«, weil dieser Schleier dann vollständig beseitigt ist und die Stufe des Aufhörens aller künstlichen falschen Vorstellungen erreicht ist. Auch in der Pausenzeit konzentriert man sich auf die Leerheit, widmet sich aber hauptsächlich der Ansammlung von Verdiensten.

Auf dieser Stufe praktiziert man hauptsächlich die *acht Glieder des erhabenen Pfads*, d.h. die vierte Edle Wahrheit. Andeutungsweise üben auch wir uns schon in dieser Praxis, aber die eigentliche Praxis entfaltet sich erst ab der dritten Stufe des Weges. Die acht Glieder des edlen Pfads sind: reine Anschauung, reine Auffassung, reine Rede, reines Handeln, reiner Lebenserwerb, reines Bemühen, reines Erinnern, reine Konzentration oder Versenkung.

1. Reine Anschauung: Von nun an wechseln sich Meditations- und Pausenzeit ab. In der Meditation konzentriert man sich so stark auf die Leerheit, dass man nur sie erfasst und die relative Wahrheit nicht wahrnehmen kann. Wenn wir uns auf etwas sehr stark konzentrieren, können wir in dieser Zeit auch an nichts anderes denken. Nach der Meditation gibt es dann eine Pausenzeit, in der sich die Aryas natürlich an ihre vorherige Meditation erinnern. Durch diese Erinnerung gewinnen sie noch mehr Stoff für die Meditation, und durch die Meditation erhalten sie mehr Eindrücke für die Pausenzeit. Beide Phasen unterstützen sich wechselseitig. Wenn ich etwas studiere oder mich darauf konzentriere, verstehe ich etwas. Wenn ich in der Freizeit darüber nachdenke, kommen immer mehr Fragen und klare Vorstellungen zum Vorschein, auf die ich mich wieder konzentrieren kann. Viele der acht Glieder beziehen sich auf die Pausenzeit.
2. Reine Auffassung: Während der Meditationszeit gelangt man durch Nachdenken über die Leerheit zu einer festen Entscheidung. Durch das Überprüfen verschiedener Begründungen, das Durchdenken von Einwänden und der Implikationen versteht man schließlich den tieferen Sinn. Reine Auffassung ist somit ein Teil des Leerheits-Studiums.
3. Reine Rede: Durch die Verwirklichung der Leerheit und der Natur der Phänomene wird man fähig, aus eigener Erfahrung Belehrungen zu geben, zu diskutieren und über dieses Thema überzeugend zu schreiben.
4. Reine Handlungen: Dies bezieht sich hauptsächlich auf körperliche Handlungen. Man handelt in Einklang mit dem Dharma und hält sich so innerhalb der »reinen Grenze der Handlungen«, wie es auf Tibetisch heißt.

5. Reiner Lebenserwerb: Reiner Lebenserwerb bedeutet, dass man seinen Lebensunterhalt nicht durch unheilsame Handlungen, wie z.B. Betrug, Diebstahl, trickreiche Bettelei oder Scheinheiligkeit, erwirbt. Diese ersten fünf Glieder beziehen sich auf die Pausenzeit zwischen den Meditationssitzungen.
6. Reine Bemühung: Durch weitere reine Bemühung vertieft man sein Verständnis der Leerheit. Auf dem Pfad des Sehens haben wir den Dingen entsagt, die sich durch reine Praxis beseitigen lassen. Die letzten Spuren der konflikterzeugenden Geistesfaktoren können wir erst auf dem Pfad der Meditation entfernen, weil die Konzentration auf die Leerheit erst jetzt tief genug wird. Durch die reine Bemühung versucht man, eine noch tiefere Entsagung zu erreichen und die Leerheit als Gegenmittel gegen die latenten geistigen Gifte einzusetzen.
7. Reine Erinnerung oder Achtsamkeit: Bezieht sich speziell auf das Meditationsobjekt. Sobald man die dritte Stufe erreicht hat, darf man das Objekt nicht mehr verlieren. Auf dem zweiten Pfad kann das noch vorkommen, deshalb gibt es dort noch keine echte Trennung zwischen Meditations- und Pausenzeit.
8. Reine Konzentration oder Versenkung: fehlerfreie Meditation ohne Trübheit und Aufgeregtheit. Auf dieser Stufe verspürt man kein eigentliches Leiden mehr. Unter welchen Umständen man sich auch befindet, man ist immer glücklich. Jede Situation ist vielmehr eine große Herausforderung für uns, weil wir jetzt die Fähigkeit besitzen, tiefer zu gehen und noch mehr zu kämpfen.

Die vierte Stufe ist der *Pfad der Meditation,* der in drei bzw. insgesamt neun Stadien eingeteilt wird. Hier werden nun die latenten Tendenzen konflikterzeugender Geistesfaktoren bzw. der zweite Schleier aufgelöst, die die weitere Entwicklung hemmen. Zwar entstehen nun keine neuen karmischen Handlungen mehr, die uns in niedere Bereiche werfen könnten, aber das bisher angesammelte Karma und die entsprechenden Tendenzen sind immer noch vorhanden. Das ist wie eine chronische Krankheit, die allmählich geheilt wird. Auch wenn jemand rein äußerlich gesehen gesund ist, kann er medizinisch noch eine Disposition oder Anfälligkeit für diese Krankheit haben.

Alles, was auf dieser Stufe beseitigt werden muss, wird vom Gröberen ausgehend dargestellt. Das ist die eine Seite. Die andere Seite ist die Erkenntnis, die Meditation, die angewendet werden muss, um diese Hindernisse zu beseitigen, hier geht man vom Feineren zum Gröberen über. Die gröberen Hindernisse lassen sich durch kleinere, geringfügigere Bemühungen beseitigen, je mehr es aber an die Substanz oder ins Subtile geht, umso größere Bemühung ist erforderlich. So werden also neun Schichten von Hindernissen neun Stufen von Meditation gegenüber gestellt, wobei das kleinste Hindernis die geringste Anwendung meditativer Kraft erfordert und das größte Hindernis entsprechend die größte Kraft.

Durch diese neun Stufen werden die geistigen Gifte der drei Bereiche beseitigt. Die drei Bereiche sind der Begierdebereich, der Bereich der Form und der formlose Bereich. Diese drei Arten von Wirklichkeit unterscheiden sich durch die Art der Wahrnehmung, die in ihnen möglich ist. Wir befinden uns zur Zeit im Begierdebereich, d.h. in einer Realität, in der Begierde und Anhaftung sehr stark und offenkundig sind, während die beiden anderen etwas feiner sind. Im Bereich der Form und im formlosen Bereich sind die konflikterzeugenden Geistesfaktoren nicht so offensichtlich und deshalb auch schwieriger zu beseitigen. Nun kann man sich natürlich die Frage stellen, ob diese drei Bereiche tatsächlich existieren. Aber das spielt eigentlich keine Rolle. Letztendlich ist es nur eine Bezeichnung für drei verschiedene Kategorien, für verschiedene Nuancen von Wahrnehmung. Wenn wir uns die Beschreibung der drei Bereiche und der neun Arten von Entsagung genauer ansehen, stellen wir fest, dass es im Wesentlichen um die Einteilung der konflikterzeugenden Geistesfaktoren geht: Ab einer bestimmten Stufe gibt es keine groben Konzepte mehr, ab jener keine falsche Analyse und ab dieser keine übertriebene Vorstellung.

Durch die vollständige Beseitigung all dieser Hindernisse (der beiden Schleier) erreichen wir den *Pfad des Nicht-mehr-Lernens,* der unmittelbar zur Buddhaschaft führt. Im Hînayâna erlangt man nach dieser Stufe der Meditation das Nirwana, die Arhatschaft, in der alle Eindrücke von geistigen Giften vollständig beseitigt sind.

Parallel zu dieser Einteilung in fünf Pfade laufen die zehn *Bhumis*, wörtlich »Erden« oder Ebenen. Diese Ebenen sollen nur die jeweiligen Qualitäten verdeutlichen, die auf den weiterführenden Stufen zu verwirklichen sind. Als Beispiel nehme ich die erste Bhumi, »große Freude«: Wenn man diese erste Stufe erreicht hat, empfindet man eine riesige Freude, weil man eine besondere Fähigkeit erlangt, die man bisher nicht besaß. Wenn ein Bodhisattva die dritte Stufe, den Pfad des Sehens, erreicht, betritt er die erste Bhumi. Die zweite bis zehnte Bhumi werden auf dem Pfad der Meditation erlangt. Erst auf der achten Bhumi gelangt man ganz aus Samsara heraus. Deshalb werden die ersten sieben Bhumis auch als unreine und die drei letzten (8–10) als reine Bhumis bezeichnet. Das bedeutet, dass man auf den unreinen Bhumis noch unauffällige Spuren von geistigen Giften hat, denen man erst auf der siebten Bhumi vollständig entsagt und so Nirwana erlangt. Die achte Bhumi ist also identisch mit Nirwana. Die Bhumis sind unter dem Gesichtspunkt eingeteilt, wie die Praktizierenden Bodhicitta entwickeln. Es hat auch seinen Grund, dass die erste Bhumi erst auf der dritten Stufe beginnt, wenn man Leerheit realisiert hat. Das bedeutet, dass Bodhicitta und Leerheit von da an immer weiter parallel praktiziert werden: Auf der einen Seite haben wir die Erkenntnis der Leerheit, auf der anderen Seite die Methode (Bodhicitta), und diese Kombination fördert die innere Entwicklung sehr stark. Die fünf Pfade und zehn Bhumis sind also nicht voneinander getrennt, sondern werden gleichzeitig durchlaufen.

Schließlich erreicht man das Ziel des Weges, die *Buddhaschaft.* Was sollen wir uns darunter vorstellen? Gehen wir davon aus, dass alle Lebewesen Buddha-Natur haben, was sich vielleicht durch folgendes Beispiel verdeutlichen lässt: Wenn wir einen Teller voller feuchtem Lehm haben, und die Frage ist, ob es in diesem Lehm klares Wasser gibt oder nicht, müssen wir ja sagen. Die Feuchtigkeit des Lehms ist Wasser, die Natur des Wassers ist klar. Aber dennoch sieht man dieses klare Wasser nicht, man kann es nicht identifizieren oder anzapfen. So ist auch unser subtilstes Bewusstsein zur Zeit sehr stark mit konflikterzeugenden Geistesfaktoren und den Tendenzen oder Eindrücken der bisher angesammelten unheilsamen Handlungen vermischt. Deshalb kann sich kein ganz klares Bewusstsein, kein Buddha-Geist, manifestieren. Dennoch ist irgendwie in diesem Bewusstsein ein klarer oder subtiler Geist vorhanden, der kontinuierlich von einer Existenz zur anderen übergeht und sie miteinander verbindet. Daher können wir schlecht sagen, der subtile Geist, den wir jetzt haben, sei Buddha-Geist. Das wäre nicht richtig. Eine Kontinuität ist jedoch vorhanden, und dieses Kontinuum wird als Buddha-Natur bezeichnet. Wann die Buddha-Natur zum Buddha-Geist wird, hängt von uns ab. Damit die Klarheit heraustreten kann, müssen bildlich gesprochen die äußerlichen Schleier und Befleckungen beseitigt werden, so wie bei einer mit mehreren Schichten abgedeckten Lampe immer mehr Licht hervorscheint, je mehr Hüllen entfernt werden.

Die Buddhaschaft besteht aus zwei bzw. vier »Körpern« (*kâya*). Zunächst unterscheidet man zwischen *Rûpakâya* und *Dharmakâya*, *Formkörper* und *Geistkörper*. Der Formkörper ist das, was man sehen kann, der Geistkörper ist gewissermaßen der entsprechende Inhalt, der Buddha-Geist. Der Geistkörper wird in den *Essenzkörper* und den *Erkenntniskörper* unterteilt. Der Essenzkörper steht für die Leerheit des Buddha-Geistes und besteht aus zwei Reinheiten: Die erste Reinheit ist seine Leerheit, die zweite ist die absolute Befreiung von den vorübergehenden geistigen Schleiern. Diese »vorübergehenden Schleier«, d.h. unsere jetzigen geistigen Hindernisse, sind nicht beständig, denn sonst gäbe es keine Möglichkeit, sie zu beseitigen. Der Erkenntniskörper ist sozusagen der eigentliche Geist, nämlich der Buddha, der alle Phänomene gleichzeitig erkennen kann und dessen Erkenntnis überall dorthin reicht, wohin er seine Gedanken richtet.

Bei einem Buddha gibt es keine Trennung zwischen Form und Geist mehr. Die klassische Formulierung hierfür wäre: So weit Buddhas Geist reicht, so weit reicht auch sein Körper. D.h., Buddhas Körper kann überall dorthin kommen, wohin sein Geist reicht. Sein Körper muss aber nicht unbedingt in der Gestalt erscheinen, in der er normalerweise dargestellt wird, er kann auch eine bestimmte Emanation aussenden. Die Theorie von den Emanationen oder Ausstrahlungskörpern ist grundlegend für das Mahâyâna. Nehmen wir zum Beispiel Tantra: Abgesehen von dem wissenschaftlichen Streit, ob Buddha wirklich persönlich Tantra gelehrt hat oder nicht – das ist ein Kapitel für sich — gilt für uns: Tantra ist eine buddhistische Lehre, weil wir davon überzeugt sind, dass Buddha sich in jedem Tantra in Gestalt einer so genannten Meditationsgottheit präsentiert hat. Das ist *ein* Faktum. Ein anderes Faktum ist, dass hoch entwickelte Persönlichkeiten, die eine bestimmte Stufe erreicht haben, Visionen bekommen, in denen sie verschiedenen Meditationsgottheiten begegnen und ihnen weitere tantrische Praktiken vermittelt werden. In der Nyingma-Tradition ist das sehr häufig, aber in den anderen Schulrichtungen kommt es auch vor. Worauf es ankommt: Es sind Buddhas Gedanken, die eine bestimmte große Persönlichkeit erreichen, ihr in Gedanken oder Visionen erscheinen und eine bestimmte Praxis vorstellen. So existiert also eine Verbindung zwischen Buddha und Lama, bzw. zwischen dem Lama und der Meditationsgottheit einerseits und Buddha und Meditationsgottheit andererseits.

Beim Formkörper (*Rûpakâya*) gibt es zwei Möglichkeiten: den so genannten *Samboghakâya*, den »Genusskörper«, und den *Nirmânakâya*, den »Erscheinungskörper«. Der *Samboghakâya* ist die Basis aller weiteren Emanationen, die Zentrale, von der alle weiteren Erscheinungskörper ausgesandt werden. Nach der philosophischen Darstellung besitzt die *Samboghakâya*-Form fünf Gewissheiten: Gewissheit des Ortes, Gewissheit der Dharma-Belehrung, Gewissheit des Gefolges, Gewissheit der Körperform, Gewissheit der Lebensspanne. Die *Gewissheit des Ortes* bedeutet: Der *Samboghakâya* befindet sich nur in einem bestimmten reinen Bereich (skt. *akanishta*) und erscheint nie wie ein normaler Mensch, sondern besitzt immer die besonderen Körpermerkmale eines Buddhas (*Gewissheit der Körperform*). *Gewissheit der Dharma-Belehrungen:* Er gibt nur Mahâyâna-Belehrungen. *Gewissheit des Gefolges*: Sein Gefolge besteht nur aus den Bodhisattva-Aryas, d.h. Praktizierenden, die die dritte Stufe auf dem Mahâyâna-Weg erreicht haben. Sobald man diese Stufe erreicht hat, kann man in diesen reinen Sphären geboren werden oder dorthin gelangen. Die anderen Lebewesen sind dazu nicht imstande. *Gewissheit der Lebensspanne:* Der *Samboghakâya* verweilt, solange Samsara existiert, bis dahin zeigt er keine Vergänglichkeit, obwohl er im Prinzip bedingt entstanden ist. Aus dem *Samboghakâya* emaniert der *Nirmânakâya*, wozu auch der historische Buddha Shâkyamuni gehört, der vor 2500 Jahren in dieser Welt erschienen ist.

Aus dem Gesamtkomplex dieser komplizierten Darlegungen sollten wir uns die Begriffe *Dharmakâya* und *Rûpakâya* merken. Der *Samboghakâya* mit den fünf Gewissheiten ist die Zentrale der Buddhaschaft, nämlich die umfassende, höchste Fähigkeit, Emanationen auszusenden. Vielleicht gibt es auch noch mehr als diese fünf Merkmale, aber für die damalige Zeit war das eine einleuchtende Erklärung. Überhaupt ist vieles an diesen Erklärungen kulturell bedingt, so ist es bei der Gewissheit des reinen Bereiches fraglich, ob es einen reinen Bereich gibt, der konkret so aussieht, wie er in den Texten beschrieben wird. Alle Gegebenheiten solcher reinen Felder sind durch vollendete Übung erschaffen, sie sind einfach ein geistiger Zustand, eine Sphäre spiritueller Qualität und Vollkommenheit. Um diesen ungreifbaren Zustand für uns zu veranschaulichen, wird er in den Sutren als eine Art Paradiesgarten beschrieben, der sich soundso viel Kilometer weit erstreckt, mit schönen Bäumen, Wasser, Teichen, singenden Vögeln usw., wobei selbst durch das Rauschen der Bäume ein Dharma-Klang entsteht. Das gibt mehr Atmosphäre und wirkt eindrucksvoller, anziehender. Solche Beschreibungen sind aus didaktischen Gründen sehr stark an menschliche Bedürfnisse angepasst. Andererseits muss man die Existenz solcher Bereiche deswegen nicht gleich vollständig in Frage stellen, man soll hier keinen Widerspruch sehen.

11. Die Entwicklung von Bodhicitta

Bodhicitta, die »gute Gesinnung«, ist Warmherzigkeit. Einen kleinen Funken von Warmherzigkeit besitzen wir alle; meist reservieren wir diese Warmherzigkeit jedoch nur für unsere engsten und liebsten Freunde und klammern alle anderen Wesen aus. Dieses Ausklammern müssen wir aufheben, um schließlich eine ausgeglichene Einstellung zu entwickeln. Diese ausgewogene Einstellung können wir nicht sofort allen Lebewesen gegenüber einnehmen. Wir müssen vielmehr Schritt für Schritt vorgehen; dabei gehen wir zunächst von einer neutralen Person aus. Wir stellen uns diese Person vor und konzentrieren uns auf ihre Situation. Dieser Mensch wünscht sich Glück, kein Leiden. Sein Streben nach Glück lässt uns zunächst vielleicht kalt, aber es ist leichter, darüber zu meditieren und nachzudenken, weil wir in diesem Fall nicht durch Anhaftung oder Abneigung abgelenkt werden. Dadurch gelangen wir zu der Schlußfolgerung: Es gibt keinen Grund, ihn von ganzem Herzen zu lieben oder zu hassen, eben weil er für uns neutral ist. So entsteht schließlich eine ausgewogene Einstellung gegenüber dieser Person.

Dann stellt man sich jemanden vor, den man von ganzem Herzen liebt. Gegenüber dieser Person eine ausgewogene Einstellung zu entwickeln, ist für uns besonders schwierig, weil wir durch unsere Anhaftung und Parteilichkeit immer mit einem bestimmten Personenkreis oder einer Einzelperson eng verbunden sind. Warum schätze ich sie so sehr? Warum liebe ich sie mehr als alle anderen? Scheinbar hat die neutrale Person nichts für mich getan, während mein Freund dies und jenes für mich geleistet hat, weil er mich aufgrund seiner Anhaftung an mich als Freund behandelt. Letztlich basiert meine Wertschätzung nur auf meiner eigenen Anhaftung, vom Objekt her gesehen gibt es überhaupt keinen Unterschied zwischen diesem lieben Freund und »normalen« Menschen: Beide wollen Glück erfahren und Leid vermeiden. Es gibt keinen richtigen Grund, eine Person vor allen anderen wertzuschätzen – unser eigentliches Ziel wäre, alle Lebewesen wie unseren Freund ins Herz zu schließen. Das heißt nicht, dass wir unsere Freunde oder Verwandten nicht lieben sollten. Aber Liebe ist auch so ein Wort – wenn damit eine selbstsüchtige Liebe gemeint ist, die durch Anhaftung entsteht, dann ist das ein Störfaktor für uns, den wir beseitigen müssen.

Als drittes stellen wir uns einen Feind vor. Milde ausgedrückt, wollen wir uns von ihm distanzieren und nichts mit ihm zu tun haben. Wir verspüren Abneigung gegen ihn, die bis zum Hass geht, wir wollen Rache üben, und wenn es unserem Feind schlecht geht, freuen wir uns. Diese ganz extreme Einstellung lässt sich unendlich vertiefen, wie bei der Anhaftung, die auch keine Grenzen kennt. Jetzt stellen wir die gleiche Betrachtung an wie zuvor: Auch mein schlimmster Feind will glücklich sein und Leid vermeiden. Die Gründe, warum ich ihn als Feind ansehe, entstehen durch meine und durch seine Einbildung. Diese Erklärung argumentiert auf einer tieferen Ebene, was konventionell betrachtet zunächst etwas merkwürdig klingt. Aber wenn man immer weiter diskutiert, ist es gar nicht so merkwürdig. Z.B. waren und sind die Chinesen, konventionell betrachtet, die Feinde der Tibeter. Genauer betrachtet wollen sie nur, dass es ihnen besser geht, sie wollen ihre Grenzen verteidigen und durch die Ausbeutung Tibets reicher werden, sie wollen nicht leiden. Von der Basis her gesehen gibt es keinen Grund, zu hassen und sich zu distanzieren. Ich sage jedoch nicht, dass es keine Freunde und keine Feinde gibt, dass das nur Illusionen wären, das wäre ungenau. Auf der konventionellen Ebene gibt es tatsächlich beides. Die Aussage des Lamrim ist vielmehr, dass es keinen Grund gibt, Feinde zu hassen und Freunden gegenüber Anhaftung zu entwickeln, weil beide Einstellungen schädlich sind.

Dann können wir eine Zwischenbilanz ziehen, indem wir Freund und Feind als gleich betrachten. Vom Objekt her gibt es keinen Grund, den einen als Anhaftungs- und den anderen als Hassobjekt zu sehen, der ganze Unterschied besteht nur in unserer Einbildung. Mein Feind ist ja nicht der Feind aller Menschen, er kann der engste Freund von jemand anderem sein. Das Etikett »Feind« kommt durch meine individuelle Sichtweise zustande. Wenn ich den Freund meines Feindes nicht ebenfalls als Feind etikettiere, kann dieser Mensch genausogut auch mein Freund sein, also ein anderes Etikett tragen. Auch ist »mein Freund« oder »mein Feind« kein ewiger Zustand. Letztes Jahr war er mein engster Freund, aber dieses Jahr haben wir uns gestritten und sind Feinde geworden.

Dann denke ich noch einmal an die neutrale Person: Momentan scheint sie für mich gleichgültig zu sein, aber auch das ist nur ein Etikett, das ich ihr verliehen habe. Im Allgemeinen haben wir zwar relativ zuverlässige Gründe, warum wir die einen als Freunde und die anderen als Feinde betrachten, aber von der tieferen Ebene her gesehen ist das, was der Freund geleistet hat, auch nicht von Dauer. Wie viele Menschen haben wir kennen gelernt, wie oft hat sich die Einteilung in Freund, Feind und neutral verändert. Erst waren sie uns gleichgültig, dann haben wir sie kennen gelernt, uns mit ihnen angefreundet, dann gefällt uns irgendwann die Art und Weise nicht, wie sie sich benehmen usw. – das Etikett kleben immer wir ihnen auf.

Um Bodhicitta zu entwickeln, gibt es nun zwei Methoden: 1.) die sieben Unterweisungen, d.h. eine Meditation über sechs Ursachen bzw. Gründe, die Bodhicitta als ihre Wirkung erzeugen, und 2.) der Austausch von sich selbst mit anderen.

1. Wie man den Geist mit den sieben Unterweisungen von Ursache und Wirkung übt

a) Alle Lebewesen sind meine Mütter gewesen

Der erste Punkt, alle Lebewesen als die eigene Mutter zu sehen, ist für manche ein etwas heikles Thema. Im Allgemeinen steht uns die Mutter von allen Menschen am nächsten: Sie hat uns geboren und von Anfang an geschützt und ernährt. Feindseligkeit oder Abneigung gegen die Mutter gibt es natürlich, aber diese hat sich erst später entwickelt, sie war nicht von Anfang an vorhanden. Natürlich machen Mütter Fehler, aber soll ich meiner Mutter deswegen undankbar sein und sie als Feindin betrachten? Die Mutter ist in dieser Existenz der Mensch, der am engsten mit uns verbunden ist. Wir können sie nicht umtauschen und sagen, sie war früher meine Mutter und ist es jetzt nicht mehr.

Es ist durchaus zulässig, bei dieser Praxis die Mutter im Einzelfall durch eine andere nahe stehende Person zu ersetzen, den besten Freund oder wen auch immer. Wenn für jemanden die Mutter der schlimmste Feind ist, wäre es für sie oder ihn sehr schwierig, sich alle Lebewesen als Mutter vorzustellen. Aber im Allgemeinen stehen uns Mutter, Vater und die übrige Verwandtschaft doch am nächsten, insbesondere im asiatischen Kulturraum, wo man den westlichen Individualismus ohnehin nicht kennt. In Asien leben wir in Großfamilien mit bis zu vier Generationen zusammen. Den Eltern wird ohne Diskussion Respekt und Gehorsam entgegengebracht, das ist eine Selbstverständlichkeit. Da das Zusammenleben sehr eng ist, wachsen die Kinder von klein auf in die Gruppenatmosphäre hinein. Wenn wir versuchen würden, die asiatischen Vorstellungen eins zu eins in die westliche Kultur zu übertragen, würde natürlich ein Konflikt entstehen.

Der eigentliche Gedanke bei dieser Vorstellung besteht aber darin, sich die endlose Kette der unzähligen Existenzen vor Augen zu stellen – es gibt keinen Anfang der Existenzen, daher gibt es keinen Ort, an dem wir noch nicht geboren wurden, und es gibt keinen Grund, warum wir nicht mehrfach an demselben Ort oder als dieselbe Art von Wesen geboren worden sein sollten.

Wenn wir also überlegen, wie oft wir mit unserer Mutter als Mutter und Kind inkarniert waren, wie oft jeder Einzelne von uns für alle anderen Mutter und Kind, Vater und Sohn, Bruder und Schwester, Onkel und Neffe, Vetter und Cousine war, wird das wirklich grenzenlos. Wenn man diese Meditation sorgfältig praktiziert, kann sie zu der Erfahrung führen, dass wir mit jedem Menschen irgendwann einmal eine Mutter-Kind-Beziehung hatten – oder jede andere denkbare Beziehung. Bei diesem Thema kommen wir auch wieder auf die Gründe, die für Reinkarnation sprechen. Die buddhistische Theorie der Wiedergeburt basiert, wie wir bereits gesehen haben, hauptsächlich auf der Kontinuität des Geistes. Für uns ist klar, dass wir gestern gelebt haben und auch heute noch leben, obwohl dazwischen eine Pause liegt, in der wir geschlafen haben. Grob gesagt, ist der Schlaf wie ein kleiner Tod, aber wir gehen ganz selbstverständlich davon aus, dass wir gestern gelebt haben.

Gestern sind wir ins Bett gegangen und waren irgendwann weg. Mal haben wir geträumt, mal nicht, bis heute früh, wo wir plötzlich aufgewacht sind und uns an gestern erinnern konnten. Was ist geschehen? Waren wir zwischendurch tot? Oder ist unser Bewusstsein heute ein ganz anderes als gestern? Philosophisch gesehen, gibt es das, was gestern da war, heute tatsächlich nicht mehr, von Sekunde zu Sekunde entsteht etwas Neues. Aber dennoch muss eine Kontinuität vorhanden sein. Jedenfalls können wir nicht sagen, wir hätten heute ein ganz anderes Bewusstsein als gestern. Und wie hat dieses Bewusstsein die Nacht verbracht? Es muss im Körper gewesen sein.

Andererseits: Bewusstsein kann nicht wie der Körper aus anderen Körpern entstehen. Das Bewusstsein eines Säuglings steht in der Kontinuität des Bewusstseins eines Bardowesens, das aus einer vorherigen Existenz stammt. Dass wir uns an die Verbindung von einem Leben zum anderen nicht klar erinnern, spricht nicht gegen diese Annahme. Durch den Übergang aus dem Zwischenzustand in den Mutterleib und die Geburt wird die Erinnerung an die dazwischenliegenden Erlebnisse ausgelöscht. Wenn wir einen Schock erleiden, kann es ja auch vorkommen, dass wir die Erinnerung an das betreffende Erlebnis verlieren. Die Erinnerung, die vielleicht noch vorhanden ist, wird zudem im Lauf der Zeit durch neue Eindrücke überlagert: Wer von uns könnte spontan sagen, was er genau vor einem Jahr geträumt hat? Wohl keiner, aber dennoch können wir nicht abstreiten, dass wir vor genau einem Jahr höchstwahrscheinlich geträumt haben. Wir erinnern uns nur nicht daran. Unsere gewöhnliche Auffassung, die nur das anerkennt, was wir jetzt gerade wahrnehmen, ist zu eng. Wenn wir diese starre Einstellung etwas lockern würden, bekämen wir mehr Spielraum für eine andere Denkweise, um zumindest die Möglichkeit in Betracht zu ziehen, dass alle Lebewesen irgendwann einmal meine Mutter oder mein bester Freund gewesen sein könnten.

b) Das Erinnern an ihre Güte

Nachdem wir erkannt haben, dass alle Lebewesen einmal unsere Mutter waren, erinnern wir uns darüber hinaus an die Güte, die sie uns erwiesen haben. Bei jemandem, der uns gegenwärtig nahe steht, sehen wir unmittelbar, was er für uns tut. Welche Fürsorge unsere Mutter uns als Säugling zukommen ließ, haben wir hingegen vergessen. Wir können ja nicht behaupten, dass sie uns schon als Säugling nicht geliebt hat. Da ich selber Vater bin, kann ich aus eigener Erfahrung bestätigen, wie man Zuneigung zu den eigenen Kindern entwickelt und alles tut, damit sie sich wohl fühlen. Wenn sie krank werden, macht man sich Sorgen und versucht mit allen Mitteln, sie von diesem Leiden zu befreien. Eltern nehmen gerne alle Schwierigkeiten auf sich, z.B. bleiben wir die ganze Nacht auf und tragen das kranke Kind auf der Schulter; das ist zwar nicht angenehm, aber das machen wir dann eben. Einige Zeit lang hat mein Sohn die Milch erbrochen, die er getrunken hatte. Wir mussten ihn immer an der Schulter halten, viermal in der Nacht hat er erbrochen, seine Kleider und das Sofa beschmutzt, sodass wir nicht nur ihn versorgen, sondern auch alles reinigen mussten. Das war keine angenehme Sache, aber dennoch hat man nicht das Gefühl, diese Situation sei unerträglich, weil man soviel aufgibt, um sich um die Kinder zu kümmern und für ihr Wohlergehen zu sorgen.

Aber wie war es bei uns, als wir Kinder waren? Durch die Güte unserer Eltern, besonders unserer Mütter, sind wir jetzt am Leben. Angenommen, meine Mutter hätte mich gleich nach der Geburt auf der Straße ausgesetzt, wäre ich dann noch am Leben? Ob sie mich nun liebte oder nicht, ohne sie hätte ich gar nicht überleben können, so gesehen hat die Mutter unermessliche Güte aufgebracht. Unsere jetzige Einstellung gegenüber unserer Mutter ist irrelevant, sie betrifft nur den jetzigen Zustand, aber nicht unbedingt die Kindheit. Alle Lebewesen waren mehrfach unsere Mutter, ganz gleich, ob wir uns daran erinnern oder nicht. Selbst in dieser Existenz gibt es viele Fälle von Menschen, die ihre eigentliche Mutter nicht kennen. Sie sind z.B. bei den Großeltern aufgewachsen oder adoptiert worden und erst später treffen sie ihre Eltern. Unter den tibetischen Flüchtlingen gibt es sehr viele solcher Fälle, wo die Verwandten plötzlich flohen, das Baby mitnahmen und die Eltern oder ein Elternteil in Tibet zurückblieben. Erst zwanzig Jahre später kamen sie dann wieder zusammen und mussten sich erst kennen lernen. In der Zwischenzeit war sie aber seine oder ihre Mutter, unabhängig von der Anerkennung des Kindes. Diese Überlegung ist auch eine Waffe gegen unsere Einstellung, die die Erinnerung überbewertet.

Ein anderes Gegenargument könnte sein, dass alle diese Lebewesen zwar irgendwann meine Mütter waren, dass das aber Vergangenheit ist und mein jetziges Leben nicht mehr betrifft. Darauf lässt sich entgegnen, dass die Zeit keine Rolle spielt, denn sonst müssten die Mutter von heute und die von gestern auch unterschiedlich sein, weil gestern Vergangenheit und heute Gegenwart ist. Es besteht aber kein Unterschied zwischen der Güte der gestrigen und der heutigen Mutter. Natürlich lässt sich leicht sagen, dass gestern und heute nahe beieinander liegen, während zwischen der früheren und der jetzigen Existenz ein enormer Unterschied besteht. Aber das ist reine Einstellungssache. Wenn wir einen Tag nehmen, dann besteht er aus 24 Stunden. Die nächstgrößere Zeiteinheit ist eine Woche, ein Monat, ein Jahr. Wenn wir »Januar« oder »1998« sagen, akzeptieren wir diese Vorstellung als zeitlichen Rahmen. Diese Zeitspanne können wir schließlich auf unser ganzes Leben ausdehnen, das sehr viele Jahre, Monate, Wochen, Tage und Stunden umfasst. Trotz allem gehen wir davon aus, dass unser Bewusstsein während dieser Zeit kontinuierlich vorhanden ist. Dieses Kontinuum reicht in unzählige frühere Existenzen zurück, sodass wir statt »heute« sagen könnten »in dieser Existenz«, statt »gestern« »frühere Existenz«, statt »morgen« »nächste Existenz«. Diese Vorstellung lässt sich erweitern, bis wir eine unabsehbare Kette von Existenzen erhalten.

Bei dieser Meditation soll man sich in allen Einzelheiten vorstellen, wie eine Mutter ihr Kind in der Regel umsorgt und pflegt. Was wir jetzt für unser Kind tun, müsste meine Mutter damals auch für mich getan haben. Jedenfalls hat sie alle Unannehmlichkeiten und Schwierigkeiten in Kauf genommen, um mich am Leben zu erhalten, so gut sie konnte. Deshalb war und ist sie gütig. Dieses Beispiel lässt sich dann auf die Mütter aus anderen Existenzen übertragen. Meine Mutter aus dieser Existenz war auch früher schon meine Mutter, und zwar mehrfach. Dasselbe gilt auch für Vater, Brüder, Schwestern, Verwandte und Freunde. Dann wechseln wir das Objekt und wählen eine neutrale Person. Auch diese muss früher meine Mutter gewesen sein, und zwar mehrmals. Danach stellen wir uns einen Feind vor, auch er ist früher mehrmals unsere Mutter gewesen und hat uns Güte erwiesen. Was geschieht dabei? Wenn ich diese Vorstellung sorgfältig durchdenke, bin ich schließlich gezwungen, wirklich alle Lebewesen (Freund, neutral, Feind) als Mütter anzuerkennen. Logischerweise kann ich keine Ausnahme machen, es gibt keine Wesen, die nicht mein Feind, Freund oder neutral sind. Alle Wesen sind meine Mütter gewesen und haben mir genau dieselbe Güte erwiesen wie meine Mutter in diesem Leben.

Warum sind wir für alle Menschen und alle Lebewesen verantwortlich? Warum gerade ich? Plötzlich soll ich die Verantwortung für alle Wesen übernehmen! Das ist zuviel, eine Zumutung. Wer hat das befohlen? Schließlich gibt es im Buddhismus ja keinen Befehl, kein göttliches Gebot. Buddha hat niemals gesagt, du musst meditieren. Er hat nur von Verkettungen gesprochen, zu unseren Gunsten: Wenn ich dies und jenes erreichen will, muss ich das und das machen. Wenn wir Bodhicitta entwickeln wollen, müssen wir zuvor das Verbundensein mit allen Lebewesen realisieren. Wenn das nicht klappt, können wir Bodhicitta vorerst vergessen und zunächst eine ausgewogene Einstellung (Gleichmut) und die Annäherung an die Lebewesen kultivieren, indem wir die Lebewesen als Mütter oder Freunde erkennen.

c) Das Zurückgeben der Güte

Um das Zurückgeben der Güte zu üben, wählen wir ein Lebewesen, das uns sehr nahe steht und sich in einem dürftigen Zustand befindet. Es empfiehlt sich jedoch nicht, hierzu den eigenen Lehrer zu nehmen. Die Lebewesen sind also meine Mütter gewesen, im Moment befinden sie sich in einer schwierigen Lage, sie wollen glücklich sein und Leiden vermeiden, sind aber nicht imstande, für sich selbst zu sorgen. An dieser Stelle ist es nützlich, sich die allgemeinen Leiden in Samsara zu vergegenwärtigen. Die Höllen und anderen niederen Bereiche sind für uns ohnehin schwer vorzustellen, wir können heilfroh sein, wenn wir die menschlichen Leiden durchschauen, meistens ist nicht einmal das der Fall. Wir können gar nicht gründlich genug darüber nachdenken, was Menschen alles erlitten haben und erleiden müssen. Wir müssen uns nicht schematisch an den Text halten. Wenn dort von Leiden des Leidens, Leid des Wandels und allumfassendem Leiden die Rede ist, so ist das für manche etwas abstrakt. Dann soll man ganz allgemein darüber nachdenken, welche Leiden es gibt, in welcher Situation wir uns als Menschen befinden, welche Leiden es heutzutage gibt. Obwohl wir uns in einer privilegierten Situation befinden, führen die Annehmlichkeiten des modernen Lebens meistens zu Leiden. Die Entwicklung der modernen Gesellschaft soll unseren Wohlstand und unser Glück mehren, und bis zu einem gewissen Grad tut sie das auch, aber sehr viel führt letztlich doch wieder zu Leiden.

Wir haben die allgemeinen Leiden unter die Lupe genommen, aber das ist nicht konkret genug. Noch intensiver wäre es, darüber nachzudenken, warum ich unter den Menschen so viele Unterschiede mache, manche als engste Freunde, meine Partei oder Nation betrachte, andere bekämpfe und unterdrücke und den Rest einfach ignoriere. Von sich aus wollen alle Lebewesen dasselbe, alle haben dasselbe Recht auf Glück. Warum dürfen wir das haben, unsere Feinde aber nicht? Unser tiefliegendes Problem ist, dass wir die Gleichberechtigung der Lebewesen missachten. Da herauszukommen, diese Ignoranz zu entwurzeln, ist sehr schwierig, aber allein schon der Versuch ist eine wertvolle Leistung. Zu diesem Zweck betrachten wir einzelne Menschen, und zwar hinsichtlich ihrer Beziehung zu mir. Warum denke ich so über diesen und jenen Menschen? Da gibt es mehrere Gründe, persönliche und allgemeine. Die persönlichen Gründe besagen meist nur, dass ich einfach die Entscheidung getroffen habe, mir eine bestimmte Einstellung einzubilden.

Die sieben Stufen der Entwicklung von Bodhicitta, die Lebewesen als Mütter zu erkennen, ihre Güte zurückzugeben usw., sind neben der Lehrer-Schüler-Beziehung eines der schwierigsten Themen im Lamrim. Manche können es mit intensiver Meditation innerhalb von ein oder zwei Wochen realisieren, manche brauchen mehrere Jahre oder das ganze Leben. Am sinnvollsten ist es, stufenweise vorzugehen, täglich eine Überblicksmeditation zu machen, sich auf einen Punkt zu konzentrieren und darauf wochen-, monate- oder jahrelang zu bleiben. Wenn man mit dem Thema nicht nur vertraut ist, sondern Erfahrungen gesammelt hat, etwas realisiert hat, geht man weiter zum nächsten Thema. Auch die Überblicksmeditation soll nicht zu oberflächlich gehalten sein, sonst ist es keine richtige Überblicksmeditation mehr.

Wir können nicht wissen, wer ein Buddha oder Bodhisattva ist, aber wir können ruhig davon ausgehen, dass die Mehrzahl der Lebewesen keine Buddhas oder Bodhisattvas sind. Alle haben irgendetwas verkehrt gemacht, unheilsame Handlungen angesammelt und sind nicht in der Lage, das wieder auszubügeln und ihr Karma zu reinigen. Wenn wir so über ihre Leiden nachdenken, entsteht in uns Dankbarkeit, und aus dieser Dankbarkeit versuche ich, alle Lebewesen aus Samsara zu retten. Wenn so jeder Einzelne von uns seine individuelle Einstellung ändert, ist das für alle von großem Nutzen. Einerseits klingt das sehr passiv, wenn wir ganz allein in der Ecke sitzen und uns vorstellen, die Sorge für alle Lebewesen zu tragen, es ist ja nur eine Vorstellung. Andererseits hat jede Vorstellung eine Wirkung. Ohne Vorstellung gibt es keine Handlung, wenn wir deshalb entsprechend der Vorstellung handeln, ist das auch eine Vorstufe zu den Bodhisattva-Handlungen.

d) Liebe

Die Meditation über Liebe ist nicht viel anders als der vorherige Punkt. Wir stellen uns die eigene Mutter vor: Sie besitzt kein zuverlässiges Glück, nicht einmal in dieser Existenz, geschweige denn das zuverlässige Glück, aus Samsara herauszugelangen. Alles, was wir normalerweise Glück nennen, ist unzuverlässig, unbeständig, momentan. Dieses angebliche Glück bleibt nur einen Moment lang und verwandelt sich im nächsten Augenblick schon in Leiden. Das Streben nach Glück wird meist die Ursache für eine negative Wirkung. Wir brauchen gar nicht über diese Existenz hinaus zu blicken, selbst in diesem Leben ist es so. Deshalb besitzt meine Mutter gar kein vernünftiges Glück, wie schön wäre es doch, wenn sie Glück und die Ursachen von Glück besäße! Dann dehnt man diese Betrachtung gleichfalls auf andere Menschen und Lebewesen aus.

e) Mitleid

Bei Mitleid konzentriert man sich wieder mehr auf das Leiden der Lebewesen. Bei Liebe fängt man bei einer Person wie der eigenen Mutter an, bei Mitleid wählt man einen Sterbenden oder ein Tier, das zum Schlachthof geführt wird. Hierbei stellt man sich vor, wie das Tier zum Schlachten geführt wird, wie es schon merkt, was es erwartet und unruhig wird, wie es dann schließlich geschlachtet wird. Zum Schluss entwickelt man den Wunsch: Wie schön wäre es, wenn sie aus diesem Leiden herauskämen. Vorhin haben wir gesagt, wie schön es wäre, wenn sie glücklich wären, hier ist die Vorstellung einfach umgekehrt und auf das Leiden bezogen. Kyabje Trijang Rinpoche sagte sehr oft: Über das große Mitleid und leidende Personen zu meditieren ist schön und gut, das kann man sich leicht vorstellen.

Im Grunde ist das eine Kleinigkeit, da wir so eng mit Äußerlichkeiten verbunden sind. Die richtige Vorstellung wäre jedoch, sich bewusst zu machen, wie die Lebewesen sich durch die zwölf Glieder des abhängigen Entstehens in Samsara herumdrehen, das ist viel schlimmer.

Verursacht durch die drei geistigen Gifte sammeln wir ununterbrochen unheilsames Karma an, und die Kette von Ursache und Wirkung geht unaufhörlich weiter. Wenn wir darüber meditieren, ist das eine wirklich solide Meditation über Mitleid. »Die armen Menschen in Afrika, die haben nichts anzuziehen«, das sind nur Kleinigkeiten, das ist wie ein Haus, bei dem die Dachziegel kaputt sind und das renoviert werden müsste. Aber wenn wir genauer hinsehen, dann stellen wir fest, dass schon das Fundament nicht in Ordnung ist. Darüber denken wir zunächst kaum nach, weil wir nur auf Äußerlichkeiten achten, auf die kaputten Fenster und die Türen, die nicht richtig schließen. Das ist schon richtig, aber wenn man über den eigentlichen Zustand des Hauses sprechen will, soll man auch das Fundament berücksichtigen.

f) Die höchste Verantwortung (= der hervorragende Gedanke)

Die letzte Ursache von Bodhicitta ist der herausragende Gedanke. Bis jetzt haben wir lediglich den Wunsch entwickelt, dass die Lebewesen frei von Leiden und glücklich sein sollen. Um diesen Wunsch in Erfüllung gehen zu lassen, werde ich es nicht beim bloßen Wunsch belassen, sondern selbst dafür Sorge tragen. Dieser hervorragende Gedanke, diese Einstellung, die ganze Verantwortung selbst zu übernehmen, ist natürlich überhaupt nicht einfach. Dazu muss man wirklich tiefe Liebe und Mitleid gegenüber den anderen Lebewesen verspüren. Als Beispiel könnten wir konventionelle Beziehungen wie die zwischen Eltern und Kindern oder sehr eng verbundenen Ehepartnern nehmen (allgemeine Freundschaft ist nicht eng genug). Wenn wir unser eigenes Kind in Gefahr sehen, entwickeln wir als Eltern ja eine besondere Motivation, es aus dieser Gefahr zu retten. Wir sitzen dann nicht einfach da und denken uns, wie schön es wäre, wenn keine Gefahr mehr bestünde, so könnten auch irgendwelche Verwandten und Bekannten denken. Wenn das Kind ins Feuer oder ins Wasser gefallen ist, sind wir sofort entschlossen, das Kind zu retten. In diesem Moment denken wir überhaupt nicht an eigene Unannehmlichkeiten oder Verluste; das sind auf einmal alles Kleinigkeiten, die nicht der Rede wert sind. Das Hauptziel ist einfach, das Kind zu retten.

Eine solche Einstellung müssen wir auch gegenüber anderen Lebewesen entwickeln. Wenn wir soweit sind, ist »alles in Butter«: Wir können dann manche Personen gar nicht mehr als Gegner betrachten, andere als unsere engsten Freunde und wieder andere völlig ignorieren. Natürlich ist es von unserem jetzigen Zustand aus schwierig, eine solche Einstellung zu erlangen, aber wir müssen das Ziel kennen und uns darauf vorbereiten. Das ist wie bei einer Reise nach Tibet oder Afrika: Um dorthin zu gelangen, brauche ich Ausrüstung, Geld, Zeit und muss einige Schwierigkeiten überwinden. Darauf bereite ich mich schon in Deutschland vor, sodass ich mich dann an Ort und Stelle leichter zurechtfinde, weil ich Bescheid weiß. Wir haben diese Aufgabe, und um diese Aufgabe zu erfüllen, müssen wir jetzt schon nachdenken – es sei denn, wir wollen gar nicht Bodhicitta erzeugen und Buddhaschaft erlangen.

Wenn ich mich entschieden habe, die Verantwortung für das Wohl aller Lebewesen zu übernehmen, werde ich feststellen, dass ich dazu im Moment nicht fähig bin. Ich schaffe es ja nicht einmal, meine eigenen Angelegenheiten zu regeln, geschweige denn der anderen Lebewesen. Woran liegt das? Es liegt an meinen mangelnden Fähigkeiten. Um den Wesen helfen zu können, muss man ihre Probleme kennen und sie auch bewältigen können. Nicht einmal die Bodhisattvas besitzen diese Kraft. Nur Buddha bzw. die Buddhas besitzen alle Qualitäten und Fähigkeiten, den Lebewesen wirksam zu helfen. Über die Eigenschaften von Körper, Rede, Geist und Aktivitäten eines Buddha haben wir ja schon gesprochen (siehe Kapitel 5). Über die besonderen Fähigkeiten eines Buddha nachzudenken, gibt uns auch eine große Inspiration.

g) Das Hervorbringen von Bodhicitta selbst

Durch intensives Meditieren über diese Gedanken erlangen wir schließlich wirkliches Bodhicitta. Buddhaschaft wird auch als die Vollendung der zwei Arten von Nutzen bezeichnet – des Nutzens für sich selbst und des Nutzens für die anderen Lebewesen. Das Hauptziel von Bodhicitta ist der Nutzen der anderen Lebewesen, und um diesen zu verwirklichen, will man Buddhaschaft erlangen. Bodhicitta ist ein Hauptbewusstsein, das von zwei Absichten bestimmt wird: vom Streben, alle Lebewesen zu unterstützen und vom Streben nach Buddhaschaft. Das von Herzen kommende Streben, der ununterbrochene Wunsch, dieses Ziel zu erreichen, muss im Hauptbewusstsein vorhanden sein, das ist dann der Eintritt ins Mahâyâna. Das heißt: Die altruistische Motivation ist kein vorübergehender Zustand, kein Geistesfaktor, sondern prägt unser ganzes Bewusstsein, bestimmt unser ganzes Sein. Sobald wir Bodhicitta erlangt haben, beginnen wir, wirkliche Bodhisattva-Aktivitäten auszuführen.

Ganz grob gesagt, erweitert sich die Kapazität unseres Geistes durch die Hervorbringung von Bodhicitta ins Unermessliche. Unser Verständnis für andere Lebewesen ist millionenfach vergrößert, unsere egoistische Einstellung millionenfach verringert. Die samsarischen Genüsse, die wir als gewöhnliche Menschen wertschätzen, sind für Bodhisattvas einfach bedeutungslos. Wenn wir nach Indien oder in ein anderes armes Land fahren, begegnen wir vielen Bettlern. Wir haben keine große Zuneigung zu ihnen und wollen sie auch nicht glücklich machen, ihr Anblick wird uns sogar eher lästig sein. Ein Bodhisattva hingegen freut sich, wenn ihm ein Bettler entgegenkommt, weil er dann die Vollkommenheit des Gebens üben kann. Wenn ein Bodhisattva seinen ganzen Besitz herschenken könnte, wäre seine Freude über diese Möglichkeit unermesslich. Das ist nur ein Beispiel dafür, welche Freude ein Bodhisattva empfindet, wenn er andere Lebewesen unterstützen kann. Je größer ihre innere Offenheit ist, umso mehr verdienstvolle Handlungen sammeln sie an.

Sie haben die schwierigste, undankbarste Aufgabe der Welt auf ihre Schultern genommen, so erscheint es uns. Aber vom Standpunkt eines Bodhisattva aus ist es genau umgekehrt: Sie sind die glücklichsten Wesen überhaupt, weil sie so weit sind, dass sie die Verantwortung für alle anderen tragen können. Sie haben sich vom Leiden nicht besiegen lassen, sie haben es überwunden und sind in der Lage, andere Menschen in diesen Zustand zu führen. Deshalb empfinden sie große Freude, dass sie so viel leisten können. Sie haben selbst kein Problem mit dem Leiden, je mehr Anforderungen auf sie zukommen, umso größer ist ihre Freude, weil sie noch mehr helfen können.

Die Bodhisattvas durchlaufen ihren Weg mit unterschiedlicher Geschwindigkeit. Wie schnell sie vorankommen, hängt von ihrer Stärke, ihrer Kraft, ihrem Mitleid und ihrer Liebe ab. Je kraftvoller das Mitleid eines Bodhisattva ist, umso stärker sind auch seine Handlungen. Allgemein gesprochen, sind die Bodhisattvas fast wichtiger als die Buddhas, denn nur als Bodhisattva können wir Buddhaschaft erlangen. Für uns ist es nicht sehr leicht, sich ein Bild von einem Bodhisattva und von Buddhaschaft zu machen. Aber wenn wir klein anfangen und zunächst nur über die ausgewogene Einstellung meditieren, ein paar Monate lang meditieren, was geschieht? Wir fühlen uns etwas angenehmer und glücklicher, weil wir manche Situationen besser ertragen können. Wenn wir solche Erfahrungen sammeln können, sind wir in der Lage, unsere innere Einstellung immer weiter zu entfalten, bis zum Schluss Bodhicitta entsteht.

2. Wie man den Geist übt, indem man sich selbst und andere gleichstellt und austauscht

Nachdenken in vielfacher Weise über die Fehler der Eigensucht

Alles Unglück, alle Leiden, die es überhaupt gibt, entstehen durch Selbstliebe. Wenn wir nur daran denken, wie wir unsere Position verteidigen können, werden wir automatisch andere

Lebewesen unterdrücken und ihre Leiden in Kauf nehmen. Streit ist ein offensichtliches Beispiel hierfür. Streit bedeutet Verteidigung: Wir setzen uns selbst ins Recht und weisen den anderen die Fehler zu, alle Schuld liegt bei den anderen. Wenn wir zugeben müssen, dass der Fehler bei uns liegt, wenn etwas unseren Schutzzaun durchbricht, sind wir ganz unglücklich, weil unser Verteidigungssystem nicht funktioniert hat. Wenn wir hingegen unser Verteidigungssystem auflösen, brauchen wir uns nicht mehr zu verteidigen. Tatsächlich gibt es keinen Grund, warum wir uns selbst schützen müssten. Wenn wir nichts mehr beschützen müssen, gibt es keinen Feind mehr, wenn wir keine Schätze mehr haben, brauchen wir auch keinen Tresor mehr. Was nutzt uns so eine unbewegliche Kiste, wenn wir nichts einzuschließen haben. Das ist ein wichtiger Punkt, der grundlegend für die Übung des Geistestrainings ist.

Das eigentliche Nachdenken über den Austausch von sich selbst und anderen

Die Methode, sich selbst und andere auszutauschen, geht auf den indischen Gelehrten Shântideva zurück, der im 8. Jahrhundert lebte. Diese Methode wurde in der alten Kadampa-Tradition lange Zeit geheim gehalten. Bis zu einem relativ späten Zeitpunkt haben die Kadampa öffentlich nur die Entwicklung von Bodhicitta in sieben Punkten gelehrt. Der Austausch von sich selbst und anderen wurde insgeheim nur an einige wenige Schüler weitergegeben, weil diese Übung besonders wirkungsvoll ist, um das eigene Ego zu bezähmen. Die sieben Punkte dienen als Basis für das allgemeine Geistestraining, die zweite Praxis ist eine gezielte Übung, bei der man sich nicht mit vorbereitenden Überlegungen aufhält, sondern den Fehler direkt angeht.

Voraussetzung hierfür ist, dass wir eine ausgewogene Einstellung in Bezug auf uns selbst und andere entwickelt haben. Ich selbst will glücklich und frei von Leiden sein. Die anderen Lebewesen wollen genau dasselbe, niemand will Leid erfahren, alle wollen glücklich sein. Wir befinden uns also alle in derselben Situation. Um diese Überlegung richtig zu vertiefen, denken wir als nächstes über die Nachteile einer egoistischen Einstellung und die Vorteile der Wertschätzung anderer nach.

Oberflächlich betrachtet, befinden wir uns zur Zeit in einem einigermaßen glücklichen Zustand. Aber wenn man genauer hinsieht, haben wir alle unter Problemen zu leiden. Wir brauchen gar nicht an so große Dinge wie Samsara zu denken, sondern sollten ruhig von unserer konkreten Situation ausgehen. Es gibt keinen Menschen, der sich nicht selbst liebt. Alle wollen für sich einen guten Zustand herbeiführen und glücklich leben. Dafür arbeiten wir mit allen Mitteln, so machen wir z.B. Geschäfte, um Geld zu verdienen. Unser ganzes Denken kreist dann um das Geschäft, wobei wir alle anderen Lebewesen vergessen und nur daran denken, wie wir allen Vorteil an uns ziehen können.

Oder nehmen wir die Krankheiten, die man sich durch falsche Ernährung oder falsche Lebensweise zuzieht. Wir essen, trinken, kleiden uns, um besser und schöner zu leben und glücklich zu werden. Dennoch ergeben sich für uns viele Schwierigkeiten, weil unser Handeln Probleme aufwirft, die auf uns selbst zurückfallen. Ich will gut essen, kann das Übermaß aber nicht vertragen und bekomme Verdauungsstörungen oder Diabetes. Oder nehmen wir einen Diktator wie Ceauşescu: Er wollte den ganzen Reichtum seines Landes nur für sich allein haben. Im Fernsehen war nach seinem Sturz dann zu sehen, dass seine Frau diamantverzierte Schuhe hatte und er in seinem Palast viele Kunstschätze gehortet hatte. In dem Gebäude, in dem sich sein Büro befand, besaß die unterste Etage überhaupt keine Heizung, je höher das Stockwerk war, desto wärmer wurde es, ganz oben in seinem Büro war es dann ganz warm. All das bedeutet: Er will sich selbst wohl fühlen und kein Leiden erfahren, zieht die Situation anderer Menschen aber gar nicht in Betracht. All seine Anstrengung führte aber schließlich dazu, dass er das Leben verlor.

Das ist natürlich ein krasses Beispiel, aber wir alle befinden uns in derselben Lage. An dieser Stelle ist es wichtig, immer wieder die eigene Einstellung unter die Lupe zu nehmen, und zwar nicht verallgemeinernd, sondern die einzelne Handlung und die einzelne Motivation prüfend. Wenn wir uns selber mehr unter die Lupe nehmen, kommt die ganze Sache ziemlich klar heraus. Alle Bewegung ist mit der einen Motivation verbunden: Ich will dies und jenes tun, weil es für mich gut wäre, weil ICH das will. Das »Ich« steht immer im Vordergrund. Wenn wir uns selbst zu sehr in den Mittelpunkt stellen, macht das in der Regel in der normalen Gesellschaft keinen guten Eindruck. Wenn wir z.B. mit Freunden zusammenleben wollen, und einer von uns ständig nur über sich selbst redet, haben die anderen keine Möglichkeit, sich mitzuteilen, weil alle Kommunikation nur in eine Richtung läuft.

Der nächste Punkt sind die Vorteile, die sich ergeben, wenn man alle Wertschätzung auf andere legt. Es gibt keinen einzigen Fehler, wenn man andere Menschen wertschätzt, allein schon deswegen, weil wir selbst in der Minderheit sind und die anderen die Mehrheit bilden. Das Glück der anderen zu vernachlässigen, um sich selbst als einzige Person wohl zu fühlen, ist nicht zu rechtfertigen. Wenn ein Wahlkampfkandidat z.B. sagen würde: »Ich will ins Weiße Haus, weil mir das gefällt, deshalb sollt ihr mich wählen«, würde ihn begreiflicherweise niemand wählen. Er muss stattdessen sagen, dass er dem Volk dienen und etwas für die Leute tun will, nur dann hat er Chancen. Außerdem soll man gerade, wenn man sich wirklich wohl fühlen will, andere Leute wertschätzen. Denn wenn ich selbst sehr stolz bin und andere missachte, sehen das die anderen nicht gern. Dass wir selbst uns wohl fühlen, hängt aber von der Unterstützung anderer Lebewesen ab. In der Vergangenheit war es auch so, dass alle namhaften buddhistischen Meister in Indien und Tibet nur dadurch vorwärts kamen, dass sie alle Wertschätzung auf andere Lebewesen legten.

Ein kleines Beispiel: Wenn ich eine schöne Wohnung haben will, kann ich mir natürlich mit *meinem* Geld, wie die Leute so sagen, ein Haus oder eine Eigentumswohnung kaufen. Aber dieses Haus, das ich kaufen will, ist nur durch die Anstrengung vieler Bauarbeiter geschaffen worden, ohne die vorausgegangene Bemühung vieler Menschen könnte ich mir gar kein Haus kaufen. Aber selbst wenn ich ganz unabhängig sein wollte und mir mein Haus mit eigenen Händen bauen wollte, bräuchte ich zumindest Baustoffe und viele verschiedene Materialien, die ich alle nicht selber herstellen kann, sodass ich zwangsläufig doch wieder von anderen Menschen abhängig bin. Nur durch die Güte anderer Menschen kann ich ein Haus bauen, jede einzelne Handlung ist von sehr vielen Faktoren bedingt.

Das sind mehr oder weniger äußerliche Beispiele. Betrachten wir nun die Seite der inneren Einstellung: Wenn ich zornig und unfreundlich auf jemanden reagiere, was für eine Reaktion erhalte ich? Wenn ich einem wutentbrannten Menschen begegne und ganz sanft reagiere, wie wird seine Gegenreaktion aussehen? Der Gegner wird zwar einige Minuten lang weiterschimpfen und mir vielleicht einen oder zwei Schläge geben, aber weiter kann er nicht gehen. Irgendwann muss er aufgeben, weil seine Aggression einseitig bleibt und nicht erwidert wird. Wenn ich auf dieselbe Weise reagiere, wird die Situation hingegen immer aggressiver und unangenehmer werden. Natürlich muss ich zugeben, dass das keine leichte Praxis ist, aber Übung macht den Meister.

Theoretisch gesehen ist es am besten, wenn man alles voller Gleichmut ertragen und hinunterschlucken kann. Vor allem im Westen fällt das vielen sehr schwer, da die Westler aufgrund ihrer Mentalität gern alles diskutieren. Es ist auch nicht notwendig, alle Schuld auf sich zu nehmen, weil wir nicht fähig sind, endlos alles zu ertragen. Deswegen sollten wir zuerst versuchen, die Situation zu ertragen, und wenn es gar nicht mehr anders geht, sollten wir mit ihm oder ihr höflich und klar diskutieren. Wenn der andere in Rage ist, müssen wir eben warten, bis er sich wieder etwas beruhigt hat und nach einigen Minuten oder Tagen sehen, ob wir vernünftig mit ihm reden können. Was wir unbedingt vermeiden müssen, sind scharfe Worte, da diese ihn oder sie verletzen – und dann fängt der ganze Terror wieder von vorne an. Ich glaube, das ist ein mittlerer Weg, wie wir damit umgehen können.

Manchmal ist es auch hilfreich, sich ein Weilchen hinzusetzen und sich an eine Erfahrung zu erinnern, die nicht so angenehm war. Dann kann man meditieren: Diesmal war er nicht nett zu mir, meine Reaktion damals, war sie richtig oder falsch? Wir beurteilen alles, aber unsere Urteile sind nicht immer richtig, weil wir unter dem Einfluss unseres Egoismus ständig versuchen, die Dinge in einem für uns günstigen Licht erscheinen zu lassen. Wenn wir verschiedene Aussagen über ein und dasselbe Ereignis miteinander vergleichen, stellen wir fest, dass die einzelnen Zeugen nicht nur aus verschiedenen Perspektiven berichten, sondern dass auch ihre eigenen Vorurteile und Vorlieben in ihr Urteil mit einfließen. Deshalb soll man ab und zu über frühere Erfahrungen nachdenken, aber es vermeiden, ein Urteil zu fällen.

Das Nachdenken über die Vorteile, die sich aus der Wertschätzung anderer und die Nachteile, die sich aus der entgegengesetzten Einstellung ergeben, führen schließlich zum selben Resultat. Diese Praxis ist eine der wichtigsten in unserem täglichen Leben. Denn wo immer wir uns befinden, was immer wir auch tun, wir sind mit anderen Lebewesen verbunden und haben eine bestimmte Motivation. Von Zeit zu Zeit sollten wir uns auch unsere Motivation genauer anschauen. Warum denke ich so? Was will ich damit bezwecken? Ich selbst denke sehr gern darüber nach, und dabei kommt dann meist heraus, dass ich selbst es gut haben will. Wenn ich das so sehe, schäme ich mich natürlich. Denn einerseits bekleide ich die Position eines reinkarnierten Lamas und habe viele Belehrungen von bekannten Lamas bekommen, andererseits ist meine eigene Situation ziemlich miserabel, denn wenn ich meine Motivation betrachte, ist es nur zum Schämen. Für eine Person wie mich ist die Gefahr groß, stolz zu sein und den Heiligen zu spielen, da ich einige Voraussetzungen hierfür besitze. Immerhin bin ich noch glücklich, dass ich mich über meine Einstellung schäme, weil ich dadurch eine bessere Chance habe, diese zu beseitigen. Wenn ich mir meine Fehler nicht genau ansehen würde, würde ich scheinheilig werden und käme gar nicht auf die Idee, eine innere Entwicklung anzustreben. Lama werden ist nicht schwer, Lama sein dagegen sehr!

Unser Egoismus kann sich jedoch nicht nur auf die eigene Person, sondern auch auf die eigene Familie, das eigene Kloster,

Zentrum oder die eigene Schulrichtung erstrecken. In den letzten zwanzig Jahren hat der Buddhismus im Westen Fuß gefasst, und es entstanden viele buddhistische Zentren, die sich teilweise starke Konkurrenz machen. Solche Wettkämpfe zwischen einzelnen Zentren und Traditionen sind sehr bedauerlich, weil das nichts mit dem Buddha-Dharma, aber viel mit dem Egoismus der Betreiber zu tun hat, die bekannt werden und Geschäfte machen wollen. Eigentlich muss man dem entsagen.

Wie man auf dieser Grundlage über Geben und Nehmen meditiert

Nun folgt die eigentliche Übung, sich selbst und die anderen Lebewesen auszutauschen. Wir sind nun in der Lage, alle Leiden der Lebewesen richtig zu verstehen, wir sehen, dass alle Lebewesen das gleiche Recht auf Glück haben und erkennen die Vor- und Nachteile einer altruistischen bzw. einer egoistischen Einstellung. Das ist für mich jetzt klar, aber nicht für die anderen Wesen, die nach wie vor in ihre geistigen Gifte verstrickt sind. Deshalb empfinde ich Mitleid mit ihnen. Diese Motivation muss ich immer weiter vertiefen, bis das Mitleid so stark wird, dass ich alle Leiden der Lebewesen auf mich nehmen will. Ich kann es nicht mehr ertragen, dass die anderen weiter leiden, ich will unbedingt, dass sie sich wohl befinden, deshalb will ich meine ganze Kraft und alle Verdienste, die ich angesammelt habe, anderen Lebewesen widmen und auf sie übertragen. Hier gibt es nun viele meditative Techniken, wie man die eigenen Energien oder Verdienste auf andere Lebewesen überträgt und all ihr Leiden auf sich nimmt. Eine sehr bekannte Methode ist das Geben und Nehmen (tib. *gtong len*). Sie besteht darin, dass man sich vorstellt, beim Einatmen alles Leid der Lebewesen in Form von schwarzem Rauch in sich aufzunehmen. Beim Ausatmen stellt man sich vor, dass man die eigenen Verdienste und das eigene Glück in Gestalt von weißem Licht auf die Lebewesen überträgt.

12. Die sechs Paramitas – die Bodhisattva-Handlungen

Wenn wir die Bodhicitta-Gelübde genommen haben, beginnt die eigentliche Aufgabe. Diese Aufgabe besteht im Ausführen der Bodhisattva-Handlungen, die in den sechs *Paramitas* oder Vollkommenheiten des Gebens, der ethischen Disziplin, der Geduld, des Eifers, der Versenkung und der Erkenntnis zusammengefasst sind. Paramita bedeutet aber eigentlich »Hinübergehen«, und zwar aus Samsara ans andere Ufer hinübergehen. D.h., diese Handlungen gehen über das samsarische Niveau hinaus. Die sechs Vollkommenheiten bestehen einerseits aus zwei Gruppen, die den beiden Aspekten von Methode und Erkenntnis zugeordnet sind. Andererseits ist jede der sechs Vollkommenheiten so zu praktizieren, dass alle anderen Paramitas gleichzeitig mitgeübt werden. Es gibt also z.B. eine Ethik des Gebens und eine Weisheit des Gebens usw. Auf diese Weise multiplizieren die sechs Paramitas sich mit sich selbst, sodass es 36 Unterteilungen gibt.

Die ersten vier Vollkommenheiten sind: Geben, ethische Disziplin, Geduld und Eifer, die beiden letzten sind Versenkung und Erkenntnis. Die ersten vier gehören zur Seite der Methode, der äußeren Seite, während Versenkung und Erkenntnis mehr innerlich sind und zur Seite der Weisheit (d.h. der Erkenntnis der Leerheit) gehören. Wir haben ja die Entscheidung getroffen, dass wir zum Wohle aller Lebewesen die Buddhaschaft erreichen wollen. Es genügt jedoch nicht, dies nur zu wünschen, wir müssen auch entsprechende Ursachen für die Buddhaschaft schaffen. Die beiden Ursachen für die Buddhaschaft sind die beiden Ansammlungen von Verdienst und Erkenntnis. Die Ansammlung von Erkenntnis erreicht man hauptsächlich durch die letzten beiden Vollkommenheiten, während die Ansammlung von Verdienst durch die ersten vier erfolgt. Leerheit lässt sich nur durch sehr viel heilsames Karma und Verdienst realisieren, nicht durch bloß intellektuelles Verstehen. Die Leerheit ist das einzige Gegenmittel gegen die konflikterzeugenden Geistesfaktoren, und Bodhicitta gibt uns die Kraft und die Energie, dieses Gegenmittel anzuwenden.

Wir sind im Moment weit davon entfernt, die sechs Vollkommenheiten zu besitzen und auszuüben, weil uns die Voraussetzungen für echte Bodhisattva-Handlungen fehlen. Wir können sie jedoch zumindest nachahmen: Wenn wir wirklich von Herzen geben und Disziplin oder Geduld üben, ist das zumindest eine Art Vorstufe zu den sechs Vollkommenheiten. Allein schon die Vorstellung, geben zu wollen, wirkt im Geist als Gegenmittel gegen Geistesgifte wie Neid und Geiz, und irgendwann wird die Vorstellung dann auch in die Tat umgesetzt. Das Gleiche gilt für die Ausübung der Disziplin und die anderen Paramitas: Die Regeln einhalten zu wollen, ist die Praxis, die Regeln tatsächlich einzuhalten, ist dann die nächste Stufe.

Die Vollkommenheiten sind nach ihrem Schwierigkeitsgrad angeordnet, d.h., die nächstfolgende ist immer schwieriger zu üben als die vorhergehende. Die ethische Disziplin einzuhalten ist schwieriger als Geben, die Übung von Geduld und eifrigem Bemühen ist noch schwieriger, am schwierigsten ist es, Konzentration und Erkenntnis zu üben. Denn um Erkenntnis zu erlangen, ist ein enormer Einsatz von Konzentration notwendig. Um diese Konzentration zu meistern, müssen wir uns eifrig bemühen, mit einer kurzen oder sporadischen Praxis bringen wir keine dauerhafte Konzentration zustande. Um diesen Eifer zu entwickeln, muss man natürlich viel Zeit und Geduld aufbringen, da es sehr viele Hindernisse gibt, die zu erdulden und zu überwinden sind. Um sich in Geduld üben zu können, bedarf es der Selbstbeherrschung, die wir durch Einhaltung der ethischen Disziplin erlangen.

Die sechs Vollkommenheiten dienen hauptsächlich dem eigenen Nutzen. Eine weitere wichtige Bodhisattva-Praxis sind die vier Arten der Heranziehung, die den Nutzen der anderen bewirken. Die sechs Paramitas bringen unseren eigenen Bewusstseinsstrom zur Reife, die vier Arten der Heranziehung den der anderen Lebewesen. Damit ist allerdings nicht gemeint, dass der Bodhisattva Mission betreiben soll. Das ist nicht unser Ziel. Als erstes wird der Bodhisattva bedürftige

Menschen und Lebewesen finanziell und materiell unterstützen, darunter auch seine eigenen Schüler oder von ihm Abhängige. Zweitens muss der Bodhisattva sanft und angenehm reden, er darf keine saloppen Ausdrücke benutzen und soll sich den Bedürfnissen des Gesprächspartners anpassen. Um anderen Menschen weiterzuhelfen, muss er drittens anderen verschiedene Erklärungen und Ratschläge geben und viertens selbst dementsprechend praktizieren. Er kann z.B. nicht anderen davon abraten, Alkohol zu trinken, und sich selbst nicht daran halten.

1. Geben

Wir alle geben ab und zu einem Bettler oder Bedürftigen etwas. Die Wirkung dieser Handlung ist jedoch nicht bei allen gleich. Der Unterschied entsteht durch die Stärke des Mitleids, die mit dem Akt des Gebens verbunden ist. Auch unter den Bodhisattvas gibt es Unterschiede in der Stärke des Mitleids, je stärker ihr Mitleid ist, desto schneller kommen sie voran. Wenn ein Bodhisattva mit großem Mitleid eine Mark gibt und ich mit mittelmäßigem Mitleid eine Mark spende, ist es vom Wert her gesehen gleich, aber die Motivation macht einen großen Unterschied.

Geben bezieht sich nicht nur auf finanzielle Unterstützung. Es gibt vier Arten von Geben:

1. Das Geben von Almosen und Spenden (materielle Gaben), 2. das Geben von Dharma, 3. das Geben von Schutz, 4. das Geben von Liebe.

Zum materiellen Geben gehören Opfergaben an die Drei Juwelen oder Spenden an ein Kloster, Altersheim usw. Die Gaben dürfen aber nicht »beschmutzt« sein, z.B. von Geiz oder von dem Gedanken, dadurch das eigene Prestige zu erhöhen. Nach dem Geben sollte man keine Reue empfinden und sich vielmehr für die anderen freuen; das macht dann einen zusätzlichen karmischen Pluspunkt aus. Man sollte auch nicht denken, dass man zuviel oder an die falsche Adresse gegeben habe, z.B. dass man lieber an ein Kloster statt an ein Altenheim hätte spenden sollen. Wenn man gibt, sollte man von Anfang bis Ende eine saubere Vorstellung haben, da Reue sowohl im positiven wie im negativen Sinn sehr wirksam ist.

Wenn ich z.B. zu einem Gastgeber gehe und zu ihm sage: »Es war sehr schön, dass du mir letztes Jahr hundert Mark gegeben hast« und ihm damit indirekt zu verstehen gebe, dass er mir wieder hundert Mark geben soll, dann ist das unsauber (wenn er mir das Geld auch wirklich gibt). Wenn schon, dann soll man direkt sagen: »Ich möchte gern dieses Projekt unterstützen, habe aber kein Geld.« Das ist eine reine Motivation, wenn er mir dann nichts gibt, macht das auch nichts. Durch Tricks und Manipulation gesammelte Spenden sind unsaubere Gaben. Wir sollen auch nicht hoffen, durch unsere Großzügigkeit später berühmt zu werden, denn dann gibt man nicht zum Nutzen anderer, sondern schmeichelt nur der eigenen Eitelkeit. Ähnlich ist es auch mit Geschenken, die man an jemanden gibt, der reicher ist als wir, um von ihm ein größeres Geschenk zurückzubekommen. Dafür haben wir Tibeter zwei Sprichwörter: »Eine Pferdeleiche an einem Faden ziehen« und »ein Stück Erdkrume hochwerfen und erwarten, dass ein Stein herunterfällt«.

Der zweite Punkt sind Dharma-Gaben, d.h. jenen Dharma-Belehrungen geben, die von Herzen Interesse daran haben. Aber das hat alles seine Grenzen. Wenn jemand kein Interesse an Dharma hat, sollen wir nicht stundenlang auf ihn einreden, weil das eher eine negative Wirkung hat und abschreckt. Jedenfalls ist es gut, jemanden in einem Dharma-Gespräch zu unterstützen. Es gibt auch Wesen, die wir nicht sehen und die überall sind, nämlich Geister. Für sie ist es wichtig, dass wir Dharma-Texte laut rezitieren, wie wir das im Studium tun mussten. Die Rezitation sollte man mit dem Wunsch verbinden, dass der Dharma-Laut bei anderen Wesen einen guten Samen legen möge. Die Geister hören es und sammeln durch das Hören Verdienst an.

Die dritte Gabe ist das Gewähren von Furchtlosigkeit, von Schutz, z.B. ein sterbendes Tier aus Gefahr zu retten. Die Gabe von Schutz ist nicht nur für andere, sondern auch für uns selbst von Nutzen. Wenn manche Lebewesen aufgrund ihres Karmas eine kürzere Lebensspanne haben, dann ist das das Ergebnis davon, dass sie in einem früheren Leben Leben genommen haben. Wenn man in einem früheren Leben ein Lebewesen gerettet hat, bekommt man in diesem Leben eine längere Lebensspanne. Das ist die beste Lebensversicherung!

Diese drei Arten von Geben, insbesondere die beiden ersten, sind ein Gegenmittel gegen Geiz. Es gibt auch einen Geiz in Bezug auf Dharma-Gaben: Ich möchte mein Wissen nicht weitergeben, weil jemand dadurch klüger würde und sich dadurch einen Vorteil verschaffen könnte. Das kommt sehr häufig bei Wissenschaftlern vor, aber auch bei Lamas. Es gibt sehr viele mündliche Überlieferungen, und wenn ich diese tiefen Unterweisungen verrate, sie also alle bekommen können, werde ich nicht mehr so hoch geschätzt. Dafür gibt es im Tibetischen auch einen speziellen Ausdruck, »Geiz über die Bücher« (*dpe 'khyud*), weil manche auch nicht gern die seltenen Bücher zeigen, die sie besitzen. Das Gegenmittel gegen Geiz ist, sich von dem Objekt zu trennen, an dem man haftet. Durch diese Distanzierung reduzieren wir die Anhaftung, und je weniger Anhaftung wir haben, umso besser können wir die Unwissenheit entwurzeln.

Viertens üben wir, anderen Wesen Mitleid und Liebe zu geben. Ohne diese Übung entsteht kein Impuls, andere Lebewesen aus Gefahr zu erretten. In der Praxis des Geistestrainings spielt die Vorstellung, die eigenen Verdienste und den eigenen Wohlstand den anderen zu geben, eine große Rolle. Das Hergeben der eigenen Verdienste hat zwei Bedeutungen: Letztendlich ist unser Verdienst auf die zukünftige Buddhaschaft festgelegt und soll den anderen zugute kommen. Andererseits drängt sich die Frage auf, ob unser Verdienst den anderen Wesen mittelbar oder unmittelbar zugute kommen kann? Das ist eine tiefgründigere Überlegung. Geraten wir nicht in Widerspruch mit dem Karmagesetz, wenn wir unser positives Karma einfach auf andere übertragen wollen? Da wir aber gemeinsam in diesem Land, in diesem Universum leben, stehen wir alle direkt oder indirekt in Beziehung zueinander. Unser gemeinsamer

Wohlstand oder unser gemeinsames Elend ist von uns gemeinsam verursacht. Es ist ja nicht so, dass nur ein paar ganz bestimmte Leute für die ganzen Probleme der Welt verantwortlich wären, unter denen wir leiden. Natürlich sind sie die Auslöser; wenn es z.B. zu einem Krieg kommt, sind die Regierungen die Auslöser. Ob die Regierungen ihre Sache aber gut oder schlecht machen, hängt wiederum von unserem gemeinsamen Karma ab.

Wenn die gegenseitige Beeinflussung im Negativen funktioniert, warum soll sie nicht auch im Positiven funktionieren? Wenn wir bei unserer Praxis eine gute Motivation entwickeln und eine gute Widmung machen, kommt dies allen Lebewesen zugute. Das muss man hier im Westen immer wieder betonen, weil die Buddhisten sonst nicht überzeugen, wenn sie ständig vom Wohle aller Lebewesen sprechen und man nicht weiß, wie die Praxis den Wesen tatsächlich zugute kommt.

Die materiellen Gaben dürfen für den Empfänger nicht ungeeignet sein, z.B. dürfen wir jemandem, der eine Allergie gegen Wolle hat, keinen Wollpullover schenken; jemandem, der keinen Alkohol trinkt, sollten wir keine Flasche Cognac schenken. Ein Mönch sollte seine Robe nur im äußersten Notfall verschenken, um z.B. jemand vor dem Erfrieren zu retten; an sich ist es nicht erlaubt, weil es religiöse Gewänder sind. Sterbehilfe zu leisten und einen Verbrecher, der eine große Gefahr für die Allgemeinheit ist, aus dem Gefängnis herauszuholen, all das sind falsche Gaben. In der Lojong-Praxis haben wir die Vorstellung, insbesondere bei den Atemübungen, dass wir beim Ausatmen alle Verdienste und heilsamen Handlungen in Gestalt von hellem Licht aussenden, das allen Lebewesen zugute kommt, und dass alle unheilsamen Handlungen der Lebewesen als schwarzer Rauch durch unser linkes Nasenloch eintreten und unser eigenes Ego treffen. Jetzt können wir uns fragen, inwieweit das den Wesen tatsächlich zugute kommt. Dazu habe ich oben schon etwas gesagt. Jedenfalls können wir nicht denken, dass wir alles Positive an eine Person schicken und diese dadurch ganz heilig wird, während wir alle Negativität aufnehmen und unser Ego dadurch zerstört wird. Ob die besagte Person durch diese Übung auf der Stelle heilig wird, ist fraglich. Wenn ein Bodhisattva mit starkem Mitleid auf eine Person trifft, die diesem Bodhisattva gegenüber große Hingabe empfindet, dann ist es möglich. Karmisch ist das so zu erklären, dass die leidende Person ein großes, von Herzen kommendes Interesse hat, ihr Leiden zu beenden, sich ständig bemüht und auf bestimmte Umstände wartet. Dann erzeugt der Bodhisattva den unermesslichen Gedanken, und durch diese Willenskraft kann er diesem Menschen eine besondere Energie und Inspiration verleihen. Das Timing muss genau stimmen, dann kann der andere ohne weiteres aus dem Leiden herauskommen. Weil er große Bemühungen gemacht hat und sich die Inspiration des anderen geholt hat, hat er auch selbst etwas dazu beigetragen.

2. Ethische Disziplin

Ethische Disziplin ist die Bereitschaft, anderen keinerlei Schaden mehr zufügen zu wollen. Durch die Selbstbeherrschung, durch den bewussten Verzicht auf unheilsame Handlungen wie Töten und Stehlen werde ich fähig, anderen Lebewesen keinen Ärger mehr zu machen. Um das zu verdeutlichen, werden drei Arten von ethischer Disziplin erklärt: Einhalten der Regeln und Gelübde, Ansammeln heilsamer Handlungen und ethische Disziplin zum Nutzen anderer üben.

a) Das Einhalten der Gelübde

Im Buddhismus gibt es drei Kategorien von Gelübden bzw. Regeln, mit deren Hilfe man ethische Disziplin praktiziert: Vinaya-Regeln, Bodhisattva-Regeln und Tantra-Regeln. Unter Vinaya versteht man im Allgemeinen die Regeln für Mönche und Nonnen, er gilt aber durchaus auch für Laien. So sind im Vinaya z.B. auch die zehn heilsamen Handlungen enthalten, die das Fundament der gesamten buddhistischen Praxis darstellen und den zehn Geboten im Christentum relativ ähnlich sind. Die Mönche haben insgesamt 253 Regeln, die Nonnen über 300. All diese Regeln hat Buddha Shâkyamuni sich nicht einfach ausgedacht. Zu der Zeit, als Buddha Shâkyamuni die Erleuchtung erlangte, gab es keine einzige Regel. Sie entstanden nachträglich, weil die Situation es erforderte. Die Mönche und Nonnen begingen Fehler, indem sie z.B. eine Handlung durchführten, durch die Hindernisse auftraten oder auftreten konnten. Aus diesem Grund sagte Buddha Shâkyamuni dann zu ihnen: »Meine lieben Ordinierten, in Zukunft sollte euch so etwas nicht mehr passieren. Wenn ihr so handelt, wird dies und das geschehen, deshalb wird diese Art von Handlung ab jetzt als Regelverstoß bezeichnet.« Wenn die Ordinierten sich nicht gemäß der Regeln benehmen würden, würde es die anderen Buddhisten nicht reizen, Buddhismus zu praktizieren oder buddhistischer Mönch bzw. Nonne zu werden. Deshalb gibt es für sie sehr viele äußerliche Vorschriften, welche Kleidung sie anziehen sollen, wie lang oder kurz diese sein darf usw.

Bei Bodhicitta ist das Hauptinteresse auf das Wohl aller Lebewesen gerichtet, deshalb geht es bei den Bodhisattva-Regeln darum, welche Bedeutung unsere Handlungen für andere Lebewesen haben.

Letztlich sollen alle diese Regeln die Praxis fördern. Natürlich geht es zunächst darum, etwas zu stoppen, zu beenden, aber das Aufzugebende wird nicht einfach unter den Teppich gekehrt, sondern weiter bearbeitet und bekämpft. Schließlich geht es bei der buddhistischen Praxis ja darum, die Geistesgifte, wie z.B. Zorn, mit der Wurzel auszureißen. Zunächst mag es vielleicht so aussehen, als ob durch das Üben von Geduld der Zorn nur unterdrückt und unter den Teppich gekehrt würde. Aber dem ist nicht so. Je mehr Geduld man übt, umso schneller löst sich der Zorn von selbst auf.

b) Das Ansammeln heilsamer Handlungen

Niederwerfungen machen, Opfergaben darbringen, studieren, meditieren, Belehrungen geben und Belehrungen hören – alle diese heilsamen Aktivitäten gehören in die Kategorie der ethischen Disziplin durch Ansammlung heilsamer Handlungen. Wahrscheinlich ist damit gemeint, dass man gehörige Selbstbeherrschung und Disziplin haben muss, um diese Handlungen vollständig durchführen zu können. Ohne Disziplin kann ich weder Belehrungen hören noch mich konzentrieren. Wenn ich mich zum Studieren oder Meditieren hinsetze und die Gedanken nach außen gehen, ist das Ziel nicht erfüllt, deshalb braucht man Selbstdisziplin.

c) Das Verwirklichen des Nutzens der anderen

Es gibt insgesamt elf verschiedene Arten, wie man den anderen Lebewesen Nutzen bringen kann:

1) Körperlich oder seelisch Leidenden helfen, 2) denen helfen, die die Methoden (d.h. den Dharma) nicht kennen, indem man ihnen neue Ideen vermittelt, 3) Hilfsbedürftigen beistehen, 4) andere vor Gefahren beschützen, 5) für traurige, einsame oder depressive Menschen sorgen, 6) den Armen materielle Unterstützung geben, 7) Heimatlosen (z.B. Flüchtlingen) Unterkunft gewähren, 8) anderen je nach ihren Wünschen helfen – vielleicht zeigt jemand Interesse an Dharma-Praxis, braucht aber physische oder moralische Unterstützung, 9) Nutzen für die, die auf dem richtigen Weg sind, 10) Nutzen für die, die nicht den richtigen Weg wählen, mit diesen soll man auch diskutieren und versuchen, sie dadurch zu unterstützen, 11) Nutzen durch übernatürliche Kräfte. Außer diesem letzten Punkt können wir alles praktizieren; durch übernatürliche Kräfte können wir in absehbarer Zeit anderen nicht helfen.

3. Geduld

Wenn wir etwas diszipliniert sind, ist es kein Problem mehr, uns in Geduld und Dulden zu üben. Unsere Selbstbeherrschung taucht aber nicht von heute auf morgen auf, sondern entsteht, wenn wir uns allmählich daran gewöhnen, die schwierigen Umstände zu ertragen, die durch das Zusammenleben mit vielen anderen Menschen unausweichlich entstehen. Jeder hat seine eigene Meinung, seine eigenen Wünsche und Ansichten, und sobald zwei Menschen zusammen sind, stoßen zwei unterschiedliche Meinungen aufeinander, leicht kommt es dann zu einer großen oder kleinen Krise, z.B. beim Autofahren: Die Ampel wird rot, und wir müssen anhalten. Vor uns stehen schon drei andere Wagen. Dann wird es grün, sie fahren aber nicht gleich weiter, und wir werden ungeduldig, man hupt und zeigt den Vogel. Vor einigen Jahren saß ich mit meiner Frau im Wagen und bin nicht gleich losgefahren, da haben uns die anderen überholt und zugerufen »Schlaft gut«. Solche Ungeduld ist ein Haupthindernis für die innere Ruhe, sie nutzt nichts und schadet nur.

Shantideva sagt: Wenn es eine Möglichkeit gibt, Probleme zu umgehen, warum sollte man sich darüber Sorgen machen; wenn es keinen Weg gibt, welchen Zweck hat es dann, sich Sorgen zu machen. Das ist sehr treffend, aber man muss es auch verkraften können. Wir machen uns immer doppelt und dreifach Sorgen, zunächst, ob diese Leiden bewältigt werden können, dass es schwierig ist, das zu überstehen, und dazu kommt dann noch eine besondere Traurigkeit. Man sollte immer gelassen sein. Was kommt, das kommt; was zu tun ist, tun wir. Hier im Westen haben viele Menschen geistige Leiden wie Depressionen und besitzen keine geistige Stabilität. Solche Leiden können Folgen einer Krankheit sein, dann ist es eine Sache für die Medizin, aber andererseits hat sich diese geistige Störung durch ständiges Sorgenmachen, Angst und falsche Wahrnehmungen entwickelt. In der buddhistischen Praxis versuchen wir nun, das Leiden, das nun einmal vorhanden ist, einfach mit zu benutzen und es als Weg zu betrachten, anstatt uns durch das Leiden belasten zu lassen. Wenn wir Ärger mit anderen Menschen haben, benutzen wir diesen Ärger als Möglichkeit, Geduld zu üben. Wenn wir allein im Wohnzimmer sitzen, können wir keine Geduld üben, weil es nichts zu erdulden gibt. Für jemanden, der richtig Geduld übt, ist dieses Leiden ein Glücksfall – endlich ein Objekt, an dem man Geduld üben kann. Die alten Kadampa-Geshes freuten sich über jedes Problem, das sie hatten, weil es eine Herausforderung war, bei der sie zeigen konnten, wie weit sie waren. Ansonsten wäre der Weg einfach zu passiv, man fände immer einen guten Weg, auf dem man vorwärts käme. Das ist auch der Grund, warum viele Bodhisattvas freiwillig zurückkommen, obwohl es für sie keinen karmischen Zwang zur Wiedergeburt mehr gibt – ich spreche von sehr hohen Bodhisattvas. Wenn sie nur in einer angenehmen Umwelt verweilen, entwickelt sich ihre Praxis nicht weiter. Wir sind für sie daher dankbare Objekte, wir können ihnen weiterhelfen, wenn wir ihnen Ärger bereiten, sie sind ohnehin auf dem Weg nach oben. Durch diese unbegrenzte Übung in Samsara, nämlich den Umgang mit unserer Umwelt, können wir theoretisch schneller vorwärts kommen. Letztendlich sollten wir über unsere Umwelt positiv denken, statt zu resignieren und unser Reaktionsmuster einfach umdrehen. Was ist Glück oder Leiden? Eigentlich reine Wahrnehmung. Wir können von außen nicht sagen, ob jemand glücklich oder unglücklich ist, jemand, der äußerlich alles hat, kann innerlich todunglücklich sein, während ein zerlumpter Bettler, den wir bemitleiden, vielleicht der glücklichste Mensch ist.

Es gibt drei verschiedene Arten, Geduld zu üben: indem man aus Schaden keine große Sache macht, Leiden bereitwillig annimmt und wirklich auf Dharma ausgerichtet ist.

a) Aus Schaden keine große Sache machen

Wenn mir ein Feind irgendetwas antut, ist es das Beste, es einfach zu ignorieren. Damit ist nicht nur die Wahrnehmung, sondern auch das Handeln gemeint. Hier gibt es zwei Möglichkeiten: Am besten ist, überhaupt keine Reaktion zu zeigen und es einfach zu erdulden, wenn er uns beschimpft oder schlägt. Wenn wir gegenüber einem zornigen Menschen keine Reaktion zeigen, wie kann er oder sie weiter zornig bleiben? Irgendwann erschöpft sich der Zorn, was zum Frieden führen kann. Er oder sie denkt dann: »Mit dem kann man nicht viel anfangen, da bekomme ich ohnehin keine Reaktion«, und gibt auf. Die zweite Möglichkeit wäre, ein klares, aber im Ton verbindliches Gespräch zu führen. Scharfe Ausdrücke oder hitzige Diskussionen bringen gar nichts. Solche Diskussionen finden meistens zu einem Zeitpunkt statt, zu dem unser Gegenüber bzw. Feind sehr wütend und nicht imstande ist, eine andere Auffassung als die seine anzuhören, weil er die Selbstbeherrschung verloren hat. Wenn wir uns unmittelbar in der Situation rechtfertigen wollen, kommt sofort der Zorn wieder hoch und alles wird hochgespielt. Im Westen besteht der Bedarf, immer klar zu reden, was auch nicht verkehrt ist. Wir müssen uns ja auch nicht unbedingt so verhalten, als ob unser Kontrahent zu einer Wand oder einem Stein spricht. Andererseits müssen wir überlegen, ob wir unsere Wahrheit äußern und klar, aber sanft diskutieren wollen oder ob wir nur unser Ego verteidigen, auch wenn wir im Unrecht sind.

b) Leiden bereitwillig annehmen

Leiden entstehen nicht aus äußeren Ursachen, sondern aus unserer Situation im Daseinskreislauf, der unweigerlich mit Leiden verbunden ist. So müssen wir z.B. hinnehmen, dass uns beim Meditieren die Knie wehtun. Um das zu vermeiden, müssten wir eine ganz gemütliche Haltung einnehmen, aber das geht wohl schlecht, weil die gemütlichste Haltung Hinlegen wäre. Also bleibt uns nichts anderes übrig, als im Schneidersitz zu sitzen. Die Inder sagen, dass diese Haltung eine symbolische Bedeutung hat und dass man so stabil und gerade sitzt, was verschiedene Vorteile hat. Ein bisschen Gemütlichkeit darf man sich aber schon erlauben, z.B. sich warm halten, auf einem Sessel sitzen usw. Die Füße müssen nicht verknotet sein!

Wenn wir krank werden oder irgendeine Art von körperlichem Leiden auftaucht, sollen wir sie geduldig ertragen. Das heißt jedoch nicht, dass wir keine Medikamente einnehmen und das Leiden dadurch noch verschlimmern sollen, so ist es nicht gemeint. Es geht vielmehr um die geistige Einstellung: Dass ich in dieser Existenz die Auswirkungen von unheilsamen Handlungen als Leiden erfahre, ist unvermeidlich. Ich kann mich aber darüber freuen, weil durch meine Krankheit jetzt eine negative Handlung bereinigt wird, sodass die Auswirkungen meiner früheren unheilsamen Handlungen abnehmen. Das ist für mich von Vorteil.

Mit Leiden im Traumzustand können wir nicht viel anfangen, solange wir den Traum nicht beeinflussen oder beherrschen können. Wer seine Träume wahrnimmt, kann jedoch damit üben. Die Gefühle im Traumzustand sind sehr stark, so dass morgens nach dem Aufwachen ein entsprechendes Gefühl von Freude oder Trauer vorhanden ist, das schlimmer als im Traum selbst sein kann. Dann hält man das für ein schlechtes Zeichen, weil der Traum so intensiv war und grübelt darüber nach. Unter Umständen nehmen Träume tatsächlich Zukünftiges vorweg, aber meistens sind sie nichts anderes als das Produkt unserer Wünsche: Wir wollen dies und jenes haben oder tun, und realisieren es im Traum. Die körperliche Konstitution, ein leichtes Ungleichgewicht der körperlichen Elemente oder ein Erlebnis während des Schlafens können den Traum ebenfalls stark beeinflussen. Wenn man z.B. von der Toilette träumt, ist das einfach ein Zeichen, dass man aufs Klo muss, in diesem Fall ist die Verbindung mit der Realität offensichtlich, es gibt keine tiefere Bedeutung, die sich auf eine zukünftige Existenz bezieht.

Für uns als Buddhisten ist es wichtig, alles so zu belassen, wie es ist. Wir hegen im Wachzustand ohnehin schon genug Konzepte, die wir nicht auch noch durch Träume ergänzen müssen. Wenn etwas auf uns zukommt, können wir sehen, was in diesem Moment zu tun ist. Jetzt schon durch Träume in die Zukunft vorausschauen zu wollen, ist eine unnötige Konzeptbildung. Das betrifft auch die Meditationspraxis: Allein schon der Wunsch nach prophetischen Träumen mit dem eigenen Lama oder einer Gottheit ist falsch. Je Tsongkhapa traf mit Mañjushri zusammen, wie wir einem Bekannten begegnen, und erhielt viele Erklärungen über Leerheit von ihm. Dennoch verließ sich Tsongkhapa nicht darauf, sondern fragte einen anderen Schüler, der ebenfalls eine Verbindung zu Mañjushri hatte: »Mañjushri hat mir dies und jenes gesagt, stimmt das?

Halte für mich noch einmal Rücksprache mit ihm.« Der andere tat es, und erst, als sie eine Übereinstimmung feststellten, glaubte Tsongkhapa es.

Wenn wir Hindernisse durch Feinde haben, müssen wir ihnen gegenüber auch Mitleid üben, anstatt blindlings zurückzuschlagen. Dass er oder sie mich beschimpft, ist eine Tatsache. Dann halten wir uns aber vor Augen, wie diese Beschimpfung zustande kommt: durch seinen Zorn, seine zornvolle Reaktion, die von geistiger Natur ist. Das bedeutet, er hat nicht mich beschimpft, sondern durch seinen Zorn diese Reaktion gezeigt. Woher kommt nun dieser Zorn? Von seiner Unwissenheit. Das ist unser eigentlicher Feind, seiner und meiner. Wenn wir wirklich hassen wollen, müssen wir einen Hass auf die Unwissenheit haben, die immer wieder Zorn produziert, der einen nicht in Ruhe lässt. Er hatte in Wirklichkeit keine Wahl: Er hat nicht mit seinem Zorn gekämpft, sondern ist mit seiner Unwissenheit nicht klargekommen.

Ein berühmtes Beispiel von Shantideva: Wenn jemand mich mit einem Stock schlägt, tut das weh. Der Schmerz kommt nicht vom Menschen, sondern von dem Gegenstand, der uns traf, dem Stock, also müssten wir eigentlich den Stock hassen. Der Stock hatte aber keine Wahl, weil der Mann ihn in der Hand hielt, um damit zu schlagen. Der Mensch hatte aufgrund seiner Unwissenheit und seines Zorns, die ihn in Bewegung setzten, genausowenig eine Wahl. Dieses Beispiel finde ich sehr zutreffend.

c) Wirklich auf Dharma ausgerichtet sein

Diese Art von Geduld ist das Festhalten an der einmal begonnenen Praxis. Eine buddhistische Praxis zu erlernen und auszuüben, ist eine mühsame Sache. Dazu bedarf es einer bestimmten geistigen und körperlichen Beständigkeit. »Ich habe einen Monat lang meditiert, es ist nichts passiert, jetzt kann ich nicht mehr!« So geht das nicht, es muss auch eine fortlaufende Geduld hinsichtlich der Dharma-Praxis geben, sodass die Praxis nicht nur ein Wort bleibt, sondern wir ihren Sinn verstehen und mit dem eigenen Bewusstseinsstrom in Verbindung bringen. Die Geduld gegenüber dem Feind betrifft uns nur, wenn ein Feind vorhanden ist, das Festhalten an der Dharma-Praxis betrifft uns immer.

4. Unermüdlichkeit – die drei Arten von Faulheit überwinden

Unermüdlichkeit oder Eifer sind keine Sturheit, sondern Begeisterung. Was wir tun, sollen wir mit Freude tun, wir dürfen nicht das Gefühl haben, als ob unsere Praxis eine Strafe oder eine lästige Pflicht wäre. Wenn es so wäre, sollten wir das Ganze lieber lassen, anstatt uns weiter abzuquälen. Andererseits kann man aber nicht von vornherein sagen: »Ich kann das sowieso nicht, deshalb lasse ich es gleich ganz bleiben.« Interesse und Hingabe müssen sich erst entwickeln, das darf man nicht vergessen, und zu diesem Zweck muss man ausführlich über die Vorzüge der Praxis nachdenken. Was mache ich da eigentlich? Wozu mache ich es? Welche positiven Ergebnisse entstehen durch diese Praxis?

So können wir beispielsweise über die positive Wirkung der allgemeinen Praxis nachdenken und weiter über die Vorzüge von Bodhicitta und der Buddhaschaft als Ziel. Das Interesse an der Praxis, das sich dadurch entwickelt, führt schließlich zu weiterem Bemühen. Die Unermüdlichkeit bringt eine gewisse Kontrolle, wie schnell wir uns weiterentwickeln. Wenn wir wirklich eifrig sind, können wir unser Ziel erreichen, wenn wir langsamer vorwärts gehen, dauert es entsprechend länger, und wenn wir überhaupt nichts tun, ist das Resultat natürlich gleich null. Hindernisse für den Eifer sind die drei Arten von Faulheit: Lustlosigkeit, Anhaftung an falsche Aktivitäten und Selbstunterschätzung.

Mit der *Lustlosigkeit* ist es wie bei meiner Arbeit: Auf dem Schreibtisch stapeln sich die Unterlagen, und ich sage mir, das erledige ich morgen oder übermorgen. So schiebe ich es immer weiter hinaus und irgendwie wird nie etwas daraus. Manchmal findet man die Unterlagen auch gar nicht mehr. Als Gegenmittel gegen diese Art von Faulheit soll man sich überlegen, dass unsere Lebensspanne ungewiss ist und dass wir gerade eine kostbare Menschenexistenz erlangt haben, die wir nicht vergeuden dürfen.

Anhaftung an falsche Aktivitäten wäre z.B. dummes Gerede oder Geselligkeit, d.h. weltliche Aktivitäten vorzuziehen, die das eigene Studium und die Praxis stören. Ein klassisches Beispiel wäre, Medizin, Astrologie und Poetik zu studieren und gleichzeitig zu praktizieren. Das wird als Hindernis bezeichnet, denn wenn ich sehr gut dichten kann, bekomme ich mehr Lust, Bücher zu schreiben, als zu meditieren, und das geht in eine andere Richtung. Diese Dichtung bringt uns innerlich nicht viel weiter, das sind nur schöne Formulierungen auf Papier. In der Astrologie muss man viele Berechnungen anstellen und darüber nachdenken, wie die Stellung der Planeten ist, das ist auch sehr zeitraubend.

Selbstunterschätzung begegnet uns auch sehr häufig: »Ich kann das nicht machen. Das ist zu schwer für mich. Die Zeit ist zu kurz. Ich schaffe das nicht.« Alle diese Entschuldigungen führen zu Faulheit aus Resignation, zu Mutlosigkeit, mit der man sich sagt: »Bei mir kommt es überhaupt nicht in Frage, Buddhaschaft zu realisieren. Ich kann die anderen Lebewesen nicht unterstützen, die Bodhisattva-Handlungen sind so gigantisch und erfordern eine so ausgedehnte Praxis, dass ich nicht einmal einen Bruchteil davon praktizieren kann. Da meine Lebensspanne ohnehin ungewiss ist, kann ich in dieser kurzen Zeit nicht viel ausrichten, außerdem bin ich sehr schwach und kann mir jetzt nicht alles vornehmen.« Gegen eine solche Einstellung bedarf es einer großen Entfaltung von Mut, ob unser Vorhaben auch tatsächlich realisiert werden kann oder nicht, ist ein anderes Thema. Es ist wie bei allen weltlichen Dingen auch: Man baut ein Haus, weiß nicht, ob man jemals in dieses Haus einziehen wird, geht aber davon aus. Wenn wir uns um eine Stelle bewerben, denken wir auch nicht, dass es ohnehin keinen Zweck hat, sich zu bewerben, da wir heute vielleicht sterben. Ebenso, wenn wir ein Studium beginnen oder ein Geschäft aufmachen; in Bezug auf äußerliche oder weltliche Aktivitäten resignieren wir in der Regel kaum.

Warum haben wir nicht genug Eifer für unsere Praxis? Weil uns unser Ego auch hier ein Bein stellt. Weltliche Aktivitäten stören unser Ego gar nicht, sie stärken und verteidigen es sogar. Das wirkt auf uns natürlich sehr angenehm, weshalb wir sehr davon angetan sind und uns gern darauf einlassen. Wenn es innerlich ein bisschen unangenehm wird, dann wird es knifflig und wir stellen Ausreden und Vorwände in den Vordergrund. Faulheit kommt durch verschiedene Ausreden zustande, hinter denen der grundsätzliche Zweifel an der Glaubhaftigkeit der Zielsetzung steht. Wir alle sprechen von Buddhaschaft, Bodhisattva-Bhumis und Stufen des Weges, aber ist das auch wirklich unsere Zielsetzung? Mit der einen Hälfte der Gedanken hat man Vertrauen, mit der anderen hegt man Zweifel, ob es überhaupt möglich ist. Ohne einspitziges Streben lässt sich weder ein weltliches noch ein geistiges Resultat erzielen, deshalb sollten wir Mut und Entschlossenheit entfalten.

Im Prinzip könnten wir uns nur auf ein Thema aus dem Lamrim konzentrieren und unser ganzes Leben damit verbringen, nur diese eine Sache zu realisieren. Dann habe ich eine feste, stabile Realisation in meinem Bewusstseinsstrom, auf der ich alles weitere aufbauen kann. Für das Festhalten an der Praxis ist das sehr wichtig. Die eigene Praxis mit der anderer Menschen zu vergleichen, nützt uns nichts, weil die Intelligenz, die Interessen, die Art und Weise der Praxis bei jedem unterschiedlich sind. Die Gemeinsamkeit liegt in den Erklärungen des Lehrers und der maßgeblichen Literatur, das ist unser roter Faden.

Bemühung und Unermüdlichkeit sind ein individuelles Problem. »Er macht das, deshalb muss ich es auch so machen; sie kann das, deshalb muss ich es auch können.« Das ist dann wieder eine Konkurrenzsituation, durch die Eifersucht aufkommt. Wenn jemand tagelang sitzen und meditieren kann, ist das lobenswert, aber keine Sache, um die man konkurrieren müsste. Wenn ein anderer überhaupt nichts tut, dann ist das eben Pech für ihn. Die Praxis ist eine individuelle Angelegenheit: Wie oft ein Lehrer die Dharma-Praxis erklärt, wie viele Menschen buddhistische Bücher lesen, hängt einfach von ihrem inneren Bewusstseinsstrom ab.

5. Meditative Versenkung (ghzi gnas, shâmata)

Meditation ist eine besondere Technik, um den eigenen Geist in die richtige Richtung zu lenken. Es gibt verschiedene Weisen zu meditieren: Konzentration auf den Atem, auf das Bild des Buddha oder analytische Meditation über die Leerheit oder ein anderes Thema aus dem Lamrim. Damit alle diese Techniken funktionieren, muss als Grundlage aber geistige Stabilität vorhanden sein. Ohne diese Stabilität können wir keine darüber hinausgehenden Meditationstechniken anwenden, weil die Richtung der Meditation nicht zu der entgegengesetzten Bewegung unserer Gedanken passt. Normalerweise haben wir ja sehr viele Konzepte, die auf den Alltag bezogen sind: Ich muss noch dies und jenes einkaufen, das ist schön und das ist schlecht, was mache ich im Studium oder bei der Arbeit. Sobald ich einem Objekt begegne, aktiviere ich die verschiedenen Konzepte und geistigen Gifte, die latent in mir vorhanden sind. Sich selbst kennen zu lernen, bewusster zu leben, ist daher der Anfang und die Basis jeder Art von Meditation. Ich finde das eine tolle Meditation, wenn wir bei der Arbeit, beim Fahren oder Gehen oder auch in der Kommunikation bewusster werden. Ich empfehle immer, sich am Morgen etwas vorzunehmen, im Lauf des Tages immer wieder darauf zurückzukommen und am Abend im Rückblick festzustellen, ob man in den vergangenen Stunden bewusster gelebt hat. Wenn wir diesen Rahmen haben, haben wir viel gewonnen, wir haben einen festen Lebensstil. Dann können wir ins Detail gehen und nicht nur hin und wieder auf unseren Vorsatz zurückkommen, sondern die Achtsamkeit auch während des Handelns aufrechterhalten. Diese Achtsamkeit ist jedoch kein einfaches Beobachten, sondern ein bewusstes Ausrichten der Gedanken in eine heilsame Richtung.

Was brauchen wir wirklich? Wir brauchen eine stabile Geisteshaltung. Die Entwicklung des menschlichen Geistes ist ein weiter Weg, der auf einem ganz niedrigen Niveau beginnt und dann stufenweise zu immer tieferer Meditation führt. Ohne die anfängliche, einfachste Form geistiger Stabilität gibt es auch keine höheren Stufen. Wenn wir uns z.B. in einem Boot befänden, könnten wir mit allen Mitteln versuchen, einen Tisch stabil zu machen, damit kein Tee verschüttet wird. Das schaffen wir aber nicht, weil das Boot auf dem Wasser schwimmt und deswegen instabil ist.

Buddhistische Praxis dient letztendlich nur dazu, ein guter, d.h. warmherziger Mensch zu werden, der eine richtige Vorstellung von sich selbst hat, zum eigenen und zum Nutzen anderer. All dies basiert auf geistiger Stabilität. Durch die so genannte Praxis lernen wir, Ruhe zu halten, nachzudenken, uns etwas unter Kontrolle zu bringen. Gleichzeitig müssen wir auch etwas über die Theorie, die Gründe lernen. Ohne Lernen können wir keine Kontrolle über den Geist realisieren. Meditation ohne Hören, d.h. ohne vorheriges Lernen, ist so, als wollte man ohne Hände auf einen Felsen klettern. Deshalb ist es für uns immer wichtig, unten anzufangen. Das betrifft nicht nur die, die schon etwas über Buddhismus wissen, sondern ist auch für fortgeschrittene Buddhisten äußerst wichtig. Denn wenn man die Hindernisse nicht überwindet, um zu geistiger Ruhe zu gelangen, kommt man nicht viel weiter und ist anfällig für Rückschläge, d.h., man verlernt leicht wieder, was man schon einmal konnte.

13. Meditation und Erkenntnis der Leerheit

Meditation

Das eigentliche Ziel der buddhistischen Meditation ist eine stabile innere Konzentration, mit der wir zu unserer wahren Natur zurückfinden. Die wahre Natur des Geistes ist ein klarer, erkennender Zustand. Wenn ich »zurückfinden« sage, meine ich jedoch nicht, dass es irgend wann einmal einen Zustand gegeben hätte, in dem der Geist völlig unbefleckt gewesen wäre. Wenn das so wäre, gäbe es keinen Grund, warum der Geist aus diesem Zustand herausgefallen sein sollte. Zurückzufinden zur Natur des Geistes heißt, auf die Ebene des subtilsten Bewusstseins zu gelangen, auf der wir bei jedem Tod und in tieferer Meditation agieren.

Gewöhnlich werden wir von vielen Konzepten beherrscht, die uns sehr leicht ablenken, sodass wir uns nur mit Schwierigkeiten auf ein bestimmtes Thema konzentrieren können. Wir nehmen zahllose Eindrücke wahr, die (scheinbar) von außen kommen und bilden auf dieser Grundlage eine Menge von Konzepten. Ob die Wahrnehmung an sich richtig oder falsch ist, interessiert uns vorläufig noch nicht, dieses Thema werden wir unter dem Stichwort Leerheit behandeln. Im Moment geht es nur darum, sich fest auf einen Punkt zu konzentrieren. Dadurch erreichen wir eine gewisse Kontrolle über die eigene Konzeptbildung, dann erst fangen wir damit an, unsere Konzepte zu lenken, statt uns von ihnen lenken zu lassen.

Günstige (äußere und innere) Voraussetzungen für die Meditation

Ein großes Hindernis für die Konzentration sind Geräusche. Deshalb empfiehlt es sich für Anfänger, den Retreat an einem ruhigen, angenehmen Ort durchzuführen. Später stört einen der Lärm nicht mehr, es gibt Erzählungen von Meistern, die mitten auf der Straße meditierten. Besonders für Anfänger ist es empfehlenswert, Shine gemeinsam mit Freunden zu üben, mit denen man sich gut versteht und die alle mit den materiellen Gegebenheiten zufrieden sind.

Am wichtigsten ist es, ein fundiertes Wissen über das Thema Meditation zu besitzen. Erst müssen wir versuchen, etwas über dieses Thema zu hören und zu lernen, und dann setzen wir das Gehörte in die Praxis um. Das Wichtigste ist, Ruhe zu halten. Um Klarheit im Geist zu erzeugen, muss man zunächst eine ordentliche Sitzhaltung einnehmen. Bei der Sitzhaltung sind sieben Punkte zu beachten: Da wir im Liegen leicht einschlafen, soll man allgemein bei jeder Art von Meditation den Körper aufrecht halten. Der Rücken soll sich nirgendwo anlehnen, das lässt leicht Müdigkeit aufkommen. Die Beine zu kreuzen, sodass beide Fußsohlen nach oben zeigen, ist nicht unbedingt notwendig, wir können auch auf einem Stuhl oder im Schneidersitz sitzen. Wichtig ist, dass der Sitz hinten etwas erhöht ist, weil man so den Körper besser aufrecht halten kann.

Die rechte Hand liegt in der linken, die Daumen berühren sich in Nabelhöhe, man kann die Hände aber auch in den Schoß legen. Die Zunge liegt am Gaumen, das ist eine einfache Vorbeugemaßnahme, damit man bei längeren Sitzungen nicht durstig wird. Lippen und Zähne sind nicht zusammengepresst, sondern locker. Die Arme liegen nicht eng am Körper an, sondern sind etwas abgewinkelt. Die Augen sind nicht ganz geschlossen, der Blick fällt vielmehr über die Nasenwinkel schräg nach unten. Der Kopf ist leicht nach vorn geneigt, sodass das Kinn den Adamsapfel bedeckt.

Dann beobachten wir kurz unsere Konzepte und versuchen, sie durch Atembetrachtung zu beseitigen. Dabei atmen wir so langsam wie möglich, so weich, dass der Atem die Nasenlochhaare nicht bewegt. Zusätzlich stellen wir uns vor, dass wir alles Dunkle aus- und alles Helle, Positive einatmen. Oder man zählt einfach die Atemzüge, auch das ist ein Trick, um sich aus der Hölle der Konzepte zu befreien.

Fehler und Gegenmittel

Es gibt fünf Fehler, die eine gute Meditation verhindern, und acht Gegenmittel gegen diese fünf Fehler.

1. Fehler: Faulheit – Gegenmittel: Vertrauen, Streben, Bemühung, Geübtheit
Wenn ich etwas tue, obwohl es mir keinen Spaß macht, z.B. arbeiten, nur um Geld zu verdienen, wird die Qualität dieser Tätigkeit nicht besonders gut sein. Wir fühlen uns dann faul und lustlos. Das heißt, wir haben keine richtige Motivation, weil die Qualität der Dharma-Praxis uns nicht richtig ans Herz gewachsen ist. Das ist auch kein Wunder, wenn der Lehrer entweder keine oder eine unbefriedigende Erklärung gibt. Daher ist es Aufgabe des Lehrers, genau zu erklären, wie man sich die Praxis erarbeiten kann und wie sie funktioniert. Hier zeigt sich auch der Unterschied zwischen Tibetern und Westlern. Nicht alle, aber viele Tibeter praktizieren rein auf der Vertrauensbasis. Ihnen fehlt höchstwahrscheinlich der intellektuelle Hintergrund, aber aus Hingabe oder Vertrauen praktizieren sie einfach stur weiter und erlangen dadurch etwas.

Als Faulheit werden also Lustlosigkeit, Desinteresse oder körperliche Gegenreaktionen bezeichnet, die durch mangelndes Wissen um die Qualitäten der Praxis entstehen. Um diese Faulheit zu beseitigen, müssen wir *Vertrauen* entwickeln, nicht Glauben. Für mich besteht da ein großer Unterschied: Vertrauen basiert auf einem Grund, Glauben ist mehr oder weniger grundlos. Wir sollten uns stattdessen zuerst über die Vorzüge einer Sache informieren und dadurch Vertrauen entwickeln.

Das zweite Gegenmittel gegen Faulheit ist das *Streben* nach einspitziger Konzentration. Bloßes Vertrauen ist passiv, deshalb muss als nächste Stufe das aktive Streben nach Konzentration kommen. Das dritte Gegenmittel ist *Bemühung*. Durch die Zuneigung, die man aufgrund seiner Kenntnis entwickelt, ist man in der Lage, sich um die Meditation zu bemühen, gibt die Faulheit auf und erlangt völlige Geübtheit. Ich habe manchmal den Eindruck, dass der Begriff Bemühung im Deutschen zu negativ ist, dass man etwas »mit Ach und Krach« tut. Das ist kein gutes Wort dafür. Gemeint ist vielmehr ein Üben, das am Anfang natürlich mit Mühe verbunden ist, später aber mühelos passiert.

Das vierte Gegenmittel ist *völlige Geübtheit* oder Durchhaltevermögen, die Kontinuität der Praxis. Die wörtliche Übersetzung wäre »gänzlich Geübtsein«. Der Lernprozess wird also mit Ausdauer fortgesetzt. Um diese Kontinuität aufrechtzuerhalten, genügt es schon, sich etwa zehn Minuten am Tag zu nehmen, aber diese Zeit intensiv zu nutzen. Ich empfehle ungern stundenlange Meditationen, weil ich die allgemeine Situation in der Gesellschaft kenne und weiß, dass die meisten Leute weder die Zeit noch die Fähigkeit haben, sich mehrere Stunden am Tag hinzusetzen. Also lieber weniger als gar nicht. Zwei Wochen lang sehr intensiv zu meditieren, dann eine Zeit lang gar nichts tun und nach einigen Monaten wieder von vorne zu beginnen, bringt nicht sehr viel, so wird man nie über das Anfängerstadium hinauskommen.

Völlige Geübtheit ist das innere Glücksgefühl, das durch Meditation entsteht. Durch die Fokussierung auf das Objekt entsteht ein gelassener, mit Freude verbundener Zustand. Es ist wie bei einer Kamera: Zuerst muss man das Objektiv richtig einstellen, bis das Bild scharf wird, was natürlich mit Bemühung verbunden ist. Wenn man das erreicht hat, kann man entspannt auf dem Objekt verweilen. Wenn man erst einmal die richtige Einstellung gefunden hat, fühlt man sich sehr wohl und vergisst die Zeit, man möchte so lange wie möglich weiter meditieren. Dieses Gefühl kann man nicht künstlich erzeugen, aber wir müssen uns schon bemühen, die Hindernisse für diesen Zustand zu beseitigen. Das richtige Gefühl bei einer solchen Meditation hat einen Beigeschmack von Leere und Ausdehnung, mehr kann man mit Worten nicht erfassen.

Wenn man innerlich einen glücklichen Zustand erreicht, stellt sich auf der körperlichen Ebene gleichfalls Wohlbefinden ein, da die innere Glückseligkeit sich auch physisch sehr stark auswirkt; man empfindet ein Gefühl der Leichtigkeit.

2. Fehler: Vergessen – Gegenmittel: Erinnerung

Ohne Objekt kann ich gar nicht meditieren. Wenn ich nun über die Gestalt von Buddha Shâkyamuni meditieren will und stattdessen Avalokiteshvara erscheint, dann ist das ein Fehler, weil ich das ursprüngliche Objekt vergessen habe. Wenn man sich einmal für ein Objekt entschieden hat, muss man auch dabei bleiben. Wenn ich mich für eine weiße Buddha-Figur entschieden habe, darf ich nicht auf eine goldene umsteigen, wenn ich eine sitzende habe, kann ich nicht zur stehenden wechseln. Man muss hartnäckig bleiben. Das Hindernis mischt sich sonst ganz elegant in die Meditation ein, es bietet ja nichts Verkehrtes an, sondern etwas Angenehmes, Gleichartiges, auch eine Buddha-Figur. Wenn man nachgibt, steigt man aber bald wieder auf eine gelbe Figur um, dann kommt irgendwann eine rote, und so springt es hin und her. So geht die Basis der Meditation leicht verloren, und das Hindernis trägt den Sieg davon.

Das Gegenmittel gegen das Vergessen der Unterweisung ist *Erinnerung*, das gewählte Meditationsobjekt muss im Gedächtnis behalten werden. Wenn das Objekt verloren geht, durch andere Konzepte aus der Vorstellung verschwindet, muss ich es zurückholen. Deshalb muss ein Teil des eigenen Geistes als Aufpasser fungieren. Ich konzentriere mich also mit einem Teil meines Bewusstseins auf das Objekt, während ein anderer Teil als Beobachter fungiert. Wir können ja auch beim Autofahren ernsthaft diskutieren oder über etwas nachdenken, während wir als erfahrene Autofahrer automatisch die Verkehrsregeln beachten, ohne uns intensiv auf sie zu konzentrieren. Ein anderes Beispiel: Bei der Kommunikation mit anderen Menschen kann ich mich selbst beobachten, wie ich mich verhalte, ob ich auf die richtige Weise kommuniziere oder etwas Falsches sage.

3. Fehler: Absinken und Aufgeregtheit – Gegenmittel: Wachsamkeit

Der dritte Fehler ist Absinken und Aufgeregtheit. Das ist eines der häufigsten Hindernisse. Als Gegenmittel muss man *Wachsamkeit* oder Bewusstheit entwickeln und sich selbst genau beobachten. Es gibt ein grobes und feines Absinken bzw. grobe und feine Aufgeregtheit. Grobes Absinken ist einfach Müdigkeit und führt im schlimmsten Fall zum Einschlafen bei der Meditation. Feines Absinken verhindert, dass das Meditationsobjekt klar erscheint und ist nicht so leicht zu erkennen, da dieser Zustand sich sehr angenehm anfühlen kann. Was beim Absinken fehlt ist das kraftvolle Erfassen des Objekts. Aufgeregtheit führt dazu, dass man das Objekt verliert, weil andere Konzepte, die hauptsächlich mit Anhaftung verbunden sind, uns von ihm ablenken. Von der grundlegenden Unwissenheit einmal abgesehen, ist Anhaftung bzw. Gier das Geistesgift, das am schwersten aufzugeben ist. Es heißt auch, dass die Anhaftung uns sehr lange auf dem Weg begleitet, und wenn ein Praktizierender schließlich auf einer sehr späten Stufe die Anhaftung gänzlich aufgibt, hat er den anderen geistigen Giften schon längst entsagt.

Eine maßgebliche Meditation besteht aus zwei Teilen, aus Klarheit und Stabilität. Das Absinken stört die Klarheit, die Aufgeregtheit stört die Stabilität. Das Problem ist, dass es bei tieferer Meditation ein subtiles Absinken bzw. subtile Aufgeregtheit gibt, die man sehr leicht mit einer guten Meditation verwechseln kann, weil dabei ein hoher Prozentsatz an Stabilität und Klarheit vorhanden ist. Bei dem subtilen Absinken ist Nicht-Trübsein (*dang ba*) vorhanden, aber die eigentliche Klarheit (*sal ba*) fehlt. Dieser Unterschied ist schwer zu erkennen. Bei einer richtigen, maßgeblichen Meditation sind Klarheit und Kraft vorhanden, oder, wie es auf Tibetisch heißt, »kraftvolle Klarheit« (g*sal zhing nar*). Sobald Absinken entsteht, fehlt diese kraftvolle Klarheit. Dabei kann man sich sehr wohl fühlen, weil dieser Zustand locker und gelassen ist, und der dynamische Aspekt fehlt. Man muss immer wach bleiben und an das Objekt denken können. Richtige Meditation ist zwar auch angenehm, führt aber zu eindeutigen Fortschritten: Je mehr ich meditiere, umso wirkungsvoller und freudiger wird mein Zustand. Falsche Meditation führt hingegen früher oder später zu einem Rückfall in Unklarheit, das Absinken wird schließlich immer deutlicher.

Bei der Aufgeregtheit wird nicht die gesamte Stabilität der Meditation gestört, aber doch das kraftvolle, stabile Verweilen auf dem gewählten Objekt. Der Geist lässt sich von den geistigen Giften fortreißen. Ich will dies anhand des Gegenteils erklären: Bei der Mahamudra-Praxis konzentriert man sich mit dem eigenen Geist auf den eigenen Geist. Um das zu realisieren, beobachtet man die Konzepte, die im Geist auftauchen, ohne ihnen große Aufmerksamkeit zu schenken. Es gibt ein schönes Beispiel hierfür: In einem Teich bewegen sich viele Fische im Wasser, ohne dass an der Oberfläche Wellen entstehen. So kommen und gehen auch die Konzepte, aber diese Aktivitäten stören die eigentliche Konzentration auf den Geist nicht. Man nimmt die Bewegung der Konzepte zur Kenntnis, folgt ihr aber nicht. Bei Aufgeregtheit wird sie jedoch nicht bloß zur Kenntnis genommen, sondern mitvollzogen. Die Grenze zwischen Stabilität und leichter Ablenkung durch die geistigen Gifte ist äußerst schmal, man rutscht sehr leicht ab. Ein Beispiel für subtile Aufgeregtheit ist fließendes Wasser unter festem Eis. Scheinbar ist alles fest und stabil, man kann sogar auf dem Eis laufen, aber darunter fließt das Wasser, und wenn man zu einem Eisloch kommt, schießt sofort Wasser heraus.

Wenn ich zu unruhig und unklar werde, muss ich verschiedene Methoden anwenden: Zunächst stelle ich das Objekt höher, wenn es durch diese Korrektur nicht besser wird, lasse ich kurz los und heitere mich durch eine andere Meditation kurz auf, z.B. denke ich an die Qualitäten der Drei Juwelen oder die kostbare Menschenexistenz. Wenn das Problem immer noch nicht überwunden ist, höre ich kurz auf, zähle die Atemzüge und atme all diese störenden Gedanken, diese Dumpfheit und Unklarheit aus. Dann versuche ich es wieder. Wenn ich dann immer noch nicht zurechtkomme, beende ich einfach die ganze Sitzung und gehe ein bisschen an die frische Luft, blicke in die Ferne, um mich zu erfrischen. Dann kann ich weitermachen. Oder man stellt sich kurz vor Beendigung der Sitzung im eigenen Geist einen hellen Lichtpunkt vor oder in der Brust vor. Wenn es immer noch nicht klappt, sollte man zunächst ganz aufhören und sich irgendwie ermuntern und es später noch einmal versuchen, aber ohne sich dazu zu zwingen.

4. und 5. Fehler: unterlassene und unnötige Anwendung von Gegenmitteln

Wenn ich mich auf das Objekt ganz klar konzentrieren kann, darf ich keine Gegenmittel anwenden, d.h., ich darf mich selbst nicht zu sehr beobachten und mich dauernd fragen: »Mache ich es auch wirklich richtig? Ist das Objekt wirklich klar für mich? Bin ich wirklich unabgelenkt?« So soll man es nicht machen, denn wenn ich zuviel überlege, liegt das ganze Gewicht auf der Selbstbeobachtung, sodass man das Objekt verliert.

Wie man auf dieser Basis die neun Stufen der Meditation verwirklicht

Bei der Meditation gibt es neun Stufen, die zu einspitziger Konzentration führen.

1. Den Geist festlegen

Zu Beginn sind wir nicht in der Lage, den Geist längere Zeit auf einem Objekt zu halten. Dadurch, dass wir den Geist immer wieder auf das Objekt richten, stabilisiert er sich und wird fähig, zumindest vorübergehend auf dem Objekt zu bleiben. Wenn mich andere Objekte oder äußerliche Attraktionen nicht mehr ablenken können, sondern ich mich auf Kommando sofort vertiefen und bei meinem Objekt bleiben kann, dann hat die Stabilisierung des Geistes begonnen. Diese Stufe entwickelt man durch die Kraft des Studiums, durch Wissen über die Meditation. Diese Konzentration ist noch mit viel Anstrengung verbunden und hält nur sekundenlang an.

2. Länger festlegen

Als nächstes folgt die Festlegung mit etwas dauerhafterer Stabilität. Ich habe meine Meditation angefangen und höre nun etwas von außen, meinetwegen die Kirchenglocken. Dieses Geräusch bringt mich aber nicht aus meiner Konzentration, die ich auf dieser Stufe bis zu fünf Minuten halten kann. Hierbei hilft mir die Kraft der Betrachtung, die mit Nachdenken verbunden ist. Sie lässt die Konzentration auf das Objekt besonders kraftvoll werden, sodass Störungen mich nicht mehr so leicht ablenken; dennoch ist die Konzentration auch hier noch mühsam.

3. Wieder festlegen
Die wörtliche Übersetzung wäre: »geflicktes Verweilen«. Gemeint ist, dass man bei der Meditation einige Zeit auf dem Objekt bleibt, es verliert und die Gedanken dann wieder auf das Objekt zurückholt, und zwar immer wieder, wie wenn man ein altes Kleid immer wieder neu flicken würde. Dieses »geflickte Verweilen« entwickelt sich durch die Kraft der Erinnerung und durch ununterbrochene Konzentration. Durch die Kraft der Erinnerung (Achtsamkeit) ist man in der Lage, den Zustand der Meditation zu beobachten und festzustellen, ob man noch beim Objekt ist oder abgelenkt wurde.

4. Verstärkt festlegen
Nehmen wir an, dass wir die Gestalt des Buddha als Objekt genommen haben. Inzwischen bin ich soweit, dass ich die gröbere Vorstellung relativ gut halten kann. Deshalb wechsle ich jetzt das Objekt und verfeinere meine Vorstellung, indem ich statt des gesamten Körpers ein Detail nehme, z.B. nur ein Auge oder die Nase oder den Haarwirbel.

5. Zähmen
Durch die Kraft der Wachsamkeit wird man gezähmt, wodurch man eine besondere Freude über die Qualität der Meditation erlangt. Auf dieser Stufe tritt kein grobes Absinken und keine grobe Aufgeregtheit mehr auf.

6. Befrieden
Durch fortgesetzte Wachsamkeit erlangt man inneren Frieden. Nachdem man die Ablenkungen als Fehler erkannt hat, verliert

man die Unlust an der Meditation. Zunächst hat man keine Lust auf Meditation, weil man den Ablenkungen den Vorzug gibt. Auf dieser Stufe erkennt man aus eigener Erfahrung, dass die Ablenkungen Fehler sind, und durch diese Erkenntnis erlangt man Frieden und verliert jegliche Unlust.

7. Völlig befrieden

Durch kraftvolles, ausdauerndes Bemühen erlangt man vollständigen Frieden, und alle Anhaftung, unwohle Gefühle, Trübheit, Schläfrigkeit usw. werden beseitigt. Wie ich bereits erwähnte, sind Absinken und Aufgeregtheit die Haupthindernisse für die Meditation, und sehr oft wird Aufgeregtheit gleichgesetzt mit Anhaftung. Die anderen konflikterzeugenden Geistesfaktoren erzeugen z.B. Traurigkeit, Trübheit oder Schläfrigkeit. Das wird auf dieser Stufe beseitigt. Wenn man eine bestimmte meditative Kraft erlangt hat, braucht man auch weniger Schlaf, während man sonst acht Stunden schlafen musste, kommt man jetzt vielleicht mit sechs aus.

8. Einspitzig machen

Durch fortgesetztes Üben wird der Geist einspitzig, die Konzentration ist erstmals ununterbrochen. Nun kann man mühelos meditieren.

9. Ausgeglichenes Festlegen

Wenn man diese Stufe erreicht, kann man ungehindert so lange meditieren, wie man will. In den Schriften heißt es, dass man eine maßgebliche Konzentration innerhalb von sechs Monaten entwickeln kann, wenn man in Retreat geht, sich die ganze Zeit nur darauf konzentriert und die äußeren und inneren Umstände stimmen. Als Resultat der Meditationspraxis erlangt man »vollkommenes Ausüben«, gemeint ist Biegsamkeit und Geschmeidigkeit des Geistes. Zuerst erlangt man vollkommenes Ausüben des Geistes, danach auch körperliches. Beide haben eine glückselige Natur. Das Anzeichen für die im Geist entstehende Glückseligkeit sind zunächst Kopfschmerzen oder ein schwerer Kopf. Natürlich ist das kein glücklicher Zustand, aber es zeigt einen Durchbruch, eine Vorstufe an. Danach fühlt man sich enorm erleichtert, man kann so lange meditieren, wie man will, die Konzentration des Geistes ist hundertprozentig. Durch die vollkommene Konzentration bekommt auch der Körper mehr Energie, es entstehen viel weniger Krankheiten, der Körper fühlt sich leichter an als gewöhnlich.

Wir Buddhisten schätzen diese Situation jedoch nicht hoch; das ist einfach ein angenehmer Zustand, der aber nicht unser eigentliches Ziel ist. Wir freuen uns stattdessen auf die weitere Praxis: Weil ich eine besonders dynamische Konzentration erreicht habe, kann ich mich nun leichter mit einem tiefgründigeren Objekt befassen – der Leerheit.

Erkenntnis der Leerheit

Alles, was uns erscheint, können wir unter zwei Aspekten betrachten: a) wie es uns für gewöhnlich erscheint und b) in seiner wirklichen Seinsweise. Die gewöhnliche Erscheinung kann z.B. eine Blume sein, die wir als schön empfinden. Wenn wir nun nach ihrer wirklichen Seinsweise fragen, fragen wir nach dem Wesen: Was ist »Blume«, wo finde ich ihre Schönheit? Im Auge des Betrachters, im Objekt, oder dazwischen? Meistens denken wir: Die Schönheit ist in der Blume und ist unabhängig von uns.

Unsere konventionelle Wahrnehmung sagt uns, dass alle diese Dinge eine eigene, von allen anderen unterschiedene Identität besitzen. Aber wie existieren die Erscheinungen, die uns umgeben? Worin liegt ihre Realität begründet? Ist sie wirklich unabhängig von meiner Wahrnehmung? Andererseits kann die Wahrnehmung allein nicht alles leisten, wir können einen Tisch nicht als Stuhl wahrnehmen, was eine Abhängigkeit der Wahrnehmung von ihrem Gegenstand und seiner Form anzeigt. Letztlich kommen wir zu dem Ergebnis, dass es auf die Kombination von zutreffender Wahrnehmung und richtigem Gegenstand ankommt. Durch solche Überlegungen erhält man einen Eindruck davon, dass die Phänomene wohl nicht so existieren, wie wir sie normalerweise betrachten.

Wir sagen: Der Stuhl ist da, Klaus ist da, Martin ist dort, Sabine ist hier. Dabei tun wir so, als ob alles konkret außerhalb von uns existierte und identifizieren die Dinge mit ihrem Namen. Wenn hier ein Kind auf die Welt kommt, bekommt es sofort einen Namen. Im asiatischen Raum ist das anders, dort gibt es zweijährige Kinder, die noch keinen Namen tragen. Von Seiten des Kindes sagt es zunächst gar nichts aus, ob es Martin oder Sabine heißt. Das heißt, ohne Benennung hat das Kind keinen Namen; eine Sekunde nach der Benennung ist das Baby zu Hans geworden, und die Bekannten und Verwandten denken dann: Hans weint, Hans schläft usw. Vorher können wir nur sagen: »Baby weint, Baby schläft« usw.

Um eine »Definition« zu bilden, brauchen wir also mindestens drei Eigenschaften: die eigene Wahrnehmung, die Benennung, das Objekt. Damit noch nicht genug. Was ist das Objekt? Es ist zusammengesetzt aus Teilen wie Beine, Rückenlehne, Armlehne usw., und diese Teile sind zusammengesetzt aus Milliarden von Partikeln, die auch wieder aus Atomen und subatomaren Teilchen bestehen. Die Partikel sind außerdem abhängig von ihrer Position im Raum. Dann gibt es auch noch die Zeit. Wir sagen zum Beispiel: Letztes Jahr war ich auf Mallorca, und nächstes Jahr fahre ich in die Türkei. Das eine ist Vergangenheit, das andere liegt noch in der Zukunft. Dabei tun wir so, als würde unser Ich von der zeitlichen Veränderung nicht berührt, aber eigentlich existiert es nur im gegenwärtigen Augenblick.

Was soll nun diese ganze Problematik? Wir wollen die Seinsweise der Phänomene erkennen, aber nicht bloß, um ihre Beschaffenheit theoretisch zu erkennen, sondern um uns von unserer Bindung an die Phänomene zu befreien. Wir glauben, dass die Phänomene uns beherrschen, dass sie uns von außen bestimmen. Wie kommt es, dass wir ihnen solche Macht über uns zuschreiben? – Weil unsere gewöhnliche Betrachtungsweise davon ausgeht, dass uns alles von außen gegeben wird, und wir alles nicht so wahrnehmen, wie es in Wirklichkeit ist, nämlich abhängig von Ursachen und Bedingungen. Wir sind aber fest überzeugt, dass alles aus sich selbst heraus entstanden ist, und glauben daher auch, wir seien deswegen so, wie wir sind, und könnten nichts dafür. Aus buddhistischer Sicht können wir sehr wohl etwas dafür.

Solch subtile Überlegungen erfordern eine enorme Konzentration, deshalb brauchen wir als Rüstzeug für die philosophische Untersuchung die einspitzige Konzentration, die durch Meditation entsteht. Durch Meditation entfaltet sich unsere Einsicht, was wiederum zu Handlungen des Körpers, der Rede und des Geistes führt. Die buddhistische Philosophie soll also nicht nur zu einem rein intellektuellen Wissen führen, sondern einen Beitrag für die Menschheit leisten. Das Nachdenken macht nämlich alles bedeutungslos, was wir sonst als wichtig betrachten. Ob ich jemanden als Freund, Feind oder neutrale Person betrachte, die mich nicht interessiert, hängt von meiner Wahrnehmung ab. Wenn ich täglich darüber nachdenke, stelle ich fest, dass meine »Feinde« sicherlich ein momentanes Hindernis, aber kein absoluter Feind sind; und dass umgekehrt ein enger Freund morgen zum Feind werden kann. Es lohnt sich daher gar nicht, die Dinge so absolut zu betrachten und an ihnen zu haften. Dadurch schaffen wir mehr Raum, unsere Handlungen werden harmonischer und erzeugen weniger Konflikte.

Alles hat jedoch seine Grenze. Jeder von uns hat Beziehungen zu Menschen, Gegenständen und seiner Umwelt allgemein. Zwar können wir all das nicht als endgültige Wahrheit ansehen, aber das heißt nicht, dass es nicht existiert. Wenn wir eine schöne Blume kaufen, können wir nicht sagen, diese Blume sei unzuverlässig, und es lohne sich deshalb nicht, Blumen zu kaufen. Aber: Wir besitzen sie nicht, sie bleibt nicht ewig schön, wir müssen sie nicht unbedingt haben und Anhaftung an sie entwickeln. Dann wird vieles leichter, weil Zorn, Gier, Eifersucht und andere Geistesgifte sich nicht mehr so stark entwickeln können und wir ausgeglichener und gelassener werden.

Die Leerheit der Person

Leerheit bedeutet, dass nichts aus sich selbst heraus existiert. Leerheit bedeutet frei sein, und zwar frei von einem Hindernis, dem Gegenteil der Leerheit. Auf Tibetisch wird dieses Hindernis als das Negationsobjekt (*dgag bya*) bezeichnet, das es zu widerlegen gilt. Durch die Beseitigung des Objekts der Negation versteht man sein Gegenteil, nämlich die Leerheit.

Man unterscheidet zwei Arten von Leerheit: die Leerheit aller Phänomene (tib. *chos kyi bdag med pa*) und die Leerheit der Personen (tib. *gang zag gi bdag med pa*). Das Negationsobjekt ist das »Selbst« der Phänomene und der Person. In den Darlegungen, die sich in der Literatur finden, ist zunächst von der Leerheit der Phänomene die Rede, aber bei der Praxis fängt man mit der Leerheit der Person an, weil das viel leichter ist und uns unmittelbar betrifft. Die Phänomene sind ein weites Feld, während wir selbst Personen sind und immer von unserer Person begleitet werden. Daher ist es viel leichter, zunächst über unsere eigene Person nachzudenken.

Die Person ist, wie es bei Gampopa heißt, die Kontinuität der mit Bewusstsein versehenen Aggregate, »ein Prozess ständig schwankender Bewegung«[*].Das bezieht sich natürlich auf die tiefere Ebene, nämlich auf die Kontinuität, die von einer Existenz zur anderen besteht. Wenn eine Person stirbt, löst sich die Zusammensetzung von Körper und gröberem Bewusstsein auf, aber das subtilste Bewusstsein geht weiter. Auf diesem Kontinuum des subtilsten Bewusstseins sitzt die grundlegende Unwissenheit, die eine bestimmte Art von subtilstem Bewusstsein ist und sämtliche konflikterzeugenden Geistesfaktoren wie Hass, Gier usw. verursacht. Diese Unwissenheit hat mehrere Schichten, vom subtilen Bewusstsein bis zum durch Nicht-Wissen verursachten falschen Handeln im Alltag.

Wenn wir uns selbst betrachten, gibt es drei Möglichkeiten. Eine Möglichkeit ist, Körper und »Ich« ohne tieferes Nachdenken einfach als gegeben zu betrachten. Die zweite Möglichkeit wäre, das Ich als von sich aus existent anzusehen, die dritte, dass »Ich« nicht von mir aus existiert. Die dritte Vorstellung kann nur jemand entwickeln, der fähig ist, sich voll auf die Leerheit zu konzentrieren. In der buddhistischen Literatur wird dieses erste, normale »Ich« als »zuverlässiges Ich« bezeichnet. Damit

---

* Gampopa: Der kostbare Schmuck der Befreiung. Berlin 1996, S. 217.

ist gemeint, dass es ohne ein konventionelles »Ich« auch kein karmisches System und keine Unterscheidung von heilsamen und unheilsamen Handlungen gäbe. Daher muss das Ich in gewisser Hinsicht funktionieren, und es funktioniert auch. Dieses funktionale »Ich« wird aber ständig von dem zweiten »Ich« überlagert, so wie wenn Milch mit Wasser vermischt wären. Dieses zweite Ich wird auch als Selbst der Person, als Greifen nach einer eigenständigen Person bezeichnet. Es ist das Festhalten an dem Ego, das unter dem normalen Ich versteckt liegt. Wenn wir streiten, tritt es sehr klar hervor: »ICH habe das doch nicht gemacht.« Dieses ICH ist Ausdruck des falschen Ichs, das wir beseitigen müssen. Ich halte an meinem Ich fest, und dadurch entfaltet sich das eigene Ego, ich ignoriere alle anderen Lebewesen und begehe viele unheilsame Handlungen.

Bei den Leerheits-Erklärungen darf, das muss man immer wieder betonen, nicht der Eindruck entstehen, dass das Ich (die Person) nicht existiert. Wir können und brauchen es auch nicht zu beseitigen, denn wenn wir das tun könnten und wollten, wäre das eine Katastrophe. Dann könnten wir weder Buddhismus praktizieren noch Buddhaschaft erlangen, geschweige denn weltliche Dinge wie Gewinn und Verlust erfahren. Das Ich existiert, aber auf eine andere Weise, als es uns erscheint. Selbst im Schlaf denken wir »Ich, Ich« und halten es in unserem Herzen ganz fest. Das bedeutet nicht, dass das Ich stark im Vordergrund steht, sondern dass unser Denkmodell grundsätzlich verkehrt ist, dass unsere Einstellung nicht locker und unverkrampft ist. Dadurch entsteht an der Oberfläche immer wieder Unruhe, so wie die Wellen des Meeres aufgewühlt werden oder die Bäume am Berg vom Sturm hin- und hergeschüttelt werden. Dieses Festhalten am Ich, das alles durcheinander bringt, soll nun ausgeglichen und zur Ruhe gebracht werden.

In der philosophischen Erklärung lassen sich diese beiden Ichs, das normale und das überbetonte, leicht auseinander halten, wie wir sie aber in der Wirklichkeit sehen sollen, lässt sich nicht mit Worten erfassen. Wir alle haben ein Doppel-Ich, das normale und das überbetonte, das sich unter dem Deckmantel des normalen Ich versteckt. Vorläufig können wir beide nicht auseinander halten. In der Regel versuchen wir, auf wechselnde Situationen mit unserem normalen Ich zu reagieren, aber wenn es unangenehm wird, kommt sofort das eigentliche Ich nach vorne, drängt alle anderen mit den Ellenbogen beiseite und schiebt sich in den Vordergrund.

Die falsche Ansicht des Ich ist spontan, während die richtige Denkweise für uns zunächst eine künstliche Vorstellung ist. Von der falschen Sichtweise aus gesehen wirkt sie künstlich, in Wirklichkeit entspricht sie aber der wahren Natur der Dinge. Wir können uns die richtige Einstellung nur nicht sofort vorstellen, weil wir zu sehr an die falsche Sichtweise gewöhnt sind. Deshalb erscheint uns die der Realität entsprechende Vorstellung künstlich. Wir sind nur so sehr in unserer Atmosphäre und Lebensweise befangen, dass uns das Ungewohnte künstlich erscheint.

Bei der Suche nach dem Negationsobjekt muss man nun versuchen, das betonte Ich in den Vordergrund zu bringen, indem man z.B. etwas wütend wird. Auf diese Weise wird das Objekt klar. Diese Klarheit hält man fest und denkt über das Objekt nach (meditieren wäre noch zuviel gesagt), was es ist, worauf es sich bezieht. Wie bei der Meditation darf die Aufmerksamkeit nicht völlig auf dem Objekt bleiben, ein Teil der Gedanken beobachtet vielmehr, wie ich mich auf das Ich beziehe. Dieses so genannte Ich, worauf stützt es sich, was ist das eigentliche Ich? Ich denke immer »ich, ich, ich«, was noch durch die Vorstellungen von »mir« und »mein« erweitert wird. Das »Mein« können wir vorläufig ausklammern, weil es sich auf die Phänomene bezieht. Wenn die beobachtende Einstellung zu stark wird, verliert oder zerstört man leicht das Objekt und bekommt die Vorstellung, dass es überhaupt kein Ich gäbe. Das ist nicht richtig. Es ist sehr wichtig, dass die Konzentration auf das Ich als Objekt immer vorhanden bleibt.

Durch diese Beobachtung bekommt man eine Idee von der Leerheit der Person. Es gibt nur zwei Möglichkeiten, worauf das »Ich« sich beziehen kann: entweder auf die Kombination der fünf Skandhas (Körper und Geist) oder auf irgendetwas anderes. Etwas anderes kommt nicht infrage, bleiben also nur

Körper und Geist. Der Körper allein ist nicht das Ich, der Geist allein auch nicht, also kommt nur die Verbindung von Körper und Geist in Betracht. Als Resultat dieser Untersuchung erhalten wir den Eindruck, dass wir aus der Gesamtheit von Körper und Geist existieren, dass unser Ich hundertprozentig deckungsgleich mit allen Teilen von Körper und Geist ist. Wir können nicht einmal die Spitze eines Fingers aussortieren, weil auch diese ein Teil unserer Basis, unseres Ichs ist. Dieses Ergebnis ist genau die falsche Vorstellung, die klar sein muss, bevor man an die Widerlegung geht. Es ist leicht, eine Erklärung der Leerheit auswendig zu lernen und diese wiederzugeben. Was wir brauchen, ist aber eine Idee, die mit Erfahrung verbunden ist. Wir suchen ja nicht nach der Negation des Ichs, weil wir uns damit die Zeit vertreiben wollen, sondern weil alle Gedanken von »mir« und »mein«, Anhaftung und Ablehnung sich auf dieser Grundlage entfalten.

Wenn man Körper und Geist in verschiedene Teile zerlegt, findet man das Ich nicht mehr. Dieses Nicht-Vorhandensein eines Ich in den Einzelteilen erzeugt gewöhnlich eine Erscheinung von Leere, die aber nicht die eigentliche Leerheit ist. Bei einem Tisch sind weder die obere Platte noch die einzelnen Beine der Tisch. Das heißt letztendlich, dass es in diesem Gegenstand keine Tischheit gibt, weil es nichts zu finden gibt. So kann man es zwar erklären, aber das ist nicht unser Ziel. Bei der Suche nach dem Negationsobjekt muss man sich das eigene starke Ich vorstellen, dieses »es tut *mir* weh« oder »warum gerade *ich*«. Auf diesem Punkt soll man bleiben: »Ich, MIR tut es weh«, worauf beziehe ich mich dabei? Wie betrachte ich das Ich, was hat dieses Ich mit dem Negationsobjekt zu tun? Das wäre der erste Punkt.

Der zweite Punkt ist die Gewissheit über die Abgrenzung des Objekts. Unser vorgestelltes Ich, worauf bezieht es sich? Wenn mein Ich auf meinen fünf Skandhas zu finden ist, dann ist die nächste Frage, ob es mit ihnen identisch oder von ihnen verschieden ist. Deshalb spricht man hier von Abgrenzung, weil es nur diese beiden Möglichkeiten gibt: Entweder ist es vielfach oder einfach.

Wenn das Ich und die fünf Skandhas identisch sind, gibt es kein gesondertes Ich, das nicht die fünf Skandhas ist. Wenn wir so zu diesem Ergebnis kommen, gehen wir weiter ins Detail. Jede Person hat fünf Skandhas, fünf Anhäufungen. Deshalb müssten auch fünf Ichs vorhanden sein, ein Körper-Ich, ein Gefühls-Ich, ein Wahrnehmungs-, Gestaltungsfaktoren- und Bewusstseins-Ich. Dann überlegt man, ob man fünf Ichs pro Person akzeptieren kann. Falls nur ein Ich existieren soll – man geht wie gesagt davon aus, dass das Ich und die Skandhas identisch sind –, dann müssen die fünf Skandhas auch eins sein. Genauso, wie das Ich etwas Einzelnes ist, müssten dann auch die fünf Skandhas teilchenlose Entitäten sein. Aber wenn sie ohne Teile sind, wie lassen sich z.B. Körper und Gefühl unter einen Hut bringen? Deshalb erhält man leicht den Eindruck, dass das Ich nicht mit den fünf Skandhas identisch sein kann. Darüber hinaus: Falls das Ich und die fünf Skandhas eins sein sollten, müsste es genauso entstehen und vergehen wie die fünf Skandhas.

Deshalb, wenn ein Ich existiert, das mit den fünf Skandhas identisch ist, und dieses Ich von sich aus existiert, entsteht und vergeht, dann gibt es für dieses Ich verschiedene Zeiteinheiten. Es gibt vergangene, gegenwärtige und zukünftige Ichs. Sind diese drei Ichs als eins zu betrachten oder nicht? Wenn wir alle drei Einheiten als ein Ich betrachten würden, dann dürfte es keine drei Teile haben. Das Ich von früheren und künftigen Leben wäre identisch mit dem gegenwärtigen Ich. Wenn die drei Ichs verschieden sein sollten, dann dürfte es keine Verbindung zwischen den drei Ichs geben, weil jedes Ich nur von sich aus, objektiv, existierte. Wenn es so sein sollte, kommen wir mit den Handlungen und den karmischen Verbindungen durcheinander. Ich sammle heute eine gute oder schlechte Handlung an, und das Resultat davon entfaltet sich auf einem anderen Ich, weil beide Grundlagen keine Verbindung haben.

Man bezeichnet die fünf Skandhas auch als die angenommenen fünf Skandhas. Ich habe heilsames oder unheilsames Karma angesammelt und dementsprechend fünf Skandhas angenommen. Wer hat die fünf Skandhas angenommen? Ich, weil ich in oder mit diesen fünf Skandhas geboren wurde. Wenn die beiden, das

Ich und die Skandhas, eins sein sollten, kann dieses System auch nicht funktionieren. Subjekt und Objekt, der Annehmer und das Angenommene, wären identisch. Deshalb kommt es nicht infrage, das Ich und die fünf Skandhas als eins zu betrachten.

Der vierte Punkt ist die Feststellung der Nicht-Verschiedenheit im absoluten Sinne. Vorhin haben wir gesagt, dass sie nicht eins sein können, jetzt kommt der Punkt, dass das Ich und die Skandhas auch nicht verschieden sein können. Wenn man die Skandhas auseinander nimmt, lassen sich Körper und Bewusstsein getrennt identifizieren, jeweils unabhängig vom anderen. In gleicher Weise müsste es möglich sein, das Ich herauszusortieren. Aber das ist nicht möglich. Bei dieser auf das Ich bezogenen Analyse kann man auch die anderen Objekte mit einbeziehen. Wenn wir unseren Körper betrachten, so besteht dieser aus all seinen Körperteilen. Wenn ein Glied fehlt, ist der Körper nicht vollständig. So können wir auch das Ich nicht vollständig darstellen, wenn die fünf Skandhas nicht vorhanden sind.

Bei dieser Analyse in vier Punkten finden wir zum Schluss kein Ich mehr. Deshalb müssen wir es an anderer Stelle suchen. Grob gesagt, existiert das Ich nur als Benennung auf der Basis der fünf Skandhas als Gesamtheit. Wir brauchen ein zuverlässiges Objekt, nämlich die Skandhas, die als Ich benannt oder wahrgenommen werden. Durch die Kombination der fünf Skandhas und die vorsichtige Wahrnehmung des zuverlässigen Objekts existiert das Ich konventionell und funktioniert als Basis für alle karmischen Handlungen. Mit Worten kann man das kaum erklären, es muss von sich aus zur festen Überzeugung werden. Sobald wir von dieser Vorstellung überzeugt sind, lösen sich die Ideen von mir und mein bzw. dem Greifen nach dem Ego automatisch auf, weil dieses Ich nicht mehr so konkret ist, wie wir es uns bisher vorgestellt haben. Ohne eine starke Idee von »mein« und »Ich« können sich keine unheilsamen Handlungen mehr entfalten.

Mit anderen Worten: Sowohl das Ich als auch die anderen Phänomene existieren lediglich in wechselseitiger Abhängigkeit voneinander. Das Ich ist abhängig von den fünf Skandhas, die fünf Skandhas sind untereinander abhängig, ohne Körper gibt es kein

Gefühl, ohne Gefühl keine Wahrnehmung usw. Alle sind voneinander abhängig. Der Dalai Lama sagt auch öfters, dass unsere buddhistische Anschauung die Anschauung des abhängigen Entstehens ist. Je mehr Vertrauen man in das abhängige Entstehen entwickelt, umso mehr entwickelt sich auch die feste Überzeugung von der Leerheit. Beide sind untrennbar miteinander verbunden. Während der Meditation konzentriert man sich auf die Leerheit. Während der Pausenzeit bekommt man sehr viele äußerliche Eindrücke, die man als abhängiges Entstehen betrachtet, als Spiel von Illusionen. Was wir sehen – Tische, Häuser usw. – existiert jedoch nicht nicht. Es existiert und funktioniert, lässt sich wahrnehmen und benutzen, wir können angenehme und unangenehme Gefühle bekommen, weil da etwas existiert. Aber es existiert nicht konkret, von sich aus, wie wir es uns immer vorstellen. Wenn man diese lockere Vorstellung zulässt, dann löst sich unsere jetzige, festgefügte Wahrnehmung langsam auf, und alles erscheint uns wie eine Illusion. Was wir bis jetzt als konkret betrachtet haben, erweist sich als Unwahrheit; aber dennoch existiert es unter der Bedingung des abhängigen Entstehens.

Bei der Leerheits-Meditation ist sehr häufig von Nichtexistenz und der »himmelsgleichen Meditation« die Rede. Aber damit ist nicht gemeint, dass das, was wir wahrnehmen, nicht existiert. In oder während der Meditation über Leerheit existiert es nicht, d.h. auf der absoluten Ebene, sehr wohl aber auf der relativen. Auf der Ebene der relativen Wahrheit existiert alles, nur nicht so konkret, wie es uns gewöhnlich erscheint. Wenn man dies tiefer untersucht, stellt man die Leerheit fest, und das ist dann die absolute Wahrheit. Den Unterschied zwischen relativer (konventioneller) und absoluter Wahrheit kann man auf viele verschiedene Weisen erklären, z.B. müsste man erklären, was eigentlich »relativ« und was »Wahrheit« bzw. »Wirklichkeit« heißt. Das ist ein wichtiges Thema in den verschiedenen philosophischen Schulrichtungen im Buddhismus.

Was mich etwas nachdenklich stimmt, ist das Problem, was man während der so genannten Pausenzeit macht. Soll ich, nachdem ich über Leerheit meditiert habe, Phänomene und Personen wieder so »normal« betrachten wie zuvor? Nein. Wir dürfen nicht wieder in die Konkretheit zurückfallen, das wollen wir ja gerade vermeiden, deshalb versuchen wir ja, auf die absolute Ebene vorzudringen. Wir nehmen die relative Wirklichkeit wahr, aber unter einem tieferen Blickwinkel, denn schließlich soll die Vorstellung, die wir in den Pausen praktizieren, dazu beitragen, die Meditation zu unterstützen. Während der Meditation mit großer Mühe die absolute Realität anzustreben und in der Pausenzeit wieder alles zu vergessen, worüber wir meditiert haben, bringt uns nicht weiter. Wir sollen nicht in zwei getrennte Personen zerfallen, sondern alles in einer Person vereinen. Deshalb halten wir auch in der Pausenzeit das Meditationsobjekt präsent. Durch die Meditation bekommen wir eine Information darüber, wie wir in der Pausenzeit über die Phänomene denken sollen. Wir sehen die Phänomene, aber wir nehmen sie nicht mehr als konkret, festgefügt wahr. In den Pausen sehen wir mehr die Oberfläche, die Gesamterscheinung, in der Meditation gehen wir tiefer.

In der buddhistischen Philosophie spricht man auch von Erscheinung (tib. *snang ba*) und Greifen (*'dzin pa*). Erscheinungen existieren von der Seite des Objekts her, das Greifen kommt von der Betrachtung, der Wahrnehmung, dem Subjekt. In der philosophischen Diskussion geht es dann darum, wie und wo etwas erscheint, ob die Blume z.B. an sich, im Auge oder durch die Berührung von Auge, Bewusstsein und Objekt gesehen wird. Es ist so ähnlich wie beim Fernsehen. Im Fernsehen gibt es auch alle möglichen Bilder zu sehen, die in uns angenehme, zornige oder traurige Gefühle erzeugen können. Andererseits wissen wir, dass ein Spielfilm nicht die wirkliche Wirklichkeit ist, wenn im Film z.B. viele Menschen getötet werden, wissen wir, dass das einfach geschauspielert ist. Dennoch freuen wir uns, wenn der Held siegt und der Schurke getötet wird. Hier kann man nun die Sache einmal mehr vom Objekt und einmal mehr vom Subjekt her betrachten. Diese Beobachtung unterstützt uns dabei, das Objekt loszulassen.

Während der Sitzungen konzentriert man sich hingegen auf die Leerheit und erzeugt die raumgleiche Meditation, d.h. eine ganz leere Vorstellung, die frei von allem ist. Wir können das auch mit anderen Beispielen verdeutlichen. Wenn wir z.B. voller Anhaftung oder Zorn sind und uns streiten oder lieben, sehen wir nichts anderes als unser Gefühl und sind blind für alles andere. Es ist nicht so, dass nichts anderes mehr existiert, aber wir nehmen es nicht mehr wahr, weil die eine Vorstellung alle anderen so sehr dominiert, dass sie für uns nicht mehr existieren.

Die Darlegung der Ichlosigkeit der Phänomene

Die Argumentation ist so ähnlich wie vorhin beim Körper. Auch hier untersucht man wieder die vier Punkte und sucht zunächst das Objekt der Negation (*dgag bya*), in diesem Fall das Selbst der Phänomene (*chos kyi bdag*). Wie existiert der Körper zum Beispiel, ist er unabhängig von seinen Einzelteilen, seiner Bezeichnung? Das wäre das Negationsobjekt des Körpers. Das kann man dann bis in die kleinsten Details untersuchen und fragen, ob dieser Körper identisch ist mit der fünfgliedrigen Form, die aus Fleisch, Knochen und Haut besteht, oder ob er davon verschieden ist. Bei dieser Analyse geht man bis zum Anfang im Mutterleib zurück, noch bevor die Extremitäten ausgebildet werden, und fragt, ob das der Körper ist. Wenn er fünf Glieder hat, müsste es auch fünf Körper geben.

Dann analysiert man z.B. die Zeit, sagen wir ein Jahr. Ein Jahr existiert aufgrund der Zusammensetzung von zwölf Monaten; die zwölf Monate werden zusammengenommen als Einheit, als ein Jahr betrachtet. Wenn dieses Jahr von sich selbst existiert, ist es mit den zwölf Monaten identisch oder nicht? Dann geht es im selben Stil weiter: Wenn es ein Jahr gibt, das über die bloße Bezeichnung hinaus von sich existiert, müsste es, genauso wie es zwölf Monate gibt, auch zwölf Jahre geben, wenn es verschiedene Größen sind, wo bleibt dann das Jahr, wenn man die zwölf Monate auseinander legt?

Wie daraus tiefe Einsicht entsteht

Es gibt noch weitere Erklärungen über die Leerheit, aber die früheren Lamas haben sich hauptsächlich auf diese vier Punkte konzentriert, weil sie eine kompakte Darstellung bieten und für Anfänger wie für Fortgeschrittene gleichermaßen von Nutzen sind. Natürlich lässt sich die Leerheit von allen möglichen Aspekten her beschreiben, es gibt auch viele Bücher mit Darlegungen über dieses Thema, aber letztendlich besteht diese ganze Fülle von Erklärungen aus den vier Punkten. Ich will aber aus einem anderen Kommentar noch einige Ergänzungen nachtragen.

Wie S.H. Dalai Lama einmal erklärte, hat die Beschreibung der Leerheit zwei Funktionen: einmal widerlegt sie die Unabhängigkeit der Entstehung, und andererseits erklärt sie, auf welche Weise die Dinge existieren bzw. nicht existieren. Das ist wie mit der Innen- und Außenseite der Hand. Genauso ist auch die Leerheit die eine und das abhängige Entstehen die andere Seite. Das abhängige Entstehen bezieht sich auf den Aspekt der Erscheinung, die Leerheit steht auf der Seite des Nicht-Vorhandenseins. Als sich Tsongkhapa um das Verständnis der Leerheit bemühte, sagte Mañjushri zu ihm: »Du musst der Existenz mehr Aufmerksamkeit schenken, das darf man nicht unterschätzen. Du hast bisher die Leerheit, das Nicht-Vorhandensein zu sehr betrachtet. Viel wichtiger ist, was wie existiert. Du sollst die Seite des Vorhandenseins mehr beachten, je mehr du das abhängige Entstehen betrachtest, desto tiefgründigere Eindrücke bekommst du für deine Meditation über Leerheit.« Deshalb hat Tsongkhapa später auch in den »Drei Prinzipien des Weges« geschrieben: »Solange der Verstand die unabänderliche Abhängigkeit der Phänomene einerseits und die unausdrückbare Leerheit andererseits als getrennt betrachtet, hat man den eigentlichen Gedanken des Buddha immer noch nicht erfasst.« Solange man die Verbindung beider nicht versteht, hat man nicht verstanden, was Buddha Shâkyamuni sagen wollte. Sobald man ihre Wechselwirkung zuverlässig versteht, ist die Analyse der Leerheit vollendet, denn dann hat man das Greifen nach der Person und den Phänomenen aufgelöst.

Unsere gewöhnliche Auffassung ist: Es erscheint, und weil es erscheint, existiert es. In Wirklichkeit ist es so, dass es nicht existiert, gerade weil es erscheint. Durch das Erscheinen überwindet man auch das Extrem des Eternalismus, nämlich unsere gewöhnliche Auffassung, dass etwas nicht bloß existiert, sondern auch noch ganz konkret existiert. Umgekehrt: Weil es leer ist, gerade deshalb existiert es. Leerheit muss eine Basis haben, ohne Basis kann man auch keine Aussage machen, ob etwas leer oder voll ist, man hat keinen Gesprächsstoff mehr. Das heißt, die Person, die fünf Skandhas, die Phänomene existieren, die karmischen Handlungen sind zuverlässig, gerade weil nichts an sich existiert. Auf diese Weise vermeiden wir das entgegengesetzte Extrem des Nihilismus.

Wenn ich eine Sache habe, ist sie selbstverständlich leer, und weil sie leer ist, ist sie auch vorhanden. Zum anderen ist sie aber nicht einfach vorhanden, sondern ist in Abhängigkeit entstanden, und weil sie abhängig entstanden ist, ist sie logischerweise leer. Leerheit und abhängiges Entstehen erklären und stützen sich gegenseitig. Auf diesen wesentlichen Punkt sollte man immer Rücksicht nehmen. Mehr lässt sich kurz und bündig nicht erklären. In unserer Lama-Chöpa-Puja heißt es auch: »Es existiert nicht einmal ein Partikel von Samsara und Nirwana«, d.h. konkret, von sich aus. »Sowohl Ursache und Wirkung als auch abhängiges Entstehen sind ohne Irrtum«, sie funktionieren ohne Widerspruch und stützen vielmehr die Erscheinung, »wir bitten um euren Segen, um den eigentlichen Gedanken Nagarjunas zu realisieren, dass beide sich ergänzen und sich nicht widersprechen«.

Gampopa zitiert aus einem Sutra: »Es gibt nichts auszuräumen oder zu beseitigen, nichts wegzulassen, wenn man die Reinheit erkennt, wird man gänzlich erlöst und befreit.« Damit kann man die Leerheit noch einmal kurz erklären: Es gibt nichts zu beseitigen, d.h.: Was wir jetzt sehen und wahrnehmen, wie wir jetzt existieren, brauchen wir nicht zu korrigieren. Wir müssen nicht die Form, Farbe oder Zusammensetzung des Stuhls ändern, die kann man einfach so lassen, wie sie sind. Wenn man die Reinheit betrachtet, d.h. den subtilen, absoluten Zustand bzw. die absolute Identität des jeweiligen Phänomens so wahrnimmt, wie sie wirklich ist, mit reiner Gesinnung und ohne Einfluss falscher Konzepte, dann befreit man sich von Samsara. So einfach ist das.

14. Tantra

Der Eintritt ins Vajrayana

Das Ziel der buddhistischen Praxis ist immer das gleiche: Wir wollen unsere konflikterzeugenden Geistesfaktoren beseitigen und das subtilste Bewusstsein als reines, unbeflecktes Potenzial erkennen, das uns zu einem absolut positiven Zustand führen wird. Dazu gibt es zwei Methoden. Eine Methode arbeitet auf der Ebene der konventionellen, normalen Realität, wie es im Lamrim der Fall ist. Wenn wir hier eine relativ stabile Basis gefunden haben, können und sollen wir auch auf einer etwas tieferen Ebene arbeiten. Das geschieht in der tantrischen Praxis, bei der es ebenfalls darum geht, unseren Geist zum subtilsten Bewusstsein hinzuführen. Während wir jedoch im Lamrim unser konventionelles Dasein beibehalten, so wie es im Moment ist, muss man in der tantrischen Methode auf eine andere Ebene überwechseln und kann nicht länger mit der konventionellen Realität arbeiten. Im Tantra ist die Basis eine ganz andere, die konventionelle Realität spielt keine Rolle mehr, sie wird von vornherein in die tantrische umgewandelt. Das funktioniert nur durch die Leerheit. Die Leerheit ist wie ein Schalter, mit dem man die ganze Umgebung verändern kann: Wenn ich umschalte, wird hell dunkel oder dunkel hell. Ich befinde mich aber in beiden Fällen im selben Raum, ich würde nicht sagen, dass er nicht mehr vorhanden ist, wenn ich umschalte. Aber *wie* ist er vorhanden? Solange ich den Schalter, nämlich die Leerheit, nicht benutze, bleibe ich wie eh und je in der konventionellen Realität befangen. Natürlich komme ich auch so weiter, wenn auch langsamer.

Das ist das eine. Das andere ist, dass meine normale physische Natur keine große Rolle mehr für mich spielt, weil das subtilste Bewusstsein wichtiger geworden ist, auch wenn es sich, solange ich lebe, auf meinen Körper stützen muss. Macht nichts, meine Konzentration auf das subtilste Bewusstsein ist durch die tantrische Methode so stabil und einspitzig, dass sie durch die anderen konflikterzeugenden Geistesfaktoren nicht gestört wird. Ich muss mich nicht mehr mit ihnen herumquälen, sondern kann sie als Weg betrachten, während ich beim Lamrim bzw. der Sûtra-Methode immer kämpfen und abwehren muss: Sobald unheilsame Geistesfaktoren auftreten, muss ich sofort versuchen, solche Einstellungen zu vermeiden.

Während der tantrischen Meditation tauchen selbstverständlich auch konflikterzeugende Geistesfaktoren auf, aber das ist ungefähr so, wie wenn ich draußen auf einer Bank sitze und ein leichter Wind geht. Dieser Wind kann mich nicht gleich fortwehen, weil ich stabil bin. Ich sitze auf der Bank und nehme diesen wehenden Wind einfach zur Kenntnis. Ich spüre ihn, aber er kann mich nicht bewegen, höchstens ein bisschen an meiner Kleidung zerren. Ich kann den Wind sogar als Kühlung benutzen, er geht durch meine Körperhaare und Poren hinein und verleiht mir noch mehr Energie; statt wegzufliegen, lebe ich besser, werde gesünder und klarer. Vorher war der Wind für mich schädlich, weil die Gefahr bestand, fortgetrieben zu werden, aber jetzt ist der Wind für mich eine nützliche Methode, die meine Konzentration fördert.

Wenn ich mich durch das Umschalten mithilfe der Leerheit in die so genannte tantrische Realität versetze, nehme ich eine göttliche Realität oder Form an. »Göttliche Realität« klingt vielleicht so, als ob Gott oben und wir unten wären, so ist es aber nicht gemeint. Wie wir alle wissen, gibt es im Buddhismus keinen Gott im christlichen Sinne. Den Begriff »Gottheiten« benutzen wir für eine besondere symbolische Darstellungsweise, in die ich mich im Tantra versetzen muss. In der tantrischen Meditation wird mein Ich, d.h. mein bisheriges in der konventionellen Realität existierendes Dasein, durch die Leerheit umgestellt und in das Dasein einer Gottheit versetzt. In diesem Moment haben ich und die Gottheit eine gemeinsame Identität, deren Basis mein subtilstes Bewusstsein ist.

Wie ich immer betone, sind die tantrischen Meditationsgottheiten Emanationen des Buddha, die auf die unterschiedlichen Bedürfnisse und Fähigkeiten der Menschen abgestimmt sind; sie bestehen nicht an sich. Unserer Ansicht nach hat Buddha zu Lebzeiten tantrische Belehrungen gegeben. Je weiter sich seine Lehre verbreitete, um so mehr Hindernisse tauchten auf, insbesondere durch den Hinduismus. Als Antwort darauf lehrte der Buddha die Tantras, in denen er in Gestalt einer hinduistischen Gottheit erscheint, deren Attribute aber auf die buddhistische Lehre bezogen werden. Die äußere Erscheinung ist weitgehend gleich, aber die symbolische Bedeutung, die Basis und Zielsetzung sind eine andere. Diese symbolischen Figuren sind letztlich nur eine Konzession an unser Anhaften an äußeren Erscheinungen.

Wenn die Schüler ein richtiges Vertrauen zu diesem Thema haben und die nötigen Voraussetzungen vorhanden sind, kann man dementsprechend tiefer gehen. Hier muss ich mich darauf beschränken, mehr oder weniger allgemein zu bleiben. Die Tantriker sind auch durch einen entsprechenden Eid gebunden, nur bis zu einer gewissen Grenze zu gehen und nicht alle Karten auf den Tisch zu legen. Nicht, dass es eine Geheimsache wäre, aber die Frage ist, ob man dafür reif ist oder nicht. Sonst kommt es leicht zu Missverständnissen und einem Missbrauch der tantrischen Methode.

Einerseits haben wir in unserer tantrischen Praxis keine Geheimnisse. Das muss man in der richtigen Weise verstehen, weil es sehr leicht missverstanden werden kann. Manche Köche wollen z.B. ihre Rezepte nicht preisgeben, weil die anderen sonst genau so gut kochen könnten wie sie. Im Tantra gibt es keine solchen Berufsgeheimnisse. In Tibet konnte man 90 Prozent der tantrischen Literatur auf dem Markt kaufen, Bilder der tantrischen Gottheiten waren überall zu sehen, der Weg, was und wie man praktiziert, war im Allgemeinen auch sonnenklar. Auch Vajra und Glocke, die beiden wichtigsten Ritualgegenstände, kann man überall kaufen. Auf der anderen Seite ist es sehr wohl geheim. Das Geheimnis hängt mit der individuellen Praxis zusammen, die ganz privat sein soll. Wie und was man praktiziert, soll man für sich behalten. Im Vajrayana gibt es viele Möglichkeiten, und was ich als meine persönliche Hauptpraxis auswähle, kann keiner von meinen Kollegen wissen. Umgekehrt kann ich auch nicht beurteilen, was andere Lamas praktizieren.

Ganz gleich, ob ich die tantrische Methode oder Lamrim bzw. Sûtra anwende, als Buddhist habe ich immer nur drei Zufluchtsobjekte: Buddha, Dharma, Sangha – Buddha als Lehrer, Dharma als seine Lehre, sein Wort, Sangha als Beispiel und Vorbild für mich. Im Tantra gehen aus Buddha in seinem gewöhnlichen Aspekt nun verschiedene Emanationen hervor, die als Yidam bzw. Meditationsgottheiten bezeichnet werden. Buddhas Aktivitäten in der Welt sind abhängig von den Zeitumständen und der Notwendigkeit für die Lebewesen, die gezähmt werden sollen; dementsprechend werden Emanationen ausgesandt. Es gibt keinen einzigen Yidam, der nicht eine Buddha-Emanation ist; es gibt keinen Buddha, der nicht mit dieser oder jener Meditationsgottheit verbunden ist. Von ihrem Wesen her sind sie eins. Die Erscheinungsform variiert je nach persönlicher Neigung und Eignung für verschiedene Aktivitäten. Zusätzlich wird durch die Körperfarbe die Energie der Aktivität repräsentiert, und je nachdem, welche eigenen konflikterzeugenden Geistesfaktoren verarbeitet werden müssen – mancher hat die Schwäche von Hass, mancher die von Anhaftung – präsentieren sich die Gottheiten dann dazu im zornvollen, halb-zornvollen oder friedvollen Aspekt, männlich, weiblich, zweiarmig, millionenarmig, sitzend, stehend, zweibeinig, mehrbeinig, mit Feuer, mit Wind und verschiedener Haarfarbe. Wenn man jedoch Buddha beiseite schieben und die Meditationsgottheiten allein in den Vordergrund stellen würde, dann würde das ganze System nicht mehr funktionieren.

Wie konnten so viele unterschiedliche Symbole entstehen? Obwohl ich mich in eine andere, die tantrische Realität versetzt habe, besitze ich dennoch von früher die latente Zuneigung zu verschiedenen Objekten. Und da ich latente Tendenzen besitze – noch habe ich ja nicht die Buddhaschaft erlangt –, die ich beseitigen muss, muss ich meine Schwächen bzw. Zuneigungen symbolisch verarbeiten. Das wäre die Grundidee, auf der die tantrische Methode aufgebaut ist.

Wenn zwischen unserem jetzigen Dasein und der Buddhaschaft als höchster Stufe der inneren Entwicklung keine Verbindung bestünde, wäre diese Methode mehr oder weniger nutzlos. Mir wird öfters die Frage gestellt, wie weit Buddhaschaft überhaupt realistisch oder realisierbar ist. Manche denken, dass es so etwas wohl geben muss, weil die anderen Buddhisten und die Lamas dauernd davon reden, aber absolut sicher sind die meisten von uns wohl doch nicht. Deshalb ist es sehr wichtig, über diese Verbindung zwischen mir und meiner zukünftigen Buddhaschaft nachzudenken. Gehen wir zunächst davon aus, dass wir am Leben sind und existieren, das dürfte klar sein. Als nächstes können wir feststellen, dass es in unserem Bewusstsein verschiedene Schichten gibt: Im Alltag beschäftigen wir uns nur mit den ganz groben oder oberen Schichten unseres Geistes, die durch alle möglichen Konzepte wie Anhaftung, Hass, Neid usw. in Bewegung gehalten werden. Diesen Zustand können wir durch Nachdenken erkennen. Wenn wir unter Menschen sind, sind wir ganz mit unseren Konzepten beschäftigt, aber sobald wir versuchen zu meditieren, stellen wir fest, dass meine Aufmerksamkeit zwischendurch ganz woanders ist und irgendwelchen Vorstellungen nachläuft. So kann man sehen, wie schwer es ist, aus dem Gewirr der Konzepte herauszukommen.

Ohne Konzept zu verweilen, ist am schönsten, weil man in diesem Moment nicht mehr unter der Regie der Konzepte bzw. des Egos steht, sondern in einen freieren, kraftvolleren, konzentrierteren und klareren Zustand gerät. Man erkennt dann, dass das Bewusstsein zwei Eigenschaften besitzt, Klarheit und Erkennen (tib. *bsal rigs*). Auf unserem Niveau ist im Moment so gut wie gar keine Spur von Klarheit und Erkennen zu erfahren; wenn man diese beiden Qualitäten erfährt, erhält man einen ersten Eindruck von der wahren Natur des eigenen Bewusstseins. Diese Erfahrung muss natürlich hundertfach vertieft und verfeinert werden. Wenn man das verfeinert, kann man sich mühelos auf bestimmte Objekte konzentrieren und dadurch zunächst ein angenehmes Gefühl erzeugen, das dann zu einer großen Freude an der Versenkung wird. So kommt man langsam auf eine tiefere Ebene. Durch Konzentration auf bestimmte Körperstellen und den Eintritt der »Winde« in die Kanäle entstehen Glückszustände, die man in Worten nur schwer beschreiben kann. Das ist reine Erfahrungssache. Wenn wir sehr begeistert sind und eine sehr positive Erfahrung machen, empfinden wir eine ganz unbeschreibbare Freude, so ein Gefühl entsteht in diesem Moment. Da wir im Begierdebereich leben und sehr stark der Sexualität verhaftet sind, hat man diese Erfahrung in sexueller Symbolik auszudrücken versucht, weil das für alle anschaulich ist. Daher gibt es in der höchsten Tantra-Klasse die Darstellung von Gottheiten in Vereinigung, um die innere Glückseligkeit zu versinnbildlichen. Ein gewöhnlicher Geschlechtsverkehr mit Samenerguss kommt im Tantra aber überhaupt nicht infrage. Die Glückseligkeit ist natürlich ein geistiger Zustand. Diese Glückseligkeit erfasst nun die Leerheit. Wenn wir im Tantra von einem Objekt sprechen, gibt es nur die Leerheit, und das einzige Subjekt ist die Glückseligkeit. Diese Kombination von Leerheit und Glückseligkeit erleben wir im Zustand der Mandala-Gottheit und nutzen ihn dazu, allen Lebewesen zu helfen oder uns selbst zu reinigen.

Im Tantra sprechen wir von subtilem Bewusstsein und subtilem Körper. Der subtile Körper hat mit unserer normalen physischen Natur nichts zu tun, der Anschaulichkeit wegen kann man vereinfacht sagen, dass der subtile Körper die Bewegung des Bewusstseins ist, die auch als subtiler Wind bezeichnet wird. Der subtile Wind hat einzig und allein die Funktion, das subtile Bewusstsein in Bewegung zu versetzen, da dieses sich nicht von allein bewegen kann. Im Tibetischen spricht man daher vom »gemeinsamen Eintreten« (*rlung sems zhugs pa'i zhugs pa*), das bedeutet, wo immer auch subtilster Wind ist, da ist auch subtilstes Bewusstsein vorhanden und umgekehrt. Unser traditionelles Beispiel ist etwas primitiv, aber anschaulich: Wind und Bewusstsein sind wie ein Blinder, der laufen, und ein Lahmer, der sehen kann; wenn beide sich aufeinander stützen, kommen sie voran. Wenn wir das höchste Niveau von Meditation erreichen, können wir das subtilste Bewusstsein und den subtilsten Wind während unseres Lebens erfahren, was ansonsten nur beim Sterben der Fall ist.

Alle karmischen Eindrücke, die wir im Leben ansammeln, speichern wir auf dem subtilsten Bewusstsein ab, von wo sie in der nächsten Existenz wieder abgerufen werden. Die subtilste Ebene ist also die Verbindung zwischen der gröberen Schicht des Bewusstseins und dem nächsten Leben. Wenn wir daher kräftige, weitreichende Veränderungen auf dem subtilsten Bewusstsein bewirken wollen, müssen wir zunächst auf der gröberen Ebene entsprechend agieren. Da beide eng miteinander zusammenhängen, wird dies auch eine große Wirkung haben. Nun können wir mit der Konfusion und Verwirrung, die auf der gröberen Ebene normalerweise herrscht und der wir ziemlich hilflos gegenüberstehen, keine drastische Veränderung im subtilsten Bewusstsein herbeiführen. Daher müssen wir unsere normale Realität drastisch umgestalten. Diesem Zweck dient die Versetzung in den Zustand einer tantrischen Mandala-Gottheit, deren Umgebung ein reiner Bereich ist. Denn wenn ich mich in richtiger Weise in das Mandala bzw. die Gottheit hineinversetze, gibt es keinen Platz mehr für die gewöhnlichen Konzepte. Mein Bewusstsein ist ganz von der reinen tantrischen Vorstellung erfüllt, sodass die Konzepte keine Chance haben dazwischenzufunken. Daher ist die tantrische Praxis eine sehr geschickte Methode: Während wir im Sûtra versuchen, Anhaftung mit vielen Methoden zu bekämpfen und langsam zu zerstören, kämpft man im Tantra gar nicht, sondern stellt einfach die ganze Atmosphäre um, sodass keine unheilsamen Eindrücke mehr entstehen können.

Zwar sind wir nach wie vor mit der konventionellen Realität stark verbunden, das ist unvermeidlich. Durch die Umstellung im subtilsten Bewusstsein bzw. in unserer Vorstellung schaffen wir aber eine große Erleichterung. Mit der Meditation über Leerheit haben wir unseren groben Körper beseitigt und sind aus der Leerheit als Gottheit mit einem Lichtkörper entstanden, sodass Körper und Geist umgewandelt wurden. Sobald eine solide Vorstellung der Mandala-Gottheit vorhanden ist, gibt es keinen Platz für andere Konzepte mehr, und man kommt immer enger mit dem subtilsten Bewusstsein in Kontakt, bis man schließlich irgendwann alle diese Meditationen direkt auf dem subtilsten Bewusstsein aufbauen kann. Dadurch schaffen wir auch eine starke Verbindung zur nächsten Existenz. Falls wir im nächsten Leben immer noch einen Menschenkörper annehmen müssen, haben wir doch die Möglichkeit, im Bardozustand Buddhaschaft zu erlangen.

Basis – Weg – Ergebnis: mit diesen drei Punkten lässt sich die gesamte tantrische Methode zusammenfassen. Basis bedeutet hier Realität. Es gibt zwei Realitäten, die normale, konventionelle Realität, wie wir sie sehen können, und die absolute. Diese beiden Realitäten sind unsere Basis, mit der wir arbeiten oder kämpfen müssen. Weil es an der Basis zwei Realitäten gibt, müssen wir auf zwei Wegen arbeiten, um weiterzukommen: Wir müssen uns aus der konventionellen Realität befreien und die absolute Realität verstehen. Jede Sache hat an beiden Realitäten anteil. So, wie der Tisch uns erscheint, ist die konventionelle Realität; der eigentliche Zustand des Tisches ist seine absolute Realität. Deshalb haben wir zwei Wege: Methode und Weisheit. Die beiden Wege sind geistiger Natur, mit anderen Worten, sie sind Vorstellungen. Wir tun etwas, stellen uns etwas vor, bemühen uns, versuchen Methode und Weisheit zu entwickeln. Diese Übung ist eine karmische Ursache, die irgendwann einmal zu einem Ergebnis führt. Das Ergebnis ist die Buddhaschaft, oder genauer gesagt, Dharmakâya und Rupakâya, Buddha-Körper und Buddha-Geist. Buddha-Geist kann entstehen, weil wir auf dem Weg Erkenntnis erlangen, und Erkenntnis ist möglich, weil es auf der Basis die absolute Realität gibt. So hängt alles ganz eng zusammen.

Wenn ich also mithilfe des Wegs mit der Basis arbeiten will, muss ich mich einerseits mit der Erkenntnis und andererseits mit der Methode beschäftigen. Zur Seite der Methode gehören unter anderem die Pujas (Rituale) und Sâdhanas (tantrische Meditationen), die wir praktizieren. Im Sâdhana versuche ich, mir die Leerheit vorzustellen, und dann *in* bzw. *aus* der Leerheit (das ist beides gleich) mich selbst als Gottheit zu erzeugen. Diese Vorstellung entsteht also aus der Erkenntnis der Leerheit. Im Zustand (der Vorstellung) der Gottheit bringe ich verschiedene Opfergaben dar, sende Emanationen von Gottheiten aus, um die Befleckungen der Lebewesen zu beseitigen, und versetze die Lebewesen in den Zustand der Buddhaschaft. Alle diese Aktivitäten gehören zur Methode, sind aber immer mit Erkenntnis verbunden. Durch die Kombination von Erkenntnis und Methode nähere ich mich der Buddhaschaft an. Dabei ist es nicht so, dass die Mahasiddhas und Lamas sich willkürlich lauter verschiedene Dinge ausgedacht haben, um daraus eine Puja oder Sâdhana zu machen. Jeder einzelne Teil hat vielmehr seine tiefe Bedeutung und ist unbedingt erforderlich; wenn ein Teil fehlt, fehlt ein wichtiges Stück der Methode bzw. Erkenntnis, ohne das ich nicht weiter komme. Je ausführlicher der Text einer Puja oder eines Sâdhana ist, desto leichter kann ich meditieren, weil meine Vorstellung sich auf das Wort stützen kann. Anders ausgedrückt: Ich bedarf der Worte, weil ich meine Vorstellung in der Meditation sonst nicht so genau entwickeln kann. Wenn ich mir in der Meditation alles ausführlich vorstellen kann, muss ich nicht unbedingt den ganzen Text rezitieren. Manchen fällt es auch schwer, täglich etwas zu rezitieren. Wenn jemand die Verpflichtung hat, täglich ein bestimmtes Sâdhana zu praktizieren, kann er den Text gegebenenfalls ruhig vergessen; er muss nur den Verlauf des entsprechenden Sâdhana langsam in seiner Vorstellung nachvollziehen. *Das Commitment (die Verpflichtung) ist nicht an das Wort gebunden, sondern an den Sinn.*

Tantra wird auch als Fahrzeug der Frucht bezeichnet. Auf dem Sûtra-Weg sammeln wir nur die Ursachen für die Buddhaschaft an, hier arbeiten wir schon jetzt mit dem Resultat, der Form eines Buddha. Wir meditieren über bestimmte Gottheiten, und wie eine Gottheit genießen wir die Darbringung von Opfergaben, senden Strahlen aus und führen verschiedene Aktivitäten durch. Durch diesen meditativen Weg können wir bestimmte Schwierigkeiten leichter überwinden. In Wirklichkeit sind solche Sachen wie Strahlen aussenden usw. zur Zeit der Ursache natürlich nicht realisierbar, sondern erst zur Zeit der Frucht. Welche zukünftigen Ergebnisse nehmen wir jetzt schon vorweg? Wir meditieren erstens über die Reinheit des Buddha-Körpers, zweitens über die Reinheit der Umgebung (d.h. des Mandalas) und drittens über die Reinheit der Aktivitäten wie z.B. das Aussenden und Einziehen von Lichtstrahlen. Der vierte und letzte Punkt wäre die Reinheit des Genusses: Wir senden während der Meditation Opfergöttinnen aus, lassen sie Opfergaben darbringen und genießen diese ganze Darbringung, als ob wir wirklich Buddhas wären. Solche Vorstellungen gehören in Wirklichkeit zur Zeit der Frucht, aber wir können sie jetzt schon verwenden, um unsere geistigen Fähigkeiten zu erweitern.

Voraussetzungen für den Eintritt in den tantrischen Weg

Um einen echten Zugang zur tantrischen Welt zu bekommen und sie für sich selbst nutzbar machen zu können, muss man viele Vorbereitungen treffen. Allein schon das Verstehen dieser Symbolwelt ist sehr schwierig, sie zu realisieren ist noch viel schwieriger. Man muss dafür geeignet sein, diese Dinge zu verstehen und zu verarbeiten, da es sich dabei um eine hochspirituelle Aktivität handelt. Im Tantra ist von unserer normalen konventionellen Realität so gut wie gar nicht die Rede, sie ist dort praktisch unbrauchbar. Man muss lernen, sie zur Seite zu schieben. Den Grund dafür haben wir oben kennen gelernt.

Bevor man die eigene, vertraute konventionelle Realität auf den Kopf stellen kann, muss man stabil sein. Diese Stabilität kann nur über das Training des eigenen Geistes erreicht werden. Das Geistestraining wiederum besteht in einem leidenschaftlichen Kampf mit unseren bisherigen Gewohnheiten, mit unserem vertrauten Denken und Leben. Ich werde mit der Frage konfrontiert, wie weit ich diese Denkgewohnheiten und Verhaltensmuster loslassen kann. Ohne sie aufzugeben, können wir nicht ins Tantra hineinkommen, denn Tantra ist – von unserem konventionellen Standpunkt aus gesehen – ganz anders, ganz »high life«. Deshalb bringt der Versuch, ohne ausreichende Vorbereitung ins Tantra einzusteigen, nichts als Verwirrung; der Schaden ist größer als der Nutzen. Ein stabiles Fundament, das auf Geistestraining basiert, ist daher unabdingbar.

Es besteht hauptsächlich aus drei Punkten, nämlich aus der Abkehr von Samsara, aus Bodhicitta und Leerheit. Abkehr von Samsara, manchmal auch Entsagung genannt, ist einfach das endgültige, unwiderrufliche Aufgeben einer Haltung, die wirkliche Befriedigung und dauerhaftes Glück innerhalb der Ego-Zentriertheit und des Existenzenkreislaufs zu finden hofft. Bodhicitta, der Erleuchtungsgeist, ist gekennzeichnet von dem unbedingten Streben nach Buddhaschaft und dem brennenden Wunsch, allen Lebewesen zur Befreiung verhelfen zu können. Nach Möglichkeit sollte ein Tantra-Praktizierender Bodhicitta realisiert haben. Da die Realisierung jedoch eine sehr schwierige Angelegenheit ist, sollten wir zumindest sehr gut mit dem Bodhicitta-Denken vertraut sein. Der dritte Punkt ist die Leerheit aller Erscheinungen von Begriffen und Eigenexistenz. Leerheit ist der eigentliche oder absolute Zustand aller Phänomene; man kann auch sagen, die eigentliche Natur der Realität.

Ohne diese Voraussetzungen kann die tantrische Praxis nur eine sehr fragwürdige Wirkung haben. Wenn ich ohne Bodhicitta und ohne Verständnis von Leerheit viele zornvolle Mantras rezitiere, kann das vorübergehende Hindernisse beseitigen und mir eine bestimmte Kraft verleihen, weil die Kraft der Mantras nicht nur von der Meditation abhängt, sondern durch die Zusammensetzung der Buchstaben, durch ihre symbolische Bedeutung und die geistige Kraft der indischen Mahasiddhas, die sie zusammengestellt haben, zustande kommt. Das ist aber nicht die Kraft, mit der wir unsere eigene Unwissenheit zerstören können. Als Beispiel können wir an einen Filmschauspieler denken: Wenn John Wayne eine bestimmte Rolle spielt, muss er sich in den Zustand der betreffenden Figur versetzen und das spielen. Er kann nicht dauernd denken »Ich bin John Wayne«, sondern muss sich mit der Rolle identifizieren, seine gewöhnliche Identität also ein Stück weit aufgeben und sich in einen anderen Zustand versetzen. Das Ziel der Vorstellung als Gottheit ist natürlich ein anderes als bei der Schauspielerei, uns geht es ja darum, durch die Meditation eine Verbindung zu unserer zukünftigen Erscheinungsform herzustellen; aber wir sind nun einmal auf solche konventionellen Beispiele angewiesen.

Wenn unsere Motivation und unser Vertrauen stabil sind, wird auch unsere Erscheinung in der tantrischen Realität solid sein. Wenn ich mir aber über die Sache nicht völlig sicher bin, werde ich zögern und meine Sache nicht richtig präsentieren, weil ich selbst nicht völlig überzeugt bin. Wenn ich mir aber sehr sicher bin, kann ich ohne weiteres sagen, ich will das haben, so ist es, so ist es nicht. Die innere Einstellung und die äußere Erscheinung sind sehr eng miteinander verbunden. Im Lamrim heißt es auch, dass das Bewusstsein immer vorangeht und die Handlungen von Rede und Körper nachfolgen. Die gewöhnliche Erscheinung meiner physischen Natur und das Haften an ihr (tib. *tha mal snang zhen pa*, Haften an gewöhnlicher Erscheinung) sind die beiden schlimmsten Hindernisse bei der tantrischen Meditation. Einerseits stelle ich mir mich als Gottheit vor, andererseits denke ich, dass ich parallel dazu nach wie vor in meiner gewöhnlichen Form vorhanden bin. Das ist ein klares Zeichen, dass erst eine grundsätzliche Stabilität geschaffen werden muss, um selbst als Mandala-Gottheit zu erscheinen. Sobald diese solide Vorstellung als Gottheit vorhanden ist, gibt es, wie gesagt, keinen Platz für andere Konzepte mehr.

Entsagung, Bodhicitta und Leerheit sind also die prinzipiellen Voraussetzungen für die Einführung in Tantra. Über sie muss man zunächst Unterweisungen erhalten, dann studieren, nachdenken und darüber meditieren. Wenn unser Bewusstseinsstrom zutiefst davon durchdrungen ist, können wir mit der tantrischen Praxis beginnen und von einem qualifizierten Vajra-Meister die Einweihung erhalten.